The Appellate Mechanism of European Union Internal Justice

欧洲联盟内部司法上诉机制研究

李 赞 唐彦嘉 著

中国言实出版社

图书在版编目(CIP)数据

欧洲联盟内部司法上诉机制研究/李赞，唐彦嘉著.
--北京：中国言实出版社，2022.10
ISBN 978-7-5171-4215-7

Ⅰ.①欧… Ⅱ.李… ②唐… Ⅲ.①欧洲联盟-上
诉-司法制度-研究Ⅳ.1D950.504

中国版本图书馆CIP数据核字（2022）第203009号

欧洲联盟内部司法上诉机制研究

责任编辑：张　丽
责任校对：张馨睿

出版发行：中国言实出版社
　　　　　地　　址：北京市朝阳区北苑路180号加利大厦5号楼105室
　　　　　邮　　编：100101
　　　　　编辑部：北京市海淀区花园路6号院B座6层
　　　　　邮　　编：100088
　　　　　电　　话：010-64924853（总编室）　010-64924716（发行部）
　　　　　网　　址：www.zgyscbs.cn　　电子邮箱：zgyscbs@263.net

经　　销：新华书店
印　　刷：北京虎彩文化传播有限公司
版　　次：2022年11月第1版　　2022年11月第1次印刷
规　　格：710毫米×1000毫米　　1/16　　25印张
字　　数：425千字

定　　价：56.00元
书　　号：ISBN 978-7-5171-4215-7

目　录

第一章　导论

第一节　解题

　　欧洲联盟内部司法上诉机制（以下简称"欧盟内部司法上诉机制"）是本书的研究对象，也是本书的研究主题。鉴于该机制的独特性与复杂性，有必要先交代与此主题密切相关的几个概念，以便于读者更清晰地对它有一个整体性了解与把握。同时，这些概念的辨析也有利于限定本书所论述的问题的范围，而不至于散漫而不着边际，使人不得要领。

　　首先是关于"内部司法"的定义。本书中所提及的内部司法针对的是国际组织的内部司法机制，它负责处理组织的行政当局与其职员之间基于就业关系所产生的争端，属于国际争端解决机制之一。该机制中的司法机构往往被称为"国际行政法庭"[①]（International Administrative Tribunal）。对于该争端解决机制，学界并没有形成一个绝对统一的标准性概念。因此，除了采用

[①] 学者阿梅拉辛格（C. F. Amerasinghe）在其参与编写的手册中对国际行政法庭名称的确定及其含义有过论述："国际行政法庭一般是由国际组织设立的司法机构，有权解决国际组织与职员之间有关雇佣问题的争端。解决国际组织与雇佣有关的内部争端的行政法庭已被国际组织行政当局称为'国际'法庭，从而确认它们存在于国际公共法律体系的领域。在国际劳工组织行法庭案的咨询意见书中，国际法院明确指出：'法院不否认行政法庭是一个国际法庭。'行政法庭是国际法庭，因为它们在国际法律体系中运作。它们与国家法院没有任何联系。"（C. F. Amerasinghe, "International Administrative Tribunals", in Cesare P. R. Romano, Karen J. Alter, and Yuval Shany eds.: *The Oxford Handbook of International Adjudication*, Oxford University Press, 2018, p.318. 关于该段所引用的国际法院的意见，参见 *Judgments of the Administrative Tribunal of the ILO upon Complaints Made against UNESCO*, Advisory Opinion, ICJ Reports, 23 October 1985, p. 24.）需要注意的是，本书所论述的对象，即欧盟内部司法上诉机制虽然曾在一段时间拥有与国际行政法庭相似的"公务员法庭"，但现阶段其内部司法机构与其他国际组织的国际行政法庭还是有些许差异。

"内部司法"[①]（Internal Justice）这一名称外，它还被称为"内部争端解决制度（Internal Dispute Resolution Regime）"[②]，或被称为"司法系统"[③]（System of Administration of Justice）[④]。但这些名称所指的对象大体相同，并无本质区别。所以在本书中，为行文方便，同时也为在引用他人著作时尊重作者原有的表达方式，可能会对这些名称交替使用，且在使用这些名称时，将它们所表达的含义视为相同。

其次是关于国际组织中"职员"的定义。从最宏观的角度看，国际组织的职员一般可以认为是在国际组织内部提供服务的人员，通常使用"staff"一词指代，该词通常还被译为"工作人员"。更多时候，这类群体被统称为"国际公务员"（International Civil Service）。[⑤]但各国际组织并未对"职员"的概念形成一个统一的定义，它们关于职员的分类方式不尽相同，而且这些分类方式往往都较为复杂。

虽然不能完全准确地将所有国际组织的职员进行统一分类与归纳，但大

---

① 关于该词的引用，可参见 Helmut Buss, Thomas Fitschen, Thomas Laker, Christian Rohde and Santiago Villalpando: *Handbook on the Internal Justice System at the United Nations*, New York: United Nations Publications, 2014; Abdelaziz Megzari: *The Internal Justice of the United Nations*, Koninklijke Brill NV, 2015. 而联合国官方也将其职员争端解决机制称为"内部司法系统（Internal System of Justice）"。（参见联合国内部司法系统的官方网站，https://www.un.org/cn/internaljustice/，2022 年 9 月 18 日访问。）

② See Rishi Gulati, "The Internal Dispute Resolution Regime of the United Nations Has the Creation of the United Nations Dispute Tribunal and United Nations Appeals Tribunal Remedied the Flaws of the United Nations Administrative Tribunal?", *Max Planck Yearbook of United Nations Law*, Volume 15, 2011, pp. 489–538.

③ 关于"administration of justice"一词，有学者认为在适用时可理解为司法的管理（judicial administration），这主要涉及两个领域，一是法院组织和人事的管理，一是诉讼的运行管理。（参见贺卫方：《中国司法管理制度的两个问题》，载《中国社会科学》1997 年第 6 期，第 118 页。）还有学者将其直接理解为"司'法'"或"司正义"。（参见张建伟：《法官核心价值观：司法的精神磁石》，载《理论周刊》2010 年第 22 期。原文的具体表述为："在许多国家，'司法'一词是用'公正'（justice）来表达的，司法就是'司正义'（administration of justice）"。）在该领域的研究中，似乎可以认为"司法管理"的内容过于局限，只包含了该机制的管理，而不能体现案件处理等其他内容。因此采用"司法"一词更为合适。

④ See eg., Louise Otis & Eric H Reiter, "The Reform of the United Nations Administration of Justice System: the United Nations Appeals Tribunal After One Year", *The Law and Practice of International Courts and Tribunals*, Vol. 10, No. 3, pp. 405–428; Paolo Vargiu, "From Advisory Opinions to Binding Decisions: The New Appeal Mechanism of the UN System of Administration of Justice", *International Organizations Law Review*, Vol. 7, No. 2, 2010, pp. 216–275; Phyllis Hwang, "Reform of the Administration of Justice System at the United Nations", *The Law and Practice of International Courts and Tribunals*, Vol. 8, No. 2, pp. 181–224.

⑤ See G. Langrod: *The International Civil Service Its Origins, Its Nature, Its Evolution*, Leyden: A. W. Sythoff, 1968.

体上可将他们分为两类，即通过任命文件产生正式就业关系的职员，与通过劳务性合同或其他方式提供服务，产生非就业关系的人员。第一类职员的就业关系一般基于国际组织行政当局与其职员签订的任命合同或行政当局签发的任用文书产生，并且该就业关系受到工作人员条例、工作人员细则等组织的内部法律文件的调整。这些职员可以按照合同的稳定性分为长期任用类职员和不定期任用类职员。[①] 其中长期任用类职员可以被具体称为"正式职员"，通常情况下可以用英文"official"[②] 来表达；第二类职员可被称为国际组织的"编外职员"（non-staff personnel）。依照联合国的专门研究报告，这个术语被广泛理解为与联合国系统的组织有直接合同关系，却不受有关组织的工作人员条例和细则约束的人员。[③] 国际组织创造出此类职员类型往往是为了节约成

---

① 在不同的国际组织，这类职员的名称有所不同，如在联合国可以分为长期任用（continuing appointment）、定期任用（fixed-term appointment）以及临时任用（temporary appointment）这三类职员，其中长期任用职员的就业稳定性最强，后两类职员的期待续约权一般情况下并不受法律保护，他们的就业关系一般都受《联合国工作人员条例与细则》（*Staff Regulations and Rules of the United Nations*）调整。（参见 United Nations Secretary-General, *Secretary-General's bulletin: Staff Regulations and Rules of the United Nations*, ST/SGB/2018/1/Rev.1, 1 January 2021, Rules 4.11, 4.12.）而在欧盟，职员则被分为编制职员（permanent staff）、合同职员（contract staff）以及临时职员（temporary staff），其中编制职员是无任命期限的欧盟公务员。（参见 European Personnel Selection Office (ESPO) website, "Types of employment", https://epso.europa.eu/en/eu-careers/staff-categories#tab-Temporary%20staff (last accessed on 9 August 2022).）编制职员的法律关系由《欧盟工作人员条例》进行调整，其他类别的职员由《欧盟其他工作人员就业条件》（*Conditions of Employment of Other Servants of the European Union*，CEOS）进行调整。

② 以欧盟为例，其《工作人员条例》第 1 条规定："本《工作人员条例》适用于联盟的职员"，此处"职员"的英文表达方式为"officials"而非"staff"。而《工作人员条例》第 5 条第 1 款进一步规定："《工作人员条例》所涵盖的职位，应根据其所涉职责的性质和重要性，分为行政职能组（administrators' function group, AD）、助理职能组（assistants' function group, AST）与秘书和办事员职能组（secretaries and clerks' function group, AST/SC）。"这类职员都属于"编制职员"这一大类别下的人员。（参见 Staff Regulations of Officials of the European Union, *in Consolidated text: Regulation No 31 (EEC), 11 (EAEC), laying down the Staff Regulations of Officials and the Conditions of Employment of Other Servants of the European Economic Community and the European Atomic Energy Community*, Document 01962R0031-20140501, 1 January 2022.）

③ 参见 Joint Inspection Unit, *Use of non-staff personnel and related contractual modalities in the United Nations system organizations: Note by the Secretary-General*, A/70/685, 26 January 2016, para. 16。该报告第 15 段提供了其他国际组织关于"编外职员"的定义，如联合国粮食及农业组织（Food and Agriculture Organization of the United Nations, FAO）通常根据工作人员与编外职员履行的职能，对两者加以区分。雇用工作人员履行具有长期连续性质的日常职责；征聘编外职员履行特定临时任务，详见其工作范围。国际电信联盟（International Telecommunication Union, ITU）将短期工作人员和正式工作人员视为工作人员，并将所有其他类别的人员视为编外职员。联合国开发计划署（The United Nations Development Programme, UNDP）将编外职员界定为与该组织有约束性合同安排的个体，个体根据该合同安排在确定的时间内提供与执行发展项目直接有关的职能及非核心服务，其服务条件仅受其合同条款管辖。

本和提升组织人事的灵活性。这类职员可能包括顾问（consultant）、个人承包商（individual contractor）、会员国免费提供的人员（gratis personnel）、实习生（intern）和志愿者（volunteer）等其他工作人员。[1]

但不论是通过任命文件产生就业关系的职员，还是编外职员，二者都为国际组织提供劳动服务，所以此种分类方式并不符合普遍的劳工原则，容易产生各国际组织任意使用编外职员的风险，最终可能损害编外职员的合法权益。因此，本书从权利平等的角度，对国际组织的职员采取尽可能宽泛的定义，将上述两种类型的职员都包括在其中。同时本书的职员还可以被理解为国际组织的前职员，以及在某些特定情况下职员的家属，包括子女、配偶[2]，甚至是职员的伴侣（couple）等通过职员与组织产生法律关系的主体[3]。

最后是关于"上诉"（appeal）的定义。在大部分国际组织，职员与行政当局的就业争端在诉诸内部司法机构前，需要经过行政性争端解决机构的前置处理，只有当事人对该结果不满时才可以向内部司法机构提起诉讼。[4] 所以有观点认为，此种由行政机构向司法机构转移争端管辖权的程序也属于"上

---

[1] 参见 United Nations Secretary–General, *Administration of justice at the United Nations: report of the Secretary-General*, A/73/217, 23 July 2018, para. 99。但不同的国际组织对编外职员的定义可能不完全相同。部分组织可能对某些类型的人员纳入工作人员规范调整的服务，并提供了相应的法律保障。例如欧盟《其他工作人员就业条件》在其第 1 条就规定了该规范适用于特别顾问（special advisers）。（参见 Conditions of Employment of Other Servants of the European Union, in *Consolidated text: Regulation No 31 (EEC), 11 (EAEC), laying down the Staff Regulations of Officials and the Conditions of Employment of Other Servants of the European Economic Community and the European Atomic Energy Community*, Document 01962R0031–20140501, 1 January 2022.）

[2] 联合国、欧盟以及经济合作与发展组织（Organization for Economic Cooperation and Development, OECD）等国际组织都在其工作人员条例或细则中规定了工作人员的子女、配偶以及受抚养人在职员执行公务受伤或死亡时获得赔偿的权利。（参见《联合国工作人员条例与细则》附录 D 第 1.1 条；《欧盟工作人员条例》第 31a 条；OECD, *Staff Regulations, Rules and Instruction Applicable to Officials of the Organization*, April 2019, Section III, Rule 17/1.14 (d).）

[3] 例如，前联合国行政法庭的 Berghuys 案以及 Adrian 案就明确认为异性和同性配偶都有权享受为雇员提供的福利，同时在 Adrian 案中还进一步体现了对登记伴侣关系的全面法律认可。（*Berghuys v. United Nations Joint Staff Pension Board*, Administrative Tribunal judgment no. 1063, 26 July 2002; *Adrian v. Secretary-General of the United Nations*, Administrative Tribunal judgment no. 1183, 30 September 2004.）

[4] See eg., International Labour Office, *Staff Regulations of International Labour Organization*, March 2021, Art. 13.3, 13.4, 13.5.; World Intellectual Property Organization (WIPO), *Staff Regulations and Staff Rules of The International Bureau of WIPO*, Administrative Manual Part A, January 1 2022., Rule 11.5.2; *Civilian Personnel Regulations of NATO*, 2016, Article 62.

诉"。但需要注意的是，此时的"初审"由作为职员争端当事方之一的行政当局负责，不具有司法性，可能并不能很好地保障争端处理的客观性与公正性。因此，本书基于充分保障人权的需要，同时也为了确保研究对象的准确性，对上诉机制进行狭义理解，将上诉限定于司法上诉。

第二节　研究背景

作为本书的研究对象，欧盟内部司法上诉机制本质上属于国际组织内部司法机制的一部分。[2] 因此其产生、发展与国际组织的演变紧密联系。

在全球化的浪潮下，国际组织需要承担更多职责，以更好地应对日趋复杂的全球性问题。[3] 这是现代国际法的重要特征之一[4]，并推动了国际组织的快

---

① 有观点认为国际劳工组织行政法庭是一个上诉法庭（appellate court），因为在向国际劳工组织行政法庭提出上诉之前必须用尽行政救济办法，先由组织的内部申诉机构进行处理。（参见 Laurence Fauth, "Due Process and Equality of Arms in the Internal Appeal: New Developments from Judgments 3586 and 3688", in Dražen Petrović, ed., *90 Years of Contribution of the Administrative Tribunal of the International Labour Organization to the Creation of International Civil Service Law*, Geneva: ILO Publication, 2017, p. 184.）

② 基于欧洲联盟的"超国家性"（supranational），许多学者将其视为一个特殊的国际组织。（例如，参见 Roger J. Goebel, "Supranational? Federal? Intergovernmental? The Governmental Structure of the European Union After the Treaty of Lisbon Structure of the European Union After the Treaty of Lisbon", *Columbia Journal of European Law*, Vol. 20, 2013; Alexander Orakhelashvili: *Akehurst's Modern Introduction to International Law*, 8th ed., New York: Routledge, 2019, p. 156; Peter L. Lindseth, "Supranational Organizations", in Jacob Katz Cogan, Ian Hurd, & Ian Johnstone eds., *The Oxford Handbook of International Organization*, Oxford University Press, 2016, Chapter 50.）一些国际法书籍在对国际组织进行讨论时也将其作为一个特殊的实体，甚至进行回避（参见白桂梅：《国际法》（第三版），北京大学出版社 2015 年版，第 504 页）。虽然欧盟基于其特殊性与传统国际组织相区别，但这些特殊性仅体现于欧盟活动的特定领域，并不能使欧盟脱离国际组织的一般性概念范畴。（参见 Lorenzo Gasbarri: *The Concept of an International Organization in International Law*, Oxford University Press, 2021, pp. 69–74.）同时，相比于其他领域，欧盟机构在其职员管理领域，与其他国际组织更具有可比性（例如都将组织职员的独立性作为管理的核心要求，参见 European Parliament, *Guide to the obligations of officials and other servants of the European Parliament (Code of conduct)*, 2008, I(A); World Health Organization ed., *Code of Ethics and Professional Conduct*, 2017, Article 16; International Civil Service Commission ed., *Standards of Conduct for the International Civil Service*, New York: United Nations, 2013, Article 8.），二者在根本宗旨、制度架构上更多地体现出相似性、同质性，并呈趋同化发展趋势，所以本书认为欧洲内部司法上诉机制属于国际组织内部司法机制。

③ See Henry G. Schermers & Niels M. Blokker: *International Institutional Law*, 6th ed., Martinus Nijhoff Publishers, 2018, pp. 3–4.

④ See Malcolm N. Shaw: *International Law*, 8th ed., Cambridge University Press, 2017, p. 984.

速发展。这种日新月异的发展不仅体现于国际组织数量的增长上[①]，还体现于各组织活动范围的扩大以及职能的扩张中[②]。以欧洲联盟（European Union，以下简称"欧盟"）机构的发展为例，1951 年成立的欧洲煤钢共同体（European Coal and Steel Community）是欧盟历史的开端，当时欧洲煤钢共同体仅负责协调 6 个成员国的煤炭和钢铁共同市场。[③]1992 年欧盟条约（Treaty on European Union）的签订则标志着"欧盟"的正式创建，此时联盟已经成为由 12 个成员国组成，并在经济、货币、外交与安全政策等领域被赋予重要职能的区域性国际组织[④]，并且此后欧盟也一直处于发展扩张之中[⑤]。

国际组织的快速发展对其内部行政能力提出了更高要求，与大多数国际组织一样，欧盟在发展过程也遇到内部职员的管理问题。

首先，组织对职员独立性的要求使这些职员无法通过诉诸国内司法获得救济。这是因为，基于职能必要理论，国家必须为国际组织提供必要的独立性，使其免受外部不合理影响，以确保组织能实现目的并履行职能。[⑥]而对国际组织独立性的要求也延伸在组织工作的国际公务员，这些工作人员"必须为共同利益而工作，超越一切特殊主义（particularism）"。[⑦]因此，他们在为组

---

① 20 世纪初，可记录的各类国际组织只有 213 个；而到 2022 年，可记录的国际组织的总数已经达到 74250 个，其中包括了 7846 个政府间国际组织。（参见 Union of International Associations ed., *Yearbook of International Organizations*, 2022/2023, Vol.5, The Netherlands: Brill, 2022, pp. 43–45.）这一统计数据对于国际组织的概念采用尽可能广泛的定义，包括了各复杂的国际组织中具有一定程度自治权的实体单位、不活跃或解散的国际组织，以及近期报告或提议筹建的国际组织等内容。后文关于国际组织数量的统计数据也采用该定义。

② 参见饶戈平主编：《全球化进程中的国际组织》，北京大学出版社 2005 年版，第 3 页。

③ See *Treaty establishing the European Coal and Steel Community (ECSC Treaty)*, 1951, Article 2.

④ See *Treaty of Lisbon amending the Treaty on European Union and the Treaty establishing the European Community*, Official Journal of the European Union C 306, 17 December 2007.

⑤ 如 2013 年 7 月 1 日，克罗地亚加入欧盟，成为其第 28 个成员国。（参见 An official EU website, https://european-union.europa.eu/principles-countries-history/country-profiles/croatia_en (last accessed on 9 Aug. 2022).）

⑥ 参见李赞：《国际组织的司法管辖豁免研究》，中国社会科学出版社 2013 年版，第 77–78 页。

⑦ G. Langrod: *The International Civil Service Its Origins, Its Nature, Its Evolution*, Leyden: A. W. Sythoff, 1968., p. 26.

织提供服务时应当避免国家压力的影响。这推动了国际公务员制度的诞生 [①]，该制度中的一项重要内容为组织与其职员的就业关系不受国内法管辖，他们的就业纠纷也不能被提交至国内法院 [②]。

但职能必要说并未免除国际组织的法律义务，只是允许组织不通过国家司法途径解决争端，如果不能提供必要的司法救济，组织将构成"拒绝司法"，[③] 这将可能导致国家法院的介入与干涉。[④] 因此，国际组织往往通过设立内部司法机构来对其内部职员的就业纠纷行使司法管辖权。[⑤]《欧盟工作人员条例》(*Staff Regulations of Officials of the European Union*，简称《工作人员条例》) 中就规定："欧盟法院对联盟与本《工作人员条例》所适用的任何人之间关于第 90 条第（2）款所指的对该人产生不利影响的行为的合法性的任何争议具有管辖权。在财务性质的争议中，法院应具有无限的管辖权。"[⑥]

---

① 早期的国际组织依靠主权国家公务员（通常是东道国的公务员，并由其他成员国提供财政援助）进行工作，他们被借调到国际组织国际局或办事处的行政部门，但仍受其本国的法律约束和管辖。(Santiago Villalpando: The law of the international civil service, in Jacob Katz Cogan, Ian Hurd, & Ian Johnstone eds., *The Oxford Handbook of International Organization,* Oxford University Press, 2016, Chapter 50, p. 1069–1070) 国际公务员制度概念的起源可追溯到国际联盟第一任秘书长埃里克·德拉蒙德（Eric Drummond）爵士的相关论述（参见 Thomas G. Weiss: International Bureaucracy: The Myth and Reality of the International Civil Service, *International Affairs (Royal Institute of International Affairs 1944-),* Vol. 58, No. 2 (Spring, 1982), p. 289.），在 1920 年由德拉蒙德撰写并在随后被提交至国际联盟理事会的报告中，他认为"一旦任命，（秘书处的人员）不再是其公民所属国家的公务员，而是暂时成为专一服务于国际联盟的公务员"。(参见 S. Battini, "Political Fragmentation and Administrative Integration: the Role of the International Civil Service", in Papanikolaou ed., United Nations Administrative Tribunal Conference, *International Administrative Tribunals in a Changing World*, London: Esperia Publication LTD, 2008, p. 184.)

② S. Battini, "Political Fragmentation and Administrative Integration: the Role of the International Civil Service", in Papanikolaou ed., United Nations Administrative Tribunal Conference, *International Administrative Tribunals in a Changing World*, London: Esperia Publication LTD, 2008, p. 185.

③ 参见李赞:《国际组织的司法管辖豁免研究》，中国社会科学出版社 2013 年版，第 235–236 页

④ 在 *Siedler v. Union de l'' Europe occidentale* 一案中，布鲁塞尔劳工法院拒绝给予西欧联盟（Western European Union）豁免权，认为其申诉委员会没有为公平审判提供必要的保障。(参见 *Siedler v. Union de l'' Europe occidentale*, Labor Court of Brussels, Judgment of 17 September 2003.)

⑤ 早在 1925 年，国际组织就面临争端解决机制的设计问题。当时国际联盟的 monod 案表明政治性机构不太适合处理个人的申诉，这引发了关于处理这些申诉的最佳方式的辩论。最后，国际联盟的成员国于 1927 年决定设立一个司法机构，即国际联盟行政法庭（也是国际组织第一个行政法庭），以保障申诉程序的法律性、独立性和公正性。(Dražen Petrović, "Longest-Existing International Administrative Tribunal: History, Main Characteristics and Current Challenges, in Dražen Petrović ed., *90 Years of Contribution of the Administrative Tribunal of the International Labour Organization to the Creation of International Civil Service Law*, Geneva: ILO Publication, 2017, pp. 20–21.)

⑥《欧盟工作人员条例》第 91 条第 1 款。

　　同时，此类争端解决机制不能只停留于形式上的存在与否，更应当为涉案职员提供充分、公正的司法保障，以有效地维护其诉诸司法的权利。这一实质性要求得到了国家以及国际司法机构的确认。[①] 上诉机制正是国际组织为更好地保障争端双方的权益，而对国际组织内部司法机制进行的一次深度探索与改革。

　　其次，"一切组织由人构成，一切权力由人行使，行政质量的高低决定于组成行政机关人员质量的高低。不可能设想庸碌无能的行政人员会高效率反映公众利益"[②]，任何国际组织条约、规范所设计的制度架构都需要组织职员的操作与配合，这样确保组织工作的顺利进行。对此有学者认为，稳定的就业关系和真正的职业前景是欧盟公务员制度的显著特征。[③] 因此，国际组织内部行政的高效运转也要求组织为其工作人员提供一个安全、稳定的工作环境。只有设立一个有效的争端解决机制尤其是司法机制，才能维护职员的必要权益以加强其工作积极性，并减少组织内部工作中的冲突。

　　在前述背景下，国际公务员群体数量的激增也是一个需要注重的问题。[④] 作为最初设立国际公务员制度的组织，国际联盟常设秘书处的工作人员只有数百人。[⑤] 与此截然不同，根据当前相关数据的不完全统计，欧盟机构目前有

---

① 在欧洲人权法院（European Court of Human Rights，ECtHR）于 1999 年就欧洲航天局（European Space Agency）在德国法院的司法豁免权作出了两项重要判决，法院指出"在确定根据《欧洲人权公约》是否允许德国提供管辖豁免时，一个'重要因素'为是否存在合理的替代方式和有效的手段来保护原告在《公约》下的权利。"（参见 *Waite and Kennedy v. Germany*, ECHR Judgment, Application no. 26083/94, 18 February 1999, para. 68; *Beer and Regan v. Germany*, ECHR Judgment, Application no. 28934/95, 18 February 1999, para. 58. 而《欧洲人权公约》第 6 条规定："任何人都有权在合理时间内由依法设立的独立法庭进行公正和公开的审理"。国际法院（International Court of Justice）则在咨询意见中明确将联合国行政法庭的设立与《联合国宪章》所表达的促进个人自由和正义的目标相联系。（参见 *Effect of Awards of Compensation Made by the United Nations Administrative Tribunal, Advisory Opinion*, ICJ Reports, 1954, p. 14.）

② 王名扬：《王名扬全集：美国行政法》，北京大学出版社 2016 年版，第 144 页。

③ See Jesús Fuentetaja, *European Union Civil Service Law*, European Parliament Directorate for Citizens' Rights and Constitutional Affairs, Brussels: European Parliament, 2011, p. 4.

④ 仅根据已公开资料的粗略统计，目前国际组织的国际公务员总数可能达到 220000 名。（参见 Gerhard Ullrich: *The Law of the International Civil Service--Institutional Law and Practice in International Organisations*, Duncker & Humblot Press, 2018, pp. 50–52.）

⑤ 1925 年，国际联盟秘书处包括所有文书服务在内的员工总数约为 400 人。（参见 Raymond Leslie Buell: *International Relations*, H. Holt, 1929, p. 670.）

约 60,000 名工作人员 [1]，这已经超过了大多数国际组织以及许多欧盟成员国中央政府的公务员数量。[2] 面对如此庞大的公务员群体，如何更好地改进争端解决机制以平衡公正与效率的冲突，是当前国际组织需要解决的问题，也是欧盟内部司法上诉机制改革的争论焦点。

因此，欧盟对外维护组织及其职员的独立性和对内确保行政机构与职员法律关系稳定的需要，影响了其内部司法机制的塑造。这是欧盟内部司法上诉机制研究的重要背景。

第三节　研究意义

一、加强对欧盟内部司法机制以及欧盟公务员法的研究

依附于欧盟法院（Court of Justice of the European Union，CJEU）的发展，欧盟的内部司法机制在整个国际组织内部司法领域中都较为成熟。法院的历次重大改革都涉及其审级的变化，其中包括专门针对欧盟公务员争端领域司法上诉机制的改革。因此上诉机制是欧盟内部司法研究无法回避的一个主题。

通过内部司法机制的司法判例以及在裁判中的法律适用，欧盟已经形成了一套完备且不断发展完善的公务员法律体系，而该法律体系属于欧盟行政法的一部分。欧盟内部司法机制通过司法裁判将欧盟公务员法的理论与实践相联系，甚至可以对欧盟行政法的一般原则产生影响。与过去多以一审终审的司法机关及其案件为主的研究方式不同，上诉机制能够为此类研究提供一个全新的视角，并进一步加深对该法律体系的探索。

---

[1] See An official EU website, "Jobs & traineeships in EU institutions", https://european-union.europa.eu/live-work-study/jobs-traineeships-eu-institutions_en (last accessed on 9 Aug. 2022).

[2] 世界银行的工作人员为 12528 人，（参见 World Bank Group's External and Corporate Relations unit, *World Bank Annual Report 2021*, The World Bank, 2021, p. 92.）联合国秘书处和联合国系统有关实体工作人员总人数为 79605 人，秘书处的工作人员人数为 36827 人。（参见 United Nations Secretary-General, *Report of the Secretary-General: Composition of the Secretariat*, A/76/570, 29 November 2021, p. 21.）同时，欧盟工作人员的数量远超斯洛伐克、西班牙、波兰等国中央政府的公务员数量，接近于瑞典的 69256 人。（参见 Eurostat, "National civil servants in central public administration", https://ec.europa.eu/eurostat/web/products-datasets/-/prc_rem_nr (last accessed on 9 Aug. 2022.)）

而在我国相关研究领域，先不论欧盟内部司法上诉机制，涉及欧盟内部司法，乃至整个国际组织内部司法研究的学术成果都并不多见。因此，本书将以欧盟内部司法上诉机制为中心，对其司法架构的发展历程进行概述，并就上诉机制的组织、运作制度以及法律适用等问题进行深入探析，期待能够对欧盟内部司法机制以及欧盟公务员法领域尽可能地进行开拓性研究。

二、推动国际组织内部司法机制的系统性研究

内部司法上诉机制在整个国际组织内部司法系统中尚属凤毛麟角。目前国际组织中只有联合国与欧盟设置了内部司法上诉机制。通过上诉机制，国际组织行政当局与其工作人员的争端能够以更合理、公正的方式得到处理。同时，在联合国最新的相关报告中，通过上诉机制建立一个共同的上诉机构还被作为统一国际组织内部司法机制的方案之一。[1] 因此，可以认为，上诉机制在国际组织内部司法体系中属于重要的制度创新。

联合国的内部司法上诉机制于 2009 年才开始正式运作[2]，而欧盟内部司法上诉机制的设立可追溯至 1988 年《官方公报》（*Official Journal*）关于建立初审法院决议的公布[3]。作为国际组织内部司法机制中的"独角兽"，欧盟内部司法上诉机制经历了更长时间的考验，在这个过程中它需要面对上诉机制乃至国际组织内部司法机制的普遍性问题，因此上诉机制在欧盟的内部司法实践中已运用得比较成熟，成效显著。所以对其改革经验以及所形成的独特制度进行分析总结，并与其他国际组织内部争端解决机制进行比较分析，能够在

---

[1] 参见 United Nations Secretary–General, *Initial review of the jurisdictional set-up of the United Nations common system: Report of the Secretary-General*, A/75/690, 15 January 2021, paras. 112, 113。早在 20 世纪 70 年代，国际组织内部争端解决机制的统一化讨论就已经出现，这种想法在联合国大会中被反复提及，但因各种原因而被搁置，秘书长于 2021 年又将其重新提出。（可参见 Federation of International Civil Servants' Associations, *Studies and Policies No. 4 - Recourse Procedures in the Organizations of the United Nations System*, Geneva, 1977, Recommendation IV. (a). ）

[2] 联合国大会在 2009 年 3 月任命联合国争议法庭（United Nations Dispute Tribunal，UNDT）与上诉法庭（United Nations Appeal Tribunal，UNAT）的法官后，确定他们从 2009 年 7 月 1 日起开始履行职务。（参见 General Assembly, *Official Records*, A/63/PV.76 and A/63/PV.77, 31 March 2009. ）

[3] See Council of the European Communities, *88/591/ECSC, EEC, Euratom: Council Decision of 24 October 1988 establishing a Court of First Instance of the European Communities*, Official Journal of the European Communities L 319, 25 October 1988.

一定程度上推动国际组织内部司法机制研究的进一步体系化。

三 、丰富国际司法机制中与上诉权相关的理论与制度

事实上，司法上诉机制不仅在国际组织内部司法中较为罕见，在整个国际司法机构中都是如此。[①] 并且目前国际司法制度中的上诉多集中于刑事案件为主的相关领域，在行政领域很难找到一个与欧盟内部司法上诉机制类似的上诉机制。同时，如前文所述，欧盟内部司法上诉机制形成的时间相当早，且形成了一套较为成熟的运作体制，包括上诉机构的内部结构、上诉程序以及上诉审的法律适用，这些内容都值得其他国际司法机构参考借鉴。

因此，对欧盟内部司法上诉机制进行研究，有利于填补国际法领域行政司法上诉机制的理论与实践空白，同时也能在整体上丰富国际司法机制中与上诉权相关的理论与制度。

四 、为国际组织其他重要法律问题的研究夯实基础

欧盟内部司法上诉机制看似只是欧盟司法系统中的一小部分，但事实上它处于国际组织内部法律十字路口的中心。有观点认为，国际组织的公务员制度极具特色，是一个复杂的法律结构，涉及国际法的许多实质性主题，包括行政、人权、劳动或合同法，同时也与国际组织管辖豁免、全球治理以及法治等概念相联系。[②] 这种特征也体现在其内部司法机制上，负责国际组织职员争端解决的司法机构像是一个独特的思想和制度实验室，通过司法检验的法律理论、制度随后可以拓展到国际法的其他领域。

---

① 有少部分司法机构可以受理上诉，如国际刑事法院、欧洲人权法院。有的国际司法机构则具有类似于上诉的程序，如在国际法院，当事方如果发现了决定性的新事实，可以申请解释或修改判决。但这些程序都不能称为严格意义上的上诉。（参见 Chiara Giorgetti, *International adjudicative bodies*, in Jacob Katz Cogan, Ian Hurd, & Ian Johnstone eds., *The Oxford Handbook of International Organization*, Oxford University Press, 2016, pp. 894–895.）

② See Santiago Villalpando, "Managing international civil servants", in Sabino Cassese ed., *Research Handbook on Global Administrative Law*, Edward Elgar Publishing, 2016, p. 80; Santiago Villalpando, "The law of the international civil service", in Jacob Katz Cogan, Ian Hurd, & Ian Johnstone eds., *The Oxford Handbook of International Organization*, Oxford University Press, 2016, p. 1084.

这种特征已经引起部分外国学者的关注，例如有学者将全球治理中的合法性与问责制跟国际组织公务员争端解决机制相联系，视其为组织内部的一种特殊的问责机制[①]；或将其与行政正义（administrative justice）相联系[②]。但国内的此类研究可谓少之又少。[③]整体上，在国际组织内部司法机制中仍然有许多问题未能得到专门研究。

因此，国际组织内部司法虽然看似处于国际组织法的一个不怎么起眼的角落，但从某种意义上看，它更像是包含丰富内容的"冰山一角"，能为国际组织法乃至国际法和国际司法的基础研究提供更加开阔的视野以及更多元的理论、实证材料。而欧盟内部司法上诉机制将"上诉"这一独特而重要的主题带入国际组织内部司法机制，能够对此领域的理论与实证进行深化与拓展，对国际组织其他重要法律问题研究基础的进一步夯实不无裨益。

五、为中国参与全球治理提供国际组织内部理论储备

2022年10月16日，习近平总书记在党的二十大报告中指出："中国积极参与全球治理体系改革和建设，践行共商共建共享的全球治理观，坚持真正的多边主义，推进国际关系民主化，推动全球治理朝着更加公正合理的方向发展"。[④]作为国际社会发展到一定阶段的产物，国际组织可以通过为国家提供更有效与规范的多边合作[⑤]，来推动国家间的共商共建共享与国际关系的规范化，并以此服务于全球治理体系改革和建设。

因此，中国作为一个发展中的大国，有必要借助国际组织促进现代化建

[①] See Benedict Kingsbury & Richard B. Stewart, "Legitimacy and Accountability in Global Regulatory Governance: The Emerging Global Administrative Law and the Design and Operation of Administrative Tribunals of International Organizations", in Papanikolaou ed., United Nations Administrative Tribunal Conference, *International Administrative Tribunals in a Changing World*, London: Esperia Publication LTD, 2008.

[②] See Niamh Kinchin: *Administrative justice in the UN*, Published by Edward Elgar, 2018.

[③] 已有的相关研究可参见李赞：《国际组织的司法管辖豁免研究》，中国社会科学出版社2013年版。作者将国际组织内部争端解决机制作为组织管辖豁免的平衡机制的一部分来进行论述。

[④]《习近平提出，促进世界和平与发展，推动构建人类命运共同体》，载中国政府网2022年10月16日，http://www.gov.cn/xinwen/2022-10/16/content_5718834.htm，最后访问时间：2022年10月17日。

[⑤] 参见饶戈平主编：《国际组织法》，北京大学出版社1996年版，第7页。

设，履行国际义务，在国际社会中发挥更大的影响力。① 自 1971 年中国恢复在联合国合法席位开始，到 2001 年中国加入世界贸易组织，再到 2015 年中国主导的亚洲基础设施投资银行的成立，中国对国际组织活动的参与显得愈加深入和主动。据统计，中国成为正式成员的政府间国际组织，1977 年为 21个，1998 年为 52 个②，2018 年则达到 717 个。③

但与此相对，作为新兴大国，中国在国际组织中的领导力和代表性与其经济增长、世界发展贡献不相匹配，也与其涉外法治发展的规划有不小的距离。④ 这体现于两个方面。首先，中国在国际组织领域的一块明显短板即为国际公务员的培养明显不力。目前国际组织内部的中国籍国际公务员的数量仍然处于较低水平⑤，有研究者曾表示"中国（在国际组织中）的代表权落后于

① 参见饶戈平主编：《全球化进程中的国际组织》，北京大学出版社 2005 年版，第 18 页。以中国"一带一路"倡议为例，已有越来越多的国际组织参与到"一带一路"倡议中（目前签署合作文件的国际组织为 32 个，参见《我国已与 147 个国家、32 个国际组织签署 200 多份共建"一带一路"合作文件》，载中国政府网，http://www.gov.cn/xinwen/2022-01/19/content_5669215.htm，2022 年 6 月 13日访问。），这些组织有利于进一步推动国家合作共识，为我国参与全球治理重新定义现有的国际经济和政治规则提供可能和便利。

② Union of International Associations ed., *Yearbook of International Organizations*, 1998/1999, Vol. 2, p. 1762.

③ 但横向对比美国（980 个）、德国（1502 个）以及法国（1715 个），中国仍然有巨大的发展空间。（ Union of International Associations ed., *Yearbook of International Organizations*, 2019/2020, Vol. 5, p. 73. ）

④ 2021 年 11 月 11 日十九届六中全会通过的《中共中央关于党的百年奋斗重大成就和历史经验的决议》指出："我国积极参与全球治理体系改革和建设，维护以联合国为核心的国际体系、以国际法为基础的国际秩序、以联合国宪章宗旨和原则为基础的国际关系基本准则，维护和践行真正的多边主义。"这体现出以联合国为主的国际组织在我国参与全球治理和发展对外关系中的重要性。（《中共中央关于党的百年奋斗重大成就和历史经验的决议》，载新华网，http://www.news.cn/politics/leaders/2021-11/16/c_1128069706.htm，2022 年 5 月 1 日访问。）2019 年"金砖国家"（BRICS）共同发表的《巴西利亚宣言》也指出："我们重申迫切需要加强和改革多边体系，包括联合国、世贸组织、国际货币基金组织和其他国际组织，我们将继续努力使其更具包容性、民主性和代表性，包括通过更多新兴市场的参与和发展中国家参与国际决策。"（*Brasilia Declaration*, 11th BRICS Summit, Brazil, 14 November 2019, Article 6. ）

⑤ 以联合国秘书处为例，秘书处包括了来自 191 个国家的 36827 名职员，而中国籍国际公务员的任职人数共计 545 人，在任职人数情况调查中被排在"任职人数不足"这一层级，远低于任职人数较多的美国（2482 人）、法国（1388 人）、刚果民主共和国（1856 人）、肯尼亚（1729 人）等国家。值得注意的是，这一数字比 2019 年的 565 人还要少 20 人，中国籍国际公务员在联合国秘书处任职的人数在这一年不增反降。（参见 United Nations Secretary-General, *Report of the Secretary-General: Composition of the Secretariat*, A/76/570, 29 November 2021; United Nations Secretary-General, *Report of the Secretary-General: Composition of the Secretariat*, A/75/591, 9 November 2020. ）可以认为，中国在联合国的公务员代表占比低得"令人吃惊"（ Michal Parizek& Matthew D Stephen, "The long march through the institutions: Emerging powers and the staffing of international organizations", *Cooperation and Conflict*, 2021, p. 12. ）

其令人震惊的经济增长"。①

其次,虽然部分国际组织也开始选择中国作为其总部所在地,但这一数字仍然不高,据统计,2001 年有 136 个国际组织在中国设立总部或地区中心(包括香港 65 个,台湾 30 个),在这之中只有 4 个政府间国际组织("台湾"3 个)②,2018 年为 509 个(包括香港 175 个,台湾 99 个),在这之中有 22 个政府间国际组织(台湾 5 个)③。同时,目前中国主导设立的众多国际组织仍未建立内部司法机制。④ 基于国际组织的内部司法与其职能履行的联系,我国能否充分利用国际组织这个国际法工具来为全球治理贡献中国力量还有待观察和积极努力。

内部司法机制作为国际组织发展完善的一项重要内容,已引起中国的高度重视。在 2022 年 10 月 17 日举行的第 77 届联合国大会第六委员会关于"联合国内部司法"的会议中,中方代表表示,联合国内部司法系统对于加强联合国系统内部建设、保障员工合法权益具有重要意义。⑤ 中华人民共和国最高人民法院的一名法官首次成功获任国际劳工组织行政法庭(International Labour Organization Administrative Tribunal,ILOAT,简称"劳工组织行政法庭")的法官⑥,还有另外两名法官也参与到联合国内部司法系统争议法庭和上诉法庭的法官竞选中,并于 2022 年 11 月 15 日分别成功当选为联合国争议法庭和上诉法庭的法官。⑦ 值得注意的是,在第 77 届联合国大会第六委员会关于

---

① Michal Parizek& Matthew D Stephen: The long march through the institutions: Emerging powers and the staffing of international organizations, *Cooperation and Conflict*, 2021, p. 12.

② Union of International Associations ed., *Yearbook of International Organizations,* 2001/2002, Vol. 5, pp. 73-74.

③ 同一时期,在美国设立总部的政府间国际组织为 368 个,法国为 417 个,俄罗斯为 39 个,日本为 24 个。Union of International Associations ed., *Yearbook of International Organizations*, 2019/2020, Vol. 5.

④ See The Asian Infrastructure Investment Bank (AIIB), *AIIB Paper on the Oversight Mechanism*, July 10 2019, https://www.aiib.org/en/about-aiib/governance/_common/_download/paper-on-the-oversight-mechanism-public.pdf.

⑤《中方支持完善联合国内部司法系统管理机制》,载新华网 2022 年 10 月 12 日,http://www.news.cn/world/2022-10/12/c_1129061031.htm,2022 年 10 月 17 日。

⑥ See *Report of the Finance Committee of Government Representatives*, ILC.109/Record No. 4A, 10 June 2021, p. 15.

⑦《中方支持完善联合国内部司法系统管理机制》,载新华网 2022 年 10 月 12 日,http://www.news.cn/world/2022-10/12/c_1129061031.htm,2022 年 10 月 17 日。

"联合国内部司法"的会议上，中方表示支持通过推陈出新完善联合国内部司法系统管理机制。上诉机制作为国际组织内部司法系统的创新性发展，与此相契合。

在研究欧盟内部司法上诉机制以及欧盟公务员制度的过程中所遇到的问题具有一定普遍性和参考价值，因此能对当前国际组织的内部行政制度进行一定程度的比较分析，从而有助于找到发展的方向和改革的方案。这也有助于中国籍国际公务员更好地掌握国际组织内部司法救济途径，使其能够更快地融入国际组织的工作环境，契合当前我国涉外法治人才培养政策。[①] 而上诉机制又是当前国际组织公务员争端解决机制的一个重要发展趋势，因此本书研究也将为在我国主导设立的亚洲基础设施投资银行（Asian Infrastructure Investment Bank，AIIB）、上海合作组织（Shanghai Cooperation Organization，SCO）、亚太空间合作组织（Asia-Pacific Space Cooperation Organization，APSCO）以及金砖国家新开发银行（New Development Bank，NDB）等国际组织可能建立的内部争端解决机制提供参考。[②]

第四节 研究现状

一、国内研究现状

当前国内对国际公务员争端解决机制乃至欧盟职员争端解决机制的研究

[①] 2021 年 1 月 10 日国务院印发的《法治中国建设规划（2020—2025 年）》（以下简称"《规划》"）明确提出"加大涉外法治人才培养力度，创新涉外法治人才培养模式"的培养要求。（《中共中央印发〈法治中国建设规划（2020—2025 年）〉》，载新华网，http://www.xinhuanet.com/legal/2021-01/10/c_1126966552.htm，2022 年 6 月 13 日访问。）可以认为，加强涉外法治人才培养的一个很重要的方面即是加强我国在国际组织任职的国际公务员培养。

[②] 目前，亚洲基础设施投资银行公开资料显示："《工作人员条例》第 13 条第（4）款与这一程序完全不同，规定'应设立（总裁行政复议决定）向独立行政法庭提出上诉的程序。'随着本行在上述工作人员申诉程序方面积累了经验，将适时设立独立行政法庭。"因此亚投行内部法律制度仍在建设之中，其争端解决机制模式的选择将会影响到后续亚投行职能的有效履行。（参见 The Asian Infrastructure Investment Bank (AIIB), *AIIB Paper on the Oversight Mechanism*, July 10 2019, https://www.aiib.org/en/about-aiib/governance/_common/_download/paper-on-the-oversight-mechanism-public.pdf.）

都不活跃，也不充分，更遑论更为聚焦的欧盟内部司法上诉机制了。

根据目前所能查找到的资料，首次对国际组织公务员争端解决机制进行关注的文献为1987年黄惠康教授的《国际公务员制度初探》，其在文章末尾论述国际公务员权益保护时提及了作为国际组织公务员争端解决机制的国际行政法庭。[①] 在这之后最突出的成果为邓烈教授二十多年前所著的《国际组织行政法庭》[②]，该书对作为国际组织内部司法机制以及国际公务员制度核心机构的"国际组织行政法庭"进行了详细论述，谈及国际组织行政法庭的概念内涵、内部构造、法律适用等诸多方面，对该领域进行了初步开拓，并提供了丰富的案例实践。其他涉及国际公务员争端解决机制研究的重要著作有李赞教授的《国际组织的司法管辖豁免研究》[③]，国际组织的司法管辖豁免与其内部司法机制具有密切联系，该书在论述国际组织的特权与豁免时于第五章专门研究了作为国际组织司法管辖豁免的平衡机制的争端解决，并在其他章节探讨了国际组织的公务员争端解决机制所必要的基本构成及相关概念和理论。而饶戈平教授在《国际组织法》[④] 第八章中论述了国际组织内争端的解决，并在其第四节约略探讨了个人与国际组织之间的争端解决。

有关国际组织职员争端解决机制的论文主要包括邓烈的《国际行政法庭中的法律适用》[⑤]、《国际行政法庭与国际法的渊源》[⑥]、《国际行政法庭诉讼管辖的几个特点》[⑦] 和《国际行政法庭的诉讼管辖与案件的可接受性问题》[⑧]，这些论文都是基于其先前著作内容的扩展研究。而关于国际组织内部司法的近期研究为刘丽娜和奥古斯丁·瑞尼斯发表的《国际公务员司法救济的欧盟新视角》[⑨]，但文章的内容主要为对欧盟成员国司法实践的法律分析，并以人权理论

[①] 黄惠康：《国际公务员制度初探》，载《青年国际法文集》，中国政法大学出版社1987年版。

[②] 邓烈：《国际组织行政法庭》，武汉大学出版社2002年版。

[③] 李赞：《国际组织的司法管辖豁免研究》，中国社会科学出版社2013年版。

[④] 饶戈平：《国际组织法》，北京大学出版社2000年版。

[⑤] 邓烈：《国际行政法庭中的法律适用》，载《厦门大学法律评论》2003第1期。

[⑥] 邓烈：《国际行政法庭与国际法的渊源》，载《法学评论》2004年第5期。

[⑦] 邓烈：《国际行政法庭诉讼管辖的几个特点》，载《昆明理工大学学报（社会科学版）》2010年第5期。

[⑧] 邓烈：《国际行政法庭的诉讼管辖与案件的可接受性问题》，载《河南省政法管理干部学院学报》2010年第6期。

[⑨] 刘丽娜、奥古斯丁·瑞尼斯：《国际公务员司法救济的欧盟新视角》，载《求索》2011年第11期。

为中心对国际组织在国际公务员诉讼领域的国内法院司法豁免进行讨论，为国际公务员提供可行的救济途径，而缺少对于组织内部司法机制本身的研究。

将研究领域进一步缩小，对欧盟职员争端解决机制或其上诉机制进行专门论述的相关研究更是少之又少。涉及欧盟职员争端解决机制的专著为邓烈的《国际组织行政法庭》[①]，其在部分章节对欧盟职员争端解决机制的发展历程进行了概述，并分析了其"两审制司法体制"，但该研究的相关资料集中于2000年甚至更早之前，并未对随后欧盟公务员法庭的设立与废除进行详细论述，也没有以上诉机制视角来分析欧盟职员争端解决机制。涉及欧盟内部司法上诉机制的论文则为赵海峰和李晶珠的《21世纪欧盟法院体系的新发展：欧盟公务员法庭评析》[②]，文章简略地提及了欧盟公务员法庭的上诉制度。与此相关的文章还包括马朝莹的《欧盟法院管辖权初探》[③]以及徐佳的《论欧盟公务员法庭》[④]。但上述涉及欧盟内部司法机制研究的文章并未对该机制的制度、理论以及实践进行深入探讨。

通过国内关于欧盟内部司法上诉机制以及国际组织公务员争端解决机制的相关文献可以看出，目前并没有对国际组织内部司法上诉机制进行专门研究的论著。且从整体上看，有关欧盟内部司法上诉机制的研究具有数量稀少、内容不全面、阶段滞后这几个特征，未能紧跟国际组织内部司法机制日趋复杂、体系化的发展趋势，也与国家涉外法治建设的政策、需求不相匹配。本书的研究将以欧盟内部司法上诉机制为中心，期望能尽可能地填补国内相关领域的学术研究空白。

二、国外研究现状

有关欧盟内部司法上诉机制的外国文献非常丰富。这些研究成果多集中于欧美，尤其是欧盟成员国的学者。虽然有法语、德语、立陶宛语等相应的

---

① 邓烈：《国际组织行政法庭》，武汉大学出版社2002年版。

② 赵海峰、李晶珠：《21世纪欧盟法院体系的新发展 欧盟公务员法庭评析》，载《法律适用》2007年第7期。

③ 马朝莹：《欧盟法院管辖权初探》，载《公民与法（法学）》2011年第3期。

④ 徐佳：《论欧盟公务员法庭》，载《忻州师范学院学报》2008年第3期。

研究文献，但欧盟内部司法上诉机制的研究多集中于英语文献，非英语文献并不多，且囿于语言能力的局限，本书以参考英语文献为主，而仅在有限且必要的范围对其他非英语文献如法语文献进行适度引用，毕竟欧盟实际运用得最多的工作语言就是英语和法语。以下为笔者基于个人目前已有材料对欧盟内部司法上诉机制国外研究现状进行的简单梳理。

对欧盟内部司法上诉机制进行研究的论著中，第一类为以国际组织公务员争端解决机制为研究对象，在论述中或多或少包括了欧盟内部司法上诉机制的论著，相应的成果包括但不限于：C. F. Amerasinghe: *The Law of the International Civil Service*/1, 2., rev. ed.[1]; Gerhard Ullrich: *The Law of the International Civil Service*[2]; Santiago Villalpando: *The law of the international Civil Service*[3]; 等等。

第二类从欧盟法院的研究角度出发，全部或部分对上诉权或与上诉机制有关的内容进行分析，具有代表性的论著有：Naômé Caroline: *Appeals Before the Court of Justice of the European Union*[4]; Michal Bobek ed.: *Selecting Europe's Judges: A Critical Review of the Appointment Procedures to the European Courts*[5]; Koenraad Lenaerts, Ignace Maselis, Kathleen Gutman & Janek Tomasz Nowak: *EU procedural law*[6]; Petrescu O.M.: *Theoretical Approach of the Main Means of Appeals in the European Procedural Law*[7]; Henriikka Leppo: *Improving The Court System of The European Union?: The 2015 Reform of the General Court in Historical Context and Looking Ahead*[8]; Daniel Sarmiento: *The Reform of the General Court: An Exercise in Minimalist (but Radical) Institutional Reform*[9]; Butler G.: *An Interim*

---

[1] Oxford : Clarendon Press, 1994.

[2] Berlin Duncker & Humblot, 2018.

[3] Jacob Katz Cogan, Ian Hurd, & Ian Johnstone eds., *The Oxford Handbook of International Organization*, Oxford University Press, 2016, Chapter 50.

[4] Oxford University Press, 2018.

[5] Oxford University Press, 2015.

[6] Oxford University Press, 2014.

[7] Annals of the Brazilian Academy of Sciences, Vol. 87, No. 4, 2015, pp. 2317–2333.

[8] University of Helsinki, Faculty of Law, Licentiate Thesis in EU Law, 2018.

[9] *The Cambridge yearbook of European legal studies*, Vol. 19, 2017, pp. 236–251.

Post-mortem Specialised Courts in the EU Judicial Architecture after the Civil Service Tribunal[1]；等等。

第三类论著则对欧盟内部司法机制进行全面分析，或对内部司法机制中的判例、具体制度进行专门论述。相应的文献包括：Kieran Bradley: *European Union Civil Service Law*[2]；Jesús Fuentetaja: *European Union Civil Service Law*[3]；Giacomo Gattinara: *Fundamental Rights in European Union Civil Service Law*[4]；Ian Richard Scott: *Looking back at M. v. EMEA: Its Contribution to the Development of Appeal and Review Procedures in EU Civil Service Law and Litigation*[5]；Hazel Cameron: *Establishment of the European Union Civil Service Tribunal*[6]；等等。

第四类则为欧盟法院每年公布的《年度报告》(*Annual Report*)等官方文件，这些文件通常会对公务员领域的判例法以及欧盟法院机制的改革进行介绍与分析。

上述文献分类的方式仅为个人看法，不一定完全充分与准确。具体内容可参见本书的相关注释以及文章结尾附录中的主要参考文献。

从以上对欧盟内部司法上诉机制的相关外国文献所进行的分析可以看出，虽然西方学者对欧盟职员争端解决机制已经进行了较为深入的研究，且其中不可避免地会在一定程度上对上诉机制进行论述。但根据目前所掌握的资料，以上诉机制为视角对欧盟内部司法机制进行的研究暂时还处于空白阶段：对欧盟司法的上诉机制进行研究的论著并不专注于处理职员争端的内部司法机制，而研究欧盟内部司法机制的论著也没有对上诉问题进行专门研究。

同时这些研究大部分都只对欧盟内部司法机制进行孤立分析，而未将其置于国际组织公务员争端解决机制的大系统中进行比较研究。由于欧盟自身的特殊性，对国际组织公务员争端解决机制进行深入研究的论著，一般也并

---

[1] *International Organizations Law Review*, Vol. 17, No. 3, 2020, pp. 586–632.

[2] Herwig C. H. Hofmann et.al. ed., *Specialized Administrative Law of the European Union*, Oxford University Press (2018), Chapter 21.

[3] European Parliament Directorate for Citizens' Rights and Constitutional Affairs, 2011.

[4] *ERA-Forum*, Vol. 16, No. 4, 2015, pp. 529–545.

[5] *Common Market Law Review*, 2012, pp. 1457–1474.

[6] *The law and practice of international courts and tribunals: a practitioners' journal*, Vol. 5, No. 2, p. 273–283.

不将欧盟职员争端解决机制作为重心。考虑到欧盟职员争端解决机制与其他国际组织公务员争端解决机制的关联性与趋同性，以及上诉机制在国际组织争端解决机制发展过程中的独特性与重要性，此种比较视角的缺乏较为可惜。因此本书或能在先前研究的硕果上，以上诉机制为焦点把对欧盟乃至国际组织内部司法机制的研究推向一个新的高度。

第五节　研究目标

本书将欧盟内部司法上诉机制作为研究对象，主要想实现如下几个研究目标。

一、探求欧盟内部司法上诉机制的设立依据

通过本书后文的内容可知，欧盟内部司法上诉机制在处理职员争端时所适用的欧盟公务员法具有公法性质，同时争端的当事方之一为组织的行政当局，因此欧盟内部司法上诉机制一般被认为更偏向于行政司法性质。而当前国际司法上诉机制的理论基础多集中于刑事领域，在国际司法权利保障的研究中，对于行政性诉讼的上诉权进行保障的依据仍存在较大争议。

因此本书拟主要从实践依据与理论依据两个层面，对欧盟内部司法上诉机制的设立依据进行探析，以期能对该问题的解决提供有益参考。

二、梳理欧盟内部司法上诉机制司法架构的变化

欧盟内部司法上诉机制的司法架构经历了几次重大的变革，而每次变革都带来了相应制度、机构的创新。先前相关的研究多集中于欧盟法院整体，缺少对其公务员争端解决上诉机制的专门论述。考虑到最近两次改革都与公务员争端解决上诉机制的变动有直接联系，有必要以欧盟内部司法上诉机制为对象来阐述欧盟法院历次改革的内容。这对于欧盟内部上诉机制发展历程的梳理与探讨极具价值。通过该研究过程，还能够对欧盟法院的司法架构有

更详尽的了解。

三 、阐明欧盟内部司法上诉机制的内部结构与诉讼程序

欧盟内部司法上诉机制的内部结构与诉讼程序将影响上诉机制能否有效运行。这也是国际组织内部司法机制及其上诉机制所要面对的一个重要问题。

上诉机制中司法机关的内部结构包括许多要素，如法官的选任、庭审的组成或是各级机构直接的相互关系，这些内容都将影响上诉机制的司法独立性、公正性以及司法效率，最终影响组织对其职员提供司法救济的质量。与此相似，上诉机制的诉讼程序也能够通过对上诉机构司法管辖权范围的确定、命令或判决的执行等内容，直接影响对职员司法救济的保障程度。而提供公正有效的司法救济，是有效解决职员争端，并维护组织内部行政正常运转的重要条件，也是国际组织在职员管理领域获得特权与豁免的基础要件之一。

因此，欧盟内部司法上诉机制的内部结构与诉讼程序对于上诉机制的研究具有相当重要的价值与意义。

四 、明确欧盟内部司法上诉机制的法律适用

学术界有观点将国际组织公务员争端解决机制所适用的相关法律视为"国际行政法"（International Administrative Law），但此种定义的准确性有待考证。欧盟官方以及关于欧盟内部司法机制法律适用的相关研究都明确了"欧盟公务员法"概念，并认为公务员法是欧盟行政法的一部分，而且还提供了相当丰富的实证基础。这对国际组织此类法律性质的确定提供了另一种可行的解题思路。

在对欧盟内部司法上诉机制的研究中，本书将对此类法律的性质进行论述，并通过探讨欧盟内部司法上诉机制管窥目前已初步形成的欧盟公务员法律体系。

五、总结欧盟内部司法上诉机制的特征与优点

　　涉及欧盟内部司法上诉机制最新一次改革的研究文献多集中于改革前后，因此对改革的评价多为预测性质。在经历了 6 年左右的沉淀后，改革后的公务员争端解决上诉机制已开始正常运转，相应的实证材料都较为丰富，此时对内部司法上诉机制的实施进行分析，可以更全面、客观地评价此次改革。

　　同时本书还将在相应章节对欧盟内部司法上诉机制进行总结，与以联合国内部司法上诉机制为主的其他国际组织内部司法机制进行比较分析，归纳该机制所体现出的特征与优点，可望推动国际组织内部司法上诉机制的进一步完善。

第二章　欧盟内部司法上诉机制的设立依据

在对欧盟内部司法上诉机制进行具体论述前，有必要对其设立依据进行探析。不同于国家司法，在国际司法领域建立一个上诉机制需要考虑更多的实践困难，因此目前具有上诉机制的国际司法机构并不寻常。[①] 虽然设立上诉机制目前并非国际组织内部司法的普遍现象，但通过联合国和欧盟这两个有代表性的国际组织内部司法上诉机制可以看出，国际组织的内部司法机制中已经出现长期稳定运行的上诉机制。并且在国际组织内部司法机制的发展历程中，相当多的国际组织一直都在努力尝试构建其内部司法上诉机制。[②]

国际组织内部司法上诉机制在实践中已出现，但其设立依据却鲜有研究者关注并论证，导致有观点认为该机制缺乏设立依据。探讨国际组织内部司法上诉机制设立的法理依据，已经显得十分必要。本章将主要从理论、法律两个方面探讨欧盟内部司法上诉机制的设立依据，为上诉机制设立的合法性与正当性提供论证。同时，本章也将以欧盟乃至国际组织职员案件的特殊性为视角，分析为何欧盟在职员争端领域发展出上诉机制。[③] 从更广泛的意义而言，本部分所讨论的内容同样可适用于其他国际组织内部司法上诉机制的设立，有助于推动上诉机制在国际组织内部司法机构中的普遍适用，并且还能

---

① Chiara Giorgetti, *"International adjudicative bodies"*, in Jacob Katz Cogan, Ian Hurd, & Ian Johnstone eds., *The Oxford Handbook of International Organization*, Oxford University Press, 2016, pp. 894–895.

② 有关国际组织建立内部司法上诉机制的尝试，可参见：Fatih Bouayad–Agha & Homero L. Hernández, *Reform of the administration of justice in the United Nations system: Options for higher recourse instances*, JIU/REP/2002/5, Geneva: United Nations, June 2002; United Nations Educational, Scientific and Cultural Organization (UNESCO) Executive Board, *Report by the Director-General on the procedures of the Administrative Tribunal of the International Labour Organization (ILOAT) in particular those relating to the review of judgments*, 152 EX/35, Paris, 27 August 1997.

③ 欧盟公务员的争端解决属于欧盟法院职能的一部分，因此法院与其他国际组织内部争端解决机制存在些许差异，这体现为法院的上诉机制也适用于其他类型的案件（如知识产权、竞争等案件）。

在一定程度上丰富国际司法制度中上诉权保障的理论与实证依据。

第一节　欧盟内部司法上诉机制的理论依据

在国际组织内部司法机构形成之初，由于缺乏设立依据，组织是否有必要设立此类机构引发了相关争议。但通过相应理论的发展加之以实践的证明，这些争议随之烟消云散。例如，面对关于作为联合国上诉法庭前身的联合国行政法庭（United Nations Administrative Tribunal，UNAdT，简称"前联合国行政法庭"）设立依据的质疑，国际法院（International Court of Justice，ICJ）于 1954 年在影响深远的"法庭裁决效力"案（Effect of Awards Case）中认为："如果联合国组织不向自己的工作人员提供司法或仲裁补救办法，以解决其与工作人员之间可能出现的任何争端，这与《宪章》所表达的促进个人自由和正义的目标以及联合国组织为促进这一目标而不断进行的努力是不一致的。"[1] 因此，仅看设立欧盟内部司法机制的理论依据，基本可以从现有的学者研究、法律文件或司法判决中找到。[2]

但上诉机制作为国际组织内部司法的一个新发展与新突破，在整个国际组织领域尚处于初步发展阶段。与组织内部司法机制产生之初的环境类似，大部分学者在谈及内部司法的上诉机制时并没有深入探求其理论依据。因此，有必要为上诉机制提供理论基础，增加其正当性，以面对目前以及日后可能产生的质疑与争议。而这些理论基础还能为上诉机制日后可能的完善与进一步改革提供价值导向。

一、维护国际组织职员的上诉权

在 1988 年欧洲共同体理事会决定建立欧洲共同体初审法院（Court of

---

[1] See *Effect of Awards of Compensation Made by the United Nations Administrative Tribunal*, Advisory Opinion, ICJ Reports,1954, p. 14.

[2] 这些理论依据可包括人权保障、国际组织的司法管辖豁免等内容。（可参见 C. F. Amerasinghe: The Law of the International Civil Service, Vol. 1, Oxford: Clarendon Press, 1994, pp. 37–47；李赞:《国际组织的司法管辖豁免研究》，中国社会科学出版社 2013 年版，第 282–284 页。）

First Instance of the European Communities，CFI，简称"初审法院"），以构建欧盟内部司法上诉机制时，理事会就在其决议中表示："鉴于对事实复杂的诉讼进行仔细审查的需要，设立第二个法院将改善对个人利益的司法保护。"[①] 从中可以看出，与大多数国际组织内部司法机制的设立依据相似，[②] 欧盟内部司法上诉机制设立的重要依据之一为对个人权利的司法保护。

但这一表述仍然不够具体。考虑到上诉机制作为国际组织内部司法一审终审模式的进一步发展，其理论依据应当在这些一审机制的理论基础上有所变化。而 2006 年联合国内部司法系统重新设计小组的报告则对上诉机制的理论依据进行了补充，报告认为："若在'确定……他在一件诉讼案中的权利和义务'时，一个人被剥夺上诉权，这会严重削弱程序的公平性"。[③] 在这份文件中，"上诉权"（right to an appeal）被明确提出，并作为联合国内部司法上诉机制的设立依据。这在相当程度上同样也可以作为设立欧盟内部司法上诉机制的理论依据。

（一）国际组织内部司法上诉权的产生背景

1. 上诉权的发展历史

作为自然权利，上诉权具有人权属性。人权不是法律创造出来的权利，而是每个人都与生俱来的。因此，对上诉权的实践保障要早于对上诉权在法理上的确认与研究。早在数千年前，司法上诉机制以及其他纠错系统就已经

---

① Council of the European Communities, *88/591/ECSC, EEC, Euratom: Council Decision of 24 October 1988 establishing a Court of First Instance of the European Communities*, Official Journal of the European Communities L 319, 25 October 1988.

② 例如，国际法院在针对联合国行政法庭（United Nations Administrative Tribunal）的咨询意见中表示："如果联合国组织不向自己的工作人员提供司法或仲裁补救办法，以解决其与工作人员之间可能出现的任何争端，这与《宪章》所表达的促进个人自由和正义的目标以及联合国组织为促进这一目标而不断进行的努力是不一致的。"（*Effect of Awards of Compensation Made by the United Nations Administrative Tribunal*, Advisory Opinion, ICJ Reports, 1954, p. 14.）；世界银行（Word Bank）行长在 1980 年世界银行行政法庭（Word Bank Administrative Tribunal, WBAT）成立时在报告中表示，在因行使行政权力而发生争端的情况下，应有可行的机制，以便向受害方提供公平的聆讯和正当程序，这是许多国家法律制度所接受并在《世界人权宣言》中重申的一项原则，同时也是世界银行设立内部行政法庭的理论基础。（参见 *Memorandum to the Executive Directors from the President of the World Bank*, Doc. R80–8, IAD/R80–8, and IFC/R80–6, 14 January 1980, pp. 1–2.）

③ Redesign Panel on the United Nations System of Administration of Justice, *Report of the Redesign Panel on the United Nations system of administration of justice*, A/61/205, 28 July 2006, para. 10.

存在，并在各个时期、不同地域得到完善与发展。[1]

较早的上诉机制可追溯至公元前第二个千年之交的美索不达米亚地区。在当时，其上诉机制就已初步形成较为系统的诉讼规则。例如，失败的原告需要发誓不就同一问题提起诉讼，但如果出现新的证据，或者在第一次审判中发生了重大错误，诉讼当事人可以在同一法院或不同地区的法院提起第二次诉讼。但此时的上诉机制有时未体现出明显的垂直等级制度，即并不要求向更高一级的司法当局上诉。[2]

类似的上诉制度也可以在古埃及的法律制度中找到。[3]埃及于第22代王朝（公元前945—715年）采用上诉制度，[4]虽然这种上诉不是向受过训练的法官，而是向具有神秘法学（mystical jurisprudence）色彩的神职人员（oracle）提起的，但这些人已经开始被视为上级法院的人员。[5]

在古希腊时期，公元前六世纪的雅典政治家和诗人梭伦（Solon）被亚里士多德（Aristotle）视为群众法院（popular law courts）上诉制度的缔造者[6]，对地方法官判决不满的当事人可以向最高法院（被称为"Eliaia"或"Heliaia"）[7]提出上诉[8]，这是以司法为目的召集的雅典公民集会（类似于现代意义上的"陪审团"）[9]。最高法院将重新审理此案，并有权维持地方法官的判

---

① 关于各个时期、不同地域上诉机制的内容，主要参考 Peter S. Poland, "Appellate Remedy: The Ancient Precedents of a Modern Right", *The Journal of Appellate Practice and Process*, Vol. 17, Iss.1, 2016, pp. 12-15.

② 需要注意的是，非垂直等级制的"横向（horizontally）"上诉也不是一个普遍现象。（参见 Russ VerSteeg: Early Mesopotamian Law, Carolina Academic Press, 2000, p. 58.）但也有观点认为，上诉机制的出现可以具体追溯到巴比伦的第一个王朝期间，而彼时汉谟拉比（Hammurabi）本人或地方长官（governor）已经可以履行最高上诉法院的职能。（参见 Joseph W. Dellapenna, Joyeeta Gupta: *The Evolution of the Law and Politics of Water*, Springer Dordrecht, 2009, p. 29.）

③ Aristide Theodorides, "The Concept of Law in Ancient Egypt", in JR Harris ed., *The Legacy of Egypt*, Oxford: Clarendon Press, 1971, pp. 291-310.

④ Russ VerSteeg: *Law in Ancient Egypt*, Carolina Academic Press, 2002, p. 89.

⑤ Russ VerSteeg: *Law in Ancient Egypt*, Carolina Academic Press, 2002, p. 59-60.

⑥ Michael Gagarin: Early Greek law, University of California Press, 1989, p. 73.

⑦ 这是为司法目的召集的雅典公民集会（现代意义上的"陪审团"）。法官被称为"heliasts"或"dikastes"。

⑧ Charles William Fornara: *Archaic times to the end of the Peloponnesian War*, Cambridge University Press, 2007, p. 209.

⑨ Douglas M MacDowell: *The Law in Classical Athens*, NY Cornell Univ. Press, 1986, p. 29-33; Russ VerSteeg: *Law in the Ancient World*, Carolina Academic Press, 2002, pp. 214-215.

决或推翻原判作出新的判决。^①雅典的上诉仅限于更正治安法官的判决，陪审团是雅典司法权威的最高层级，其判决不能上诉。

　　罗马法律体系开始采用司法审级制度和相应的上诉机制，则需要等到罗马帝国时期奥古斯都（Gaius Octavius Augustus）皇帝对新法律程序的实施。^②在罗马法的上诉程序中，新的证据可以在上级法院的复审中提出。如果诉讼当事人试图对初审判决上诉，必须向法院提交口头或书面的上诉通知。^③当君士坦丁堡成为帝国的中心时，上诉数量的快速增长使司法效率问题开始出现。一些限制上诉权以提升司法效率的制度随之产生，例如查士丁尼（Justinian）皇帝下令上诉不能超过两次，上诉申请必须在初审裁决作出的几天内提出，并且上诉失败会受到惩罚。^④

　　相比于上诉机制的形成，对上诉权进行的法律保障则相对较晚。在国际法领域，有国际人权研究者指出，上诉权是"所谓'第一代'人权中发展得相当晚的权利之一"。^⑤以色列于 1959 年首次提议将上诉权作为《公民权利和政治权利国际公约》（*International Covenant on Civil and Political Rights*，ICCPR）的一项独立条款之后^⑥，上诉权才开始逐渐步入国际人权保护的范畴。这次提议的讨论过程相当曲折，受到了部分国家代表的质疑^⑦，但锡兰（斯里兰卡）代表在会议中支持了以色列的提议，强调他"关心的不是（上诉权）

---

① Douglas M MacDowell: *The Law in Classical Athens*, NY Cornell Univ. Press, 1986, p. 30.

② Herbert F Jolowicz, Barry Nicholas: *Historical Introduction to the Study of Roman Law*, 3d ed., Cambridge Univ. Press, 1972, p. 400.

③ Herbert F Jolowicz, Barry Nicholas: *Historical introduction to the study of Roman Law*, 3d ed., Cambridge Univ. Press, 1972, p. 444.

④ Paul J du Plessis, J A Borkowski: *Borkowski's Textbook on Roman Law*, 6th ed., Oxford University Press, 2020, p. 82.

⑤ 在《公民权利和政治权利国际公约》草案以及《欧洲人权公约》（直到 1984 年，《欧洲人权公约第 7 附加议定书》第 2 条中才开始对此上诉权进行规定）中都找不到这一权利。（参见 Manfred Nowak: *U.N. Covenant on Civil and Political Rights: CCPR commentary*, 2nd revised edition, Kehl (Germany): N.P. Engel, 2005, p. 348.）

⑥ *Draft International Covenants of Human Rights, Israel: revised amendments to article 14 of the draft Covenant on Civil and Political Rights*, A/C.3/L.795/Rev. 1., 19 November 1959.

⑦ 在这个过程中，保加利亚、英国、加拿大都先后提出了一些问题。（参见 United Nations General Assembly, 14th session, *official records*, A/C.3/SR.961, 19 November 1959, para. 23; General Assembly, 14th session, official records, A/C.3/SR.963, 20 November 1959, para. 32; General Assembly, 14th session, *official records*, A/C.3/SR.965, 23 November 1959, para. 25.）

适用问题，而是承认一项基本原则……"①，上诉权是"适当司法的基本保障，因为这是在为时已晚之前处理司法不公的唯一途径"②。当 1976 年《公民权利和政治权利国际公约》生效时，上诉权仍未能引起更多关注。联合国人权事务委员会（United Nations Human Rights Committee，HRC）认为，这可能因为缔约国在 1984 年以前"没有提供足够的关于上诉程序的信息"。③ 在随后几年人权事务委员会进行了更全面的讨论后，这一权利才变得更加清晰。④ 但仍然有观点认为上诉权的"许多方面……还尚未"明确。⑤

如果将视角置于国内法，可以发现上诉权相比于其他司法权利被确认的时间也较晚。例如，对于普通法系而言，上诉权属于一个相对较新的发展，⑥ 普通法国家直到十九世纪前后才将上诉权作为一项确定的权利纳入其判例法中。⑦ 而具体到行政诉讼，虽然目前许多国家都为行政案件建立了司法上诉机制，但对上诉权予以明确保障的规定并不多。其中法国较为典型，在法国行政法中，两审制原则（Le principe du double degré de juridiction）是行政诉讼程序的一般原则。⑧ 该原则的作用不仅是为了确保行政案件裁判权的公正行使，

---

① General Assembly, 14th session, *official records*, A/C.3/SR.964, 23 November 1959, para. 31.

② General Assembly, 14th session, *official records*, A/C.3/SR.964, 23 November 1959, para. 31.

③ United Nations Human Rights Committee, *General Comment No. 13: Equality before the Courts and the Right to a Fair and Public hearing by an Independent Court Established by Law*, 13 April 1984, para. 17.

④ United Nations Human Rights Committee, *General Comment 32, Article 14: Right to Equality before Courts and Tribunals and to a Fair Trial*, CCPR/C/GC/32, 23 August 2007, paras. 45–51.

⑤ Jakob Th Möller, Alfred M De Zayas, United Nations Human Rights Committee: *United Nations Human Rights Committee case law 1977-2008: a handbook*, Kehl: N.P. Engel Verlag, 2009, pp. 308–309; Dražan Djukić: *The Right to Appeal in International Criminal Law: Human Rights Benchmarks, Practice and Appraisal*, Martinus Nijhoff Publishers, 2019, pp. 23–24.

⑥ 参见 Peter D Marshall, "A Comparative Analysis of the Right to Appeal", *Duke journal of comparative & international law*, Vol. 22, No. 1, 2011, p. 45. 事实上，普通法系国家上诉机制的设立也相对较晚。早期的英国法院，相比于从法院直接向王室提出上诉，司法审级制度内上诉的想法是闻所未闻的。英国于 1873 年才正式建立民事案件上诉机制，并于 1907 年正式建立刑事案件上诉机制。（参见 Lester B. Orfield, "History of Criminal Appeal in England", *Missouri Law Review*, Vol. 1, Iss. 4, 1936, p. 331, 336.）而美国于 1789 年首次建立了联邦上诉法院系统。（参见 *An Act to Establish the Judicial Courts of the United States*, https://govtrackus.s3.amazonaws.com/legislink/pdf/stat/1/STATUTE–1–Pg72a.pdf (last accessed on 9 Aug. 2022).）

⑦ Stan Keillor, "Should Minnesota Recognize a State Constitutional Right to a Criminal Appeal?", *Hamline Law Review*, Vol. 36, No. 3, p. 402.

⑧ John Bell & François Lichère: *Contemporary French administrative law*, Cambridge University Press, 2022, p. 69.

以维护公共利益，也是为了保护当事人以上诉权为中心的相关权益。法国的法律制度通常基于双重管辖原则而承认上诉权。

2. 上诉权在国际组织内部司法中的发展

在国际组织内部司法中，上诉权的保障更是一个较新的理念。相比于其他国际组织，欧盟内部司法机制对上诉权的保障时间较早。作为欧盟法院前身的欧洲共同体法院（Court of Justice of the European Communities，简称"欧共体法院"）向欧洲共同体理事会（Council of the European Communities，简称"欧共体理事会"）提议在条约中增加一个法律基础，允许理事会设立一个法院，负责审理涉及审查复杂事实情况的案件以及次要的案件。欧盟法院向理事会进行了数次提议。而在最后一份正式请求中[1]，法院在其解释性说明中表达了提案的依据，除了提高法院司法裁判的效率与质量，来应对以职员案为主的迅速增加的案件数量外，加强对个人权利的法律保护也是法院建立上诉机制的重要原因。而对个人权利进行法律保护的观点随后也得到了欧共体理事会的认可，理事会将其作为 1988 年建立初审法院的第 88/591 号决议的重要依据。[2] 欧盟于 1992 年对《建立欧洲共同体条约》（*Treaty establishing the European Community*）的修订中更是明确规定了上诉权，条约要求"就法律问题并按照《规约》规定的条件向法院行使上诉权（right of appeal）"。[3]

在其他国际组织有关上诉机制的改革提议中，个人权利的保障一直都是重要或者说核心依据之一，并且关于权利保障的理论也越来越具体化。1986 年联合国联合监察组（Joint Inspection Unit）在报告中就将民主法制作为设立内部司法上诉机制的重要理论，报告认为："两阶段（two-stage）的司法上诉制度是民主法制（democratic law）的基本理念之一，在大多数国家都已确立。

---

① Letter of 29 September 1987 from the President of the CJEC, Lord Mackenzie Stuart, to the President of the Council Uffe Ellemann-Jensen, from Henriikka Leppo, *Improving The Court System of The European Union?: The 2015 reform of the General Court in historical context and looking ahead, University of Helsinki*, Faculty of Law, Licentiate Thesis in EU Law, June 2018, p. 13.

② Council of the European Communities, *88/591/ECSC, EEC, Euratom: Council Decision of 24 October 1988 establishing a Court of First Instance of the European Communities*, Official Journal of the European Communities L 319, 25 October 1988.

③ *Treaty establishing the European Community*, Official Journal C 224, 31 August 1992, Art. 168a. 需要注意的是，欧盟法院与其他国际组织内部司法机构存在些许差别。法院并非职员案件的专门法院，职员争端只是其司法管辖范围的一部分。

因此，联合国工作人员应该希望建立这样一个系统……是很自然的"。^① 而 1994 年 12 月，在巴黎举行的国际公务员诉讼制度专题讨论会上^②，一位与会者将被保障的权利确认为辩护方权利，他认为"没有两级司法制度，就不可能有良好的司法"，并且"两级（two-tier）司法制度是辩护方权利（rights of the defence）的关键要素之一"，"这种制度的缺失经常会使初审法官所反对的当事方心中产生一种挫败感和无力感"。^③ 直到 2006 年，联合国内部司法系统重新设计小组的报告才正式将上诉权作为上诉机制设立的理论依据。^④

虽然目前国际组织内部司法中的上诉权研究仍然尚不成熟，但综上所述，可以认为，国际组织公务员争端解决上诉机制设立的一个重要理论依据是对上诉权的保障。

（二）国际组织内部司法上诉权的概念及其相关问题

1. 国际组织内部司法上诉权的概念

对上诉权概念的分析，可以首先从"上诉"（appeal）的概念开始。有学者认为，"appeal"源于拉丁语"appellatio"、"appellationis"，而这些拉丁词语可溯源至动词"appello-appellare"，意思是改变某人。对上诉在此种含义下的运用可追溯至西班牙国王阿方索十世（Alfonso X）。^⑤

而上诉权则是"上诉"概念的延申。在《布莱克法律词典》中，上诉权是指："寻求上级法院的审查（根据下级法院的裁决）"。^⑥ 从此种定义中可以看出，上诉权可以被理解为请求上级机构纠正和控制下级机构的决定的一种权

---

① See Joint Inspection Unit, *Report of the Joint Inspection Unit on the administration of justice in the United Nations*, A/41/640, 23 September 1986, para. 57.

② 参见 A. Pedone ed.: *Aces des journées d'études des 9-10 décembre 1994* (Proceedings of the symposium), Paris, 1996。这次会议的与会人员包括国际劳工组织、联合国以及欧洲共同体的相关人员。

③ A. Pedone ed.: *Aces des journées d'études des 9-10 décembre 1994* (Proceedings of the symposium), Paris, 1996, p. 127.

④ Redesign Panel on the United Nations System of Administration of Justice, *Report of the Redesign Panel on the United Nations system of administration of justice*, A/61/205, 28 July 2006, para. 10.

⑤ Eduardo. J. Couture ed.: *Vocabulario Jurídico*, Depalma, Buenos Aires, 1983, p. 97.

⑥ Bryan A. Garner ed.: *Black's Law Dictionary*, 9th Edition, , West Pub., 2009, p. 113.

利，该过程通过包含限制与问责的上诉机制得到实现①，这体现出上诉权的实现方式。

也有观点从其他角度出发，将上诉权视为在诉权的基础上进行的进一步分化，是当事人因对诉的结果不满意而使其延续的权利。而诉权在普遍意义上是一项捍卫自身主观权利的基础性权利，是实现人权和法治的必要之举。②此种定义则更偏向于上诉权的权利性质与影响。

国际组织内部司法实践视角下的上诉权则更像是上述两种定义的结合。联合国上诉法庭（United Nations Appeals Tribunal，UNAT，简称"上诉法庭"）在 Saffir and Ginivan 案的判决中认为："当裁决对受影响方的情况产生负面影响时，即产生上诉权……上诉必须旨在改变被上诉的决定，这是上诉程序的目标"，同时法庭还补充道："根据另一位学者的说法，上诉是'给予诉讼当事人的一般求偿权（ordinary recourse），如果诉讼当事人确认因下级法院法官因此而作出的判决或决定而感到不满或受到一些损害，并希望获得高等法院法官的撤销'③"。④

虽然不能对上诉权的概念作出一个完全准确的定义，但综上所述，我们至少可以从不同视角对上诉权的内涵进行初步描述：首先，上诉权需要当事人对其认为缺乏公正性的初审决定提出质疑；其次，上诉权以维护当事方之间的公平正义为目标；最后，上诉权通过上诉机构对初审机构的决定进行纠正与控制来实现。

2. 国际组织内部司法上诉权与其他司法权利的联系

国际组织内部司法中的上诉权与其他司法权利紧密联系。虽然这些权利的内涵与外延并不那么明确，且关系错综复杂，但利用关联性概念从不同角度加深对上诉权内涵的分析，不失为一种另辟蹊径的方式。

首先为"诉诸司法"（access to justice）权。有观点认为，有把握地说，

① See Richard Nobles & David Schiff, "The Right to Appeal and Workable Systems of Justice", *The Modern Law Review*, Vol. 65, No. 5, September 2002, pp. 676–677.

② 参见周永坤：《诉权法理研究论纲》，载《中国法学》2004 年第 5 期，第 11、14 页。

③ Eduardo. J. Couture ed.: *Vocabulario Jurídico*, Depalma, Buenos Aires, 1983, p. 97 (English translation provided by the Presiding Judge) .

④ *Saffir and Ginivan v. Secretary-General of the United Nations*, 2014–UNAT–466, 17 October 2014, paras. 18, 22, 24.

诉诸司法的基本人权是当今为数不多的具有全球影响力的基本价值。[①] 诉诸司法权包含了一系列广泛的权利，并没有一个绝对标准化的定义。[②] 但在通常的用法中，该术语从个人的角度看是指向法院或法庭寻求救济，以保证法律适用的独立性和公正性的权利。[③] 这在许多人权公约中都有所体现，如《世界人权宣言》(*Universal Declaration on Human Rights*，UDHR) 中就规定："任何人当宪法或法律所赋予他的基本权利遭受侵害时，有权由合格的国家法庭对这种侵害行为作有效的补救"。[④]《公民权利和政治权利国际公约》同样提到"有效救济"。[⑤] 有学者认为对诉诸司法的研究大多以"诉诸"这一概念为重心[⑥]，强调司法保障的"参与性"，这是诉诸司法权的基本内涵。在一个更广泛的意义上，为了使司法在全球或国际行政法律领域中成为一个有意义的价值，它必须与更广泛的实质正义以及公平的概念相一致。[⑦] 因此，诉诸司法不仅用于表示个人有权进入法院，还表示他有权根据公平和正义的实质性标准审理和裁决他的案件。[⑧]

这一权利也得到了国际组织内部司法机构的承认，联合国争议法庭

---

① See Augustin Gordillo, "Access to Justice, Legal Certainty and Economic Rationality", in Gordon Anthony, Jean-Bernard Auby, John Morison & Tom Zwart eds., *Values in global administrative law*, Oxford (UK) & Portland, Oregon (USA), Hart, 2011, p. 365.

② 欧盟基本权利机构 (EU Agency for Fundamental Rights) 在 2011 年的一项关于"欧洲诉诸司法：挑战与机遇概览"(*Access to Justice in Europe: An Overview of Challenges and Opportunities*) 的研究报告指出："诉诸司法是一个有许多细微差别的概念，首先包括有效利用独立的争端解决机制，再加上其他相关问题，如提供法律援助和适当的补救措施"。(FRA, *Study on Access to Justice in Europe: An Overview of Challenges and Opportunities*, 2011, p. 9.)

③ Francesco Francioni: The Rights of Access to Justice under Customary Law, in Francesco Francioni (ed), *Access to Justice as a Human Right*, Oxford University Press, 2007, p. 3.

④ UN General Assembly, *Universal declaration of human rights*, Resolution 217 A(III), UN Document A/810 at 71, 1948, Article 8.

⑤ *International Covenant on Civil and Political Rights*, General Assembly resolution 2200A (XXI), adopted 16 December 1966, Article 2(3a).

⑥ See R. MacDonald: Access to Justice and Law Reform, *Windsor Yearbook of Access to Justice*, 1990, p. 293.

⑦ See Augustin Gordillo, "Access to Justice, Legal Certainty and Economic Rationality", in Gordon Anthony, Jean-Bernard Auby, John Morison & Tom Zwart eds., *Values in global administrative law*, Oxford (UK) & Portland, Oregon (USA), Hart, 2011, pp. 363-364.

⑧ 参见 Francesco Francioni, "The Rights of Access to Justice under Customary Law", in Francesco Francioni (ed), *Access to Justice as a Human Right*, Oxford University Press, 2007, p. 1。作者也提出了"诉诸司法"权利所包含的其他含义，如为有需要的人提供的法律援助。

（United Nations Dispute Tribunal，UNDT，简称"争议法庭"）在判决中曾表示："法庭认为，人人享有自由诉诸司法的基本人权，其中包括向公正的法庭提出申请的权利……"①，联合国上诉法庭则表示诉诸司法是习惯国际法的一项规范，对联合国具有约束力。② 在欧盟法院，欧盟公务员法庭（European Union Civil Service Tribunal，CST，以下简称"公务员法庭"）曾引用欧洲人权法院（European Court of Human Rights，ECtHR）的判例以及《欧洲人权公约》（European Convention on Human Rights，ECHR）的相关内容来保障这一权利。③ 欧洲法院（Court of Justice，CJ）在欧盟职员的上诉案件中以《欧盟基本权利宪章》为依据，具体阐述了该权利的内容，法院表示"其在判例法中通过《宪章》第47条得出了有效司法保护权，即在法庭上获得有效救济权利的确切内容"。该权利包括了"在合理时间内由法律规定的独立和公正的法庭进行公平和公开审理的权利，获得咨询、辩护和代理的权利，以及缺乏足够资源的人获得法律援助的权利，只要此类救济是确保有效诉诸司法所必需的"。④

诉诸司法权与上诉权存在较为密切的联系，这体现为诉诸司法权包括了向上诉法院或上诉法庭寻求司法救济的权利。行使上诉权是个人诉诸司法的方式之一，同时在初审决定有失公正并损害当事人权益的情况下，通过提起上诉并由上诉司法机构进行纠正，也能从实质上进一步加强对诉诸司法权的保障。因此，有观点认为上诉权也可以视为诉诸司法权的一个要素。⑤ 结合上

---

① *Dienes v. Secretary-General of the United Nations*, Order on withdrawal, UNDT/NY/2016/049, 20 October 2016, para. 5.

② *Minagua v. Secretary-General of the United Nations*, 2019-UNAT-921, 28 June 2019, para. 27.

③ 参见 Case F26/12, *Maria Concetta Cerafogli v. European Central Bank (ECB)*, Judgment of the European Union Civil Service Tribunal (Second Chamber), ECLI:EU:F:2014:218, 18 September 2014, para. 50. 法庭认为，对与诉讼受理条件有关的诉诸法庭权利的限制，不得限制或减少诉讼当事人的机会，以致损害该权利的本质。

④ Case C-259/20 P, *João Miguel Barata v European Parliament*, Order of the Court (Sixth Chamber), ECLI:EU:C:2020:994, 3 December 2020, para. 51.

⑤ Zoltán Szente, "Conceptualizing the principle of effective legal protection in administrative law", in Zoltán Szente & Konrad Lachmayer eds., *The principle of effective legal protection in administrative law: a European comparison*, Routledge, 2017, p. 16; Richard Ward, LL.B., Amanda Wragg: *Walker & Walker's English legal system*, Oxford University Press, 2011, p. 668. 皮埃尔·史密斯也持此观点，但他却将诉诸司法中应保障的上诉权限定于刑事案件。后文将进行相关讨论。（Pierre Schmitt: *Access to Justice and International Organizations: The Case of Individual Victims of Human Rights Violations*, Edward Elgar Publishing, 2017, pp. 114-115.）

述诸司法权的内涵与标准，可以认为，上诉权不仅应当包含形式上个人有权向司法机关提出上诉的可能性，还包含有权按照公平和正义的实质性标准得到上诉的审理和裁决，以保障程序的有效性。

其次，上诉权还与"公平审判权"（right to a fair trial）相联系。公平审判权在相当多的人权条约中都被明确规定。例如，《世界人权宣言》第 10 条规定"人人完全平等地有权由一个独立而无偏倚的法庭进行公正的和公开的审讯"。① 《公民权利和政治权利国际公约》则在《世界人权宣言》的基础上对公平审判权进行了更详细的规定，其中就包括对上诉权的保障。② 关于公平审判权以及上诉权的定义和要求在《欧洲人权公约》③、《非洲（班珠尔）人权和人民权利宪章》（African (Banjul) Charter on Human and Peoples' Rights，ACHPR）④、《美洲人权公约》（American Convention on Human Rights，ACHR）⑤ 等人权公约中也都有相应规定，这些条约往往将上诉的可能性作为公平审判权的一部分。⑥ 因此可以认为，上诉权与公平审判权紧密联系。

与诉诸司法权类似，公平审判权也得到了许多国际组织内部司法机构的承认。联合国上诉法庭就曾表示，联合国各法庭认识到《联合国宪章》第 1 条第 3 款所载的促进和鼓励尊重人权和基本自由的义务，因此法庭有责任通过公平审判权等有关原则，确保遵守适当的人权标准。⑦ 而在欧盟，作为上诉机构的普通法院（General Court，GC）在欧盟职员案件中以公平审判权为依

---

① *UN General Assembly, Universal declaration of human rights*, Resolution 217 A(III), UN Document A/810 at 71, 1948.

② 《公民权利和政治权利国际公约》第 14（5）条规定："每个被定罪的人都有权要求上级法庭依法对其定罪和量刑进行复核"。（*International Covenant on Civil and Political Rights*, General Assembly resolution 2200A (XXI), adopted 16 December 1966.）

③ 《欧洲人权公约》第 5 条、第 6 条和第 7 条。（Council of Europe, *European Convention for the Protection of Human Rights and Fundamental Freedoms, as amended by Protocols Nos. 11 and 14*, 4 November 1950, ETS 5.）但关于上诉权的规定在《保护人权与基本自由公约第 7 号议定书》第 2 条中才得到补充。（Council of Europe, *Protocol 7 to the European Convention for the Protection of Human Rights and Fundamental Freedoms*, 22 November 1984, ETS 117.）

④ 《非洲人权和人民权利宪章》第 3、7 和 26 条。（*African (Banjul) Charter on Human and Peoples' Rights*, OAU Doc. CAB/LEG/67/3 rev. 5, 21 I.L.M. 58 (1982), Adopted 27 June 1981.）

⑤ 《美洲人权公约》第 3、8、9 和 10 条。（*American Convention on Human Rights*, "Pact of San Jose, Costa Rica", Organization of American States, 22 November 1969.）

⑥ 后文将详细论述。

⑦ See *Applicant v. Secretary-General of the United Nations*, 2022–UNAT–1187, 18 March 2022, para. 51.

据作出相关判决。① 欧洲法院的总法律顾问（Advocate General）则在上诉案件中更为具体地对公平审判权进行了分析，他表示"《欧洲人权公约》第 6 条第 1 款所规定的公平审判权的重要性意味着每个人可以诉诸独立和公正的法庭。法院认为，就其在欧盟法律秩序中的地位而言，获得公平审判的权利构成一项基本权利，欧洲联盟根据《欧盟条约》第 6 条第 2 款将其作为一项一般原则予以尊重"。② 为实现该权利，国际组织的条约和法院规约为超国家层面的独立司法活动提供了基础，允许当事方诉诸一个完全不偏不倚的法院以处理相关案件。③

　　而根据多数人权文书以及有关司法判例，诉诸司法权与公平审判权体现出趋同性④，二者相互关联与补充。在欧洲人权法院的判决中，诉诸司法的权利被认为是公平审判权的一个固有部分。⑤ 法院在专门针对涉及国际组织职员争端的案件中阐述了该观点，表示"考虑到公平审判权在民主社会中的重要性，其中诉诸法庭的权利是一个重要方面，所以，法院认为，申诉人是否有合理的替代手段来有效保护他在《公约》下的权利是决定性的"。⑥ 再加上部分条约将上诉权作为公平审判权的一部分，从某个层面看，公平审判权可视为上诉权与诉诸司法权的基础性权利。除此之外，公平审判权还包括了其他内容，例如，法院或法庭必须是"依法设立的"，司法机关必须是"独立和公正的"，以及司法机关必须能够发布具有约束力的决定等。⑦ 因此，公平审判权的内涵能够为上诉权提供更加丰富的实质内容与价值标准，这些要求同样适用于保障职员上诉权的上诉机构。

---

① See Case T–491/08 P, *Philippe Bui Van v European Commission*, Judgment of the General Court (Appeal Chamber), ECLI:EU:T:2010:191, 12 May 2010, para. 84.

② Case C–894/19 P, *European Parliament v UZ*, Opinion of Advocate General Pikamäe, Judgment of the Court (Second Chamber), ECLI:EU:C:2021:497, 17 June 2021, para. 60.

③ See Case C–894/19 P, *European Parliament v UZ*, Opinion of Advocate General Pikamäe, Judgment of the Court (Second Chamber), ECLI:EU:C:2021:497, 17 June 2021, para. 59.

④ Pierre Schmitt: *Access to Justice and International Organizations: The Case of Individual Victims of Human Rights Violations*, Edward Elgar Publishing, 2017, pp. 95–96.

⑤ See *Golder v. the United Kingdom*, ECHR judgment, Application no. 4451/70, 21 February 1975, pp. 13–14.

⑥ *Klausecker v Germany*, ECtHR, Application no. 415/07, 6 January 2015, para. 69.

⑦ See Robin Silverstein, "Revisiting the Legal Basis to Deny International Civil Servants Access to a Fundamental Human Right", *Michigan State International Law Review*, 2017, pp. 407–408.

上述司法权利都与上诉权紧密联系。对这些权利进行分析有利于我们加深对上诉权概念内涵的理解。同时，这些权利作为上诉权的基础性权利，往往在国际组织内部司法中被各司法机构承认，因此在一定程度上也为上诉权的保障提供了权利依据。

（三）国际组织内部司法上诉权的功能与意义

对上诉权概念的分析，其实可以推论出上诉权一项最普遍意义上的功能，即纠错功能，这允许初审决定中的当事人要求对决定进行重新判定。有效的纠错机制是成熟法律制度的一项重要特征与功能，这是因为"错误——从善意的意义上说，关于发现事实或关于制定或适用法律规则的意见分歧——预计会经常发生。"[1] 上诉权的这一功能对初审不满意的一方而言是最具意义的。[2]有学者从法院的三元逻辑架构对上诉机制的功能进行了分析，认为"每当两个人陷入他们自己无法解决的冲突时，一个诉诸常识的解决方案是寻求第三个人协助实现解决方案……简而言之，以解决冲突为目的的三元结构是法院的基本社会逻辑。"但这也涉及一种"基本的不稳定"，在法院解决争议时，不可避免地会支持当事双方的其中一方，此时"三元结构转变为败诉方认为的二对一的结构。对于失败者来说，二对一没有社会逻辑。只有寡不敌众的残酷事实"。[3] 而"即便法律被仔细地遵循，程序被公正、恰当地引导，还是有可能产生错误的结果"[4]，这加剧了法院三元结构下"二对一"的不公正性。因此，在初审机构可能作出错误判决的情况下，上诉权能够为败诉方提供重新审查法院初审裁决合理性与合法性的途径，增加司法判决的公正性。可以认为，这是上诉权最为基础的功能。

而具体到国际组织职员争端案件中，上诉权主要具有如下功能。

其一为权益保障功能。上诉权的纠错功能使案件得到公正处理的机会大

[1] John H Langbein, Renée Lettow Lerner, Bruce P Smith: *History of the common law: the development of Anglo-American legal institutions*, Wolters Kluwer, 2009, p. 416.

[2] Richard Nobles & David Schiff, "The Right to Appeal and Workable Systems of Justice", *The Modern Law Review*, Vol.65, No.5, September 2002, p. 678.

[3] Martin Shapiro: Courts: *A Comparative and Political Analysis*, University of Chicago Press, 1981, pp. 1–2.

[4]（美）约翰·罗尔斯：《正义论》，何怀宏、何包钢、廖申白译，中国社会科学出版社 1988 年版，第 81 页。

大增加，有利于案件当事方的正当权益得到进一步保障。该功能具有个案性，目的是维护案件当事方的具体利益，这使得上诉权对于确保每个案件都得到正义的伸张至关重要。[1] 该功能具体可以通过如下方式实现：首先，上诉权的存在能对初审机构的裁判产生间接的监督效果。联合国联合检察组在《联合国系统内部的司法改革》的报告中就表达了这样的观点，认为"上一级司法机构只要存在，就有助于维持正义，或成为一种象征，而不必经常投入大量人力物力去作具体工作。"[2] 如果当事方没有上诉权，初审机构的行动有时会具有任意性，并更有可能侵犯当事方的权益。[3] 其次，上诉权直接可以通过纠错机制防止有缺陷的裁决成为最终裁决，对当事人的利益造成终局性的损害。[4] 因此，上诉权可以通过纠错功能来维护当事方的权益。

同时，从职员方的角度看，上诉权本身就是一项重要的基本人权，就像获得诉诸司法的权利、有效补救的权利、公平审判的权利，以及获得正当程序的权利一样。[5] 如前文所述，上诉权也往往与这些权利紧密联系，甚至作为这些权利的一部分而存在。所以，上诉权的存在就是对职员权利进行司法保障的一种体现。

其二为协调功能。与强调某一方利益的权益保障功能不同，上诉权的协调功能侧重于对当事方之间权利义务关系的处理。该功能不仅强调对职员方权利的保障，还要求兼顾行政当局的利益。

这是因为国际组织行政当局在职员案件中对初审判决也有很强的纠错需

---

[1] Stefan Trechsel: *Human rights in criminal proceedings*, Oxford University Press, 2005, p. 362.

[2] 参见 United Nations Secretary-General, *Note by the Secretary-General: Report of the Joint Inspection Unit on Reform of the Administration of Justice in the United Nations System: Options for Higher Recourse Instances*, A/57/441, 27 September 2002, para. 13. 虽然该观点可能过于绝对，但可以证明上诉权的确具有这种影响。

[3] See Rishi Gulati, "The Internal Dispute Resolution Regime of the United Nations——Has the Creation of the United Nations Dispute Tribunal and United Nations Appeals Tribunal Remedied the Flaws of the United Nations Administrative Tribunal?", in A. von Bogdandy and R. Wolfrum eds., *Max Planck Yearbook of United Nations Law*, Volume 15, 2011, p. 506, note 67.

[4] See Inter-American Court of Human Rights, *Herrera-Ulloa v. Costa Rica*, Series C, no. 107, 2 July 2004, para. 158.

[5] See Waltraud Hakenberg, "The European Union Civil Service Tribunal: A Three-tier Structure", in Olufemi Elias ed., *The Development and Effectiveness of International Administrative Law*, Martinus Nijhoff Publishers, 2012, Chapter 15, p. 251.

求。国际组织内部争端解决机制中最具有代表性的两个行政法庭，即作为联合国上诉法庭前身的联合国行政法庭与国际劳工组织行政法庭，都曾先后将国际法院作为其内部司法的复审机构。但相关程序实质上都只允许行政当局提出复审请求。[1] 这体现出设立该制度的主要目的并不是为了维护职员的利益，而是为了保护行政当局以及成员国的利益。这一点在联合国行政法庭体现得尤为突出。在麦卡锡系列案（The McCarthy Cases）中，法庭判给了七项共计 122500 美元的巨额赔偿金，以 2013 年的美元价值换算，这笔数额相当于 1068000 美元。[2] 而当时的一审判决具有终局性，联合国行政当局没有任何纠正途径。在法庭于 1953 年 8 月 21 日对于麦卡锡系列案作出有利于原告职员的判决后，新任秘书长达格·哈马舍尔德（Dag Hammarskjold）随即对法庭的裁判表达了不满，并促成联合国大会通过决议，在没有上诉法律依据的背景下，将本案的法律问题提交国际法院以征求咨询意见。[3]

由于没有强制执行机制，国际组织内部司法机构的命令、判决等事项往往离不开行政当局的主动配合。例如，国际组织内部司法机构一般不能决定判决后相关行政管理人员的具体问责，而只能交由行政当局处理，联合国争议法庭就曾表示："尽管法庭不知道其移交的全部问责案件都受到了何种关注，但它认为有必要在履行这一职责时不退缩"。[4] 所以只有合理尊重行政当局的权益，才能增强内部司法机构的执行力，以间接地使职员的权利得到更有效的保障。

因此在国际组织职员案件的上诉过程中，组织行政当局的权益诉求不容忽视。而上诉权可以通过纠正一审判决，为各当事方提供再次调整权利义务关系的可能性，并能够更好地处理行政当局的诉求，以尽可能避免初审判决的结果过于偏向任何一方，导致权利义务分配的严重不公。这就要求上诉权不仅为职员提供上诉途径，也为行政当局提供上诉的可能性，使上诉机构能够更好地处理行政当局的诉求，协调当事方之间的权利义务关系。

---

[1] See *Statute of the United Nations Administrative Tribunal*, by resolution 957 (X) of 8 November 1955; *Statute of the Administrative Tribunal of the International Labour Organization*, amended on 11 June 2008.

[2] See Abdelaziz Megzari: *The Internal Justice of the United Nations*, Koninklijke Brill NV, 2015. p. 192.

[3] See *Effect of Awards of Compensation Made by the United Nations Administrative Tribunal*, Advisory Opinion, ICJ Reports, 1954.

[4] *Bali v. Secretary-General of the United Nations*, UNDT/2013/094, 10 November 2011, paras. 156–157.

二、建设国际组织内部法治

（一）国际组织内部司法中的法治

联合国大会公布的《国内和国际法治问题大会高级会议宣言》曾提到"法治原则平等地适用于所有国家与国际组织，尊重和推动法治与正义应当是各国和国际组织各项活动所应遵循的指导原则，同时也为各国和国际组织的行动赋予了可预测性和合法性"。包括国际组织及其职员在内的所有个人、机构和实体，都有责任遵守公正、公平和平等的法律，并有权享受法律的平等保护，不受任何歧视。[①] 这体现出法治在国家和国际层面几乎得到普遍支持。因此不仅是国家，国际组织也需要遵循法治原则。联合国内部司法系统重新设计小组在改革报告中就曾表示"要保障作为联合国管理工作不可分割的组成部分的法治"。[②] 国际组织内部司法上诉机构也一直都将法治作为其履行职能的理论依据和裁判标准。

但有学者认为，人们对法治在实践中的意义有着很多不同看法，[③] 相互隔绝的民主法制传统在并行运作时几乎不会造成问题，而通过国际组织促进法治的努力使得重新评估和构建这种多元化变得必要。[④]

国际组织的法治与国家法治在某些要素上具有一定程度的相似性。在国际组织层面，联合国前秘书长科菲·安南（Kofi Annan）在其 2004 年关于法

[①] See United Nations General Assembly, *Declaration of the High-level Meeting of the General Assembly on the Rule of Law at the National and International Levels*, A/67/L.1, 19 September 2012, para. 2.

[②] *Report of the Redesign Panel on the United Nations system of administration of justice,* A/61/205, 28 July 2006, para. 13.

[③] 例如，在联合国的官方文件中法治被赋予了丰富的含义："对联合国系统来说，法治是一项施政原则，根据这项原则，所有个人、机构和实体，不论是公共的还是私人的，包括国家本身，都对公开颁布、平等执行和独立裁决并符合国际人权准则和标准的法律负责。它还要求采取措施，确保遵守法律至上、法律面前人人平等、对法律负责、公平适用法律、三权分立、参与决策、法律确定性、避免任意性以及程序和法律透明度等原则。司法是保护和维护权利以及防止和惩治不法行为的问责和公平的理想。其行政管理涉及正式司法和非正式的习惯或传统机制。在这一范式中，使用了一系列术语来描述加强法治的各种做法和活动，例如安全部门改革、司法行政、保护、打击有罪不罚现象。"（United Nations Secretary–General, *Guidance Note of the Secretary-General: United Nations Approach to Rule of Law Assistance*, 14 April 2008, p. 1.）

[④] See S.Chesterman, "An International Rule of Law?", *American Journal of Comparative Law*, Vol.56, 2008, p. 331.

治的报告中提供了法治的定义。他强调对于联合国而言，法治是一项治理原则，其中所有个人、机构和实体，乃至国家，无论是公共的还是私人的，都对被公开颁布、平等执行和独立裁判并符合国际人权规范和标准的法律负责。在具体内容上，法治包括遵守法律至上、法律面前人人平等、对法律负责、公平适用法律、分权、参与性决策、法律确定性、避免任意性以及程序和法律透明等原则。它还要求采取措施，以确保这些内容的实现。[1] 联合国前秘书长潘基文（Ban Ki-moon）则在法治的实施层面对其内涵进行了补充，认为其实现需要立法、行政和司法机构提供专门知识和支持，以确保它们有能力、资源和必要的独立性来发挥各自的作用。[2] 事实上，这些内容也都以特定的形式适用于国际组织内部。因此，有必要以组织的内部为视角对这些要素进行进一步的分析，以更好的评估、构建国际组织的内部法治，并明晰其内部司法上诉机制设立的理论依据。

第一，在国际组织内部，法治往往可以体现为对行政当局权利的制约。具体到职员争端领域，这通常需要先从组织职员与行政当局之间法律关系的性质着手分析。各国内法律体系对其国家公务员关系的解释各不相同。在一些国家，如英国和部分英联邦国家，这种关系是以雇用合同为基础的，而在其他一些国家，如欧洲大陆，传统上是通过赋予个人某种地位的公权行为来确立的，并附加适用一些公共授权的规则和条例。[3] 目前国际公务员法律关系的性质仍然存在争议，这些法律关系主要是合同性质，还是公权行为性质，没有一个确切的结论。但从大部分国际组织内部司法机构的判例可以看出，这些司法机构似乎承认其职员的法律关系具有混合性。[4] 同时，在职员法律关系的处理中，组织的法律规范以及行政当局的行为具有更高的法律效力。

以欧盟为例，欧盟机构的行政当局与其职员的关系在本质上属于不具有平

---

[1] See United Nations Security Council, *The rule of law and transitional justice in conflict and post-conflict societies: Report of the Secretary-General*, S/2004/616, 23 August 2004, para. 6.

[2] See United Nations Secretary–General, *Guidance Note of the Secretary-General on Democracy*, 2009, p. 7.

[3] Akehurst & M. Barton: *The Law Governing Employment in International Organizations*, Cambridge University Press, 1967.

[4] 这一问题在 1962 年国际劳工组织行政法庭的判决中就已有体现。在判决中，法庭表示："国际公务员的任用条件，特别是联盟官员的任用条件，既来自其任用合同中严格意义上的各具体规定，也来自《工作人员条例和细则》"（参见 *Lindsey*, ILOAT, Judgment No. 61, 4 September 1962, para. 12.）

等地位的公法关系。即便存在任命合同，双方的就业关系仍然受职员条例等国际组织内部法律文件的约束，合同更像是行政当局与职员之间产生就业关系的初步依据。在 Carlos Andres and Others 的上诉案中，原告职员认为，欧洲中央银行行政当局与其职员之间的雇佣关系本质上是合同关系，即使它是根据相关规约订立的，行政当局雇佣条件的"监管"性质不会影响这种关系的合同性质。但作为初审机构的欧盟公务员法庭认为"雇佣合同在很大程度上属于法定类型"，对此观点，普通法院在职员上诉案中表示："公务员法庭认为，虽然该雇佣关系是基于双方合意的协议而具有合同性质，但该协议受雇用条件中规定的权利和义务的限制，工作人员通过会签关于他的任用文书来遵守这些权利和义务。这一结论从所涉就业关系的性质中显而易见，并得到法院判例法的确认。"[1]

在此种关系下，职员的就业条件以及相关权益主要受组织法律以及行政当局单方面行为的调整，而机构的行为则需要遵循组织内部法律的要求。[2] 因此有观点认为，机构对职员所作出的决定属于行政行为。[3] 这使得国际组织内部司法机构在处理职员案件时，往往会强调对行政当局权力的规制。欧洲法院的一位总法律顾问就曾在职员上诉案件中将法治理论具体化，他认为："只要法律秩序赋予行政机构主权权力，使其能够影响自然人和法人的法律地位，就有必要使这些权力的行使受到条件限制，甚至设定某些限制，以保障相对人的合法利益……确定行政机构行使主权权力的条件和限制，一般是在宪法层面，目的是建立一个法律框架，这是法治的一个基本特征。"[4] 联合国上诉法

---

[1] 参见 Case T-129/14 P, *Carlos Andres and Others v European Central Bank*, Judgment of the General Court (Appeal Chamber), ECLI:EU:T:2016:267, 4 May 2016, paras. 130, 131。此类观点也体现于联合国上诉法庭的判决中，法庭曾表示："鉴于工作人员与本组织之间建立的特殊关系，本组织雇用工作人员的合同，包括《工作人员条例》规定的定期合同，都不是常规意义上的合同。这类合同大多受规定了基本服务条件的《工作人员条例》以及《工作人员细则》和秘书长的行政指令的制约。"（参见 *Mr. Castelli v. Secretary-General of the United Nations*, 2010–UNAT–037, 1 July 2010, para. 23.）

[2] 国际劳工组织行政法庭在 Lindsey 案中就表示，考虑到组织运作中国际社会的普遍利益，如果组织对合同条款的修改不会对合同义务的平衡产生不利影响或违反该职员接受任命时所考虑的基本条款，组织才可在未经现任职员同意的情况下对合同的规定进行修改。（参见 *Lindsey*, ILOAT, Judgment No. 61, 4 September 1962, para. 12.）

[3] See Kieran Bradley, "European Union Civil Service Law", in Herwig C. H. Hofmann, Gerard C. Rowe, and Alexander H. Türk eds., *Specialized Administrative Law of the European Union: A Sectoral Review*, Oxford University Press, 2018, p. 560.

[4] Case C-894/19 P, *European Parliament v UZ*, Opinion of Advocate General Pikamäe, ECLI:EU:C:2021:497, 17 June 2021, para. 65.

庭也曾表示:"法治与行政法的一个重要原则是,权力的行使必须得到法律的授权。在宪法秩序的理念中,每个领域的行政人员都受到这样一个原则的制约,即他们不得行使法律未赋予他们的权力与职能。"[①]

第二,在法律性质上,国际组织内部司法机构所依据的法律规范更偏向于对公权力进行规制的行政法。有部分行政法学者认为,行政法是规范国家权力的国内法,同时国际领域也不存在一个国家之间更高层级的公权力,因此"国际法人的职员法"不属于行政法。[②] 但该观点是否符合客观事实是值得商榷的。

首先,先不论国际法的性质,此种观点可能并未正确理解涉及国际组织职员的组织内部法的概念与性质。因为此类法律规范的作用对象并非国家,而是在国际组织中工作的职员,加上在司法实践中,国际组织行政当局与其职员的关系已被认为在本质上属于不具有平等地位的公法关系,所以组织行政当局公权力的效力并不存在太多质疑。其次,行政不仅指国家行政,还可理解为公共行政。[③] 公共行政是一个更宽泛的概念,它包括了非国家的公共行政组织的行政,而国际组织作为国家之间为实现国际治理而通过外部与内部权力让渡设立的公权力组织,这正是国家公权力和社会公权力向国际领域延续的一个重要体现[④],而被让渡的权利中就包括国际组织在内部对其职员进行管理的相关权力。最后,可以认为,行政法的概念与内涵并非亘古不变,而是随着时代与社会的需要而不断发展[⑤],但不可否认的是,行政法的旨趣在于检讨行政权力应如何受到法的约束,以使人民的基本权利得到保护。因此凡

---

① *Margaret Mary Fogarty v. Secretary-General of the International Maritime Organization*, 2021–UNAT– 1117, 25 June 2021, para. 30.

② 参见陈新民:《中国行政法学原理》,中国政法大学出版社 2002 年版,第 7 页。

③ 参见李洪雷:《行政法释义学:行政法理学的更新》,中国人民大学出版社第 2014 年版,第 25 页。

④ 参见姜明安:《公法学研究的几个基本问题》,载《法商研究》2005 年第 3 期,第 5 页。

⑤ 例如,以德国为例,在德国学者奥托·迈耶(Otto Mayer)建立行政法学时,行政法的研究范围主要为行政机关的行政处分,而不涉及行政命令的制定、行政指导等内容。随着社会历史的发展,行政法随之需要面对新的题材,并产生了许多新的特征。(参见翁岳生主编:《行政法(上)》,元照出版社 2020 年版,第 8 页。)相关学者认为行政法中显然存在国际因素,他表示:"1962 年,当我承担起定义行政法的任务时,传统的甚至是当代的概念总是包括它完全是"内部的"、"国内的"、"国家的"、市政的、地方的等等特征("internal," "domestic," "national," municipal, local, etc),而不是国际的(international)。当时,我决定忽视这种特性。然而,即使在那时,行政法中也显然存在国际因素。"(参见 Augustin Gordillo, "Access to Justice, Legal Certainty and Economic Rationality", in Gordon Anthony, Jean–Bernard Auby, John Morison & Tom Zwart eds., *Values in global administrative law*, Oxford (UK) & Portland, Oregon (USA), Hart, 2011, p. 364.)

涉及人民权利或义务者，均应成为行政法学科的讨论课题。[1]在这之中就应当包括对国际组织职员权利的法律保障。因此，国际组织相关的内部法律规范至少可以认为具有行政法的性质，或与行政法具有许多类似的特征。

所以有观点认为，国家的经验表明，行政法既能制约又能引导政府权力的行使。要做到这一点，就要保护个人不受未经授权或任意行使的公权力的影响，并促进行政部门对更广泛的公共利益作出反应，这种规制与引导所作用的对象包括了行政当局通过和实施的一般规范以及就特定事项作出的决定。这些因素构成了民主制度的一个组成部分，并确保了公共权力的基本形式的问责制。由于体制和政治条件的巨大差异，国内的行政法体系不能简单地移植到国际组织等全球性管理机构行使公共权力的过程中。然而，不断积累的经验表明，行政法的透明、参与、合理决定和审查机制，以适当的形式进行修改，可有助于促进国际组织对受其决定影响的各种利益承担更大的责任和作出更全面的反应。[2]

这些国内行政法已形成的价值、原则在国际组织内部法律规范中都有所体现，甚至通过国际组织内部司法机构的司法裁判得到了创新性的发展。[3]例如，在处理职员争端时，组织往往需要通过合法性原则、法律确定原则、比例原则、善意原则和善治原则等法律的一般原则对行政当局行政权的专断滥用进行限制，[4]同时，行政当局还受到组织内部法律文件的约束。[5]因此，有观点将国际组织的此类法律称为"国际行政法"，并认为"行政权力的行使，特别是涉及雇佣关系方面，是通过运用国际行政法来控制的，而（国际组织）

---

① 参见翁岳生主编：《行政法（上）》，元照出版社 2020 年版，第 8 页。

② See Benedict Kingsbury & Richard B. Stewart, "Legitimacy and Accountability in Global Regulatory Governance: The Emerging Global Administrative Law and the Design and Operation of Administrative Tribunals of International Organizations", in Papanikolaou ed., United Nations Administrative Tribunal Conference, *International Administrative Tribunals in a Changing World*, London: Esperia Publication LTD, 2008.

③ 有学者认为国际行政法似乎是最早面对全球行政法所要解决的挑战的制度之一，并在国际层面上发展透明、参与、合理决定和审查的法律机制方面发挥了先锋作用；因此，它可能为其他领域提供了宝贵的经验。（参见 See Santiago Villalpando, "Managing international civil servants", in Sabino Cassese ed., *Research Handbook on Global Administrative Law*, Edward Elgar Publishing, 2016, p. 65.）

④ See Gerhard Ullrich, *The Law of the International Civil Service--Institutional Law and Practice in International Organisations*, Duncker & Humblot Press, 2018, pp.152–153.

⑤ *See Hastings v. Secretary-General of the United Nations*, UNDT/2009/030, 7 October 2009, para. 18.

一般通过行政决定对其工作人员行使权力。"①

第三，司法机构通过将法律适用于个别案件，充当法治的监护人。所以，一个独立和正常运作的司法机构是实现法治的先决条件之一。② 国际组织的内部法治也要求必须存在相关机构确保组织的内部法律得到遵守，并在必要时对不遵守规定的行为施加惩罚。③ 因此，以法治为基础的核心制度还应包括强有力的司法部门，并应构建一个完整的权力分立体系。事实上，国际组织内部司法机构的定位往往类似于国家分权体系中的行政法院。④ 例如，联合国行政当局就有一种观念，即倾向于将自己视为国际组织的政府，或至少弥补组织中政府的缺位。⑤ 而与此相对，其行政法庭则与国家司法机关类似，2017 年联合国内部司法理事会的报告直接指出："'成熟的法律制度具备的一个特征是，最高权力机构的所有三个要素——立法部门、行政部门和司法部门——尊重权力分立'。这一要求具有挑战性，在联合国这种等级分明的组织之中尤其如此，然而，法治若要得到尊重，就必须落实这一要求。"⑥ 作为欧盟法院前身的欧洲煤钢共同体法院的司法结构也很自然地受到法国行政法思想的影响，其工作方法仿照了法国行政法院（Conseil d' Etat）的程序。⑦ 这体现出国际组

---

① C. F. Amerasinghe: *Principles of the Institutional Law of International Organizations*, 2nd revised ed., Cambridge University Press, 2005, p. 303.

② 参 见 International IDEA (International Institute for Democracy and Electoral Assistance), *A Practical Guide to Constitution Building: Principles and Cross-cutting Themes*, Stockholm, 2012, p. 18。类似的观点，参见 Jr. Richard H. Fallon, " 'The Rule of Law' as a Concept in Constitutional Discourse", *Columbia Law Review*, Vol. 97, No. 1, 1997, p. 9.

③ See Council of Europe, *Common focus and autonomy of international administrative tribunals: 50th anniversary of the establishment of the Council of Europe Administrative Tribunal*, March 2017, p.196.

④ 早在国际联盟行政法庭设立的讨论中，大会就强调需要建立一个与法国行政法院（French Conseil d'Etat）类似的司法机构。(League of Nations, Records of the 2nd Assembly, Meetings of Committees, II, p. 71–72.)

⑤ 参见 S. Battini, "Political Fragmentation and Administrative Integration: the Role of the International Civil Service", in Papanikolaou ed., United Nations Administrative Tribunal Conference, *International Administrative Tribunals in a Changing World*, London: Esperia Publication LTD, 2008, p. 188.

⑥ See Internal Justice Council, *Administration of justice at the United Nations: Report of the Internal Justice Council*, A/72/210, 24 July 2017, para. 3.

⑦ See Ditlev Tamm, "The History of the Court of Justice of the European Union Since its Origin. In Y. Bot", in A. Rosas and E. Levits eds., *The Court of Justice and the Construction of Europe: Analyses and Perspectives on Sixty Years of Case Law*, T.M.C. Asser Press, 2013, p. 17.

织作为公共行政机构 ①，也需要通过组织司法机关对行政当局的权力进行规制，以维护组织的内部法治。

可以肯定，国际组织内部法治的理念已逐渐形成并付诸实践。虽然它与国家法治存在一定程度的相似性，但仍然具有不同于国家法治的内涵。同时，可以看出国际组织内部司法与其内部法治建设紧密联系。法治是国际组织内部司法机制设立的重要价值基础与评判标准，而内部司法机制也进一步推动了国际组织法治的建设。

（二）国际组织内部司法上诉机制与其内部法治的关系

虽然法治是国际组织内部司法的重要理论依据，但在目前的国际组织内部法律秩序中，法治建设仍然任重道远。这在内部司法制度上体现为司法机关权力较弱，其职能的履行在很大程度上仍然被行政机关通过各种方式所掣肘 ②，无法完全达到国际组织内部法治所要求的司法独立性与公正性。而上诉机制作为内部司法机制的进一步发展，在一定程度上可以视为加强国际组织内部法治建设的重要改革措施。联合国内部司法重新设计小组在设立上诉机制的改革报告中，就曾反复强调应当将法治作为改革的重要依据。③ 究其原因，大概基于如下几点。

首先，上诉机制的存在使司法机关对行政权的审查架构变得更加合理与公正。上诉机构可以对初审判决进行进一步的法律审查，纠正初审可能存在的错误，并为裁判提供更充分的法律依据。在这个过程中，内部司法机关的专业性与权威性得到增强。

---

① 国际组织的职能与目标使得其可以作为国际一级的公共行政机构。（参见 Santiago Villalpando, "Managing international civil servants", in Sabino Cassese ed., *Research Handbook on Global Administrative Law*, Edward Elgar Publishing, 2016, p. 65.）

② 例如许多国际组织内部争端解决机制的人事制度方面都不能完全独立，其书记官或法律助理往往都接受行政当局的管理。（参见 *Rules of the Administrative Tribunal of the International Labour Organization*, adopted on 25 June 2020, Art. 2; *Rules of Procedure of the United Nations Dispute Tribunal*, Approved by the General Assembly in resolution 64/119, 16 December 2009, Art. 2 (1).）

③ 重新设计小组在报告中表示"希望从根本上重新设计内部司法系统，以实现迅捷、高效和有效的司法，这种司法既要独立，又要保证作为联合国管理工作的不可分割组成部分的法治。"（参见 Redesign Panel on the United Nations System of Administration of Justice, *Report of the Redesign Panel on the United Nations system of administration of justice*, A/61/205, 28 July 2006, para. 13.）另见该报告第 6 段、第 73 段、第 97 段以及第 149 段，这些段落均提及"法治"。

其次，通过给予行政当局上诉的可能性，内部司法机关可以更好地与行政当局协调沟通，并再次分配争端双方的权利与义务。这赋予了内部司法系统极为灵活的制度弹性，使司法机关能够更好地处理行政当局的诉求，避免权力机关之间产生激烈对抗，最终增强司法机构的执行力。

最后，上诉机制的各级司法机构承担不同的司法职能，上诉机构主要承担法律审查职能，[①] 且其判决具有终局性与约束力。这有利于它更好地解释、适用相关法律，解决国际组织职员争端中的法律难题，并确保法律的统一适用，[②] 推动国际组织内部法律的体系化建设。

上述原因都使得上诉机制与国际组织内部法治相联系。同时，相比于内部司法的一审终审模式，上诉机制在一般情况下更有利于推动国际组织法治的建设。因此可以认为，国际组织法治也是上诉机制设立的重要理论依据。

第二节　欧盟内部司法上诉机制的法律依据

一、问题的提出

相比于理论依据，欧盟乃至国际组织内部司法上诉机制设立的法律依据存在更多争议。例如，国际货币基金组织（International Monetary Fund，IMF）曾在其2001年的争端解决机制报告中对设立上诉机制的法律依据表示了质疑，认为"法庭的判决是终局的，对组织具有约束力。根据国际行政法的一般原则，没有义务提供进一步的上诉"[③]。但通过对国际货币基金组织报告中关于上诉机制法律依据的否定性判断进行分析，可以发现几点不合理之处。

第一，根据《国际法院规约》第38条，法院适用的法律渊源包括国际公

---

① 联合国上诉法庭曾表示只负责对法律问题进行审查，自己"不是进行事实调查的适当法庭"。（参见 *Leboeuf et al. v. Secretary-General of the United Nations*, 2011–UNAT–185, 21 October 2011, para. 17.）

② See Waltraud Hakenberg, "The European Union Civil Service Tribunal: A Three-tier Structure", in Olufemi Elias ed., *The Development and Effectiveness of International Administrative Law*, Martinus Nijhoff Publishers, 2012, p. 251.

③ International Monetary Fund, *Review of the International Monetary Fund's Dispute Resolution System: Report of the External Panel*, 27 November 2001, para. 28, http://www.imf.org/external/hrd/dr/112701.pdf.

约、国际习惯、法律的一般原则，以及作为确定法律规则的辅助渊源的司法判决和最有资格的公法学家的学说。因此，仅将国际行政法的一般原则作为确定国际组织是否具有义务设立内部司法上诉机制的法律依据是尚存疑义的。

第二，颇为有趣的是，国际货币基金组织在报告的后文又补充了一个与此相悖的例子："只有欧盟有两级法庭制度，一方可以从初审法院向欧洲法院提出上诉，但仅限于法律问题"。而在欧盟之后，联合国也于 2009 年设立了内部司法上诉机制。如果没有法律依据，那么这些重要的国际组织相继建立起自己的上诉机制就是令人费解的。并且即便对于未正式设立上诉机制的其他国际组织，上诉机制的设立也一直是一个被积极讨论的话题。[①] 甚至国际法院的一位法官罗伯托·阿戈（Roberto Ago）依据自身的司法经验都感觉到有必要大力主张建设内部司法机构的上诉机制。他在法院对 1987 年 Yakimetz 案的咨询意见中附加了单独意见，他认为："对我提到的缺点的唯一真正补救措施是引入二级行政法院，换句话说，一个有权从法律和事实的所有方面审查一级法院裁决的法院，并纠正和补偿它们可能包含的任何缺陷。"[②] 不论是条约、规约等规范文件，还是法律的一般原则，这些上诉机制的设立或相关讨论无疑都需要相应的法律依据，这在一定程度上对国际货币基金组织报告中的观点提供了反证。

因此，内部司法上诉机制缺少法律依据的观点是站不住脚的，我们不妨对国际组织内部司法上诉机制的法律依据进行深入的分析与研究。

---

① 例如早在 1986 年，联合国内部司法报告中就表示"联合国工作人员应该希望建立这样一个（上诉）系统……"（See Joint Inspection Unit, *Joint Inspection Unit Personnel Questions: Administration of justice in the United Nations: Note by the Secretary-General*, A/41/640, 23 September 1986, para. 57. ）。而在《法国国际法年鉴》上发表的联合国教育、科学及文化组织（United Nations Educational, Scientific and Cultural Organization, UNESCO）工作人员工会一位杰出法律顾问的著作中的一些引文也构成对劳工组织行政法庭判决的上诉法院的呼吁："人们感到遗憾的是，受劳工组织行政法庭管辖的国际公务员在上诉时没有任何可能推翻其判决"（Ruzié David, "Jurisprudence du Tribunal administratif de l'Organisation internationale du Travail", *Annuaire français de droit international*, Volume 35, 1989, p. 377, para. 1. ）

② 他在后文还指出："这样一个二级法院可以对各国际组织中存在的所有行政法庭的裁决行使管辖权，从而在较高一级实现迄今为止在较低一级难以建立的统一管辖权。"（*Separate Opinion of Judge Ago-- Application for Review of Judgment No 333 of the United Nations Administrative Tribunal*, Advisory Opinion, ICJ Reports, 27 May 1987, p. 109. ）

二、国际组织内部司法上诉机制法律依据概述

涉及国际组织内部司法上诉机制设立的法律依据主要包括以国际组织基本文件为基础的国际组织内部法律文件与相关人权条约。对于组织的基本文件，这是在组织内部关于设立司法上诉机制最基础的法律设立依据。国际组织目前影响最大的两个内部司法上诉机制实例的基本文件都直接或间接地提供了上诉机制设立的法律依据。例如，《欧盟运作条例》第 256 条第 1 款就直接规定了欧盟法院的上诉程序。而《联合国宪章》虽然并没有关于内部司法机制的直接规定，但国际法院就在 Effect of Awards 案的咨询意见中根据《宪章》中组织的宗旨与目标间接地推导出其内部司法机构的设立依据。① 因此在一定程度上，国际法院相同的推理依据，即促进个人自由和正义，似乎可作为上诉机制的设立依据。依据基本文件的相关内容，组织内部的工作人员条例、细则以及司法机构的规约等法律文件也对于上诉机制进行了规定。这些都是上诉机制设立的法律依据。

相比于组织的基本文件与相关内部法律文件，人权条约中关于设立上诉机制的内容往往能够提供更为基础的法律依据，但这些规定一般都较为模糊，尤其在适用于除刑事案件外的其他司法领域时存在较多争议。

国际组织内部司法机制的发展还不到一百年，相比于国际组织的整体发展历程，尤其是国际法和国际司法发展史，可以说形成时间非常短。而国际组织内部司法上诉机制更是如此，国际组织中最早设立内部司法上诉机制的为 1988 年设立初审法院之后的欧洲共同体法院系统。所以国际组织内部司法上诉机制设立所依据的条约很少有直接适用的内容，更多需要间接适用。同时需要注意的是，条约应以国际习惯法为背景加以解释和适用②，因此在对相关条款进行解释时，需要结合国际与国内司法领域的相关法律实践加以论述。虽然法律适用的过程可能并不简单明了，但不可否认，包含与国际人权、国

---

① See *Effect of Awards of Compensation Made by the United Nations Administrative Tribunal*, ICJ Reports, Advisory Opinion, 1954, p. 14.

② （英）罗伯特·詹宁斯，（英）亚瑟·瓦茨修订：《奥本海国际法》（第一卷第一分册），王铁崖等译，中国大百科全书出版社 1998 年版，第 19 页。

际组织的特权与豁免以及国际组织基本文件相关的国际条约为上诉机制的设立提供了丰富而充分的法律基础。

三、作为内部司法上诉机制法律依据的人权条约

（一）人权条约对国际组织的约束力

关于设立上诉机制的法律依据可以在大量国际人权条约中找到。在进行解释适用之前，需要解决国际人权公约对国际组织的法律约束力问题。大部分国际组织一般情况下都不需要签署、批准条约，[①] 因此从理论上而言组织并不需要履行条约义务，也没有适当的机会来执行条约。似乎很难说国际组织应被视为继承对其成员国规定的人权义务，且有些国际组织在其内部司法事项上曾明确表示不愿承认并遵守人权公约法律义务。联合国秘书长和联合国法律事务厅在 2000 年 8 月对联合国联合检查小组关于内部司法问题报告的一般性意见中就曾表示："在其报告的执行摘要中，联合检查组的检查员提到了一些国际文书，并主要建议'重要的国际文书，如《世界人权宣言》、人权公约和 1998 年日内瓦国际劳工组织关于工作中基本原则和权利的宣言'应明确纳入联合国内部条例和细则……无论如何，报告中提到的文书只适用于已批准这些文书的国家，而不适用于这些国家可能加入的任何国际组织。如果各国希望使这些文书的规定或原则适用于某个国际组织，它们可以通过该组织的适当决议来这样做。"[②]

但即便不是通说观点，法律学说中的确有越来越多的共识，即国际组织即使未经其同意也受相关国际人权条约义务的约束[③]，在这之中当然包括对其职员应当履行的必要义务。国际组织也开始将保护人权纳入其内部运作标准和指令中，正如同欧盟、联合国的职员争端解决机制及其内部司法上诉机制

---

① 需要注意的是，《欧盟条约》第 6 条规定，欧盟承认《欧盟基本权利宪章》中规定的权利、自由与原则，并应加入《欧洲人权公约》。

② 参见 United Nations Secretary-General, *Report of the Joint Inspection Unit on the administration of justice at the United Nations: Note by the Secretary-General*, A/55/57/Add.1, 16 August 2000, page 2, paras. 2–6.

③ See Henry G. Schermers & Niels M. Blokker: *International Institutional Law: unity within diversity*, 6th ed., Martinus Nijhoff Publishers, 2018, pp. 1036–1038.

设立的法律文件，人权需要已经影响并进入管理国际组织内部和外部行为的主要规则。[①]

这些人权条约对国际组织职员人权保障方面能够产生实际约束力。这是因为，虽然国际组织基于职能必要理论在职员管理方面享有特权与豁免，但组织享有的特权与豁免并不免除其应当承担的相应义务。具体而言，组织的职员仍然有自己的国籍国，而这些国家往往都是各国际人权公约的当事方，而且部分人权公约的要求已经成为强行法或习惯国际法，具有普遍适用性，所以各国需要为其国民履行司法保障义务。但国家在签订各国际组织的组织宪章等宪制性文件如《联合国宪章》（ *Charter of the United Nations* ），以及国际组织的专门性条约如《联合国外交特权及豁免公约》（ *Convention on the Privileges and Immunities of the United Nations* ）、《专门机构特权和豁免公约》（ *Convention on Privileges and Immunities of the Specialized Agencies* ）时，将对其国民的司法权力让渡给国际组织，此时国际组织需要对其内部职员间接承担成员国签字、批准的相关人权条约所要求的司法保障义务。欧盟法院的总法律顾问皮卡梅（Pikamäe）在欧盟职员争端案件中提出了类似的观点，认为"尽管欧盟作为一个超国家组织，本身并不具有政治学所理解的'国家'地位，但很明显，条约赋予了它一些权力，这些权力唤起了它拥有的成员国所固有的一系列特征"，这包括了《欧洲联盟条约》序言中提到的对"人的不可侵犯和不可剥夺的权利、自由、民主、平等和法治"的普遍价值观的承认，而"从不同的角度来看，可以说保证这些原则和价值观是向欧盟转移权力的必要条件"。[②]

除此之外，考虑到国际组织大多都将保护人权作为自身存在的合理性与合法性基础，加之在很多情况下组织都是人权保护运动的发起方，并且几乎

---

① Karel Wellens: *Remedies against international organisations*, Cambridge University Press, 2002, p. 14.

② 参 见 Case C-894/19 P, *European Parliament v UZ*, Opinion of Advocate General Pikamäe, ECLI:EU:C:2021:497, 17 June 2021, paras. 55, 56. 在 *Waite and Kennedy v Germany* 案中，欧洲人权法院认为国家设立国际组织是为了在某些活动领域开展或加强合作，如果国家赋予这些组织某些权限并给予它们豁免，则可能会对基本权利的保护产生影响。这是因为 "如果缔约国因此被免除其根据公约对这种归属所涵盖的活动领域所承担的责任，那将不符合公约的宗旨和目标。应当认为，《公约》的用意不是要保障理论上或虚幻的权利，而是要保障实际和有效的权利。鉴于公平审判权在民主社会中占有突出地位，诉诸法院的权利尤其如此。"（参见 *Waite and Kennedy v. Germany*, ECtHR, Application no. 26083/94, 18 February 1999, para. 67.）

所有国际人权保护规则的制定都是在国际组织的主持下完成，而某些国际组织还是相关人权条约的保存机构，甚至负责监督人权文件的实施以及会员国对人权的尊重，[①] 所以，国际组织作为国际人权事业的倡导者与践行者，在内部管理中理应成为保障国际组织职员人权的"模范生"。如果在这种情况下"知法犯法"、"执法犯法"，破坏和侵犯人权，将不利于国际组织实现其宗旨和履行职能。因此，即便并非国际人权公约的当事方，国际组织也应当尊重并履行相关人权公约的义务。

（二）人权条约中有关上诉机制的规定

1. 人权条约中关于基础性司法救济权利的规定

联合国人权事务委员会认为，当援引向上诉法院上诉的权利时，上诉权是《公民权利和政治权利国际公约》中一般救济权的特别法（lex specialis）。[②]由此可以认为，上诉权在一定条件下可以从人权条约中关于司法保障的一般性权利条款中推导出来，这些权利通常适用于所有案件。许多人权条约中关于司法保障的基础性规定都为国际组织内部司法上诉机制的设立提供了依据，这些条文一般都涉及以"公平审判权"、"有效司法补救"为主的相关权利，如《世界人权宣言》中规定的"人人完全平等地有权由一个独立而无偏倚的法庭进行公正的和公开的审讯……"，以及"任何人当宪法或法律所赋予他的基本权利遭受侵害时，有权由合格的国家法庭对这种侵害行为作有效的补救。"[③] 这在《公民权利和政治权利国际公约》[④]，以及《欧洲人权公约》[⑤]、《美

---

① 参见李赞：《国际组织的司法管辖豁免研究》，中国社会科学出版社 2013 年版，第 244 页。

② United Nations Human Rights Committee, *General comment no. 32, Article 14, Right to equality before courts and tribunals and to fair trial*, CCPR/C/GC/3, 23 August 2007, para. 58; United Nations Human Rights Committee, *Terrón v. Spain*, Comm. no. 1073/2002, 5 November 2004, para. 6.6.

③ UN General Assembly, *Universal Declaration of Human Rights*, 10 December 1948, 217 A (III), Arts.

④ 第 14（1）条规定："所有的人在法庭和裁判所前一律平等。在判定对任何人提出的任何刑事指控或确定他在一件诉讼案中的权利和义务时，人人有资格由一个依法设立的合格的、独立的和无偏倚的法庭进行公正的和公开的审讯。"（UN General Assembly, *International Covenant on Civil and Political Rights*, 16 December 1966, United Nations, Treaty Series, vol. 999.）

⑤ 第 6 条第 1 款规定："……人人有权在合理的时间内由依法设立的独立和公正的法庭进行公平和公开的审讯。"（Council of Europe, *European Convention for the Protection of Human Rights and Fundamental Freedoms, as amended by Protocols Nos*. 11 and 14, 4 November 1950.）

洲人权公约》①（*American Convention on Human Rights*）与《阿拉伯人权宪章》②（*Arab Charter on Human Rights*，ACHR）等区域性人权条约中都有规定。

这些条约所规定的司法保障义务，在国际组织职员争端领域的适用事实上已被许多国际法院、法庭以及国家法院所承认。在国际司法领域，国际法院在关于国际组织职员案件的第一个咨询意见中就表示联合国职员争端解决机制的设立应以《联合国宪章》第1条第（3）款规定的促进和鼓励尊重人权和基本自由为发展目标。③ 法院在随后的咨询意见中将国际组织的这一义务具体化，并通过公平审判权展现出来，认为如果法庭程序错误的性质足以侵犯职员获得公平审讯的权利，则构成"司法不公"（a failure of justice）。从这个意义上说，职员应享有的司法正义被剥夺。④

联合国争议法庭认为，对公平审判权进行规定的《世界人权宣言》第10条已成为习惯国际法的公认规范，不仅对会员国而且对联合国都具有约束力。⑤ 这一观点也得到联合国上诉法庭的认同，法庭在判决中曾表示："联合国法庭有责任在承认《宪章》第1条第（3）款规定的促进和鼓励尊重人权和基本自由的义务时，通过遵守正当程序、获得公平审判的权利和不使某人受到不当制裁的原则，确保遵守适当的人权标准。"⑥ 欧盟普通法院（European General Court，EGC）也依据《欧洲联盟基本权利宪章》（*Charter of Fundamental Rights of the European Union*）第47条认为需要保障原告诉诸司

---

① 第8条第1款规定："人人有权在合理的时间内，由事前依法设立的合格、独立和公正的法庭，在适当保障下，对针对他提出的任何刑事性质的指控进行审判，或确定其民事、劳动、财政或任何其他性质的权利和义务。"（Organization of American States (OAS), *American Convention on Human Rights, "Pact of San Jose"*, Costa Rica, 22 November 1969.）

② 第13条规定："人人有权在依法设立的合格、独立和公正的法院获得公平审判，并得到充分保障……"（League of Arab States, *Arab Charter on Human Rights*, 2004.）

③ See *Effect of Awards of Compensation Made by the United Nations Administrative Tribunal*, Advisory Opinion, ICJ Reports, 1954, p. 14.

④ See Application for Review of Judgment No. 158 of the United Nations Administrative Tribunal, Advisory Opinion, ICJ Reports, 1973, p. 209, para. 92.

⑤ *Samoulada v. Secretary-General of the International Maritime Organization*, Order on Recusal, UNDT/GVA/2017/057, 30 August 2017, para. 15.

⑥ Applicant v. Secretary-General of the United Nations, 2022-UNAT-1187, 18 March 2022, para. 51.

法的机会，即获得有效补救和诉诸公正法庭的权利。[①] 这一判例中的观点被公务员法庭吸收，法庭在判决中认为"有效的司法保护原则是欧盟法律的一般原则，现在《宪章》第47条第2款对此进行了表述，根据该原则，"人人有权有一次……由一个……依法设立……独立和公正的法庭……审理'。该段的表述对应于1950年11月4日在罗马签署的《欧洲保护人权和基本自由公约》相关的内容"。[②]

国际组织职员的这些权利也得到国家法院的认可。在许多涉及国际组织司法管辖豁免的案件中，国际组织是否存在合理的替代性的和有效的手段来保护原告在相关人权公约下的权利，为其职员提供公正的审判，是组织享有此方面管辖豁免权的一个重要标准。例如在2003年的Siedler案中，布鲁塞尔劳工法院给出了一套公正审判的认定标准：（1）内部司法机构的公正性及其对各方的独立性，以及对该组织、其决策者和内部压力集团的独立性；（2）诉讼程序的司法性和对抗性；（3）内部司法机构根据法律作出有约束力和合理的判决的能力；（4）各方有权在相关司法机构出庭；以及（5）内部司法机构诉讼和聆讯的公开性，并毫无例外地公布其判决。[③] 法院持此标准认为西欧联盟申诉委员会（Western European Union Appeals Board）没有为其职员的公平审判权提供必要的保障，拒绝给予西欧联盟豁免权。巴黎上诉法院在同年的African Development Bank案中也认为，在没有合理的替代手段来保护《欧洲人权公约》第6条所保障的雇员权利的情况下，非洲开发银行（African Development Bank）不能援引其管辖豁免权。[④]

综上所述，国际组织为其职员提供这些条约所要求的充分、有效的司法保障义务已逐渐被国家以及组织自身所接受。正如联合国前行政法庭所认为的，在国际组织内部司法中，法律和司法系统必须被解释为一个全面的系统，

---

① 该案属于市场竞争案，但涉及行政程序等内容。（Case T-234/07, *Koninklijke Grolsch NV v. European Commission*, Judgment of the General Court (Sixth Chamber, extended composition), ECLI:EU:T:2011:476, 15 September 2011, paras. 37, 39, 40.）

② Case F26/12, *Maria Concetta Cerafogli v. European Central Bank (ECB)*, Judgment of the European Union Civil Service Tribunal (Second Chamber), ECLI:EU:F:2014:218, 18 September 2014, para. 48.

③ *Siedler v. Union de l''Europe occidentale*, Labor Court of Brussels, Judgment of 17 September 2003.

④ *Banque africaine de développement v. M. A. Degboe*, Paris Court of Appeal, Judgment of 7 October 2003, Revue critique de droit international privé 2004.409, note M. Audit. 类似的案件还可参见前文欧洲人权法院判决的 *Beer and Regan v. Germany* 案以及 *Waite and Kennedy v. Germany* 案。

没有漏洞和失误，这样才能保证最终的目标，即保障工作人员对不遵守其就业合同的指控。所以，国际组织的行政当局必须正确地对待其职员，以及他们的程序性权利和对他们的法律保护，并尽其所能，确保每个职员得到充分的法律和司法保障。[1] 结合前文上诉权与诉诸司法权、公平审判权的联系，可以认为，在一般情况下，相关条约都间接体现出上诉权是全面完善相关条约所规定的基础性司法权力的重要内容与措施。考虑到在大部分国际组织一审终审的司法模式下，其裁判效果并不能完全满足当事方对公正司法的需求，如果没有上诉程序来对司法判决中可能的错误进行进一步纠正，很难说组织所提供的司法保障是充分而有效的。因此，可以认为设立上诉机制是人权条约中基础性司法权利的内在要求或自然延神，这些权利的适用并不局限于刑事案件。

2. 人权条约中关于上诉权的规定

如果说通过相关人权条约中的基础性司法权利间接推导出设立上诉机制的法律依据还只是具有可适用性，那么这些条约中对上诉权的直接规定则可在一定程度上体现出上诉机制设立的必要性。

但需要注意的是，虽然许多人权条约对上诉权进行了规定[2]，但大部分国际人权公约关于上诉权的规定都只强调对刑事案件上诉权的保障，例如《公民权利和政治权利国际公约》第 14 条第 5 款关于上诉权的规定："凡被判定有罪者，应有权由一个较高级法庭对其定罪及刑罚依法进行复审"。这使得有学者认为在其他类型的案件中设置上诉机制没有充分的法律依据，这种质疑甚至直指国际组织内部司法上诉机制。时任联合国法律事务厅干事菲莉斯·黄（Phyllis Hwang）这样应该具有较高专业水准的中层官员甚至也表示："国际人权标准事实上并不承认民事案件的上诉权，尽管在刑事案件中规定了这种权

---

① See *Andronov v. Secretary-General of the United Nations*, Administrative Tribunal judgment no. 1157, 30 January 2004, para. IV.

② 《公民权利和政治权利国际公约》规定："凡被判有罪者，均有权依法由上级法庭对其定罪和判决进行复审。"（UN General Assembly, *International Covenant on Civil and Political Rights*, 16 December 1966, United Nations, Treaty Series, vol. 999, p. 177, Article 14(5).）;《美洲人权公约》规定："在诉讼期间，人人有权在完全平等的情况下享受以下最低限度的保障：……向上级法院上诉判决的权利。"（Organization of American States (OAS), *American Convention on Human Rights, "Pact of San Jose"*, *Costa Rica*, 22 November 1969, Article 8.）.

利。"① 因此她对国际组织职员争端领域设立上诉机制的法律依据，或者说合法性提出质疑，认为联合国没有义务为其内部争端的解决建立一个上诉机制。

但对人权条约的有关条文进行此种解释可能有失偏颇，各人权条约对刑事案件作出的上诉权要求并不能推导出相关人权条约否认其他类型的案件中的上诉权。将这些条款的内容理解为突出与强调对刑事案件上诉权的保障，而非部分学者认为的将上诉权的保障限定于刑事案件可能更为合适。那些强调以案件类型作为区分上诉权是否应予以保障的观点往往过于绝对和武断。

欧洲部长委员会在关于行政行为司法审查的建议中就表示："至少在重要案件中，法庭审查行政行为的决定应向上级法庭提出上诉，除非根据国家立法将案件直接提交上级法庭"。② 这种思想也体现于部分法院的判决中，在 Grecu v Romania 案中，欧洲人权法院认为关于《欧洲人权公约第 7 议定书》（*Protocol 7 to the European Convention for the Protection of Human Rights and Fundamental Freedoms*）中的规定，即 "凡被法庭判定犯有刑事罪的人" 有权要求 "其定罪或判刑由上级法庭复审"③，可以通过法院的自治解释适用于行政案件中。④

在国际组织内部司法领域，联合国争议法庭也运用了类似的推论模式，认为虽然"《公民权利和政治权利国际公约》第 14 条第 1 款特别强调（special emphasis）了刑事司法性质"，但基于人权事务委员会在关于"第 14

---

① 文章的原文为："It should be recalled that international human rights standards do not, in fact, recognize the right to an appeal in civil cases, although such a right is established with respect to criminal cases." （Phyllis Hwang: Reform of the Administration of Justice System at the United Nations, *The Law and Practice of International Courts and Tribunals*, Vol. 8, 2009, pp. 207–208.）在国际组织公务员案之外，还有观点认为上诉权在更广泛意义上的行政案件中并非一项固有权利。（Folke Bernadotte Academy & Office for Democratic Institutions and Human Rights: *Handbook for Monitoring Administrative Justice*, Warsaw: OSCE Office for Democratic Institutions and Human Rights, 2013, pp. 19–20.）甚至有观点认为："根据人权公约，诉诸司法的权利只涉及初审程序，不包括上诉权"。（Pierre Schmitt: *Access to Justice and International Organizations: The Case of Individual Victims of Human Rights Violations*, Edward Elgar Publishing, 2017, pp. 114–115.）

② Committee of Ministers of the Council of Europe: *Recommendation Rec(2004)20 of the Committee of Ministers to member states on judicial review of administrative acts*, 15 December 2004, B(4)(i).

③ Council of Europe, *Protocol 7 to the European Convention for the Protection of Human Rights and Fundamental Freedoms*, 22 November 1984, ETS 117, Article 2.

④ *Grecu v Romania*, ECtHR, Application no. 75101/01, 30 November 2011, paras 81 et seq.

条：在法院和法庭面前平等和公平审判的权利"的 31 号一般意见，[①] 这一条款下的"诉讼条件平等"（equality of arms）原则不只适用于刑事案件。[②]

从一些司法实践中可以看出，对于条约中上诉权的保障更应当重视实质性标准，比如受害方的基本权利是否受到侵犯，或是权利受损的程度。案件的类型更偏向于作为一种辅助性参考。

所以在任何案件中，如果存在侵犯基本权利的情形，就应当充分保障被侵害方的上诉权，国际组织职员的上诉权也不例外。尤其考虑到国际组织职员缺乏国家法院的直接保障，其基本权利往往相当容易受到侵犯，例如前文提及的麦卡锡系列案就涉及联合国职员发表意见自由和政治信仰自由权利的保障[③]，并对国际组织职员基本权利的保障产生了巨大的影响。欧洲法院的 RQ 案则涉及在国家刑事案件中，组织放弃职员豁免权时当事方职员的辩护权。[④]而在国际组织中职员基本权利被侵犯的案件还有许多。[⑤] 此时有必要为他们设立一个公正有效的上诉机制以进一步维护他们的权益，并更好地保障其公平审判权的实现。因此，国际人权公约中关于上诉权的这些具体条款也可以在一定程度上推定适用于国际组织职员案件，作为国际组织内部司法上诉机制

---

① United Nations Human Rights Committee, *General comment no. 32, Article 14, Right to equality before courts and tribunals and to fair trial*, 23 August 2007, CCPR/C/GC/32.

② *Morin v. Secretary-General of the United Nations*, UNDT/2011/069, 12 April 2011, para. 40.

③ 该案发生于冷战时期，当时美国盛行麦卡锡主义，因此美国政府以国家安全为由要求联合国秘书处配合其关于美国共产党的调查，并在随后以拒绝回答美国参议院调查委员会有关共产党员或针对美国的颠覆活动的问题为由解雇了 21 名相关职员，这些受害者向联合国行政法庭提起诉讼。（参见 *Effect of Awards of Compensation Made by the United Nations Administrative Tribunal*, Advisory Opinion, ICJ Reports, 1954.）而在相关会议的讨论中，有成员国代表反对秘书长解雇相关职员的观点，认为关于发表意见的自由和政治信仰自由的原则已具体列入《世界人权宣言》，并在《工作人员条例》中得到保障。（参见 United Nations General Assembly, Seventh session, *Official Records*, 416th Plenary Meeting, 28 March 1953, A/PV.416, p. 577, paras. 208–209.）

④ See Case C-831/18 P, *European Commission v RQ*, Judgment of the Court (Fourth Chamber), ECLI:EU:C:2020:481, 18 June 2020.

⑤ 例如国际劳工组织行政法庭的 *H. (No. 8)* 与 *R. (No. 21)* 案涉及国际组织职员结社自由权中的罢工权（*H. (No. 8) v. European Patent Organisation (EPO)*, ILOAT, Judgment No. 4482, 27 January 2022; *R. (No. 21)v. European Patent Organisation (EPO)*, ILOAT, Judgment No. 4433, 7 July 2022.），S. 案则涉及平等待遇的权利（*S. v International Criminal Court (ICC)*, ILOAT, Judgment No. 4361, 7 December 2020.）；欧盟法院的 GV 案涉及职员的聆讯权（Case F137/14, *GV v European External Action Service (EEAS)*, Judgment of the Civil Service Tribunal (First Chamber), 5 February 2016.）；联合国上诉法庭的 *Al Abani* 案涉及职员的婚姻自由权（*Al Abani v. Secretary-General of the United Nations,* 2016–UNAT–663, 30 June 2016, paras. 10–12.），此类侵犯职员基本权利的案件在国际组织中还有许多。

的设立依据。

第三节 欧盟内部司法上诉机制设立的其他依据

国际组织职员争端只是国际组织内部争端中的一部分，组织还需要处理许多其他不同类别的争端。[1] 但在这些领域很难形成一个稳定运作的争端解决司法机制，上诉机制的产生则更加难得。在整个国际司法领域，上诉机制也并不常见。因此除了必要的理论、法律依据外，国际组织职员争端解决领域还有一些区别于其他领域的特殊原因，使其适合设立一个上诉机制。

一、国际组织内部正常运作的需求

首先，不论是职员争端解决机制的产生，还是随后上诉机制的发展，在这之中一个很重要的背景为国际组织公务员数量的迅速增加。职员与职员案件的数量已到达一个不可忽视的规模，使国际组织必须重视此类案件。以联合国为例，作为当前世界上最大和最重要的综合性国际组织，联合国现有成员国 193 个，几乎包括世界上的所有国家，其有来自 188 个国家的 77620 名职员。[2] 而在 1956 年，联合国秘书处仅有来自 67 个成员国的 1163 名职员。[3] 不论是人员数量还是国家文化的多样性上，联合国都有了巨大的变化。这种变化也体现在案件数量的增长上。联合国前行政法庭在其运作的前 30 年中作出了 252 项判决，而在其运作的最后 30 年中则作出了 1247 项判决，即五倍于此前。[4] 改革后的联合国内部司法系统也保持了较快的案件增长速度。在 1960 年当时的联合国前行政法庭仅作出 1 项判决，到联合国内部司法系统改革后

---

[1] 参见李赞：《国际组织的司法管辖豁免研究》，中国社会科学出版社 2013 年版，第 255–258 页。

[2] United Nations General Assembly, *Report of the Secretary-General: Composition of the Secretariat*, A/75/591, 9 November 2020.

[3] United Nations General Assembly, *Report of the Secretary-General: Composition of the Secretariat*, A/C.5/689, 7 December 1956.

[4] See Abdelaziz Megzari: *The Internal Justice of the United Nations*, Koninklijke Brill NV, 2015, pp. 310–311.

的 2009 年，当时上诉法庭还未正常运转，仅争议法庭就作出 97 项判决，而在 2020 年，两个法庭共作出 321 项判决。[1]欧盟的情况也与此相似，在欧盟公务员法庭设立之前的 2000 年至 2005 年期间，职员案件占到了当时负责管辖该类案件的欧盟初审法院所有诉讼的 28.6%。以数字计算，职员案件占到初审法院 2634 个案件中的 754 个，这是一个相当大的比重。[2]

其次，从案件的内容看，职员案件的内容及其面临的问题与其他案件有很大不同，此类案件的核心是一个人或一群人寻求对就业关系中受侵犯权利的救济。这就使国际组织职员案件涉及与就业关系相关的各个领域，从事项上这可能包括从基本工资、职业发展、工作人员纪律等与就业关系直接相关的一切方面，还包括与就业关系存在间接联系的其他法律领域，例如各种社会福利，以及"疾病、退休、伤残、工伤事故、家庭津贴"等与社会保障福利规则相关事项。[3]从更加宽泛的角度看，国际组织职员案件可以扩展到囊括国际性法律制度的一般性领域，如国际公法、人权法和社会法。[4]这使内部司法机构在审理职员案件时可能需要处理不同种类的法律关系。

面对案件数量增加导致的裁判压力[5]以及案件内容的复杂性，内部司法机构能否公正有效地处理好所有案件值得商榷。1991 年 10 月，工作人员代表向联合国行政工作和预算委员会提出许多关于内部司法"缺陷"的看法，并在报告最后认为"从整体上看，内部法律体系不能被视为'公正和有效'的，因为它非常偏向于行政部门的利益，而且缺乏正常的法律程序"。[6]事实上，在

---

[1] United Nations Secretary-General, *Administration of justice at the United Nations: report of the Secretary-General*, A/76/99, 25 June 2021, paras. 14, 27.

[2] See Hannes Kraemer, "The European Union Civil Service Tribunal: a new Community court examined after four years of operation", *Common Market Law Review*, Vol. 46, No. 6, December 2009, p. 1875.

[3] Court of Justice of the European Union, *History—Civil Service Tribunal—Presentation*, https://curia.europa.eu/jcms/jcms/T5_5230/en/ (last accessed on 9 Aug. 2022).

[4] Graham Butler, "An Interim Post-Mortem Specialised Courts in the EU Judicial Architecture after the Civil Service Tribunal", *International Organizations Law Review*, Vol. 17, No. 3, 2020, p. 606.

[5] 早在 1985 年，联合国行政与预算委员会（Committee on Administrative and Budgetary）就认为组织"正面临着重大的、日益严重的问题，其表现为……越来越多的申诉和其他不公案件被提交，并在内部司法系统中被严重拖延。"（See Advisory Committee on Administrative and Budgetary Questions, *First Report on the Programme Budget for the Biennium 1986–1987, General Assembly Official Records: Fortieth Session*, Supplement No. 7 (A/40/7), New York: United Nations, 12 August 1985..）

[6] United Nations Secretary-General, *Views of the staff representatives of the United Nations Secretariat, Note by the Secretary-General*, A/C.5/46/21, 23 October 1991, para. 68.

某些职员案件中，组织当局的利益也未必能够得到必要或公正的考虑。①

当前国际组织的职能日益多元化，这些职能或多或少与世界和平、发展以及人权保障等重要主题的关联变得愈加紧密。如果组织无法公正地处理职员案件，职员正当的诉诸司法权以及合法权益无法得到满足时，国际组织的行政效率将变得低下，进而影响到组织内部行政的正常运转以及职能的正常履行。例如，1984 年公务员制度委员会决定将联合国秘书处纽约工作地点的工资参照所在国平均工资并下调 9.6%，这一决定降低了职员的工资，违反了诺贝尔梅耶原则（noblemaire principle）②和大会关于联合国系统专业人员薪酬问题的各项决议，促使职员工会发起"将联合国大会告进法院"的运动。这一运动在职工中造成混乱，降低了他们的士气并使秘书长的工作涣散。③

因此在整个国际组织职员争端解决机制的发展历程中，建立上诉机制在职员甚至行政当局中的呼声非常高。1991 年国际劳工组织行政法庭在作出几项判决后，法庭的副法官（deputy judge）佩斯卡托雷（M. Pescatore）法官对于法庭判决公正性提出强烈质疑，并提到应当存在允许推翻法庭所作判决的可能。④联合国教育科学文化组织 1997 年的报告则表示："工作人员和行政当局都因无法诉诸任何真正的上诉行动而感到沮丧"。⑤而在联合国上诉法庭成立之前，联合国曾一度采取了实际上由行政当局主导的国际法院复审制度，即

---

① 例如在麦卡锡系列案中，联合国前行政法庭判给行政当局支付巨额赔偿金。而当时的一审判决具有终局性，联合国行政当局没有任何纠正途径。（See Abdelaziz Megzari: *The Internal Justice of the United Nations*, Koninklijke Brill NV, 2015. p. 192.）

② 这项一般原则诞生于国际联盟时期，即 1920 年，并被联合国吸收。它包括两项主要内容：一、为了保持国际公务员制度的统一性，在国际组织内部同等价值的工作应获得同等的报酬，而不考虑职员的国籍以及在本国应当获得的薪金；二、国际组织的薪金应以世界范围内公务员薪金最高的国家为参照，组织在招聘正式工作人员时，应提供能够吸引并留住工资最高国家的公民的薪酬。（参见 *Muthuswami et al. v. United Nations Joint Staff Pension Board*, 2010-UNAT-034, 1 July 2010, paras. 29–32.）

③ See Joint Inspection Unit, *Report of the Joint Inspection Unit*, A/41/34, 9 September 1986, paras. 24–30.

④ Colloque de la S.F.D.I. sur La Juridiction internationale permanente, Pedone, 1987, p. 258.

⑤ United Nations Educational, Scientific and Cultural Organization (UNESCO) Executive Board, *Report by the Director-General on the procedures of the Administrative Tribunal of the International Labour Organization (ILOAT) in particular those relating to the review of judgments*, 152 EX/35, Paris, 27 August 1997, para. 27.

便该制度存在不公并且于 1995 年被废除^①，但这种纠错的基本模式仍获得了联合国职员的认可，被认为是必要的。^②

二、国际组织职员案件影响的相对性

国际组织职员案件影响的相对性可以体现为对成员国的影响以及对国际组织其他法律领域影响的局限。国际法院、国际海洋法法庭（International Tribunal for the Law of the Sea，ITLOS）等大部分国际司法机构的决定、判决一般都涉及国家利益，这增加了司法机构与国家之间协调、谈判的复杂程度，进而导致设立上诉机制的难度提升，这是这些机构没有产生上诉机制可能的原因之一。而对国际组织内部司法机构而言，由于国际组织职能履行对独立性的需要，以及组织所享有的管辖豁免权，其职员一旦被任命，就不再是他所属国籍国的公务员，而暂时成为专一服务于国际组织的公务员，"他们的职责不是国家性的，而是国际性的"。^③ 根据各个国际组织关于内部司法机构的法律文件，这些司法机构的管辖权仅针对职员的就业法律关系，^④ 案件的当事方为组织职员与行政当局，一般不涉及成员国以及组织外部的主体，

---

① 因为设立该制度的初始目的是为了保护成员国的利益，复审的政治目的使其申请条件近乎严苛，但委员会在其成立的 1955 年至 1995 年的四十年内，仍收到 115 份申请，除了两个例外，都是由其职员提出的，这 115 份申请只有 3 份移交至国际法院。(参见 Abdelaziz Megzari: *The Internal Justice of the United Nations*, Koninklijke Brill NV, 2015, pp. 255–256, 284.)

② 虽然旧的上诉机制的有效性严重存疑，但职员工会在报告中指出："应该指出，尽管在工作人员管理协调委员会（SMCC）上商定，在与工作人员协商之前不会对法庭进行任何改动，但第六委员会最近批准删除《法庭规约》第 11 条，这进一步减少了向工作人员开放的上诉程序。"(United Nations Secretary–General, *Reform of the internal system of justice in the United Nations Secretariat: note by the Secretary-General, Addendum*, A/C.5/50/2/Add.1, 17 November 1995, Annex II: "Comments by the United Nations Staff Union, dated 15 November 1995, on the reform of the internal system of justice in the United Nations Secretariat (A/C.5/50/2)," paragraph 14.)

③ *Staff of the Secretariat Report Presented by the British Representative*, Official Journal number 4 (June), LON. (1920), p. 137。这在《联合国宪章》中得到进一步体现，其第 100 条第 2 款规定："联合国各会员国承诺尊重秘书长及办事人员责任之专属国际性，决不设法影响其责任之履行。"

④ 例如《联合国争议法庭》规定："争议法庭有权审理本规约第 3 条第 1 款规定的个人对作为联合国行政首长的秘书长提出的申请并作出判决"(*Statute of the United Nations Dispute Tribunal*, amended by resolution 73/276 on 22 December 2018, Article 2.)；《亚洲开发银行行政法庭规约》规定："法庭应审理本行个别工作人员指称不遵守该工作人员的雇用合同或任用条件的任何申请并作出判决。"(*Statute of the Administrative Tribunal of the Asian Development Bank*, February 2006, Article 1.)

案件的性质至少在政治上相对没有争议。[①] 在不具体涉及各国国家利益的情况下，为国际组织职员争端解决机制设置一个上诉机制更需要考虑的是成本等经济问题，而非国家利益等政治问题。这为上诉机制的形成提供了一个较为宽松的环境。

同时与其他类型的案件相比，职员争端案件所涉及的国际公务员法被认为是一个"过于专业的话题"。[②] 这在欧盟法院系统中体现得尤为突出，因为虽然职员案件在所有案件的管辖事项中具有重要地位，但法院还负责审理其他类型的案件，且这种管辖权随着法院的发展一直在变化与扩张。在这种情况下，国际组织职员事项在欧洲共同体法院成立之初就被视为法院的一个专业领域。[③] 法院的一名成员提到职员案件的解决在欧盟司法机构所面临的问题中"不是很困难"。[④] 还有观点认为，这些案件判决的影响相当有限，大多被认为没有特别重要的意义[⑤]或不能对欧洲共同体法律造成任何真正的影响，[⑥]虽然需要更加严谨地看待这些观点，但至少可以体现出职员案件在某些方面影响力的局限性。

整体而言，国际组织的职员案件具有机构内部性，对成员国的影响较小，且相对局限于不具有更广泛宪法意义的问题，不会对组织运作的根本问题造成系统性影响，这些都使得在该领域建立一个司法上诉机制的阻力比在其他直接涉及国家利益的领域更小。

① Hazel Cameron, "Establishment of the European Union Civil Service Tribunal", *The Law and practice of international courts and tribunals*, Vol. 5, Aug. 2006, p. 174.

② L. Neville Brown & Francis G. Jacobs, *Brown and Jacobs: The Court of Justice of the European Communities*, Sweet and Maxwell, 3rd Edition, 1989, p. 159.

③ Werner Feld: *The Court of the European Communities: New Dimension in International Adjudication*, Martinus Nijhoff Publishers, 1964, pp. 81–83.

④ Gordon Slynn: *Introducing a European Legal Order*, Sweet and Maxwell, 1992, p. 138.

⑤ U. Everling: Die Errichtung eines Gerichts erster Instanz der Europäischen Gemeinschaften, in J Schwarze ed., *Fortentwicklung des Rechtsschutzes in der Europäischen Gemeinschaft*, Baden–Baden, Nomos, 1987, p. 44.

⑥ Y. Galmot: Le Tribunal de premiere instance des Communautés européennes, *Revue française de droit administratif*, 1989, p. 574.

三 、司法专业化的加深

（一）司法专业化的定义与发展

司法专业化通常意味着法官在某一特定法律领域具有特殊的知识和专长。更具体地说，它还意味着某些类型的案件的处理方式有些不同，甚至可能与其他案件分开。这种意义上的专业化是一个不断加强的趋势，在世界各地和所有类型的法律体系中都有许多司法专业化的例子。古罗马时期处理特定刑事犯罪的法院就已存在。英国专门处理海商法的法院可以追溯到 14 世纪。在美国，关于专门法院的报道至少可以追溯到 1792 年特拉华州衡平法院（Delaware Chancery Court）的成立。其他例子包括 1806 年在法国成立的劳动法院（conseils des prud' hommes）、1899 年在美国伊利诺伊州成立的少年法院（Juvenile Courts）、1910 年在丹麦成立的特别劳动法院（Special Labor Court）以及 1918 年瑞典水务法院（Water Courts）的发展。[1]

至于为何要推动司法的专业化，可以先从专业化本身的优势说起。专业化的本质从特定角度可以理解为劳动分工（division of labor）。亚当·斯密（Adam Smith）就曾在其著作中指出，劳动分工能够提高生产率。[2] 具体到司法的专业化，有学者对其优势进行了总结，认为司法专业化具有提高司法与法律系统效率、有利于法律适用的统一性与一致性、通过更丰富的专业知识与经验作出高质量判决、改进案件的管理等优点。[3] 随着社会经济与法律框架的发展，司法系统的专业化程度不断提升。基于司法专业化的优势，法律框架越是复杂和具体，经济环境越是复杂，对专业化的要求就越高。

欧洲法官咨询委员会（Consultative Council of European Judges，CCEJ）针对司法专业化问题发表过较为详尽的意见，该委员会表示："专业化往往

---

[1] See Heike Gramckow & Barry Walsh, "Developing Specialized Court Services: International Experiences and Lessons Learned", *Justice and Development Working Paper Series*, The World Bank, 2013, pp. 3–4.

[2] Adam Smith: *An Inquiry Into the Nature and Causes of the Wealth of Nations*, University Of Chicago Press, 1977.

[3] See Markus B. Zimmer, "Overview Of Specialized Courts", *International Journal For Court Administration*, August 2009, pp. 1–3.

源于适应法律变化的需要，而不是刻意的选择。无论是在国际、欧洲还是国内，新立法的不断通过，以及不断变化的判例法和学说，使法律科学变得越来越庞大和复杂。法官很难掌握所有这些领域，而与此同时，社会和诉讼当事人对法院的专业性和效率要求越来越高。法官的专业化可以确保他们在其管辖的领域拥有必要的知识和经验。"因此，对有关法律领域的深入了解可以提高法官所作裁决的质量。专业法官可以在其特定领域获得更多的专业知识，从而提高其法院的权威。其次，将案件卷宗集中在少数专业法官手中，有利于司法判决的一致性，从而促进法律的确定性。同时，专业化可以帮助法官通过反复处理类似的案件，更好地了解提交给他们的案件的实际情况，无论是在技术、社会还是经济层面，从而找出更适合这些实际情况的解决方案。再者，提供法律以外的科学知识的专家法官，可以促进对所讨论的问题采取多学科的方法。最后，考虑到案件数量的不断增加，通过在某一法律领域提供更多的专业知识来实现专业化，可能有助于提高法院的效率和案件管理。[1]

当然，该意见也认为专业化可能会产生潜在的约束与风险，这主要体现为专业化导致的司法封闭性，并使进行专业化的法律领域与整体法律体系相分离。[2]因此过度或不符合现实需要的专业化可能会将专业化的优势转变为劣势，产生一系列的问题。[3]但整体而言，在合理的程度内，司法专业化改革的大方向不可否定，这与社会、法律关系不断发展并复杂化的趋势相契合。

（二）司法专业化对欧盟内部司法的影响

值得注意的是，司法专业化并非只是国家司法的发展趋势，欧洲法官咨询委员会（Consultative Council of European Judges，CCJE）在关于司法专业化

---

[1] Consultative Council of European Judges (CCJE), *Opinion (2012) No. 15 of the Consultative Council of European Judges on the Specialization of Judges adopted at the 13th plenary meeting of the CCJE (Paris, 5–6 November 2012)*, 13 November 2012, paras. 8–13.

[2] See Consultative Council of European Judges (CCJE), *Opinion (2012) No. 15 of the Consultative Council of European Judges on the Specialization of Judges adopted at the 13th plenary meeting of the CCJE (Paris, 5–6 November 2012)*, 13 November 2012, paras. 14–23.

[3] 具体问题可参见 Markus B. Zimmer, "Overview Of Specialized Courts", *International Journal For Court Administration*, August 2009, pp. 3–7.

的意见中就讨论了国际法领域的司法专业化。[①]学者萨比诺·卡塞斯（Sabino Cassese）在其著作中认为，司法专业化是全球司法（global judicialization）的四个要素之一，并表示："全球法律空间仍然是初级的。没有宪法法官、民法法官或行政法法官。只有刑事法官作为一个独立的专门群体出现，而其他全球性法院则有混合管辖权，部分是宪法，部分是民事，部分是行政。"[②]但如果将司法机构的管辖权标准降低，即不局限于全球性的普遍管辖权，那么在一定程度上可以认为，国际法层面不同法律领域的司法专业化已开始形成。

国际组织内部司法的形成就是国际司法专业化的一种体现，各组织内部的司法机构专门负责处理职员与行政当局之间的就业争端，内部司法上诉机制的产生也是司法专业化在特定领域的纵向发展，使专业司法机构的结构更为精密复杂，以处理更复杂的案件，并作出更公正的裁决。

但与其他国际组织不同，欧盟一开始并未设立一个专门负责职员争端的司法机构，其内部司法上诉机制的形成也更为特殊。作为欧盟内部司法机构的欧盟法院具有针对不同类型案件的一般司法管辖权，其中包括了职员争端。[③]因此，欧盟内部司法上诉机制的形成更需要强调欧盟法院的司法专业化改革。

过于庞杂的案件管辖权严重影响欧盟法院的司法效率与司法质量，由于具有不同于其他案件的特殊性，作为组织内部争端的职员案件最先得到法院专业化改革的青睐。但这个过程充满了曲折与挑战，甚至在最近的一次欧盟司法架构改革中体现出一定程度的倒退。但无论如何，欧盟法院对职员争端案件的专业化改革一直都是其历次司法改革的重心之一，专业化是欧盟内部司法上诉机制设立的重要缘由。同时，考虑到司法专业化的优势与它在世界范围内的发展趋势，以及欧盟法院目前所面临的司法效率、裁判质量问题，可以认为内部司法的专业化仍是欧盟内部司法上诉机制乃至欧盟法院日后发展中不可回避的重要问题。

---

① See Consultative Council of European Judges (CCJE), *Opinion (2012) No. 15 of the Consultative Council of European Judges on the Specialization of Judges adopted at the 13th plenary meeting of the CCJE (Paris, 5–6 November 2012)*, 13 November 2012, para. 8.

② Sabino Cassese: *Advanced Introduction to Global Administrative Law*, Edward Elgar Publishing, 2021, p. 36.

③ 法院既是一个宪法法院，又是一个处理有关欧盟公务员案件的就业法庭。在回答提交初步裁决的问题时，它必须以抽象的术语解释法律，但在涉及竞争或倾销的案件中，它必须分析复杂的事实和经济情况。（参见 Olé Dué, "The Court of First Instance", *Yearbook of European Law*, Volume 8, Issue 1, 1988, p. 6.）

第三章　欧盟内部司法上诉机制的架构演化

　　欧盟职员争端的解决只是欧盟法院司法管辖权的一部分，因此欧盟内部司法上诉机制的架构演化并非完全独立，而是依托于欧盟法院的司法改革。在欧盟法院关于审级制度变化的司法架构改革中，有的仅针对内部司法上诉机制进行改革，有的则将内部司法上诉机制视为整体改革的一部分。但可以肯定的是，内部司法上诉机制是欧盟法院历次审级制度改革所考虑的重心。因此对内部司法上诉机制架构演化的研究将以欧盟法院的司法改革为背景，并对其中关于内部司法机制审级变化的内容进行聚焦和集中阐释。

第一节　内部司法上诉机制的登场——建立初审法院

一、首次审级制度改革的背景与原因

　　欧盟内部司法机制的开端可追溯至"欧洲煤钢共同体法院"（Court of Justice of the European Coal and Steel Community，简称"煤钢共同体法院"）的诞生。1952 年生效的《建立欧洲煤钢共同体条约》（*Treaty Establishing the European Coal and Steel Community*）[①] 成立了欧洲煤钢共同体，该条约的第 7

[①] 也称为《巴黎条约》（Treaty of Paris），该条约于 1951 年 4 月 18 日在巴黎签署，1952 年 7 月 23 日生效。缔结有效期间为五十年，于 2002 年 7 月 23 日到期。

条要求设立一个法院。[①] 虽然条约中还未明确规定煤钢共同体法院对共同体职员与行政当局争端的管辖权，但法院还是通过司法裁量，依据条约第 42 条的规定，即"法院应具有欧洲共同体为当事方或以其名义缔结的公私合同中任何有关条款所规定的管辖权"，并结合就业合同中包含的仲裁条款与关于适用工作人员规则的规定，[②] 将管辖权扩张至职员争端案件。

但煤钢共同体法院存在的时间并不长，随着 1957 年欧洲经济共同体（European Economic Community）和欧洲原子能共同体（European Atomic Energy Community）的建立[③]，为避免共同体的机构重叠，"欧洲共同体法院"被创建，继承并取代了先前的煤钢共同体法院，以作为这些组织共同的司法机构。[④] 虽然欧盟职员案件的管辖权在欧共体法院成立后得到了进一步明确，[⑤] 但此时的法院仍然为一审终审。

在最初的几十年里，欧共体法院的工作量一直处于合理范围，案件量

---

① 《建立煤钢共同体条约》第 31 条规定法院的职能为"确保在解释和适用本条约及其实施条例方面的法治"。在关于法院设立的讨论中，会议主席让·莫内（Jean Monnet）被说服，认为新生的共同体应该有一个常设法院，有权审查行政当局的行为。考虑到纳入一个有限管辖权的法院可能会加强最高权力机构，从而不利于法治，于是莫内寻求法国行政法事务最高法院成员莫里斯·拉格朗日（Maurice Lagrange）的帮助。他的任务是确保新法院类似于法国的行政法院，其职责是确保行政当局在其权力范围内行事。（Arnull Anthony, "The Court of Justice Then, Now and Tomorrow", in M. Derlén and J. Lindholm eds., *The Court of Justice of the European Union, Multidisciplinary Perspectives*, Hart Publishing, 2018, p. 2.）因此，欧洲煤钢共同体法院的司法结构很自然地受到法国行政法思想的影响，其工作方法也是仿照法国行政法院（Conseil d' Etat）的程序。（Ditlev Tamm, "The History of the Court of Justice of the European Union Since its Origin", in Y. Bot, A. Rosas and E. Levits eds., *The Court of Justice and the Construction of Europe: Analyses and Perspectives on Sixty Years of Case Law*, T.M.C. Asser Press 2013, p. 17.）这也影响了欧盟公务员争端解决上诉机制的整体定位、组织制度以及司法程序等内容。

② 这个时期法院就开始认为职员与用人单位订立的劳动合同是受公法约束的。（Case 1/55, *Antoine Kergall v Common Assembly of the European Coal and Steel Community*, Judgment of the Court, ECLI:EU:C:1955:9, 19 July 1955.）

③ 这两个组织由 1957 年 3 月 25 日在罗马签署的《欧洲经济共同体条约》以及《欧洲原子能共同体条约》设立，因此《欧洲经济共同体条约》也被称为《罗马条约》（Treaties of Rome），并于 1958 年 1 月 1 日生效。该条约自 1957 年以来多次修改。1992 年的马斯特里赫特条约从罗马条约的正式名称中删除了"经济（economic）"一词，2009 年里斯本条约将其更名为"欧盟运作条约"。

④ 依据 1957 年 3 月 25 日在罗马签署《欧洲各共同体有关共同体机构的公约》（Convention on Certain Institutions Common to the European Communities）设立。

⑤ 《罗马条约》中就具体规定了法院在共同体与其雇员之间的任何案件中的权限。在合并为欧洲共同体法院后，法院对职员案件的管辖权被明确规定于三个共同体组织合并的《职员规章》中。（Article 91 of the Personnel Statutes. For the complete text see Journal Official, June 14, 1962, pp. 1385/62–1460/62.）但《煤钢共同体条约》仍然未明确规定法院对专业争端案件的管辖权，导致《职员规章》与其是否能够直接衔接存在一定疑问。

的增长相对缓慢。① 在 1950 年代到 1960 年代，法院每年处理的案件数量一般不超过 50 个。② 但在随后，新的案件急剧增加。造成这种现象的原因有很多，其中包括欧共体成员国数量的扩张。③ 当 1973 年欧共体进行第一次扩张时，法院受理的案件数量相比于前一年几乎翻了两番，达到创纪录的 192 个新案件，其中职员案件多达 100 个，而在前一年，案件数量仅为 84 个，其中职员案件为 23 个。这种突如其来的变化给法院带来了巨大的审案压力。

法院在案件审理方面的另一个问题为过于宽泛的司法管辖权。自《煤钢共同体条约》以来，法院的司法管辖权就一直呈扩张趋势，且各类型案件之间的审理方法差异较大。因此，种类繁多的案件使法院的案件审理规划变得困难。正如 1988 年至 1994 年担任法院院长的奥莱·杜埃（Olé Dué）所指出的，法院既是一个宪法法院，又是一个处理欧洲公务员案件的就业法庭。在回答提交初步裁决的问题时，它必须以抽象的术语解释法律，但在涉及竞争或倾销的案件中，它必须分析复杂的事实和经济情况。④

设立欧共体法院的《欧洲各共同体有关共同体机构的公约》对法官素质的要求比《煤钢共同体条约》更为严格⑤，且法院也开始逐渐在内部设置分庭以更好地处理案件。虽然在案件数量不多的情况下，法院的案件审理压力可以通过完善内部制度来解决，但随着法院案件审理的负担过重，考虑到较少

---

① 法院在 1953 到 1959 年，平均每年待审案件为 20.4 个，1960 到 1966 年则为 48.1 个，到 1967 年至 1973 年平均每年待审案件达到 85.4 个。（参见 Court of Justice of the European Communities, *Synopsis of the work of the Court of Justice of the European Communities in 1972*, Luxembourg: Office for Official Publications of the European Communities, 1973; Court of Justice of the European Communities, *Synopsis of the work of the Court of Justice of the European Communities in 1973*, Luxembourg: Office for Official Publications of the European Communities, 1974.）

② L. Neville Brown and Tom Kennedy: *The Court of Justice of the European Communities*, 5th edition, Sweet and Maxwell 2000, Table 1 at Appendix II, p. 420.

③ 丹麦、爱尔兰和英国在 1973 年加入欧洲共同体。共同体的扩张带来了组织内部管理机构的扩张。

④ Olé Dué, "The Court of First Instance", *Yearbook of European Law*, Volume 8, Issue 1, 1988, p. 6.

⑤ 《煤钢共同体条约》第 32 条规定："法官由成员国政府从具有公认独立性和能力的人中协议任命"，"公认能力（competence）"这一标准对专业资格的要求非常宽松。而《欧洲各共同体有关共同体机构的公约》第 32b 条则规定法官应从"独立性毋庸置疑，并具有被任命为各自国家最高司法职位所需的资格，或具有公认能力的法学家"的人中选出。

的法官人数[①]以及分庭数量与职能的局限性[②]，这些改变对于法院所面对的困难只是杯水车薪。

这对法院的司法效率与质量都造成了严重损害。法院只能被迫选择优先处理某些案件。例如，宪法问题和对初步裁定的参考（references for preliminary rulings）往往会得到优先考虑，但这使得其他类型的案件处于待审状态，并加剧了这些案件的堆积，其中就包括职员案件。这种影响还体现在事实调查方面，在职能履行上，欧共体法院的定位与国家最高法院类似，都强调对法律体系与法律秩序的维护。但法院在司法架构与实际运作上却仍然是一个一审法院。一审中的事实调查通常是一项耗时的活动，法院在处理不同类型案件的积案压力时很难为事实调查预留出充分的时间，但这种调查又是公正裁判所必要的。[③] 因此，过多的案件还进一步影响到法官事实调查职能的履行，损害判决的质量。

综上所述，司法公正与司法效率要求欧共体法院建立一个上诉机制，通过设立另一个司法机构，将某些案件管辖权与司法职能从欧共体法院中划分出来。这为欧盟法院从一审终审的法院发展为拥有多审级上诉机制的司法系统埋下了种子，并使上诉机制成为欧盟司法系统中一个长期令人关切的问题。虽然法院的案件压力在1973年就已陡然增加，但上诉机制的建立却并非一帆风顺，在经历了15年的多次失败与尝试后，这一愿景才成为现实。

二、建立初审机构的首次尝试——欧洲共同体公务员行政法庭

面对职员案件快速增长，欧共体法院想到的方案自然包括设立一个作为初审司法机构的公务员行政法庭。于是在1974年，欧共体法院的在任院长麦肯齐·斯图尔特（Mackenzie Stuart）与前任院长罗伯特·勒考特（Robert

---

① 根据《欧洲各共同体有关共同体机构的公约》第32条和第32a条规定法院由7名法官组成，并由2名总法律顾问（advocates general）进行协助。

② 法院成立后仅设立了两个分庭，每个分庭由三名法官组成。这些分庭的职能是对证据进行初步审查或决定某些案件的类型。（Werner Feld: *The Court of the European Communities: New Dimension in International Adjudication*, Martinus Nijhoff Publishers, 1964, pp. 27–28.）

③ Olé Dué, "The Court of First Instance", *Yearbook of European Law*, Volume 8, Issue 1, 1988, p. 6.

Lecourt）亲自来到欧共体理事会，要求设立一个行政法庭来负责职员案件的初审。1974 年 7 月 22 日，欧共体法院在一封信件中也提出了这一建议。[1] 但在随后的几年该提议似乎并未得到重视，直到 1978 年，欧共体理事会才应法院于 1974 年的请求[2]，提交了一份名为"建立欧洲共同体行政法庭"的提案。[3]

该提案建议设立的法庭具有与欧共体法院不同的组织结构。根据提案，新的共同体行政法庭（tribunal administratif）将由各机构行政当局与各机构工作人员委员会各自推荐的一名法官与候补法官（alternate judge），以及这些法官共同推荐的一名庭长与副庭长组成。所有成员都将由法院任命，其中庭长与副庭长应从独立性毋庸置疑的，尤其在公务员法领域具有公认能力的法学家中选出，并且这些人不得是共同体的职员。而对于法官和候补法官，提案则规定应从在职的，受过法律训练的，并且在《工作人员条例》所规定的权利和义务方面具有专业能力的正式官员中选出。这些规定一定程度上实现了司法专业化，体现出国家劳动法庭具有的特征，并且还体现出组织内部司法相对于成员国的独立性，因为法庭的人员组成基本不受成员国的干预。

该提案对于上诉制度的规定较为详细。首先，对法律问题的上诉将由欧共体法院负责。同时，当法庭判决违反基本程序要求或违反建立欧洲共同体的条约、《工作人员条例》或任何其他重要的法律规则或原则时，当事人才可以向欧共体法院提出上诉，要求撤销初审判决。而上诉的时限为两个月，并且上诉不具有中止被质疑的行政行为的效力。如果欧共体法院全部或部分撤销被上诉的判决，它可以将案件发回法庭，而法庭有责任将欧共体法院认定

---

① Tom Kennedy, "The essential minimum: the establishment of the Court of First Instance", *European law review*, Vol. 14, No. 1, 1989, p. 9.

② Schermers and Waelbroeck: *Judicial Protection in the European Union*, 6th ed, Kluwer, 2001, pp. 571–572.

③ Council of the European Communities, *Proposal for a Council Regulation (Euratom, ECSC, EEC) amending the Staff Regulations of officials and Conditions of Employment of other servants of the European Communities and establishing an Administrative Tribunal of the European Communities (Presented to the Council by the Commission on 4 August 1978)*, Official Journal of the European Communities C 225, 22 September 1978, p. 6.

的法律适用于它对案件的判决。在诉讼状况允许的情况下，欧共体法院可自行对案件作出最终判决。

提案中另一个值得注意的问题为新法庭设立的法律依据，因为当时条约中没有关于建立一个新的司法机构的明确法律依据，这种可能性并没有在《建立欧洲经济共同体条约》关于法院的章节中被提前预见。于是欧共体理事会只能依据法院提出的建议[1]，在提案中以《建立欧洲经济共同体条约》第179条规定的"法院应有权在欧共体相关法规规定的服务或就业条件条款的限制下，对欧共体与其雇员之间的任何案件进行裁决"为基础[2]，赋予欧共体法院"在《工作人员条例》规定的范围和条件下"审理共同体与其职员之间的争端的管辖权。这种解释可以为欧共体法院拥有职员上诉案件的管辖权提供合法性，但仍然没有为新法庭的设立提供一个明确的基础法律依据。

虽然人们可以以此质疑设立新法庭在法律上的可行性，但当时还远未达到执行提案内容的阶段，因为在对法庭的性质是以司法为主还是以行政为主而进行的讨论中，各方产生了无法达成一致的争议。[3]此外案件审理的压力随后也有所缓解，在1973年案件数量非常规性地急剧增加后，职员案件又回落至每年20到30件左右的正常案件量。[4]加之随着欧洲共同体在1973年进行了第一次扩张，法院在人事上也进行了扩充，增加了两名新法官和两名新的总法律顾问。[5]这使得法院工作压力暂时得到了缓解，行政法庭的建立变得不那么迫切。

虽然建立上诉机制的首次正式尝试并未成功，设立公务员行政法庭的改革方案在商讨阶段就夭折，但这次尝试是极具意义与价值的，它为随后欧盟

---

[1] Tom Kennedy, "The essential minimum: the establishment of the Court of First Instance", *European law review*, Vol. 14, No. 1, p. 9.

[2] 参见《建立欧洲共同体条约》第236条。

[3] Henry G Schermers, "The European Court of first instance", *Common market law review*, Vol. 25, pp. 542–543.

[4] L. Neville Brown and Tom Kennedy: *The Court of Justice of the European Communities*, 5th edition, Sweet and Maxwell 2000, Table 1 at Appendix II, p. 420.

[5] 这次扩张后，每个成员国都有一名法官，"较大成员国"（法国、德国、意大利和英国）则各拥有一名总法律顾问。（L. Neville Brown and Tom Kennedy: *The Court of Justice of the European Communities*, 5th edition, Sweet and Maxwell 2000, Table 1 at Appendix II, p. 71.）

法院建立上诉机制的改革提供了参考经验。这段历史也在一定程度上证明了内部司法上诉机制对于国际组织的重要性以及该机制设立的优先性，它是国际组织在职能范围与内容不断扩张的背景下，为更好维护内部工作秩序、完善组织的内部行政管理而可能需要考虑的重要主题。①

三 、内部司法上诉机制的诞生——设立欧洲共同体初审法院

在欧共体理事会提出建立欧洲共同体行政法庭的提案的同年，1976 年至 1980 年期间担任欧洲共同体法院院长的汉斯·库切尔（Hans Kutscher）在给理事会的备忘录中认为，考虑到仍在不断增加的法院案件、未来可能加入共同体的希腊、西班牙和葡萄牙，以及一些赋予欧共体法院职权的公约的生效等因素，法院的裁判压力将会进一步增加，因此必须采取某些措施来保证法院工作的质量和效率。备忘录重申了建立公务员法庭的可能性，但也认为可以设立一个初审法院，该法院拥有职员案件、市场竞争类案件以及针对共同体提出的损害赔偿并寻求确定其责任的案件的管辖权。同时，该法院将与欧共体法院存在审级联系，其裁决可以上诉，但只能对法律问题上诉。这是设立欧洲共同体初审法院的最初想法。然而，他的建议未被采纳。②

虽然 1973 年职员案件的突然增加更像是欧共体在第一次扩张的磨合过程中所引起的偶然事件，但整体上欧共体法院的案件量仍处于一个加快的增长趋势。在 1960 年，法院案件的数量为 23 件，1970 年为 80 件，而到了 1980

---

① 作为欧盟法院中专门审理职员案件的内部司法机构，欧盟公务员法庭于 2004 年设立。

② Mémorandum de la Cour sur les mesures qu'elle juge nécessaires aux fins de son fonctionnement actuel et futur, annexed to a letter of the President of the CJEC Hans Kutscher to the President of the Council *Hans Dieter Genscher*, of 21 July 1978, from Henriikka Leppo, *Improving The Court System of The European Union?: The 2015 reform of the General Court in historical context and looking ahead*, University of Helsinki, Faculty of Law, Licentiate Thesis in EU Law, June 2018, p. 9; Y. Galmot: Le Tribunal de premiere instance des Communautés européennes, *Revue française de droit administratif*, 1989, p. 568; R. Joliet and W. Vogel: Le Tribunal de premiere instance des Communautés européennes, *Revue du Marché commun*, 1989, p. 425.

年则多达 279 件。[①]虽然法院在人员配置方面多次予以相应的加强[②]，但这些措施所带来的效率的增长远不及案件数量的增加。随着欧共体成员国数量的增加，法院需要处理更多的语言，并将面对更加多样的成员国法律文化，这些都使案件的处理变得更困难。法院对直接诉讼的平均处理期限，从 1970 年的9 个月增加到 1987 年的 22.5 个月。[③]具体到职员案件，人们开始质疑它是否应由欧共体法院审理。这些案件占法院工作量的很大比重，但单个案件通常并不需要由大合议庭审理，而是由三名法官组成的一个分庭处理。虽然它们对个人权利的保障一直都非常重要，且法院在此类案件中有时还会提出或调整一般法律原则，但人们越来越感到它们不应被直接诉诸具有宪法法院性质的欧共体法院。建立一个初审司法机构将更合适承担此职能，这个机构将拥有更专业的司法人员，并有更多的时间与精力以及司法资源来调查事实问题，还有更多的机会促成职员与行政当局的妥协。事实上，这也是法院多年前就提出的一个想法。[④]

因此欧共体法院认为有必要采取更多的行动来面对愈发艰巨的挑战，其中就包括对法院进行司法架构改革。于是在麦肯齐·斯图尔特院长的主持下，法院向政府间会议[⑤]（Intergovernmental Conference，IGC）报告了法院遇

---

① 其中，职员案件在 1970 年为 35 件，1980 年增加至 116 件。（Court of Justice of the European Communities: *Review of cases heard by the Court of Justice of the European Communities in 1970*, Luxembourg: Office for Official Publications of the European Communities, 1971, pp. 12–13; Court of Justice of the European Communities: *Synopsis of the work of the Court of Justice of the European Communities in 1980*, Luxembourg: Office for Official Publications of the European Communities, 1981, pp. 8–9.）

② 1981 年希腊加入后，法官人数从 9 人增加到 11 人，总法律顾问的人数从 4 人增加到 5 人，1986 年西班牙和葡萄牙的加入将法官人数增加到 13 人，总法律顾问人数增加到 6 人。（Tom Kennedy, "The essential minimum: the establishment of the Court of First Instance", *European law review,* Vol. 14, No. 1, p. 12.）

③ 法院初步裁决（references for a preliminary ruling）程序的耗时从 1970 年的 6 个月升至 1987 年的 18 个月，如果国家法院因为裁决的时间过长以及裁决质量下降而拒绝将一些案件提交至欧共体法院，将破坏作为共同体法律的基础制度的初步裁决机制。（参见 Eric Van Ginderachter, "Le tribunal de première instance des communautés européennes : un nouveau-né prodige?", *Cahiers de droit européen*, Vol. 25, 1989.）

④ Gordon Slynn, "Court of First Instance of the European Communities", *Northwestern journal of international law and business*, Winter 1989, p. 543.

⑤ 政府间会议又称"成员国政府代表会议（Conferences of representatives of the governments of the member states）"，是谈判修订欧盟创始条约的正式程序，负责讨论和通过欧盟条约的修改。

到的困难①，提议引入上诉机制来提高共同体法院系统的质量，并提供了更为详细的改革措施。②这一次法院终于得到了积极的回应。成员国于 1986 年 2 月 17 日和 1986 年 2 月 28 日分别在卢森堡和海牙签署的《单一欧洲法令》③（*Single European Act*，SEA）为欧共体内部市场的建设提供了法律基础。但一个鲜为人知的事实是，《单一欧洲法令》还为共同体司法系统设立新的司法机构提供了明确的法律依据④，使欧共体理事会为法院设立一个初审法院成为可能。

　　鉴于情况的紧迫性。⑤ 在这次讨论中，没有人质疑新设立的司法机构应拥有职员案件的初审管辖权。在尽可能做好事前准备后，1987 年 9 月 25 日，法院根据《欧洲经济共同体条约》第 168a 条和其他条约的相关规定，向理事会提交了建立欧共体初审法院的正式请求，以及必要的法律文本草案和关

---

① 关于法院提案的案文，参见 A. Tizzano: La Cour de justice et l'Acte unique européen, in F Capotorti ed., *Du droit international au droit de l'intégration, Liber Amicorum Pierre Pescatore*, Baden– Baden, Nomos, 1987, n. 12。

② 这次法院有所改变，在信函中还附上了关于允许建立初审法院的条约条款的建议草案。信中法院认为案件数量与复杂程度的增加导致案件处理时间不断延长，并严重影响共同体法律秩序中司法调控的有效性和质量。法院建议在条约中增加一个法律基础，允许理事会设立一个法院，负责审理涉及审查复杂事实情况的案件以及次要的案件。这将使欧共体法院能够集中精力完成其基本任务，即确保在适用和解释条约时尊重法律。(See A Tizzano: La Cour de justice et l'Acte unique européen, in F Capotorti ed., *Du droit international au droit de l'intégration, Liber Amicorum Pierre Pescatore*, Baden–Baden, Nomos, 1987, p. 699; Letter of 8 November 1985 from the President of the CJEC, Lord *Mackenzie Stuart* to President of the Council, *Jacques F. Poos*.)

③ 1986 年 2 月 17 日在卢森堡签署（由九个成员国签署），1986 年 2 月 28 日在海牙签署（丹麦、意大利和希腊），1987 年 7 月 1 日生效。(*Single European Act*, Official Journal of the European Communities, L 169, Vol. 30, 29 June 1987.)

④ 修订后的《欧共体条约》第 168a 条规定："应法院的要求并在与委员会和欧洲议会协商后，理事会可一致行动，为法院增设一个法院，后者（该法院）有权在一审中审理和裁定由自然人或法人提起的某些类别的诉讼或程序，但只能就法律问题并按照《法院规约》规定的条件向法院提出上诉。该法院不得审理和裁决由成员国或共同体机构提起的诉讼或根据（欧共体条约）第 177 条提交的初步裁决的问题。"(*Single European Act*, Official Journal of the European Communities, L 169, Vol. 30, 29 June 1987, p. 6.)

⑤ 该工作组由成员国的代表团以及法院和委员的代表组成。1987 年底，特设工作组完成了对草案的审议。法院的工作文件没有包括关于将任命到原诉法庭的法官人数的任何建议，因为法院认为，这一人数将在很大程度上取决于决定移交的权力和责任所产生的预期工作量。(参见 Eric Van Ginderachter, "Le tribunal de première instance des communautés européennes: un nouveau-né prodige?", *Cahiers de droit européen*, Vol. 25, 1989.)

于预算问题的备忘录。[1]1988 年 10 月 24 日，理事会成功通过了设立初审法院的第 88/591 号决定，[2]授予初审法院审理和裁决有关欧洲公务员争端的司法管辖权。

欧共体理事会在第 88/591 号决定的序言部分明确了设立上诉机制的两个目的。首先，序言的第四段认为，面对事实复杂的案件，通过引入第二级司法管辖机构加强事实调查能更好地为个人利益提供充分的司法保障。这是设立上诉机制的第一个目的。紧接着的第五段强调了上诉机制统一、优化法律适用的功能，指出："为了保持共同体法律秩序中司法审查的质量和有效性，（有必要）使（欧共体）法院能够将其活动集中在确保共同体法律的统一解释这一基本任务上"，这些都为日后上诉机制的运作以及改革提供了价值指引与评估标准。这是设立上诉机制的另一个目的。最终，欧洲共同体初审法院诞生，这标志着由初审法院作为初审机构，欧共体法院作为上诉机构的欧洲共同体内部司法上诉机制成功登场。

初审法院于 1989 年 10 月 31 日开始正式运行。虽然第 88/591 号决定也赋予了初审法院其他案件的管辖权，但在成立的最初几年，初审法院在很大程度上被认为是一个"公务员法庭"，因为职员案件在其案件量中明显占多数。[3]法院很好地履行了理事会在决定中对其提出的目标，在判决质量和它在

---

[1] Letter of 29 September 1987 from the President of the CJEC, Lord Mackenzie Stuart, to the President of the Council Uffe Ellemann–Jensen, from Henriikka Leppo, *Improving The Court System of The European Union?: The 2015 reform of the General Court in historical context and looking ahead*, University of Helsinki, Faculty of Law, Licentiate Thesis in EU Law, June 2018, p. 13.

[2] See Council of the European Communities, *Council Decision 88/ 591/ ECSC, EEC, Euratom of 24 October 1988 establishing a Court of First Instance of the European Communities*, Official Journal of the European Communities L 319/1, 25 November 1988; Council of the European Communities, *CORRIGENDUM TO:#88/591/ECSC, EEC, Euratom: Council Decision of 24 October 1988 establishing a Court of First Instance of the European Communities*, Official Journal of the European Communities, L 241/4, 17 August 1989.

[3] 参见 Kanninen, "Le Tribunal de la fonction publique de l'UE–la première juridiction spécialisée dans le système juridictionnel de l'Union européenne, in Johansson", in Wahl and Bernitz eds., *Liber Amicorum in honour of Sven Norberg*, Brussels, 2006, pp. 287–299, at 293: un Tribunal de la fonction publique qui s'occupait aussi d'affaires de concurrence. 例如，1991 年的 95 个新案件中，有 81 个是工作人员的案件。（Arnull, A.: Refurbishing the Judicial Architecture of the European Community, *International and Comparative Law Quarterly*, Vol. 43 , Iss. 2 , April 1994, p. 301. ）

改进对复杂事实的司法审查方面的成功都得到了普遍认可。[①] 它对复杂事实问题的审查是详尽无遗的，人们甚至会怀疑初审法院是否过于投入。[②] 在《欧盟条约》于 1993 年生效后，[③] 条约中涉及初审法院的条款从单纯的设立新司法机构的法律依据转变为真正明确的制度规定，确定了初审法院作为欧盟司法系统一部分的宪法性地位。[④]

第二节　争端解决上诉机制的发展
——设立欧洲联盟公务员法庭

一、职员争端解决三审机制产生的背景

在初审法院成立的初期，有观点认为初审法院的法官数量相对较多，但法院的管辖领域却相对有限，因此占用了过多的司法资源。但也有学者表示，这种司法资源的预留配置是合理的，因为"对一个正在成长的孩子来说，买的衣服比绝对必要的尺码要大一些，这是好事"。[⑤] 事实证明此类观点是正确的，甚至对案件增长的预估仍然保守，法院的案件处理能力很快又临近饱和。

而案件快速增长的原因与先前较为类似，包括了欧盟机构的发展以及新成员国的加入。但与先前不同的是，初审法院管辖权的扩张成为案件增加的重要原因。根据理事会 1993 年和 1994 年的决定，初审法院审理和裁定的管辖权不仅扩张到有关反倾销和补贴的案件，而且扩张到由自然人或法人提起

---

① Anthony Arnull: *The European Union and its Courts of Justice*. 2nd edition. Oxford University Press 2006, pp. 138–139.

② Marc Van der Woude: The Court of First Instance: The first three years, *Fordham International Law Journal*, Vol. 16, Iss. 2, 1992, p. 412.

③ 也称《马斯特里赫特条约》(*Maastricht Treaty*)，于 1992 年 2 月 7 日在荷兰的马斯特里赫特签署，并于 1993 年 11 月 1 日生效。

④ Article 32d of the ECSC Treaty, Article 168a of the EEC Treaty and Article 140a of the Euratom Treaty.

⑤ Henry G. Schermers, "The European Court of first instance", *Common market law review*, Vol. 25, pp. 546–547.

的几乎所有的诉讼。[①] 这使得在十多年后，初审法院也达到其司法能力的极限，法院需要面对的新增案件数量从 1992 年的 123 件到 2000 年的 398 件再到 2004 年的 536 件。相应地，积压案件也从 1992 年的 171 件增加到 2000 年的 787 件，并在 2004 年达到 1174 件。[②] 单纯对于法院法官人数进行增加的方式又一次不能满足问题解决的需要 [③]，因此如何改革并完善当时的司法体制结构又被提上了日程。

二、职员争端解决三审机制设立前的准备工作

签订《尼斯条约》（Treaty of Nice）[④] 的 2000 年政府间会议（the Intergovernmental Conference 2000）是对欧共体法院架构进行进一步调整与完善的完美契机。因此在会议开始前的 1999 年 5 月，欧共体法院和初审法院共同发表了一份回顾文件 [⑤]，重新提醒欧共体理事会注意到案件数量与法院系统处理能力的结构性失衡。虽然文件提供了许多解决途径，但其重心在一定程度上仍然是对共同体司法机构的作用和结构进行彻底审查。当政府间会议开始工作时，两个法院也向欧共体委员会提交了同样的正式文件，并附加了具体的条

---

① 参 见 Council of the European Communities, *Council Decision 93/350/Euratom, ECSC, EEC of 8 June 1993 amending Council Decision 88/591/ECSC, EEC, Euratom establishing a Court of First Instance of the European Communities*, Official Journal of the European Communities L 144, 16 June 1993, p. 21。关于反倾销和反补贴案件，见 Council of the European Communities, *Council Decision 94/149/ECSC, EC, of 7 March 1994 amending Decision 93/350/Euratom, ECSC, EEC amending Decision 88/591/ECSC, EEC, Euratom establishing a Court of First Instance of the European Communities*, Official Journal of the European Communities L 66, 10 March 1994, p. 29.

② Hannes Kraemer, "The European Union Civil Service Tribunal: a new Community court examined after four years of operation", *Common Market Law Review*, Vol. 46, No. 6, December 2009, p. 1877.

③ 欧共体法院 1999 年提出的关于将初审法庭的法官人数增加 6 人的建议在理事会中未获通过。因为法官任命方面一个很重要的影响因素为在法官分配方面成员国的政治考虑。(Coulon: Les mutations du Tribunal de premiere instance sous la presidence de Bo Vesterdorf: La continuite dans le changement, in Baudenbacher, Gulmann, Lenaerts, Coulon andBarbier de la Serre eds., *Liber amicorum en l'honneur de Bo Vesterdorf*, Brussels, 2007, p. 23; A. C. Johnston, "Judicial Reform and the Treaty of Nice", *Common Market Law Review*, Vol. 38, No. 3, 2022, p. 513.)

④《尼斯条约》于 2001 年 2 月 26 日于法国尼斯签订，并在 2003 年 2 月 1 日生效。尼斯条约的目的是改革欧盟的体制结构，以应对新扩大的挑战。

⑤ See Council of the European Union, *L'avenir du système juridictionnel de l'Union européenne - Document de réflexion de la Cour de justice et du Tribunal de première instance*, Council doc. 8208/99, 11 May 1999.

约修正草案。^① 这两份文件讨论的重点仍然包括了对职员案件的处理。文件又重新提及关于职员案件独立司法架构的建立，只是这次两个法院建议在共同体司法结构中专门为职员案件设置额外的第三级司法机构。值得注意的是，法院认为这一设置在公务员领域是强制性的，而对于其他法律领域，如知识产权和工业产权，则是任择性的。文件在具体制度上建议可对职员争端上诉机制进一步改革，设立一个专门负责职员争端的司法性申诉委员会（board of appeal），以缓解初审法院与欧共体法院的审案压力。从立法技术上，法院认为可以对《欧盟条约》第236条进行修正，使其第一款赋予"申诉委员会"在公务员制度方面的管辖权。^②

政府间会议希望深入了解这个项目，于是将调查任务委托给前法院院长奥莱·杜埃主持的"欧洲法院未来工作小组"。关于职员案件，工作组认为，这些案件显然属于"需要根据特殊规则处理的特殊案件"的范畴。考虑到需要兼顾欧共体法院和委员会的观点，工作组建议"建立一个'机构间申诉法庭（Interinstitutional Complaints Tribunal）'……根据《欧洲人权公约》第6（1）条，该法庭将被赋予真正独立法庭的地位"，以处理一审工作人员案件。^③小组对内部司法上诉机制的这一提议基本上得到了委员会的赞成。在2000年3月1日政府间会议关于"共同体法院改革"的文件中，委员会建议为职员案件设立一个具有独立法庭地位的机构间申诉法庭，并强调法庭具有在作出决定之前寻求各方达成和解的职能。对该法庭作出的决定，可由诉讼各方自行

---

① See Council of the European Union, *IGC 2000: Contribution by the Court of Justice and the Court of First Instance to the Intergovernmental Conference: note from Court of Justice, to Intergovernmental Conference*, CONFER/VAR 3964/00, 28 February 2000.

② 具体表述为："为了更好地利用法庭的资源，限制向法院提出上诉的数量，有人建议将共同体与其职员之间的争端提交给一个上诉委员会，该委员会将有权对争端作出法律裁决，然后再提交给法庭。正如委员会设立的工作组所建议的那样，该委员会应具有司法性质，以便为有关工作人员提供必要的程序保障。这将使我们有可能对行使向法院上诉的权利加以限制，因为一审法院实际上将在二审中作出判决。上诉委员会的司法性质不应妨碍其同时行使调解职能。"（参见 Council of the European Union, *IGC 2000: Contribution by the Court of Justice and the Court of First Instance to the Intergovernmental Conference: note from Court of Justice, to Intergovernmental Conference*, CONFER/VAR 3964/00, 28 February 2000, p. 6.）

③ 参见 *Report by the working party on the future of the European communities' court system ("The Due report")*, January 2000, pp. 30-31. 该报告还指出"共同体当前法院系统存在严重危机"的证据，包括：（a）提交给两个共同体法院的案件数量持续上升；（b）相对于新提交的案件数量，解决的案件数量不足；（c）处理案件的时间延长。

决定是否就法律问题提出上诉。[①]整体而言，就设立新的职员司法机构达成协议，对于避免初审法院超负荷的工作状态变得更糟至关重要。

在这些准备工作的基础上，《尼斯条约》最终为共同体内部司法上诉机制，或者说共同体整体的司法结构增加第三级司法审理提供了法律依据。但欧共体委员会并未完全采纳法院的建议对公务员领域的初审机构进行专门规定，而是采取了一种体系性与更具操作空间的立法方式。新的《欧盟条约》第225a条授权理事会"根据委员会的提议，在咨询欧洲议会和法院，或应法院的要求并与欧洲议会和委员会协商后，一致采取行动，可以设立司法小组，（该小组）在一审中听取和确定在特定领域提出的某些类别的行动或程序"。因此条约中"司法小组"（judicial panel）的管辖范围以及数量等基础性内容都由立法机构裁量决定，而不是将其司法管辖范围直接限定于职员争端领域。同时，条约赋予法院除了"参与权"外，还有对自身司法架构进行改革的"倡议权"。最后，新的《欧盟条约》还进一步为配合司法架构改革的二级立法铺平了道路，条约第245条第2款规定了对共同体法院规约的修改方式。[②]

三、职员争端解决三审机构的诞生——建立欧洲联盟公务员法庭

《尼斯条约》不仅为司法小组的建立提供了法律依据，还在所附宣言中要求欧共体法院和委员会迅速起草一项决定，建立一个拥有对工作人员争议作出一审裁决的管辖权的司法小组。[③]在《尼斯条约》生效后的同年年底，委员会

---

① Commission of the European Communities, *Reform of the Community courts: Additional Commission contribution to the Intergovernmental Conference on institutional reform*, COM(2000) 109 final, Brussels, 1 March 2000, p. 7.

② 该款具体规定："理事会应法院的请求，在与欧洲议会和委员会协商后，或应委员会的要求，在与欧洲议会和法院协商后，一致采取行动，可以修改《规约》的规定，但第一章除外。"

③ 参 见 *Treaty of Nice amending the Treaty on European Union, the Treaties establishing the European Communities and certain related acts, signed at Nice, 26 February 2001*, Official Journal of the European Communities C 80/1, 10 March 2001, p. 80。这也以另一种方式满足了欧洲法院未来工作小组报告中特别处理工作人员案件的请求。

就迅速提出建立欧洲公务员法庭（European Civil Service Tribunal）的提案。^①
该提案中只包括诸如法官的人事制度、管辖等必要的机构规定，从制度的角
度来看，提案的真正创新之处在于设计了一个拥有不同于以往共同体法院的
法官选任方式以及配套制度的法庭，而与公务员法庭运作有关的条款将列入
《法院规约》的附件。法院则于 2004 年 2 月 12 日对该提案发表了意见。^② 在
该意见中法院总体上赞成委员会的提案，只对新的司法小组的某些内容提
出了一些的意见，其中包括三个实质性的建议。首先是该司法小组的名称，
法院建议应从"欧洲公务员法庭"改为"欧洲联盟公务员法庭"（European
Union Civil Service Tribunal），其次是审理简单案件时适用独任法官的规定，
最后是要求法庭在未经口头程序就进行判决时应得到当事人同意。委员会随
后也对该提案进行了相对迅速的处理，除了法官选任方式上存在较长时间的
讨论外，提案的大部分内容几乎都被相对没有争议地接受了。

最终，经过不到一年的谈判，理事会于 2004 年 11 月决定成立公务员法
庭。^③ 该决定的第一条为法庭提供了基础性规定，它设立了一个名为"欧洲联
盟公务员法庭"的"司法小组……附属于初审法院"，并赋予其"审理涉及
欧洲联盟公务员争端"的任务，并将法庭所在地定为初审法院。而决定的第
二条规定，与公务员法庭的管辖权、组成、组织和程序适当相关的规范载于
《法院规约》（*Statute of the Court of Justice*）的附件一。^④ 在一年后，欧共体法

---

① Commission of the European Communities, *Proposal for a Council Decision establishing a European Civil Service Tribunal*, COM(2003) 705 final, 19 November 2003.

② Council of the European Union, *Council of the European Union, Proposal for a Council Decision establishing the European Civil Service Tribunal – Opinion of the Court of Justice: note from Mr V. SKOURIS, President of the Court of Justice, to Mr Bertie AHERN, President of the Council*, Council doc. 6143/04, 12 February 2004.

③ Council of the European Union, *Council Decision of 2 November 2004 establishing the European Union Civil Service Tribunal*, Official Journal of the European Union L 333, 9 November 2004, p. 7.

④ 这不同于《尼斯条约》的规定，因为修订后的《欧盟条约》第 225a 条在其第二款明确规定，设立
司法小组的决定应规定小组的组织规则和赋予它的管辖权范围。第三款也规定，对司法小组所作判
决的上诉范围（仅就法律问题或也就事实问题）由设立小组的决议来决定。但这些具体内容都被理
事会 2004 年 11 月的决定要求置于《法院规约》的附件中。委员会这样做的原因考虑到了司法系统
条款的"整体可读性"。（ Council of the European Union, *Proposal for a Council Decision establishing the European Civil Service Tribunal: note from Secretary-General of the European Commission, signed by Ms Patricia BUGNOT, Director, to Mr Javier SOLANA, Secretary-General/High Representative*, Council doc. 15105/03, 20 November 2003, p. 7 ）

院院长才正式宣布公务员法庭已经成立。到了 2005 年 12 月，法院才将职员案件的初审管辖权正式移交给公务员法庭。[1] 而具体指导公务员法庭司法活动的体制框架则需要法庭自己通过《议事规则》（*Rules of Procedure*）完成。在成立 12 个月后，公务员法庭才依据《欧盟条约》第 225a 条第五款[2] 向理事会提交了一份草案[3]，在经过一些调整后，公务员法庭《议事规则》于 2007 年 7 月 25 日通过。[4]

随后的《里斯本条约》[5]（*Treaty of Lisbon*）虽然没有给欧盟司法机构的结构带来很大的变化，但对司法机构的名称都做出了一些明显的改变。[6] 首先是欧盟司法系统整体有了一个具体的名称，即"欧盟法院"。具体到各个司法机构，欧洲共同体法院改称为"法院（Court of Justice，CJ；为了避免与通常意义上的"法院"概念混淆，后文将该法院称为'欧洲法院'。）"，而欧洲共同体初审法院改称为"普通法院"（General Court，GC）。公务员法庭的名称没有改变，但它所属的"司法小组"被改称为"专门法院"（specialized court）。[7] 虽然这一修订并没有产生任何制度上的影响，但这些变化"构成一种改进，因为它清楚地表明这些机构构成法院"，赋予了这些机构更加准确的定义，使人们能够更好地了解欧盟司法系统的整体运作。

至此，一个由公务员法庭作为初审机构，普通法院作为上诉机构，欧洲

---

[1] Court of Justice of the European Union, *Decision of the President of the Court of Justice recording that the European Union Civil Service Tribunal has been constituted in accordance with law*, Official Journal of the European Union L 325, 12 December 2005, p. 1.

[2] 该款具体规定为："司法小组应与法院商定，制定其议事规则。议事规则须经理事会以特定多数票批准。"

[3] 在 2006 年 12 月 19 日（参见 Council of the European Union, *Draft rules of procedure of the Civil Service Tribunal of the European Union*, Council doc. 17010/06, 3 January 2007.）

[4] The European Union Civil Service Tribunal, *Rules of Procedure of the European Union Civil Service Tribunal of 25 July 2007*, Official Journal of the European Union, L 225/1, 29 August 2007.

[5] 该条约于 2007 年 12 月 13 日在里斯本签订，并于 2009 年 12 月 1 日生效。

[6] 里斯本条约后的《欧盟条约》第 19 条第 1 款规定："欧洲联盟法院应包括法院、普通法院和专门法院。"（Treaty of Lisbon amending the Treaty on European Union and the Treaty establishing the European Community, Official Journal of the European Union, C 306, 17.12.2007.）

[7] René Barents, "The Court of Justice after the Treaty of Lisbon", *Common Market Law Review*, Vol. 47, 2010, p. 710.

法院作为审查（review）机构①的较为成熟的欧盟内部司法三级审案机制产生了。法院给予这一改革高度评价，认为"公务员法庭的设立是提高共同体司法效率的决定性步骤"，因为职员案件约占初审法院每年提起的案件的25%，共同体法院每年提起的上诉案件的10%②，随着公务员法庭的设立，两个法院能够从此类组织内部案件中被解放出来。

可以认为，公务员法庭的设立不论是对欧盟自身，还是对国际组织的内部司法上诉机制都具有重要意义。首先，对于欧盟而言，这次改革证明了公务员案件在整个欧盟司法领域的重要性。职员争端领域的改革在两级司法上诉机制的基础上又进行了进一步的分化发展，这是国际组织职员争端解决中唯一受制于三级司法结构的内部司法机制。

但有观点认为在职员争端领域设置一个三级司法系统"有点令人惊讶，因为这些案件不被认为是欧盟法律下最重要的案件之一"。③可能基于欧盟法院过于宽泛的管辖权，相比于涉及国家法院的初步裁判程序以及涉及欧盟内部市场的经济案件，欧盟职员争端案件及其解决机制往往被认为不那么重要。④

---

① 当公务员法庭进入欧盟司法架构时，欧洲法院就失去了其作为一个全方位的上诉法院的地位，在欧盟内部司法机制中，它成了一个审查法院。法院可以通过两步程序正式启动审查程序；首先，由首席总法律顾问审议；其次，由法院审查。审查的启动程序由首席总法律顾问进行，在普通法院做出裁决后的一个月内，可以向法院提议是否应启动审查程序。然而，这种审查的可能性仅限于"联盟法律的统一性或一致性受到影响的严重风险"的情况。诉讼各方无权正式要求启动审查程序。但在实践中，各方可以向首席总法律顾问强调一个案件，因为无论是《法院规约》还是议事规则，都没有阻止各方提出要求的规定。审查程序本身，如果被采纳，并不是为了使诉讼的任何一方本身受益。相反，它是"欧盟法律本身统一性和一致性的强制性要求"，而不是其他需要审查程序关注的利益。（参见 Graham Butler, "An Interim Post-Mortem Specialised Courts in the EU Judicial Architecture after the Civil Service Tribunal", *International Organizations Law Review*, Vol. 17, No. 3, 2020, pp. 609-612）可以看出，审查程序与上诉程序不同，前者受到的启动限制更多。但二者仍然具有相似性。

② Court of Justice of the European Union, *Annual report 2004: Synopsis of the work of the Court of Justice and of the Court of First Instance of the European Communities*, Luxembourg: Office for Official Publications of the European Communities, 21 January 2005, p. 11.

③ Waltraud Hakenberg, "The European Union Civil Service Tribunal: A Three-tier Structure", in Olufemi Elias ed., *The Development and Effectiveness of International Administrative Law*, Martinus Nijhoff Publishers, 2012, p. 253.

④ See Gordon Slynn, "Court of First Instance of the European Communities", *Northwestern journal of international law and business*, Vol. 9 Winter 1989, p. 543; U. Everling, "Die Errichtung eines Gerichts erster Instanz der Europäischen Gemeinschaften", in J Schwarze ed., *Fortentwicklung des Rechtsschutzes in der Europäischen Gemeinschaft*, Baden-Baden, Nomos, 1987, p. 44; Y. Galmot: Le Tribunal de premiere instance des Communautés européennes, *Revue française de droit administratif*, 1989, p. 574.

该观点与其他国际组织对于其内部职员争端解决的重视程度有明显差异，因此常被人质疑。

毕竟在欧盟法院架构的数次改革中，职员案件一直都是一个无法回避的话题，这证明了即便职员案件在某些方面的影响力不如其他案件，但欧盟及其成员国仍然需要以长远的眼光对其予以重视。因为在当前全球范围内越来越重视人权保障的背景下，国际组织与成员国都需要更加注重对个人权利的维护，而在国际组织可以体现为通过争端解决机制对其内部职员的权利提供基本的司法救济。对于成员国与组织而言，通过相关条约与公约将本国国际组织职员人权保障的主权性义务让渡于国际组织，当国际组织无法充分履行对其职员的人权保障义务时，国家仍然需要通过国家司法途径履行该义务，那么组织的独立性就会受到破坏。同时在组织自身的运作方面，如果职员的权益不能得到保护时，组织职员的工作效率与积极性以及组织内部秩序的正常运转也将受到损害。

因此在欧盟职员争端解决领域设立一个三级司法机制可能并不那么"令人惊讶"，对欧盟司法的研究应当从人权保障的视角给予职员争端解决领域更多的尊重与重视，并将组织的宗旨与职能相联系，而不是较为短视地以效率和直接利益来看待职员案件。对人权的保障也是欧盟内部司法上诉机制首次设立时理事会第88/591号决定序言中所提出的目标。

对于国际组织内部司法上诉机制的整体发展而言，这是一次值得鼓励的尝试。改革在上诉机制之上还增加了一层审查机制来确保欧盟法律秩序的统一性与一致性，为国际组织日后关于内部司法上诉机制的优化与改革提供了一种可能的途径，尤其是当出现不同国际组织内部司法机制在面对类似问题存在不同甚至是互相冲突的判例法的情况时[1]，一个类似于再上诉机制的复审机制就显得较为合适。同时这次上诉机制改革不仅在司法架构上进行了改变，在其他配套制度上也进行了一系列的制度创新，这些制度创新也在下一次改革中部分地得到了继承与发展，更加证明了这次改革的重要意义。

---

[1] See Rishi Gulati, "Acquired Rights in International Administrative Law", *Max Planck yearbook of United Nations law*, Vol. 24, 2020, p. 82–109.

第三节 争端解决上诉机制的简化
——废除欧盟公务员法庭

欧盟公务员争端解决上诉机制在经历了一系列规范、制度上的改革发展后，却在最新的一次司法架构改革中出现了倒退，并让许多学者与从业人员感到意外。有学者认为，最新的这次改革也许是欧盟法院历史上第一次不是因为其任何特定的裁决或其判例法的方向，而是因为它以加强"欧盟层面可持续的司法效率"①的名义发起的一项立法提案而面临批评。②此次改革反映出许多问题，也有一些值得关注的改变。例如，这次改革基于《尼斯条约》修订的相关条款，因此发起以及协商过程看起来具有非传统性，在一定程度上体现了欧盟法院更充分的"司法自治"。因此下文将从尽可能客观的角度分析这次改革，以及它对欧盟内部司法上诉机制带来的影响。

一、内部司法上诉机制简化改革的背景

从法院的角度看，在设立公务员法庭时一个重要的考虑因素为减轻其他法院，尤其是初审法院的负担，以优化司法服务。③但欧盟法院的管辖权与管辖范围一直随着欧盟的发展处于一个不断扩张的状态，这是全球化和区域一体化愈加深入对作为国家合作平台的国际组织的职能提出更高要求的一般发展趋势。所以当案件达到饱和阶段后，就应及时对法院的制度与架构进行调整。可以认为，没有哪一次司法架构的重大改革能一劳永逸地解决欧盟法院案件数量增加的问题。因此，在公务员法庭设立前后，就有学者对欧盟法院

---

① Council of the European Union, *CJEU President, Draft Amendments to the Statute of the Court of Justice of the European Union and to Annex I thereto, enclosed in Letter to the President of the European Parliament and to the President of the Council of the EU*, Interinstitutional file: 2011/0901 (COD), 28 March 2011.

② Alberto Alemannoand, Laurent Pech, "Thinking Justice Outside the Docket: A Critical Assessment of the Reform of the EU's Court System", *Common Market Law Review*, Vol. 54, No. 1, 26 January 2017, pp. 130–131.

③ See Commission of the European Communities, *Proposal for a Council Decision establishing a European Civil Service Tribunal*, COM(2003) 705 final, 19 November 2003, paragraph 5.1.1.

在不久的将来处理日益增长的工作量的能力表示担忧。[1]欧洲法院前总法律顾问的阿德·盖尔霍德（Ad Geelhoed）曾于 2005 年预言，联盟权力范围的变化和增加的立法活动将导致对欧盟法院的司法需求在五到十年内大幅增长，这应该通过结构性改革来应对。[2]而盖尔霍德倾向于按照一个由中央法院和地域分散的专业法院组成的模式来重新组织联盟司法机构。

这些预测在一定程度上被证明是正确的，但具体的情况却与以往有所不同。欧盟法院系统的三个司法机构在案件的处理状态上处于不同的境况。首先是公务员法庭，与其他两个法院的任务与性质不同，公务员法庭是一个专门司法机构，拥有更稳定的管辖权以及更专业的司法人员来处理职员案件。根据历年公务员法庭案件数量的资料进行统计[3]，公务员法庭的运作状态相对平稳，其新增案件与法庭的处理能力基本持平，每年的未决案件也处于一个较为合理的浮动区间（可以参见图 1）。在公务员法庭存续的最后一年，即 2016 年，时任公务员法庭庭长的肖恩·范·雷彭布施（Sean Van Raepenbusch）在报告中表示，2016 年前八个月审结的案件数量（169 起）是法庭存在的所有时间内第二好的结案数量。[4]在整体上，公务员法庭的案件处

---

① René Barents, "The Court of Justice after the Treaty of Lisbon", *Common Market Law Review*, Vol. 47, 2010, p. 728.

② Ad Geelhoed, "The expanding jurisdiction of the EU court of justice", in D. Curtin, A.E. Kellerman, and S. Blockmans eds., *The EU Constitution: the best way forward?*, T.M.C. Aseer Press, 2005, pp. 407–408.

③ Court of Justice of the European Union, *Annual Report 2010: Judicial Activity*, Luxembourg: Publications Office of the European Union, 1 January 2011; Court of Justice of the European Union, *Annual report 2011: Synopsis of the work of the Court of Justice and of the Court of First Instance of the European Communities*, Luxembourg: Publications Office of the European Union, 1 January 2012; Court of Justice of the European Union, *Annual report 2012: Synopsis of the work of the Court of Justice and of the Court of First Instance of the European Communities*, Luxembourg: Publications Office of the European Union, 1 January 2013; Court of Justice of the European Union, *Annual Report 2013: Judicial Activity*, Luxembourg: Publications Office of the European Union, 1 January 2014; Court of Justice of the European Union, *Annual Report 2014: Judicial Activity*, Luxembourg: Publications Office of the European Union, 1 January 2015; Court of Justice of the European Union, *Annual Report 2015: Judicial Activity*, Luxembourg: Court of Justice of the European Union & Communications Directorate Publications and Electronic Media Unit, 1 January 2016; Court of Justice of the European Union, *Annual Report 2016: Judicial Activity*, Luxembourg: Court of Justice of the European Union & Communications Directorate Publications and Electronic Media Unit, 1 January 2017.

④ 仅次于 2013 年全年案件数量的 184 起。(Court of Justice of the European Union, *Annual Report 2016: Judicial Activity*, Luxembourg: Court of Justice of the European Union & Communications Directorate Publications and Electronic Media Unit, 1 January 2017, p. 242.)

理能力与处理质量都值得称赞，正如英国有关欧盟法院的报告所评价的："它是一个'成功的范例'"。①

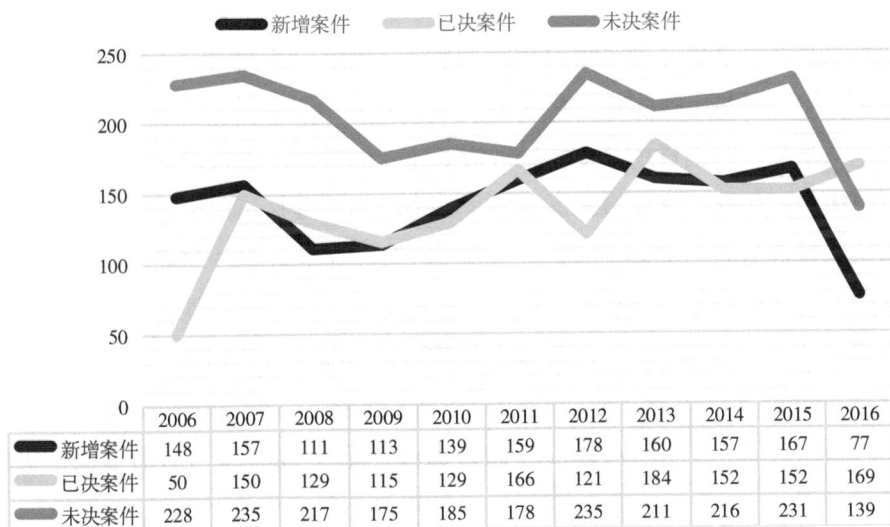

	2006	2007	2008	2009	2010	2011	2012	2013	2014	2015	2016
新增案件	148	157	111	113	139	159	178	160	157	167	77
已决案件	50	150	129	115	129	166	121	184	152	152	169
未决案件	228	235	217	175	185	178	235	211	216	231	139

图 1 欧盟公务员法庭的历年案件数量统计

而欧洲法院虽然存在一定积案压力，但能通过一系列内部措施和改革来提升工作效率。② 真正出现问题的是普通法院。虽然公务员法庭的成立为普通法院分担了近 20% 的新增案件，但这些都被普通法院其他方面带来的新增案件所抵消。而影响因素包括普通法院对不同案件领域的管辖权一直在扩张，③竞争、商标和制裁等领域的诉讼在增加，④ 同时案件的复杂性与困难程度也在

① European Union Committee of House of Lords, *Fourteenth Report: The Workload of the Court of Justice of the European Union*, House of Lords, 6 April 2011, para. 56.

② 在欧盟法院 2010 年年度报告中，欧洲法院表示除了近年来对其工作方法进行的改革外，法院处理案件效率的提高也是由于更广泛地使用其掌握的各种程序工具来加快处理某些案件。(Annual Report of Court of Justice of the European Union 2010, EU Court of Justice Document, 2011, p. 10.)

③ 包括自《单一欧洲法令》以来，与欧盟权限的扩大以及欧盟法院案件数量和种类的增加相关的诉讼。(Alberto Alemannoand, Laurent Pech, "Thinking Justice Outside the Docket: A Critical Assessment of the Reform of the EU's Court System", *Common Market Law Review*, Vol. 54, No. 1, 26 January 2017, p. 131.)

④ See Alberto Alemannoand, Laurent Pech, "Thinking Justice Outside the Docket: A Critical Assessment of the Reform of the EU's Court System," *Common Market Law Review,* Vol. 54, No. 1, 26 January 2017, p. 131.

增加。[1] 在 2007 年 9 月 17 日至 2019 年 9 月 26 日期间担任普通法院院长的马克·耶格（Marc Jaeger）在"庆祝欧洲共同体初审法院成立 20 周年"的研讨会上就谈到了该问题，他认为初审法院在人员数量上归根结底是一个由 27 名法官组成的，并在不到 300 名职员和其他工作人员的帮助下运作的小法院，这一数字必须与法院能够以欧盟 23 种官方语言处理案件的义务形成对比，同时也与法院审理案件的具体特征形成对比。他提请注意待决案件数量缓慢但不可阻挡的增长，这反过来又造成了处理时间的延长，他认为这是衡量一个司法系统健康状况的真正指标。[2] 欧洲法院已在上诉案件中表示，如果普通法院的诉讼时长超过了合理时间，将违背有效法律保护原则，并侵犯当事方诉诸司法的基本权利。[3] 而英国上议院欧盟委员会（British House of Lords' EU Committee）2011 年的《欧盟法院的工作量》（*The Workload of the Court of Justice of the European Union*）报告也认为普通法院正处于工作量的危机之

---

[1] Takis Tridimas, "The Court of Justice of the European Union", in R. Schütze and T. Tridimas eds., *Oxford Principles of European Union Law: Volume 1: The European Union Legal Order*, Oxford University Press, 2018, p. 605.

[2] Marc Jaeger, "Le temps de réforme est–il arrive?", in relation to Colloqium Celebration of 20 years of the Court of First Instance of the European Communities – From 20 to 2020, *building the CFI of tomorrow on solid foundations*, organised on 25 September 2009, https://curia.europa.eu/jcms/jcms/P_52392/. 而之后普通法院的确在案件处理的耗时方面出现了较为严重的问题。以 2011 年为参考年份，国家援助（State aid）案件平均花费时间 32.8 个月，竞争案件 50.5 个月。（Court of Justice of the European Union, *Annual report 2011: Synopsis of the work of the Court of Justice and of the Court of First Instance of the European Communities*, Luxembourg: Publications Office of the European Union, 1 January 2012.）

[3] 早在 1998 年欧共体法院的 Baustahlgewebe GmbH 案中，就出现了关于诉讼程序拖延的讨论，欧共体法院的判决认为："在没有任何迹象表明诉讼程序的长度以任何方式影响其结果的情况下，该抗辩不能导致有争议的判决被全部撤销。"（Case C–185/95 P, *Baustahlgewebe GmbH v Commission of the European Communities,* Judgment of the Court, ECLI:EU:C:1998:608, 17 December 1998, para. 49.）但在 2009 年的 *Der Grüne Punkt* 案中（当时《里斯本条约》还未生效），法院认为依据《欧洲保护人权与基本自由公约》第 6 条第（1）款，在确定公民权利和义务或任何针对他的刑事指控时，人人有权在合理的时间内由依法设立的独立和公正的法庭进行公平和公开的审讯，作为共同体法律的一般原则，这种权利适用于对委员会决定提起的诉讼。此外，《欧洲联盟基本权利宪章》第 47 条重申了这项权利。正如法院在若干场合所认为的那样，该条涉及有效司法保护的原则。而在合理期限内作出裁定也属于该原则的一部分。最后法院认为，"在本案中，初审法院的诉讼程序长达约 5 年零 10 个月，因此不能以本案的任何特定情况为理由（为诉讼程序的拖延开脱）。"（Case C–385/07 P, *Der Grüne Punkt – Duales System Deutschland GmbH v Commission of the European Communities*, Judgment of the Court (Grand Chamber), ECLI:EU:C:2009:456, 16 July 2009, paras. 176–183.）

中。①

不同于欧洲法院，后者还存在内部制度的改革空间，不必进行架构性改革，普通法院在其 2011 年的法院年度报告中表示，由于法院内部改革的可能性已得到充分利用，现在应着眼于程序性改革，以确保在审理各类案件的程序处理中提高效率和灵活性。②普通法院最终完成的改革的确涉及其司法程序，从更为彻底的司法架构上对程序进行改变，并且这次改革也直指欧盟内部司法上诉机制。

二、内部司法上诉机制简化改革的争论过程

对普通法院的司法架构进行改革的建议并未产生太多争议，但本次改革方案的形成过程以及最后确定的方案在许多方面都受到各主体的质疑。

对于普通法院的审案压力，最初的讨论并未直接触及内部司法上诉机制。提高法院效率的方案大体上分为两种：（1）根据《欧盟运作条约》③（*Treaty on the Functioning of the European Union*，TFEU）第 257 条设立具有管辖权的专门法院，以审理和裁决特定领域的直接行动，例如知识产权领域；（2）根据

① 该报告在 2010 至 2011 年听取了大量欧盟机构代表、律师、学者以及其他有关人员的意见，并在他们的意见的基础上编写了一份包含具体建议的对欧盟法院的综合研究报告，该报告的许多观点与内容都在具体的改革中得到反映。报告表示："最直接的问题在于普通法院。普通法院自身的统计信息以及我们收到的证据都表明，其现有工作量和管理未来工作量的能力存在重大问题……'需要找到结构性解决方案'，这是普通法院迫切需要的。"（European Union Committee of House of Lords, *Fourteenth Report: The Workload of the Court of Justice of the European Union*, House of Lords, 6 April 2011, para. 53.）

② 法院表示："从统计的角度来看，2011 年无疑可以被归类为创纪录的一年。与 2010 年（636 个案例）相比，新登记的 722 个案例总数增加了近 15%，这一年的案例数同样达到了前所未有的水平。此外，裁决案件数量的显著增长（35%）意味着法院的活跃程度空前，它完成了 714 件案件（2010 年为 527 件），其中还增加了 52 件临时措施申请。这些数字必须被视为普通法院在广义的案件管理、起草方法和计算工具开发方面实施的深远改革的成果。尽管法院必须努力在长期内保持 2011 年的速度，但其他因素将不时出现这一事实意味着不能保证该速度将逐年系统地重现。因此，必须继续进行改革，以便法院不仅能够应对案件量的系统性增长，而且还能减少积压案件。"（Court of Justice of the European Union, *Annual report 2011: Synopsis of the work of the Court of Justice and of the Court of First Instance of the European Communities*, Luxembourg: Publications Office of the European Union, 1 January 2012.）

③ 该条约源于在罗马签署的《欧洲经济共同体条约》，1992 年的《马斯特里赫特条约》从《罗马条约》的正式名称中删除了"经济"一词，2009 年，《里斯本条约》将其重新命名为"欧盟运作条约"。《欧盟运作条约》与《欧盟条约》是共同构成欧盟宪法基础的两项条约。

《欧盟运作条约》第 281 条第 2 款的规定，通过修改《规约》第 48 条来增加普通法院的法官人数。相关的争议主要围绕这两种方案。

在非官方的讨论中，总法律顾问盖尔霍德在 2005 年的文章中倾向于按照由中央法院和地域分散的专业性联盟法院的组成模式来重新组织司法机构。这在一定程度上是对《欧盟运作条约》[①] 第 257 条以及相关条约的立法目的以及立法精神的一种遵循，即通过继续设立专门法院来完善欧盟司法系统。有部分学者、专家在有关英国上议院司法和机构小组委员会的报告采访记录中对第一种专业化的改革方案提出了自己的观点或建议。[②] 但最终的报告选择了第二种，即增加法官的人数，并建议欧盟理事会可以同意任命必要数量的额外法官。[③] 而之所以拒绝设立更多的特别法庭，是因为如果案件的数量继续发生变化，设立一个专门法庭将抑制欧盟法院结构调整的灵活性。[④]

对于普通法院自身而言，改革的准备工作一直都在进行。长期以来，普通法院一直相信需要一个结构性的解决方案。普通法院在 2009 年就专门法院的可能性进行了讨论，而结论倾向于建立一个专门法院。[⑤] 但依据《欧盟运作条约》第 257 条的规定，普通法院并没有独立的立法倡议权，该权利由欧洲法院代表整个欧盟法院行使。

---

① 即先前《罗马条约》，2009 年的《里斯本条约》将其更名为"欧盟运作条约"。

② 例如安东尼·阿努尔（Anthony Arnull）教授认为："将来可能会考虑这样做。我会考虑一个仅限于普通法院知识产权管辖权的专门法院，部分是作为减轻普通法院压力的一种方式，部分是作为确保这些案件由知识产权专家处理的一种方式。"弗朗西斯·雅各布斯（Francis Jacobs）教授认为："增加法官人数似乎很困难，也许也是不可取的……即使原则上同意增加两个法院的法官人数，也可能很难就哪些会员国应增设法官达成协议，正如最近一次扩大普通法院的尝试所发现的那样。事实上，似乎唯一政治上可行的解决办法可能是每个会员国有两名法官，这将是过分的。"多米尼克·格里夫（Dominic Grieve）考虑到专门法庭的资金问题，但认为："如果资金条件能够满足，恐怕很明显，那么创造充分的专业化可能是一件完全合理的事情。"（Justice and Institutions Sub-Committee, *The Workload of the Court of Justice of the European Union--Oral evidence with associated written evidence*, pp. 14, 54–55, 114. https://www.parliament.uk/globalassets/documents/lords-committees/eu-sub-com-e/CourtofJustice/CJEUoeawe.pdf.）

③ European Union Committee of House of Lords, *Fourteenth Report: The Workload of the Court of Justice of the European Union*, House of Lords, 6 April 2011, para. 135.

④ European Union Committee of House of Lords, *Fourteenth Report: The Workload of the Court of Justice of the European Union*, House of Lords, 6 April 2011, para. 131.

⑤ Marc Jaeger, "25 years of the General Court: Looking back and forward", in V. Tomljenović, N. Bodiroga-Vukobrat, V. Butorac Malnar, I. Kunda eds., *EU Competition and State Aid Rules: Public and private Enforcement*, Springer, 2017, pp. 30–31.

但欧洲法院并不认同该方案，而是选择了增加法官人数。法院在 2011 年注意到普通法院出现的司法资源紧张的问题，于是在同年 3 月欧洲法院提议通过增加 12 名普通法院法官来处理普通法院日益严重的积案。在该提议中，法院认为普通法院迫切需要一个结构性的解决方案，并认为可行的改革途径为包括设立专门法院与增加法官人数两种。法院在仔细权衡了这两种方案之后，认为增加法官人数显然比建立专门法院更可取，并表示做出该选择的原因与提议的解决方案的有效性、形势的紧迫性、设想措施的灵活性以及欧盟法律的一致性有关。①

需要注意的是，欧洲法院在 2011 年 3 月 28 日提出的有关普通法院的建议并没有明示或暗示要废除公务员法庭。相反，欧洲法院在论证增加法官方案的灵活性时表示，很难解散一个新的专门法庭。并且法院在提议中还认为应为公务员法庭的运作提供进一步的保障，因为法庭仅由七名法官组成，很容易受到法庭成员遭遇意外无法履职的影响，所以可以在增加新法官时笼统地规定将临时法官附加到专门法院的可能性。②

欧洲联盟委员会（Council of the European Union，简称"欧盟委员会"）和欧洲议会都赞成欧洲法院的初步建议。③对于欧盟委员会来说，欧洲法院的

---

① 对这几点的具体分析为：首先是有效性，法院考虑到普通法院待审案件的数量，在知识产权领域建立一个专门的法庭并不能解决超负荷的问题，而"只能提供短暂的喘息机会，就像移交工作人员的案件一样"。一旦专门法院开始作出判决，向普通法院提出上诉的次数就会增加；其次，欧洲法院声称，增加法官可以比建立一个全新的法庭更迅速地完成，几乎可以立即对案件的处理产生影响，考虑到情况的紧迫性，这一点很重要；接着，欧洲法院强调了拟议解决方案的灵活性，因为在普通法院中，有可能根据需要的地方来确定人力资源。此外，增加法官的数量并不排除在某个时候设立一个专门的法庭，但一旦新的法庭开始运作，就很难将其解散；最后，欧洲法院担心设立专门的商标法庭会危及欧盟法律的一致性，因为这类案件目前除了提交至普通法院外，还可能涉及侵权或国家商标有关的争议，这些争议通常会提交至欧洲法院，要求对相关指令的解释作出初步裁决。（Council of the European Union, *Draft amendments to the Statute of the Court of Justice of the European Union and to Annex I thereto: note from Mr V. SKOURIS, President of the Court of Justice of the European Union, to Mr J. MARTONYI*, Council doc. 8787/11, 7 April 2011, pp. 8–10.）

② See Council of the European Union, *Draft amendments to the Statute of the Court of Justice of the European Union and to Annex I thereto: note from Mr V. SKOURIS, President of the Court of Justice of the European Union, to Mr J. MARTONYI*, Council doc. 8787/11, 7 April 2011, p. 13.

③ See Committee on Legal Affairs of European Parliament, *Report on the draft regulation of the European Parliament and of the Council amending the Protocol on the Statute of the Court of Justice of the European Union and Annex I thereto*, A7–0185/2012, 5 June 2012.

倡议是值得欢迎的。[1] 它虽然不赞成设立专门法院，但在报告中也表示为了提高普通法院扩张后的效率，在法院内部设置处理特定案件类型的专业化分庭是必要的，这一点不仅应由普通法院在其《议事规则》中规定，原则上也应当载入法院规约，以保证专业化的永久性。[2]

真正的问题为普通法院新增法官数量与选任方式的确定。这主要是因为成员国基于主权平等的原则，不愿意放弃法官的平均分配原则。事实上，法官的分配制度也一直困扰着公务员法庭，可以认为，这是导致公务员法庭随后被废除的核心原因之一，也是现如今欧盟内部司法上诉机制存在问题的地方。在针对普通法院的改革中，考虑到预算资金问题[3]，法院能够增加的法官人数并不能满足"一国一法官"的平均分配制度[4]，因此委员会和议会都认为有必要在法官的选任制度上进行创新。[5] 但到了欧盟理事会的讨论阶段，各成员国无法就法官数量与选任的问题达成一致，此时改革的前景被认为并不乐

---

[1] See European Commission, *Commission Opinion of 30 September 2011 on the requests for the amendment of the Statute of the CJEU, presented by the Court*, COM(2011) 596 final, 30 September 2011, para. 8.

[2] See European Commission, *Commission Opinion of 30 September 2011 on the requests for the amendment of the Statute of the CJEU, presented by the Court*, COM(2011) 596 final, 30 September 2011 paras. 35–37.

[3] 将法官人数增加 12 人的提议，包括这些法官所需的新工作人员职位、设备等，将导致法院第一年增加约 16,052,000 欧元的额外费用，随后几年降至 13,652,000 欧元左右。如果增加法官人数，欧盟法院次年的年度预算将增加约 3.8%。考虑到大多数成员国彼时面临的困难经济形势和欧盟预算的极端限制，因此很难再增加更多的法官。(参见 Committee on Legal Affairs of European Parliament, *Report on the draft regulation of the European Parliament and of the Council amending the Protocol on the Statute of the Court of Justice of the European Union and Annex I thereto*, A7–0185/2012, 5 June 2012, p. 14.)

[4] 2013 年 7 月 1 日克罗地亚的加入使欧盟拥有 28 个成员国。而在同年，普通法院由 28 名法官组成。(Court of Justice of the European Union, *Annual Report 2013: Judicial Activity*, Luxembourg: Publications Office of the European Union, 1 January 2014, p. 151.)

[5] 欧盟委员会和欧洲议会都对法官选任中的专业能力标准进行了强调。委员会认为："成员国在通过提名安排时，应确保牢记若干基本目标。首先，必须注意确保提名最有资格执行有关任务的最合适的人选。……然后，必须通过尽可能保持延长法官任期的可能性来保证普通法院的组成有一定程度的稳定性。鉴于普通法院处理案件的技术性以及这些案件对专业化需求的增加，重要的是，工作成绩优异的法官可以延长他们的任期。如果从 27 名法官增加到 39 名会破坏这种可能性，那么应该认真地重新考虑这项改革。"(European Commission, *Commission Opinion of 30 September 2011 on the requests for the amendment of the Statute of the CJEU, presented by the Court*, COM(2011) 596 final, 30 September 2011, paras. 45.)而议会的报告员亚历山德拉·泰因（Alexandra Thein）在报告中建议不根据国籍来任命额外的法官，而只根据他们的专业和个人适合程度来轮换任命。(Committee on Legal Affairs of European Parliament, *Report on the draft regulation of the European Parliament and of the Council amending the Protocol on the Statute of the Court of Justice of the European Union by increasing the number of Judges at the General Court*, A7–0252/2013, 10 July 2013, pp. 12–13.)

观。[①]

三、内部司法上诉机制简化方案的确定及其评价

在经历了漫长的僵持后[②]，改革在 2014 年的下半年有了突破性进展，这是基于欧洲法院在 2014 年 11 月应时任理事会主席国意大利的要求后提出的一个全新想法，即在 2019 年之前分三个阶段将普通法院的法官人数翻倍，并废除公务员法庭。[③] 提出该方案的原因主要有两个。

第一个原因是，在立法者未能就其第一份建议达成一致的同时，普通法院的困境却在不断恶化，就普通法院的工作量而言，情况甚至比普通法院最初提出改革建议时更为严重，而对普通法院违反合理时间原则造成损害的赔

---

① 时任欧洲法院副院长的科恩·莱纳茨（Koen Lenaerts）在 2014 年 4 月欧洲律师和法律协会理事会（Council of Bars and Law Societies of Europe，CEEB）的会议上表示："就欧盟法院的结构而言，我对近期内是否有可能进行任何改革并不乐观"。（Koen Lenaerts, "CCBE Keynote Address – Outline", in Council of Bars and Law Societies of Europe ed., *Conference "EU Courts – Looking Forward"*, 28 April 2014, p. 7.）

② 这段时间的僵持主要围绕着关于增加普通法院法官数量的具体方案如何设计，可能的方案包括 2012 年上半年由主席国丹麦提出的，采用抽签制度来挑选 12 名法官（Marc Jaeger, "25 years of the General Court: Looking back and forward", in V. Tomljenović, N. Bodiroga–Vukobrat, V. Butorac Malnar, I. Kunda eds., *EU Competition and State Aid Rules: Public and private Enforcement*, Springer, 2017, p. 32.）。随后下半年的主席国塞浦路斯则建议在欧洲法院中增加 9 名法官，并采用基于两套平行轮换制度的指定制度。根据该提案，将有一套由六个最大的成员国组成的法官选任制度，为两个连续的任期指定四名额外的法官，以及由所有其他成员国组成的第二套选任制度，为一个任期指定五名法官（Council of the European Union, *Press release, 3210th Council Meeting, General Affairs*, Brussels, Council doc. 17439/12, 11 December 2012, p. 7.）。而在 2013 年，欧洲法院的院长瓦西里奥斯·斯库里斯（Vassilios Skouris）则在 2013 年的一份信件答复中认为法官的国籍不应该成为决定任命的决定性因素，因为欧盟所有的国家和这些国家体现的法律秩序在普通法院中都有代表。在信中，他继续强调，最重要的标准应该是专业能力，包括"在欧盟法律方面的特殊水平，掌握几种欧盟官方语言，以及在一个合议和国际环境中工作的能力"。至于法官的数量，他认为，考虑到 2013 年 7 月克罗地亚的加入带来了额外的法官，目前增加 9 名法官已经足够。（Council of the European Union, *Reform of the General Court of the EU - Method of appointment of additional Judge: letter from Mr Vassilios SKOURIS, President of the Court of Justice of the EU, to Mr Dimitris KOURKOULAS, State Secretary for Foreign Affairs, Athens*, Council doc.18107/13, 20 December 2013.）

③ Council of the European Union,, *Response of the Court of Justice to the Presidency's invitation to present new proposals on the procedures for increasing the number of Judges at the General Court of the European Union: note from Mr V. Skouris, President of the European Court of Justice, to Ambassador Stefano Sannino, Chairman of Coreper*, Council doc. 14448/1/14, 20 November 2014.

偿诉讼也在不断增加①，因此改革迫在眉睫。

另一个原因则涉及公务员法庭自身。欧洲法院认为，由于公务员法庭的规模较小，导致法庭法官的职位数量有限，法庭组成的稳定性与各成员国对轮换制度的平等要求之间很难取得平衡。欧洲法院在其提案中还指出，尽管前任法官的任期在两个月前就已结束，但在公务员法庭中这两个法官空缺的提名仍未填补。②因此欧洲法院的理由相当程度上可以理解为：由于成员国无法就差额方案下普通法院法官的选任达成一致，因此只能将法院法官的数量成倍地增加，但这将产生不可避免但"适度"的成本。③同时，改革可以通过废除存在一定运作问题的公务员法庭来进一步减轻成本，后者由于成员国在两个法官名额的轮换制度上存有分歧，而自 2014 年 9 月来一直将这两个名额空置。

该提案至少在国家层面得到了普遍支持。大多数成员国的政府最终都支

---

① 欧洲法院提到的案件包括 Kendrion 案和 Gascogne 案（参见 Cases T–479/14, *Kendrion NV v European Union*, Judgment of the General Court (Third Chamber, Extended Composition), ECLI:EU:T:2017:48, 1 February 2017; Case T–577/14, *Gascogne Sack Deutschland GmbH and Gascogne v Court of Justice of the European Union*, Judgment of the General Court (Third Chamber, Extended Composition), ECLI:EU:T:2017:1, 10 January 2017.）。这些案件，包括仍处于诉讼前阶段的案件（向法院和／或委员会提交损害赔偿要求），涉及的金额近 2000 万欧元。(Council of the European Union,, *Response of the Court of Justice to the Presidency's invitation to present new proposals on the procedures for increasing the number of Judges at the General Court of the European Union: note from Mr V. Skouris, President of the European Court of Justice, to Ambassador Stefano Sannino, Chairman of Coreper*, Council doc. 14448/1/14, 20 November 2014, p. 2.)

② "这种僵局对公务员法庭正常运作的负面影响已经变得很明显，其组成的不确定性显然不利于案件的有效处理。"（参见 Council of the European Union,, *Response of the Court of Justice to the Presidency's invitation to present new proposals on the procedures for increasing the number of Judges at the General Court of the European Union: note from Mr V. Skouris, President of the European Court of Justice, to Ambassador Stefano Sannino, Chairman of Coreper*, Council doc. 14448/1/14, 20 November 2014, pp. 1–2.)

③ 欧洲法院已经尽可能的进行了节省，例如将普通法院法官的任命分批次进行，并同意于 2019 年作出的最后一组任命不应产生任何额外的行政费用，即不招聘额外的法律秘书和助理。（参见 Council of the European Union, *Statement of Council's reasons: Position (EU) No 11/2015 of the Council at first reading with the view to the adoption of a Regulation of the European Parliament and of the Council amending Protocol No 3 on the Statute of the CJEU*, Official Journal of the European Union C 239, 21 July 2015, para. 10.）根据理事会的说法："与 2011 年的提案相比，改革的总成本增加了 20%，而与此同时，普通法院每年的新案件数量增加了 43%。考虑到不改革的成本，这些成本似乎不大，而且是合理的。"（第 15 段）

持欧洲法院的要求①，但仍然有一个国家投票反对该提案，两个国家弃权。② 英国政府认为"这些新的建议不是解决普通法院积压案件的合适方式"，而"令人极为失望的是，更相称的替代解决方案——如设立新的专门法院——没有得到适当考虑"。随后英国政府甚至直接指出，虽然其他成员国也怀疑这是否是解决问题的最佳方式，或者说法院在实际上是否需要这么多法官，但由于"经过四年的谈判，许多成员国和欧盟机构都认为，这是摆在台面上的最不坏的提案，它将打破僵局"。在这种持久的僵局得到可能的解决后，"现在没有人愿意考虑任何其他的前进方式，而且非常希望尽快落实新增的法官"。③

改革方案虽然在成员国方面受到的争议并不算突出，但在成员国会议之外却饱受批评，尤其是废除公务员法庭的这一部分。

比较有代表性的反对意见来自普通法院。作为当事方，普通法院全体会议表示倾向于设立一个专门的商标法院，并维持公务员法庭的现状，这在欧洲法院 2014 年 11 月的改革提案中就有所记录。④ 此外，时任普通法院院长的马克·耶格在给时任主席国的意大利的信中表示他强烈反对该提案，并认为

① Council of the European Union, *Position (EU) No 11/2015 of the Council at first reading with a view to the adoption of a Regulation of the European Parliament and of the Council amending Protocol No 3 on the Statute of the Court of Justice of the European Union*, Official Journal of the European Union C 239/14, 23 June 2015.

② 英国投票反对该提案，比利时和荷兰选择弃权。（Council of the European Union, *Draft Position of the Council at first reading with a view to the adoption of a Regulation of the European Parliament and the Council amending Protocol No 3 on the Statute of the Court of Justice of the European Union (first reading): note from General Secretariat of the Council*, Council doc. 10043/15, 19 June 2015, p. 2.）在一份声明中，比利时政府解释了其弃权的理由，即存在更合适的解决方案来处理积压在欧盟法院的案件。（Council of the European Union, *Draft Position of the Council at first reading with a view to the adoption of a Regulation of the European Parliament and of the Council amending Protocol No 3 on the Statute of the Court of Justice of the European Union (first reading): note from General Secretariat of the Council*, Council doc. 10043/15, ADD 1, 19 June 2015, p. 1.）事实上芬兰也是持批评态度的成员国之一，但由于反对票并不足以阻碍该提案通过，芬兰没有投反对票。（参见 E-jatkokirje, *Euroopan unionin tuomioistuimen ehdotus tuomioistuimen perussäännön ja sen liitteen I muutoksiksi; yleisen tuomioistuimen tuomarien määrän nostaminen*, UM2014-01470, from Henriikka Leppo, *Improving The Court System of The European Union?: The 2015 reform of the General Court in historical context and looking ahead*, University of Helsinki, Faculty of Law, Licentiate Thesis in EU Law, 2018, p. 50.）

③ House of Commons, European Scrutiny Committee, *Increasing the number of judges at the General Court*, 37th Report HC 219 xxxvi (2014–15), 18 March 2015, para. 13.15.

④ Council of the European Union,, *Response of the Court of Justice to the Presidency's invitation to present new proposals on the procedures for increasing the number of Judges at the General Court of the European Union: note from Mr V. Skouris, President of the European Court of Justice, to Ambassador Stefano Sannino, Chairman of Coreper*, Council doc. 14448/1/14, 20 November 2014, p. 3.

有更合适、更有效和更简明的方式来加强普通法院，为诉讼当事人提供更好和更快的裁判结果。[①]

欧洲议会新任报告员平托（António de Sousa Marinhoe Pinto）也对废除公务员法庭决定的合法性提出了质疑。他认为废除公务员法庭的行为是对《尼斯条约》所附第 14 号声明所构建的欧盟司法结构的根本性改变，但改革的提案在提出时没有对此进行分析。[②] 平托在之后还提出一些程序上的问题，并称将普通法官人数增加一倍的要求是一项无意义的开支，同时也对司法改革在此情况下似乎是在理事会无法根据案情进行司法任命的基础上而制定感到遗憾。[③] 因此，他建议拒绝欧洲法院的提案。

尽管存在众多反对意见，但欧洲法院关于增加普通法院法官人数和取消公务员法庭的提案还是在整体上得到了欧洲议会各政治团体的支持，这主要包括欧洲议会中两个主要政党的明确支持。而其他政治团体最终也支持改革是因为他们没有其他选择：要么把普通法院的成员数量增加一倍，要么不改革。[④] 欧洲议会于 2015 年 10 月 28 日通过了此次改革的立法决议[⑤]，欧盟理事会

[①] 参见 Duncan Robinson, "The multiplying judges of the ECJ", Brussels Blog of the Financial Times, 17 April 2015, https://www.ft.com/content/4ce57462–8656–3fd3–973e–01b33c15dc6b (last accessed on 9 Aug. 2022)。有意思的是，欧洲法院院长瓦西里奥斯·斯库里斯在回信中愤怒地指责耶格院长越过欧洲法院直接与成员国沟通是"不尊重机构规则"的，耶格的信"严重损害了法院在未来预算谈判中的地位"。（参见 Duncan Robinson, "The 1st rule of the ECJ's fight club……is about to be broken", Brussels Blog of the Financial Times, 27 April 2015, https://www.ft.com/content/b3979694–b42b–38b4–b1a7–dddbdb2c1878 (last accessed on 9 Aug. 2022). ）

[②] See Council of the European Union, *Reform of the General Court – A letter from March 2015 by the rapporteur of the European Parliament, Mr. Marinho e Pinto, to the Presidency, and the Presidency's reply of 22 April 2015*, Council doc. 8484/15, 29 April 2015, p. 2.

[③] See Committee on Legal Affairs Rapporteur: António Marinho e Pinto, *Explanatory statement in European Parliament, Recommendation for Second Reading on the Council position at first reading with a view to the adoption of a regulation of the European Parliament and of the Council amending Protocol No 3 on the Statute of the Court of Justice of the European Union (09375/1/2015 – C8-0166/2015 – 2011/0901B(COD))*, European Parliament, A8–0296/2015, 14 October 2015.

[④] 参见 Alberto Alemannoand, Laurent Pech, "Thinking Justice Outside the Docket: A Critical Assessment of the Reform of the EU's Court System", *Common Market Law Review*, Vol. 54, No. 1, 26 January 2017, p. 139。该文章的作者对部分其他政治团体的议会议员进行了采访。

[⑤] European Parliament, *Court of Justice of the European Union: number of judges at the General Court ***II, European Parliament legislative resolution of 28 October 2015 on the Council position at first reading with a view to the adoption of a regulation of the European Parliament and of the Council amending Protocol No 3 on the Statute of the Court of Justice of the European Union (09375/1/2015–C8-0166/2015–2011/0901B(COD))*, P8_TA(2015)0377, 28 October 2015.

于 2015 年 12 月 3 日二读批准了该法案。[1]欧盟委员会于 2015 年 11 月 12 日给出了积极意见。[2]经过漫长而有分歧的酝酿，该法案（第 2015/2422 号条例包含了对《规约》第 3 号议定书关于法官人数的修正，以及必要的过渡性措施）最终于 12 月 16 日签署，并在 12 月 25 日公布。[3]欧盟内部司法上诉机制最终又回归两级司法审理模式。但需要注意的是，公务员法庭作出的判决在时效内仍然可以向普通法院提出上诉，并可受欧洲法院的审查。因此在法庭废除后的一段时间里，欧盟内部司法的三级审理模式与两级审理模式将并存，某些司法机构将具有多重职能，例如，普通法院既是改革后职员案件的初审机构，又是改革前职员案件的上诉机构。

欧盟法院的结构多年来已然经历了数次改变，但此次改革可以说是最具争议的一次。改革的一个相当重要的部分为废除已存在 10 多年的公务员法庭，这在极大程度上使改革陷入批评的浪潮。因为公务员法庭的废除并不是因为法庭的运作出现了问题，相反，公务员法庭出色地完成了自己的任务，基本上一直都处于正常运作中。即便在法庭存在的后期，法庭因成员国在法官任命方面产生矛盾而存在人员空缺问题，但它也仍然保持了出色的案件处理能力，使得待决案件数量一直保持一个稳定的状态。这使法庭被视为欧盟司法改革的成功典范，即使是欧洲法院院长本人也不能否认这一点。

从更深层次的角度而言，公务员法庭的废除使得《尼斯条约》和《里斯本条约》中规定的专门法院制度也被放弃，而专门的司法机构在一般情况下可以提供更具效率和质量的司法服务。因此，这次废除公务员法庭的改革意味着欧盟法院错过了运用《欧盟运作条约》第 257 条以设立专门法院的绝佳时机。这体现出欧盟法院的司法专业化在一定程度上被迫倒退。

---

[1] See the press release of the Council meeting, No 886/15, from Henriikka Leppo, *Improving The Court System of The European Union?: The 2015 reform of the General Court in historical context and looking ahead*, University of Helsinki, Faculty of Law, Licentiate Thesis in EU Law, 2018, p. 54.

[2] See European Commission, *Opinion of the Commission pursuant to Article 294(7)(c) of the TFEU, on the European Parliament's amendments to the Council's position on the proposal for a Regulation of the European parliament and of the Council amending Protocol No 3 on the Statute of the Court of Justice of the European Union*, COM(2015) 569 final, 12 November 2015.

[3] See European Parliament, Council of the European Union, *Regulation (EU, Euratom) 2015/2422 of the European Parliament and of the Council of 16 December 2015 amending Protocol No 3 on the Statute of the Court of Justice of the European Union*, Official Journal of the European Union L 341, 24 December 2015, p. 14.

　　整体上看，公务员法庭的废除更像是一种无奈之举，是各成员国对普通法院法官任命问题无法达成一致后政治妥协下的一个"牺牲品"。虽然欧盟内部司法仍然保持了由普通法院与欧洲法院共同组成的上诉机制，但相比于先前包括专门司法机构的三级司法机制，改革后的欧盟内部司法上诉机制在一定程度上很难说是成功的。

第四章　欧盟内部司法上诉机制的内部结构

　　欧盟内部司法上诉机制的内部结构是上诉机制正常运转的必要部分，是上诉机制公正与高效司法的实质基础，也是上诉机制充分保障当事方上诉权的重要内容，并能够在一定程度上影响欧盟的内部法治。在制度方面，欧盟内部司法上诉机制的内部结构包括法官、书记官等法院工作人员的人事制度，以及法院的庭审制度等制度内容。欧盟内部司法上诉机制内部结构的具体制度与其他国际组织相比虽然具有一些相似之处，但仍然存在较大的差异。对于这些差异，二者可以进行比较并相互参考借鉴。因此，本章将对欧盟内部司法上诉机制内部结构的具体制度进行分析，并与以联合国为主的其他国际组织内部司法机制进行比较，以期对欧盟内部司法上诉机制的内部结构有一个较为全面的了解，并为其进一步完善提供建议。

　　需要注意的是，考虑到欧盟内部司法上诉机制研究的整体性和完整性，虽然本章对欧盟内部司法上诉机制内部结构的研究将以目前作为上诉机构的欧洲法院为重心，但也会附带地对曾经作为上诉机构的普通法院，以及先前存在的公务员法庭进行分析。

第一节　欧盟内部司法上诉机制的人事制度

一、欧盟内部司法上诉机制中的法官

（一）法官的数量

1. 欧盟内部司法上诉机制法官数量概述

作为当前欧盟内部司法上诉机制中的上诉机构，欧洲法院的成员包括由每个成员国提供一名法官组成的 27 名法官。《欧盟条约》第 19 条第 2 款规定"法院应由每个成员国的一名法官组成"[1]，这是目前确定欧洲法院法官数量的基础性法律依据。

作为初审机构的普通法院在经历了最近一次欧盟法院司法架构的改革后，目前由 54 名法官组成。与欧洲法院法官不同，依照《欧盟条约》第 19 条第 2 款的规定，在普通法院，每个成员国"至少"提供一名法官，法官的确切人数则可通过修订《欧盟法院规约》来决定。[2] 因此，与欧洲法院相比，普通法院法官人数的增加仅通过修订法院规约的方式即可实现，而不需要修订条约，因此具有相当大的立法自由度。这在很大程度上解释了为什么欧盟法院的最近一次改革主要针对普通法院法官人数的变动，而非欧洲法院。

欧洲法院与普通法院的法官人数随着法院司法管辖权的扩张而增加，反过来，法官人数的变化也对欧盟法院司法职能的履行产生重要影响。欧洲法

---

[1] *Consolidated version of the Treaty on European Union*, Official Journal of the European Union C 326, 26 October 2012.

[2] 普通法院法官人数的变动规定于《欧盟运作条约》第 254 条与第 281 条，这两个条款分别规定"普通法院法官人数由欧盟法院规约确定"，同时"欧洲议会和理事会根据普通立法程序行事，可以修改规约的规定，但标题 I 和第 64 条的内容除外"。(*Consolidated version of the Treaty on the Functioning of the European Union*, Official Journal of the European Union C 202, 7 June 2016.) 而关于该内容更早的规定可参见《欧共体条约》第 168a 条，该条规定："应欧洲法院的要求并在与欧洲议会和委员会协商后，理事会应一致决定第 1 款所述的诉讼或程序的类别以及初审法院的组成，并应对《法院规约》进行必要的调整和补充规定。"(*Treaty establishing the European Community*, Official Journal C 224, 31 August 1992.)

院于 1952 年在沃邦（Vauban）别墅进行第一次会审时只有 7 名法官。[1] 到了 2004 年，随着 10 个新成员国加入欧盟[2]，法官人数从 15 人增加到 25 人。而到了 2013 年，随着克罗地亚的加入，法院法官的数量达到迄今为止最高的 28 名。[3]

至于普通法院法官数量的变化，由于相关条款给予了立法者更多的裁量空间，使得普通法院法官数量的发展历程更为曲折。在普通法院的前身即初审法院设立时，法官数量的确定就产生了相当多的争议。鉴于当时预计的工作量，在一些人看来，法院应由包括 1 名院长在内的 7 名法官组成。但考虑到当时欧共体有 12 个成员国，而成员国可能并不倾向于选择差额的法官轮换制度，因此，欧共体理事会在设立初审法院的决议中规定法院将由 12 名法官组成。[4]

在随后法官数量的变化中，虽然普通法院法官数量变动的限制并不如欧洲法院那样严格，而且"每个成员国至少包括一名法官"的这一规定使普通法院法官名额的分配方式更加灵活，有利于配合普通法院的实际需要。但在具体操作中，直到 2015 年，普通法院都与大部分时期的欧洲法院一样[5]，在法官分配制度上为每个成员国拥有一名法官。在 2016 年欧盟法院的改革中，法官的增加方式也仍然被要求保持"一成员国一法官"原则，法院似乎很难说服某个成员国接受其他成员国拥有多于一名的超额法官代表的权力。因此，普通法院法官的数量只能以成倍的方式增长，意即每个国家都平等地增加一位法官员额，法官总数从 28 名增加至 56 名。虽然改革允许普通法院的法官在不同时间

---

[1] P. Mathijsen, "Le début: la Cour CECA", in M. Lagrange ed., *La Cour de justice des Communautés européennes 1952–2002: Bilan et perspectives*, Bruylant, 2004.

[2] 2004 年 5 月 1 日，塞浦路斯和马耳他与 8 个中东欧国家，即捷克、爱沙尼亚、匈牙利、拉脱维亚、立陶宛、波兰、斯洛伐克和斯洛文尼亚，一起加入了欧盟。

[3] 根据《欧盟条约》第 19 条第 2 款，在英国于 2020 年退出欧盟的当天，法院的法官人数减少到 27 人。同时需要注意的是，欧洲法院在 2005 年到 2016 年这一段时间属于欧盟内部司法上诉机制中的复审机构，而非正式的上诉机构，本书考虑到讨论的连贯性，将这段时期法院的法官人数放在一起分析。

[4] Gordon Slynn, "Court of First Instance of the European Communities", *Northwestern journal of international law and business*, Vol. 9, Iss. 3, Winter 1989, p. 546; Council of the European Communities, *Council Decision 88/ 591/ ECSC, EEC, Euratom of 24 October 1988 establishing a Court of First Instance of the European Communities*, Official Journal of the European Communities L 319/1, 25 November 1988., Art. 2.

[5] 在作为欧洲法院前身的欧共体法院的设立初期，法官数量与成员国数量并不相等。

段分批次增加 ①，但这种增加方式仍然相当生硬。因此，《欧盟条约》关于普通法院法官人数的规定虽然体现出立法者的深思熟虑，但并未提供一个可行的方案来解决现实中成员国的政治性阻力，导致该规定更像是一纸空文。

2. 欧盟内部司法上诉机制的法官数量之比较分析

不论是欧洲法院还是普通法院，相比于其他国际组织的内部司法机构 ②，其法官数量可以认为相当之多。同时，从法官职位的性质上看，欧盟内部司法上诉机制的法官也更加正式。对比同样拥有上诉机制的联合国内部司法系统，联合国上诉法庭的法官皆为非全职法官，法庭通常每年举行两次常会。③ 作为需要审理更多案件的初审机构，联合国争议法庭也只由 3 名专职（full-time）法官和 6 名兼职（half-time）法官组成。④ 而欧盟内部司法上诉机制的法官则都为全职法官，法院全年开庭。⑤ 但考虑到欧盟法院是一个具有普遍管辖权的司法机关，法官除了处理内部职员争端案件外，还需要负责处理许多涉及组织外部行为的案件，例如传统的竞争、内部市场类案件，以及随后出现的国际私法以及制裁类案件，使得负责处理职员案件的法官数量实际上可能相当有限。因此，欧盟内部司法上诉机制的法官数量实际上似乎并不多。事实上，在公务员法庭存续期间，仅负责审理职员案件的法庭的法官数量一直保持在 7 名。

---

① 可能是改革方考虑到普通法院的案件量是随欧盟的发展而逐渐增加的，并考虑到法院预算的有限性，综合这些情况，采用分批次增加法官的方式不会对普通法院的正常运作造成太大的影响，也更为经济合理。具体的增加方式如下：法院在 2015 年任命 12 名新法官，2016 年整合公务员法庭的 7 名法官，2019 年再任命 9 名新法官。（European Parliament, *Court of Justice of the European Union: number of judges at the General Court ***II, European Parliament legislative resolution of 28 October 2015 on the Council position at first reading with a view to the adoption of a regulation of the European Parliament and of the Council amending Protocol No 3 on the Statute of the Court of Justice of the European Union (09375/1/2015 – C8-0166/2015 – 2011/0901B(COD)), P8_TA(2015)0377*, 28 October 2015, pp. 4–5.）

② 例如，联合国上诉法庭由 7 名法官组成，而联合国争议法庭则由 9 名法官组成（*Statute of the United Nations Appeal Tribunal*, 23 December 2016, Art. 3 (1); *Statute of the United Nations Dispute Tribunal*, 22 December 2018, Art. 4 (1).），世界银行行政法庭由 7 名法官组成（*Statute of the Administrative Tribunal of the International Bank for Reconstruction and Development, International Development Association and International Finance Corporation*, April 2020, Art. IV.），国际劳工组织行政法庭也由 7 名法官组成（*Statute and Rules of the Administrative Tribunal of the International Labour Organization*, 18 June 2021, Art. III (1).）。

③ 同时，"如果院长认为案件的件数或紧急程度需要，可召开审议案件的特别会议"。（*Rules of Procedure of the United Nations Appeal Tribunal*, Art. 5 (1) (2)）

④ *Statute of the United Nations Dispute Tribunal*, Art. 4 (1).

⑤ *Statute of the Court of Justice of the European Union*, Art. 15.

　　关于欧盟内部司法上诉机制法官的数量，还有一点值得注意，即法官人数的奇偶性。在过去大部分时间里，欧洲法院都将其法官的数量保持在奇数。[①] 根据相关规定，欧洲法院在司法裁判时必须始终由奇数的法官组成合议庭进行裁决[②]，以避免法官们在对裁判作出表决时票数相等。而如果法院法官的数量为偶数，那么当法院通过全体合议庭进行审议时，就有可能出现票数相等而相持不下的情况。同时，不仅是在司法裁判环节，有时在法院内部行政事项的决定上也存在需要举行全体会议进行表决的可能。[③] 普通法院以及公务员法庭的相关规定亦是如此。[④] 事实上，在绝大多数国际组织内部司法机制

[①] 例如，1957 年罗马条约签订时，欧共体有 6 个成员国，但各成员国在设立法院时设置了 7 个法官名额（*See Treaty establishing the European Economic Community*, 25 March 1957, Art. 165.）。而在 1973 年，预计加入欧共体的 4 个新成员国，即丹麦、爱尔兰、挪威和大不列颠及北爱尔兰联合王国（英国），使原有的法官数量从 7 人增加到 11 人（*Documents concerning the accession to the European Communities of the Kingdom of Denmark, Ireland, the Kingdom of Norway and the United Kingdom of Great Britain and Northern Ireland*, Official Journal of the European Communities, L 73, Vol. 15, 27 March 1972, p. 17.）。但在当时，由于挪威决定不加入共同体，使得成员国的数量正好为 9 个。因此，法院法官数量也相应减少到等额的 9 人（*Council Decision of the European Communities of 1 January 1973 adjusting the documents concerning the accession of the new Member States to the European Communities*, Official Journal of the European Communities L 2, Vol. 16, 1 January 1973, p. 3.）。当希腊加入欧共体时，法院本应由 10 名法官组成（*Act concerning the conditions of accession of the Hellenic Republic and the adjustments to the Treaties*, Official Journal of the European Communities L 291, Vol. 22, 19 November 1979, p. 48.），但为了保障法官人数的奇数性，欧共体理事会于 1981 年 3 月 30 日通过了一份决议（Council of the European Communities, *Council Decision of 30 March 1981 increasing the number of Judges at the Court of Justice (81/208/Euratom, ECSC, EEC)*, Official Journal of the European Communities, L 100, Vol. 24, 11 April 1981, p. 20.），该决议将法官人数增至 11 人。

[②] 《法院规约》第 17 条规定："法院的裁决只有在其成员为奇数人数的情况下才有效"，根据《规约》第 47 条，这同样适用于普通法院。（*Statute of the Court of Justice of the European Union*, 17 April 2019.）

[③] 此处涉及欧盟法院的司法自治，在最开始的欧洲煤钢共同体法院时期，法院就存在一个由全体 7 位法官组成的"大会（réunion générale）"，作为法院的自治机构对法院行政管理的重大事项进行决定。（See Christoph Krenn, "Self-Government at the Court of Justice of the European Union: A Bedrock for Institutional Success", *German Law Journal*, Vol. 19, No. 07, p. 2011.）

[④] 公务员法庭的法官一直为 7 人。在法庭设立时，欧盟委员会建议将公务员法庭的法官人数确定为 6 人（Council of the European Union, *Proposal for a Council Decision establishing the European Civil Service Tribunal*, Doc. 15105/03, 20 November 2003, p. 10.）。但欧洲法院建议，考虑到新的《工作人员条例》于 2004 年 5 月 1 日生效（Council of the European Union, *Council Regulation (EC, Euratom) No 723/2004 of 22 March 2004 amending the Staff Regulations of officials of the European Communities and the Conditions of Employment of other servants of the European Communities*, Official Journal of the European Union L 124/1, 27 April 2004.），这"可能会导致公务员案件数量进一步增加"。因此，附件一第 2 条将法官人数固定为奇数的 7 人，但理事会有权根据欧洲法院的要求增加法庭的人数。（Council of the European Union, *Proposal for a Council Decision establishing the European Civil Service Tribunal- Opinion of the Court of Justice*, Doc. 6143/04, 12 February 2004, p. 3.）

中，法官的数量也为奇数。[1] 这在很大程度上也是为了避免表决时出现票数相等的情况。

这种需求在法官人数较少时尤其明显。因为在法官人数较少的情况下，司法机构进行全体审议的可能性较大。在《欧盟条约》于 2003 年生效后，欧洲法院的法官被明确要求由每个成员国提名一位法官组成，这使得法院无法再通过自行增加或减少法官的方式来维持法官数量的奇数性。因此在 2013 年 7 月 1 日克罗地亚加入欧盟后，法院由 28 名法官组成。[2] 但此时法官数量的奇偶性在实践中并不那么重要了。因为在通常情况下，欧洲法院很少由全体法官组成合议庭进行裁判，法院通过 15 名法官组成的大分庭（Grand Chamber）进行案件审理就已经足够了。如果存在特殊情况，需要法院全体法官进行表决，那么最年轻的法官将不参与表决。[3] 当然，此类问题也可以通过其他方式得到解决，比如，院长不参与投票，只有在票数相等导致相持不下时，才由院长投出关键性的一票。只是欧洲法院等没有制定这样的游戏规则。

在欧盟法院法官数量快速增加的背景下，在 1980 年代末和 1990 年代初

---

[1] 例如，联合国上诉法庭由 7 名法官组成，而联合国争议法庭则由 9 名法官组成（*Statute of the United Nations Appeal Tribunal*, 23 December 2016, Art. 3 (1); *Statute of the United Nations Dispute Tribunal*, 22 December 2018, Art. 4 (1).），国际组织劳工组织行政法庭、世界银行行政法庭由 7 名法官组成（*Statute and Rules of the Administrative Tribunal of the International Labour Organization*, 18 June 2021, Art. III (1); *Statute of the Administrative Tribunal of the International Bank for Reconstruction and Development, International Development Association and International Finance Corporation*, April 2020, Art. IV.），而国际货币基金组织行政法庭、美洲开发银行（Inter-American Development Bank, IDB）集团行政法庭、亚洲开发银行（Inter-American Development Bank, ADB）行政法庭、北大西洋公约组织（North Atlantic Treaty Organization，NATO）行政法庭以及欧洲稳定机制（European Stability Mechanism, ESM）行政法庭都由 5 名法官组成。（*Statute of the Administrative Tribunal of the International Monetary Fund*, 2020, Art. VII (1); *Statute of the Administrative Tribunal of the Inter-American Development Bank Group*, Art. III (1); *Statute of the Administrative Tribunal of the Asian Development Bank*, February 2006, Art. IV (1); *Rules of procedure of the NATO Administrative Tribunal*, Amendment 32 to Appendix 1 to Annex IX of the NATO Civilian Personnel Regulations, 32 March 2019, Rule 2 (1); *Statute of the Administrative Tribunal of the European Stability Mechanism*, May 2016, Art. 3 (1).）由偶数构成法官数量的行政法庭则为非洲开发银行（African Development Bank, AFDB）行政法庭，该法庭是为数不多的由 6 名法官组成的法庭。（*Statute of the Administrative Tribunal of African Development Bank*, 16 July 1997, Art. VI (1).）

[2] *Act concerning the conditions of accession of the Republic of Croatia and the adjustments to the Treaty on European Union, the Treaty on the Functioning of the European Union and the Treaty establishing the European Atomic Energy Community*, Official Journal of the European Union L 112, 24 April 2012, p. 26.

[3] See Koenraad Lenaerts, Ignace Maselis & Kathleen Gutman: *EU procedural law*, Oxford University Press, 2014, p. 17.

担任欧洲法院法律秘书，并于 2010 年担任欧洲法院法官的萨沙·普雷查尔（Sacha Prechal）女士敏锐地觉察到欧盟法院成员数量变化给法院带来的改变，她表示：法院"过去有点像家庭，现在有点像工厂（in the past it was a bit of a family, now it is a bit of a factory）"。① 这种演变将影响欧洲法院乃至欧盟法院的内部结构和工作方式。在 1995 年的报告中，欧洲法院就认为："法官人数以任何方式进行大幅增加，都可能意味着法院的全体会议（plenary session）将跨越合议庭（collegiate court）和审议大会（deliberative assembly）之间的无形界限"。此外，法官数量的增加使得欧盟法院通过全体合议庭进行裁判的机会越来越少。在这种情况下，"绝大多数案件将由分庭审理，这种审查形式的增加可能对判例法的一致性构成威胁"。② 考虑到法院的法官来自不同国家，受到不同国家法律文化潜移默化的影响，这种担忧就更加合理了。上述问题在法院处理职员案件时也有所体现。

因此，法官人数的不断增加对欧盟内部司法上诉机制的影响是基础性的，它可能将影响到法院的行政管理与司法裁判，并进一步对欧盟内部司法上诉机制的内部结构提出新的要求与挑战。

（二）欧盟内部司法上诉机制法官的选任程序

1. 欧盟内部司法上诉机制的法官选任制度

法官选任制度主要包括由谁任命法官、如何任命法官以及在什么基础上任命法官。因此整体上，可以将法官的选任制度分为法官的选任程序以及选任标准两个部分。不论是在欧盟的内部司法上诉机制，还是在其他国际组织内部司法机制中，法官的选任一直都是影响司法机关独立性（independence）和公正性（impartiality）的一个重要因素。

（1）国际组织内部司法独立性概述

法国哲学家孟德斯鸠（Montesquieu）提出的分权学说可以认为是司法

---

① Nik de Boer, "Interview with Judge Sacha Prechal of the European Court of Justice: Part I: Working at the CJEU", 18 December 2013, https://europeanlawblog.eu/2013/12/18/interview-with-judge-sacha-prechal-of-the-european-court-of-justice-part-i-working-at-the-cjeu/.

② Court of Justice of the European Communities, *Report of the ECJ on certain aspects of the application of the Treaty on European Union*, Luxembourg, May 1995, para. 16.

独立性的法源之一。① 在关于司法独立性的具体规定方面，联合国于 1985
年 9 月 6 日通过的《关于司法机关独立的基本原则》（*Basic Principles on the
Independence of the Judiciary*）指出："不得对司法程序进行任何不适当或无理
的干预，也不得对法院的司法判决进行修改"。② 该原则由联合国大会由 1985
年 11 月 29 日第 40/32 号决议和 1985 年 12 月 13 日第 40/146 号决议一致通
过，体现出大部分国家对这一基本原则毫无争议的接受。

　　建立稳定的体制环境，引入透明、良好和可预测的法律规范，构建制衡
制度，限制政治权力的行使，这些都是国际组织所提倡的政策的首选目标。③
随着国际组织的发展，组织内部也开始在一定程度上体现出权利的分化与制
衡，在满足特定条件的情况下，这些内容对于国际组织自身也适用，独立的
司法制度在一定程度上已成为国际组织内部法治的支柱之一。

　　以欧盟法院为例，早在欧共体时期，法院就被赋予了"行政方面"的司
法管辖权，能够向个人提供法律救济，受理个人就这些机关在根据条约有义
务作为却不作为的情况下提起的诉讼，并有权废除共同体机构的行政行为。
这项权利是开创性的，它标志着对传统意义上的国际法庭的彻底背离，并加
强了共同体法律的公法性。④ 由于"个人"也指组织内部的职员，因此该模式
也适用于欧盟的内部司法，并推动了欧盟内部法治的建设。

　　对于联合国而言，内部法治的权力分立原则在其关于内部司法的报告中

---

① 他在 1748 年指出："如果司法权不与立法权和行政权分开，就不会有自由。如果它与立法权结合在
　一起，国民的生命和自由就会受到任意的控制；因为法官可以成为立法者。如果它与行政权结合
　在一起，法官可能会以暴力和压迫的方式行事。"（Montesquieu, *The Spirit of the Laws*, Vol. 1, trans.
　Thomas Nugent, London: J. Nourse, 1777, pp. 221–237.）从广义上，我们可以将司法独立的概念定
　义为一个明显的需求，即为了维护法院的合法性与权威性，并有效地履行其职能，法官应根据法
　律制度的规则，公正地作出裁决，自我治理（sine spe ac metu），即不期望利益或害怕报复。（C.
　Guarnieri, D.Piana, "Judicial Independence and the Rule of Law: Exploring the European Experience", in S.
　Shetreet & C. Forsyth eds., *The Culture of Judicial Independence. Conceptual Foundations and Practical
　Challenges*, Martinus Nijhoff–Brill Publishers 2012, p. 114.)

② *Basic Principles on the Independence of the Judiciary*, the Seventh United Nations Congress on the Pre-
　vention of Crime and the Treatment of Offenders, 6 September 1985.

③ C. Guarnieri, D.Piana, "Judicial Independence and the Rule of Law: Exploring the European Experience",
　in S. Shetreet & C. Forsyth eds., The Culture of Judicial Independence. Conceptual Foundations and Prac-
　tical Challenges, Martinus Nijhoff–Brill Publishers 2012, p. 113.

④ Werner Feld: *The Court of the European Communities: New Dimension in International Adjudication*, Mar-
　tinus Nijhoff Publishers, 1964, pp. 65–66.

被明确提出，该文件认为"成熟的法律制度具备的一个特征是，最高权力机构的三个部分——立法部门、行政部门和司法部门——都尊重权力分立。这一要求具有挑战性，特别是在联合国这种等级分明的组织，然而，法治若要得到尊重，就必须落实这一要求"。[①]

有观点认为，法治的质量取决于负责维护法治的司法机构的质量。[②] 因此，在这两个组织乃至大部分国际组织内部法治建设的过程中，规制行政当局权力的职能，通常需要由它们的内部司法机关执行，其中就包括了上诉机构。但组织的内部司法机关只有拥有必要的司法独立性，才能有效地履行该职能。同时，司法机关的独立性也是内部司法上诉机制能否有效维护当事人上诉权的一个基本前提，很难想象独立性缺失的司法上诉机构能够对初审机构的裁判进行有效的纠正。

（2）法官选任制度对司法独立性的影响

保障法官不受外部影响是司法独立性的重要内容之一。独立的法官被认为是建立并实施公正和公平的规则、制度的基本工具。现行国际标准明确规定，法官的遴选和任命在保障司法独立和确保遴选最称职的个人方面发挥着重要作用。[③]《关于司法机关独立的基本原则》第 10 条对法官的选任进行了具体规定，

---

① 参见 United Nations Internal Justice Council, *Administration of justice at the United Nations: report of the Internal Justice Council*, A/71/158, 15 July 2016, para. 6. 报告的这一理论是基于大会在第 61/261 号决议第 4 段关于"法治"在联合国内部运作的适用的阐述。该决议决定"按照国际法有关规则及法治和正当程序的原则，建立一个独立、透明、专业化、资源充足和权力分立的新的内部司法系统，确保工作人员的权利和义务得到尊重，对管理人员和工作人员都实行问责制"。(参见 United Nations General Assembly, *Administration of justice at the United Nations: resolution / adopted by the General Assembly*, A/RES/61/261, 30 April 2007, para. 3.)

② See Lord Woolf, 'Foreword', in R. Mackenzie, K. Malleson, P. Martin, and P. Sands eds., Selecting International Judges: Principles, Process and Politics, Oxford University Press, 2010, vii.

③ 在评估司法机构的独立性时，任命程序往往是一个重要的评判标准。这明确地体现于向欧洲人权法院提交的关于司法任命的专家报告中："如何任命法官需要注意两个方面。首先，任命程序直接影响司法机构的独立性和公正性。由于任何司法机构的合法性和可信性取决于公众对其独立性的信心，因此，司法职位的任命程序必须符合并被视为符合关于司法独立的国际标准。如果法院达不到它负责执行的国际人权标准，包括由一个独立和公正的法院审理案件的要求，那将是不正常和不可接受的。其次，如果不能有效执行'基于适当专业资格的客观和透明的标准'，被选中的法官很有可能不具备履行其任务所需的技能和能力。不断下降的标准最终将对法院，以及人权法在国际和（最终在）国家一级的适用和发展产生负面影响。"(Andrea Coomber: *Judicial Independence: Law and Practice of Appointments to the European Court of Human Rights*, London: Interights, 2003, p. 5–6.) 1982 年的《新德里司法独立最低标准守则》中规定："法官的遴选应以其能力为依据。"(*The New Delhi Code of Minimum Standards of Judicial Independence*, Plenary Session of the 19th IBA Biennial Conference, 22nd October 1982, Art. 26.)

认为"被选中担任司法职务的人应是正直和有能力的人，并具有适当的法律培训或资格。任何司法遴选方式都应防止出于不正当动机的司法任命"。《关于国际司法机构独立性的伯格堡原则》(The Burgh House Principles on The Independence of The International Judiciary)更是对法官的提名、遴选与任命程序进行了较为详细的规定，例如其第 2.3 条规定："法官的提名、遴选和任命程序应当透明，并提供适当的保障，防止出于不适当考虑而进行的提名、选举和任命"。①

这使得公正有效的法官选任制度对于司法独立的实现变得愈发重要。为了维护三权分立理论以及司法独立，人们也越来越多地认为，行政或立法机构在法官的选任中不应发挥过多的作用②，并且只有具备适当资格的人才能被任命为法官。这也适用于国际组织内部司法上诉机制中的法官。例如，联合国就在其内部司法报告中认为："《世界人权宣言》第十条指出，任何名副其实的司法系统在执行上都是以法治为基础，没有独立的司法部门就不会有法治。联合国的法官不仅要完全独立于管理层及其律师，而且要被视为完全独立。大会将注意到，联合国法官近年来非常关注自身独立性的形式与实质。"③

但目前各国际组织内部司法系统在法官的选任方面都存在一定的问题，这些问题主要体现为组织的各成员国、行政当局通过各种方式对司法机关施加影响。而控制法官的选任制度在一定程度上是它们影响、干预司法独立的重要途径之一。欧盟作为一个区域性的超国家国际组织，似乎更加受到来自

---

① 其第 2 条具体规定如下："2.1 根据有关文书，法官应从具有有关法院所需适当专业资格、能力和经验的品德高尚、正直和尽责的人士中选出。2.2 虽然提名、选举和任命程序应酌情考虑不同地理区域和主要法系以及男女法官的公平代表性，但在法官的提名、选举和任命中，适当的个人和专业资格必须是首要考虑因素。2.3 法官的提名、选举和任命程序应透明，并提供适当的保障，防止出于不正当考虑而进行的提名、选举和任命。2.4 国际组织或负责提名、选举和任命程序的其他机构应及时有效地公布有关提名、选举和任命程序的信息以及有关司法职位候选人的信息。2.5 如果有关法院的管理文书允许法官连选连任，则上述法官提名、选举和任命的原则和标准应比照适用于法官的连选。"(*The Burgh House Principles On The Independence of The International Judiciary*, International Law Association Study Group, 2004.)

② 对于原告而言，向法官提交案件就是求助于仲裁者，只有当他不因涉嫌与任何一方，特别是与当时的政府勾结而受到任何玷污时，仲裁者才能履行其社会职能。当法官被发现缺乏这种独立性时，其权威就会被削弱，虽然这种削弱在刑法中最为明显，但在所有"公法"中也显而易见。(参见 Renaud Dehousse: *The European Court of Justice: The Politics of Judicial Integration*, Basingstoke, Hampshire Macmillan, 1998, p. 7; Martin Shapiro: Courts: *A Comparative and Political Analysis*, University of Chicago Press, 1981.)

③ Internal Justice Council, *Administration of justice at the United Nations: report of the Internal Justice Council*, A/71/158, 15 July 2016, para. 8.

成员国的困扰，这使得欧盟司法的独立性与专业性都曾受到质疑。[①]

2.当前欧盟内部司法上诉机制中法官的选任程序

（1）法官选任程序中成员国的参与

在欧盟法院中，由成员国提名并由各成员国平均分配法官的选任制度得到了成员国的热烈拥护，因此对于欧盟内部司法上诉机制而言亦是如此。《欧盟条约》第19条第2款规定欧洲法院的法官应由每个成员国的一名法官组成。而依照《欧盟运作条约》第253条，各成员国提名本国的欧盟法院法官候选人，并需要全体成员国共同协商任命。这些条款共同确立了欧洲法院法官的成员国任命制度以及任命制度中的法官平均分配原则。

《欧盟运作条约》第253条的规定可认为是为了体现出欧盟法院法官的独立性，即通过成员国"共同协商"任命法院法官，避免该法官仅视为其国籍国的代表，而非欧盟的代表。但由于"共同协商"的规定过于模糊，导致条约关于法官的任命仍赋予了各成员国相当大的选择自由。事实上，在任何情况下，某一成员国的提名都不会被另一个成员国拒绝。这种惯例可追溯至欧共体法院，当时法院7位法官的任命就已经需要6个成员国政府的"共同合意"，一个成员国的政府可以否决另一个政府的特定提名。虽然这意味着有行使否决权的可能性，但实际上，成员国对本国未来的提名可能遭受报复的担忧，排除了它们使用这种否决权的可能性[②]，同意已成为一种无需思索的惯例。虽然当时法官的数量并不与成员国的数量等同，但各成员国形成了一种非正式协商的分配模式，以灵活分配它们在法院中的利益。[③] 该模式使得

①欧盟法院的总法律顾问曾表示，考虑到欧盟日益增加的案件数量，以及案件类型与内容的复杂化，让不合格的人担任职务的风险是显而易见和多方面的。缺乏适当的案件处理技能可能会导致司法工作的不适当拖延。（参见 Case C-58/12 P, *Groupe Gascogne SA v European Commission*, Opinion of Advocate General Sharpston, ECLI:EU:C:2013:360, 26 November 2013, para 89.）

②Hans-Ulrich Bächle: *Die Rechtsstellung der Richter am Gerichtshof der Europäischen Gemeinschaften*, Berlin Duncker & Humblot, 1961, p. 62.

③这种分配模式更像是成员国之间政治利益的协商，即法官和其他重要法院人员的职位按照不同价值被平均分配给不同的国家。例如，各国似乎给予了院长职位更高的价值，在1952年到1958年的这一任期，由于意大利籍的玛西莫·皮洛蒂（Massimo Pilotti）已担任法院院长，因此意大利只有这一名法官，荷兰则有两名法官。然而，到了1958年至1946年的任期，当荷兰籍的安德烈亚斯·马蒂亚斯·唐纳（Andreas Matthias Donner）成为院长时，两个国家之间的法官的数量进行了置换。同时，虽然法国、德国和比利时这段时间都只被分配了一个法官名额，但此种法官数量上的不公通过向法国和德国各分配一个总法律顾问，以及向比利时分配书记官得到补偿。而卢森堡作为最小的国家，只被分配到一个法官名额。（关于历年法院法官的组成，参见 Court of Justice of the European Union, *List of former Members of the Court of Justice (Judges, Advocates General and Registrars) since its constitution*, 22 October 2010.）

任命程序偏政治化，因为任命的决定取决于政治机构而非技术官僚机构^①，成员国政府在实践中拥有任命其国民担任分配给各成员国的法院职位的专属权力。

这体现出成员国在欧盟内部司法上诉机构法官任命事项上的较强控制力，并在一定程度上为各成员国提出的法官平均分配的主张提供了权力保障。虽然欧盟内部司法上诉机制的其他司法机构的任命规范中并未明确要求实施法官平均分配制度，但由于其任命规范仍然赋予了成员国在法官任命方面较强的权力，导致各成员国随后也将平均主义理念贯彻到内部司法上诉机制及其他司法机构的法官任命程序中。而对这一制度的过分强调对欧盟内部司法上诉机制的独立性以及正常运转都造成了严重损害。

普通法院的法官任命程序同样规定于《欧盟条约》第 19 条第 2 款，条约规定"普通法院应包括每个成员国至少一名法官"。虽然该款并未要求法院的法官采取平均分配制度，但在实践中，普通法院基于现实需要而提出的增加法官数量的申请往往由于不能满足成员国平均分配的要求而经常受到阻碍。例如，早在 1999 年，作为欧洲法院前身的欧共体法院就要求理事会为初审法院（现为普通法院）增加 6 名法官。^②但理事会在《尼斯条约》的会议期间未能就这一请求采取行动，这主要是因为在法官数量得到增加后，成员国无法对其进行平均分配，同时成员国也无法就新增职位的轮换机制达成一致。更为严重的一次阻碍则发生在欧盟法院于 2011 年进行的司法架构改革中。当时欧洲法院鉴于普通法院案件压力的紧迫性，建议将普通法院的法官人数增加 12 人。^③由于法院建议增加的法官人数无法满足成员国的平均分配要求，理事会内部开始讨论如何根据能力而不是纯粹根据国籍来任命一些法官。但到了

① Renaud Dehousse: *The European Court of Justice: The Politics of Judicial Integration*, Basingstoke, Hampshire Macmillan, 1998, p. 7.

② Council of the European Union, *Proposals submitted by the Court of Justice and the Court of First Instance with regard to the new intellectual property cases & Note on the effect of intellectual property cases on the budgetary requests for the year 2000: letter from Mr G.C. Rodríguez Inglesias, President of the Court of Justice of the European Communities, to Mr Joseph FISCHER, President of the Council of the European Communities*, Council doc. 8198/99, 10 May 1999; Anthony Arnull, "Modernizing the Community Courts", *Cambridge yearbook of European legal studies*, 2000, Vol. 3, p. 57.

③ 欧洲法院代表整个欧盟法院这么做。(Council of the European Union, *Draft amendments to the Statute of the Court of Justice of the European Union and to Annex I thereto: note from Mr V. SKOURIS, President of the Court of Justice of the European Union, to Mr J. MARTONYI*, Council doc. 8787/11, 7 April 2011.)

2014 年，理事会仍然无法就 2011 年提案获得批准所需的轮换机制达成一致。因此理事会在 2014 年的文件中直接指出："不可能克服在任命新增法官的方式上的分歧"。① 为了满足成员国的政治需求，最终的改革方案只能将普通法院的法官人数成倍增加，并废除公务员法庭。② 可以看出，虽然普通法院法官的选任制度相比于欧洲法院，在条约的规定上更为自由，但在实践中仍受到成员国所坚持的"一国一法官"原则的严格限制。可以认为，普通法院与欧洲法院的法官选举制度具有相同的模式。因此，在相当长的一段时期，与司法能力无关的各种政治因素在欧盟内部司法上诉机制法官的选任中似乎发挥了不适当的作用。③

（2）法官选任程序的改革

值得注意的是，这种由成员国完全主导的极端情况慢慢地开始有所改善。在 2010 年，修订后的《欧盟运作条约》第 255 条为欧洲法院与普通法院法官的选任设置了一个小组（后文称为"255 小组"），负责"就候选人是否适合履行法院和普通法院的法官和总法律顾问之职责提出意见"。④ 这使得完全由成员国主导的法官选任程序出现了一些去政治化的转变。

这种对于法官任命去政治化的关注，可以追溯至 1951 年 4 月 18 日在巴黎签署欧洲煤钢共同体条约的谈判期间。当时共同体司法机构的组成和权力是辩论的重要主题。在法国代表团提议法官应根据成员国的共同协议任命时，德

① Council of the European Union, *Reform of the General Court of the European Union - Way forward:note from Presidency, to Coreper (Part II)*, Council doc. 16576/14, 8 December 2014, p. 1.

② Council of the European Union,, *Response of the Court of Justice to the Presidency's invitation to present new proposals on the procedures for increasing the number of Judges at the General Court of the European Union: note from Mr V. Skouris, President of the European Court of Justice, to Ambassador Stefano Sannino, Chairman of Coreper*, Council doc. 14448/1/14, 20 November 2014.

③ 参见 Karen J. Alter: *The European Court's Political Power*, Oxford University Press 2010, p. 126。以前的系统可能在一些成员国看来过于政治化、政府驱动和专断性，国家司法机构没有任何代表参与提名过程。(Michal Bobek, "The Court of Justice of the European Union", in Anthony Arnull, Damian Chalmers eds., *The Oxford handbook of European Union law*, Oxford University Press, 2017, p. 182.) 一些成员国对法官的司法能力有不同的理解，并且没有动机去考虑他们的优先候选人对整个欧洲法院的影响，例如在专业知识方面。甚至不能保证他们的优先候选人会流利地使用英语或法语。(Sophie Turenne, "Institutional constraints and collegiality at the Court of Justice of the European Union: A sense of belonging?", *Maastricht Journal of European and Comparative Law*, Vol. 24, 2017, p. 576.)

④ 因此该部分所讨论 255 小组的制度同样适用于欧盟法院总法律顾问的选任，且产生类似去"政治化"的意义。

国代表团则认为，由成员国主导的程序可能会危及新成立的欧盟司法机构的独立性。① 在 1980 年代和 1990 年代初，欧洲议会曾提议欧共体理事会选出一半的卢森堡（欧共体法院所在地）法官②，议会则选出剩下的另一半，或者要求每个司法提名人都得到议会的批准。欧洲法院此前曾拒绝过更激进的建议，即允许欧洲议会的委员会对所有被提名人进行单独审查，从而将法官任命程序对议会全面开放。③ 法院前院长奥莱·杜埃先生则于 2000 年提议设立"一个由高素质和独立的法学家组成的咨询委员会，能够核查所提出候选人的法律能力"。④ 这一观点也在《建立欧洲宪法条约》⑤（ *Treaty establishing a Constitution for Europe*，TEC）中得到体现。在经历了一些尝试后，奥莱·杜埃院长关于设立委员会的建议几乎没有修改就被《欧盟运作条约》第 255 条以小组的形式所吸收。⑥ 在第 2010/124/UE 号和第 2010/125/UE 号两项决议于 2010 年 2 月 25 日生效之后，欧洲联盟理事会根据这些决议制定了小组的具体运作规则，并任命了第一个小组的主席和成员，小组于 2010 年 3 月 1 日开始工作。

在 255 小组设立后，欧盟内部司法上诉机制的法官选任程序有所改变。具体程序为：首先，欧盟理事会总秘书处在收到欧洲法院或欧盟普通法院法官或总法律顾问职位的申请后，将其发送给 255 小组的主席；接着，小组随后将审查申请人的档案，在这个过程中，它可能会要求有关国家的政府和候选人提供有关申请的更多信息；然后，小组成员将对候选人进行面试。如果小组审查的是任期延长申请，则无需与候选人面谈即可进行考核；最后，小组会提出合理的意见，并将其发送给成员国政府的代表。

① Boerger–De Smedt as referred to in Jean–Marc Sauvé: "Le rôle du comité 255 dans la sélection du juge de l'Union", in Rosas, Levits and Bots eds., *The Court of Justice and the construction of Europe: Analyses and perspectives on sixty years of case-law*, Asser Press, 2013, p. 100.

② 欧洲法院和普通法院的所在地都位于卢森堡。

③ Report of the Court of Justice on certain aspects of the application of the Treaty on European Union, Luxembourg, May 1995, para. 13.

④ See Report by the working party on the future of the European communities' court system（"The Due report"）, January 2000.

⑤ 该条约是一项未经批准的国际条约，旨在为欧盟制定统一的宪法，在法国（2005 年 5 月 29 日）和荷兰（2005 年 6 月 1 日）的全民公投中被否决。

⑥ Jean–Marc Sauvé, "Le rôle du comité 255 dans la sélection du juge de l'Union", in Rosas, Levits and Bots eds., *The Court of Justice and the construction of Europe: Analyses and perspectives on sixty years of case-law*, Asser Press, 2013, p. 104.

而在这个环节中，较为重要的两个环节为小组对选任标准的执行与成员国对于小组意见的遵循。

对于前者，为了更好地执行选任标准，小组在《欧盟运作条约》所确定的标准之上进行了进一步的具体澄清和说明。[①] 另一个可以在一定程度上体现小组对选任标准执行情况的客观依据为小组所提出的不利意见的数量。例如在小组 2019 至 2022 年的工作总结报告中，小组对 53 名欧盟法院法官或总法律顾问职位候选人发表了意见，其中 7 项是反对意见。在最近五年的运作中，小组都一直认真履行职责，对欧洲法院与普通法院的法官和总法律顾问的选任提出了一些反对意见（参见图 2）。[②]

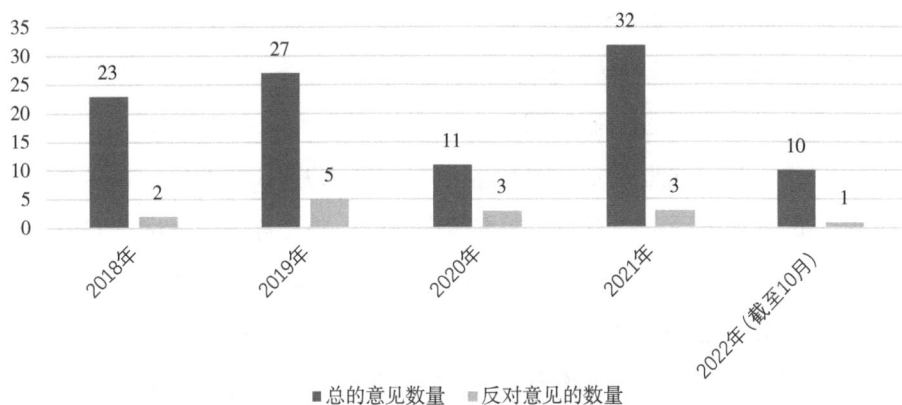

图 2　2018—2022 年 255 小组的反对意见数量（包括总法律顾问）

而对于后者，即成员国对小组意见尤其是反对意见的执行情况，可以认为，各成员国对小组的意见基本上都给予了尊重。虽然 255 小组的意见在法律上并没有约束力，但在实际操作中，小组却具有重要的影响力。这很可能

[①] 小组评估法院某一职位的候选人是否符合任命最高司法职位所需的条件，或评估普通法院职位的候选人是否具备任命高级司法职位所需的能力，是基于六个考虑因素作出的，这包括：候选人的法律能力；他们的专业经验；履行法官职责的能力；他们的语言能力；他们能够在有着干法律制度存在的国际环境中作为团队的一部分开展工作；他们的独立性、公正性和正直性是否毋庸置疑。这些标准无疑能够增加遴选的客观性与公开性。（Panel provided for by Article 255 of the Treaty on the Functioning of the European Union, *Seventh Activity Report*, Luxembourg: Publications Office of the European Union, 25 February, 2022, p. 17.）

[②] Panel provided for by Article 255 of the Treaty on the Functioning of the European Union, *Seventh Activity Report*, Luxembourg: Publications Office of the European Union, 25 February 2022, p. 9.

是因为法官的任命需要成员国的一致同意，因此 255 小组的意见将传达给所有成员国。在这种情况下，所有成员国全都无视小组对某一候选人提出的意见是不太可能发生的，[①] 被小组所反对的成员国也很难在所有成员国都了解意见内容的情况下公然拒绝执行小组的意见。因此 255 小组在其最新的报告中表示："该小组的意见，无论是否有利，始终得到成员国政府的重视。"[②]

从大体上看，255 小组较好地完成了被赋予的任务，这是在欧洲法院和普通法院的选任过程中减少国家参与因素的一次重要尝试。虽然该机制仍然有进一步完善的空间[③]，但整体上小组的工作在间接限制各种国家甄选程序的任意性方面产生了积极影响，其建议并非可以当作耳旁风，能够对法官选任的独立性与专业性产生一定的影响。

3. 欧盟公务员法庭的选任程序

（1）公务员法庭选任程序概述

在讨论了当前欧盟内部司法上诉机制中法官的选任制度后，有必要提及上诉机制的发展历程中在法官选任方面出现的一些有意义的尝试，即公务员法庭的法官选任制度。由于与欧洲法院或普通法院法官的传统选任方式存在差异，公务员法庭法官的选任程序受到了更多的反对与挑战。虽然在法庭存续期间，该程序一定程度上影响了法庭的正常运转，并且在一定程度上促使法庭成为改革的牺牲品。但从其后续的影响与意义上看，法庭在此方面的制度创新与开拓无疑值得肯定。

---

① Michal Bobek, "Epilogue: Searching for the European Hercules", in Michal Bobek ed., *Selecting Europe's Judges: A Critical Review of the Appointment Procedures to the European Courts*, Oxford University Press, 2015, p. 282.

② Panel provided for by Article 255 of the Treaty on the Functioning of the European Union, Seventh Activity Report, Luxembourg: Publications Office of the European Union, 25 February 2022, p. 9. 该机制还间接影响了几个成员国的国家选任程序。（参见 Marijn Van Der Sluis, Tomáš Dumbrovský & Bilyana Petkova, "Judicial Appointments: The Article 255 TFEU Advisory Panel and Selection Procedures in the Member States", *Common Market Law Review*, Vol. 51 Iss. 2, 2014, pp. 466–481.）

③ 例如在程序透明度方面，小组完全不公开他们对个别候选人是否适合任职的评估。这些评估只提交给成员国。所有要求获得小组意见的请求都被拒绝了。（关于对此的批评意见以及理事会给出的理由，见 Anastasia Eriksson, Mingzhu Li, Omar Shalaby, Alberto Alemanno & Paige Morrow, "Transparent Selection of Judges for EU Courts: Complaint to the European Ombudsman", *HEC Paris Research Paper No. LAW-2017-1239*, 21 Nov. 2017.）

为了更清楚地了解公务员法庭的选任程序，必须强调一个事实，即公务员法庭作为处理职员案件的专业法庭，法官人数远远少于成员国的数量，因此法庭必然没有能力提供足够数量的法官名额来维持"一成员国一法官"原则，成员国对其法官职位的分配必然难免会产生不满。因此法庭的设计者们必须要面对一个欧盟法院发展历史上前所未有的问题，即设计出一套部分成员国可以接受的，可能没有本国国籍的法官存在的法官选任程序。这个问题在政治上已经非常微妙，特别是欧盟法院经历了 1999 年增设 6 名法官而使初审法院法官延期失败的"惨痛"经历之后。[①] 由于欧盟法院任何司法机构的法官的任命都必须以成员国一致同意的方式进行，公务员法庭的法官选任问题变得更加严重。[②] 这使得许多可能的方案与潜在的问题在对法官候选人提名与任命方式的讨论中被提出。[③]

但事实上，问题的核心或者说前提在于是否保留成员国提名制度。赞成保留成员国提名制度的主体，如欧盟委员会，认为法官的候选人应该由成员国提出和任命。[④] 按预定顺序轮流提出候选人的权利将确保成员国及其法律制度之间的代表性平等，并消除选择法官的任何政治因素。虽然公务员法庭作为一个小法庭，在其存在的任何时间段都会有部分成员国不能提名本国法官，

---

① Council of the European Union, *Proposals submitted by the Court of Justice and the Court of First Instance with regard to the new intellectual property cases & Note on the effect of intellectual property cases on the budgetary requests for the year 2000: letter from Mr G.C. Rodríguez Inglesias, President of the Court of Justice of the European Communities, to Mr Joseph FISCHER, President of the Council of the European Communities*, Council doc. 8198/99, 10 May 1999, pp. 11–13.

② See Council of the European Union, *Proposal for a Council Decision establishing the European Civil Service Tribunal: note from Secretary-General of the European Commission, signed by Ms Patricia BUGNOT, Director, to Mr Javier SOLANA, Secretary-General/High Representative*, Council doc. 15105/03, 20 November 2003, p. 11.

③ 需要考虑的问题包括：是否应要求或能够要求所有成员国为法庭的空缺法官职位提出候选人？然后理事会将根据什么理由作出任命决定？或者是否应该在成员国之间轮流推荐候选人？如何确定这种轮换——是按字母顺序，还是将成员国分成区域集团？如何确保成员国的不同地域代表性？（参见 Hazel Cameron, "Establishment of the European Union Civil Service Tribunal", *The law and practice of international courts and tribunals*, Vol. 5, No. 2, pp. 278–279.）

④ See Council of the European Union, *Proposal for a Council Decision establishing the European Civil Service Tribunal: note from Secretary-General of the European Commission, signed by Ms Patricia BUGNOT, Director, to Mr Javier SOLANA, Secretary-General/High Representative*, Council doc. 15105/03, 20 November 2003, p.10.

但在较长的时间跨度内，每个成员国一名法官的传统规则将得到维持。[1]

而与此相反，赞成废除成员国提名制的主体，如欧盟理事会，认为公务员法庭法官选任的解决方法是使任命程序去政治化，并使其尽可能客观。设立公务员法庭决议的第 3 条第 1 款就规定了，理事会有义务"确保（公务员法庭的法官）在尽可能广泛的地域基础上，从成员国的国民中，根据所代表的国家法律制度均衡组成"。[2]

理事会所主张的目的主要通过两方面的机制创新实现。首先是提名程序，与委员会的建议不同，理事会决定任命的候选人不应由成员国提名。相反，理事会认为应从广大公众中寻求具有适当资格的人，任何符合《欧共体条约》第 225a 条第 4 款规定的条件的欧盟公民都可以提交申请。[3]同时，理事会被要求"确定有关此类申请的条件和安排"。[4]

其次，在确定允许法官公开招聘而不由成员国提名后，需要有一套独立的机构、程序来评估、遴选候选人的资格。该程序与公开招聘程序相互配合，共同构成公务员法庭法官的任命程序。因此公务员法庭法官任命程序的另外一个重要内容为负责法官选任的委员会（committee，以下称为"公务员法庭委员会"）制度。虽然公务员法庭委员会与当前负责欧盟法院法官遴选的 225 小组在具体制度内容上不完全相同，但该委员会可以说是为 255 小组提供了重要参照。在设立公务员法庭时，欧盟委员会也建议设立一个相关机构，以协助理事会进行选任决策。[5]委员会指出，它在这方面的建议是基于《欧洲未

① Hazel Cameron, "Establishment of the European Union Civil Service Tribunal", *The law and practice of international courts and tribunals*, Vol. 5, No. 2, pp. 278–279.

② Council of the European Union, *Council Decision of 2 November 2004 establishing the European Union Civil Service Tribunal*, Official Journal of the European Union L 333, 9 November 2004.

③ See Council of the European Union, *Council Decision of 2 November 2004 establishing the European Union Civil Service Tribunal*, Official Journal of the European Union L 333, 9 November 2004.

④ Council of the European Union, *Council Decision of 18 January 2005: concerning the conditions and arrangements governing the submission and processing of applications for appointment as a judge of the European Union Civil Service Tribunal*, Official Journal of the European Union L 50, 23 February 2005.

⑤ Hazel Cameron, "Establishment of the European Union Civil Service Tribunal", *The law and practice of international courts and tribunals*, Vol. 5, No. 2, pp. 277–278.

来公约》(*Convention on the Future of the European Union*)中达成的共识^①，即法庭极高的专业性要求对成员国提名的候选人进行严格的能力审查。委员会的支持无疑增加了公务员法庭委员会成功组建并运作的可能性。

最终，由作为主席国的荷兰起草的妥协方案保留了公务员法庭委员会的大部分预设结构，在欧洲法院的法官选任中首次引入了直接申请制度："只要是欧盟公民，并且符合《建立欧洲共同体条约》第 225a 条第 4 款和《欧洲原子能联盟条约》条约第 140b 条第 4 款规定的条件（即其独立性毋庸置疑，拥有被任命为司法职位所需的能力，译者注），都可以提交申请"。^② 对于申请者而言，这是一个公平公开的招募，任何认为自己符合相关标准的人都可以提交申请。

法官申请的条件和任命程序整体上由理事会处理决定。在公务员法庭委员会具体的制度设计上，理事会认为需要"从法院和初审法院的前成员以及具有公认能力的法学家中选出七人组成委员会"^③，来对候选人的资格与能力

---

① 作为《公约》的一部分而设立的法院讨论小组（The Discussion Circle on the Court of Justice）建议设立一个"评估小组"，负责就候选人是否适合履行法官或总法律顾问的职责提出意见。该小组"可由法院前成员和国家最高法院的代表组成，欧洲议会也可参与该程序"。（Secretariat of the European Convention, *Final report of the discussion circle on the Court of Justice: report from Chairman of the discussion circle on the Court of Justice, to Members of the Convention*, CONV 636/03, CERCLE I 13, Brussels, 25 March 2003, para. 6.）这在 2000 年的"欧洲共同体未来问题工作组的报告"（Report by the working party on the future of the European communities' court system，也称"杜氏报告（Due report）"，因为报告的负责人为前法院院长奥莱·杜埃）中就有所体现，报告认为虽然初审法院和欧洲法院成员的任命应继续由成员国进行，但"应设立一个由高素质的独立律师组成的咨询委员会，以核实候选人的法律能力"，以协助成员国的审议。否则成员国会在彼此的提名上盖上橡皮图章，而不考虑工作的技术资格，从而为成员国政府基于政治或其他偏见提名候选人留下空间。如果它们有此倾向的话，对法院将是非常危险的。（See *Report by the working party on the future of the European communities' court system ("The Due report")*, January 2000, p. 51.）

② Council of the European Union, *Council Decision of 2 November 2004 establishing the European Union Civil Service Tribunal*, Official Journal of the European Union L 333, 9 November 2004, p. 7.

③ 根据相关文件的规定，理事会以特定多数并根据欧洲法院院长的建议，决定公务员法庭委员会的运作规则（参见 Council of the European Union, *Council Decision of 18 January 2005 concerning the operating rules of the committee provided for in Article 3(3) of Annex I to the Protocol on the Statute of the Court of Justice*, Official Journal of the European Union L 21, 18 January 2005；根据该决定附件第 2 点，委员会成员的任期为四年），并任命委员会的成员（参见 Council of the European Union, *Council Decision of 18 January 2005 appointing members of the Committee provided for in Article 3(3) of Annex I to the Protocol on the Statute of the Court of Justice*, Official Journal of the European Union L 50/9, 23 January 2005; *Council of the European Union, Council Decision of 18 December 2008 appointing the members of the committee provided for in Article 3(3) of Annex I to the Protocol on the Statute of the Court of Justice*, Official Journal of the European Union L 24/11, 28 January 2009.）

提出意见。该意见应包含一份候选人名单，其人数至少是待任命法官人数的两倍。① 有趣的是，在欧洲法院的建议中，该名单是应及时制定并具有强制性的。② 但根据欧盟委员会的建议，这只是公务员法庭委员会的一个非强制性选择而已。③ 就任命程序的客观化与具体化而言，建立这样一份名单显然是特别重要的，所以前者的意见得到采纳。

最后，由理事会将协商确定上述公务员法庭委员会的讨论，并就候选人是否适合在法庭履行法官职责提出意见。因此，只有在最后阶段，当面对公务员法庭委员会拟定的名单时，理事会才能够，或者说被要求作出"政治"选择，因为它必须"确保法庭的组成在尽可能广泛的地理基础上从成员国的国民和所代表的国家法律制度中得到平衡"。④

（2）对公务员法庭委员会的分析与评估

公务员法庭委员会的制度设计在很大程度上参照了《建立欧洲宪法的条约草案》第 III-355 至第 III-357 条规定的"专家组（panel）"机制。⑤ 公务员法庭委员会由"前法院和初审法院成员中选出的七人以及公认有能力的法学家组成"，在这之中并没有提及国家最高法院的成员，也没有由欧洲议会指定的成员，因此在很大程度上提高了法官选任过程中的专业性，尽可能地避免

① See Council of the European Union, *Proposal for a Council Decision establishing the European Civil Service Tribunal: note from Secretary-General of the European Commission, signed by Ms Patricia BUGNOT, Director, to Mr Javier SOLANA, Secretary-General/High Representative*, Council doc. 15105/03, 20 November 2003, p.12.

② See Council of the European Union, *Council of the European Union, Proposal for a Council Decision establishing the European Civil Service Tribunal – Opinion of the Court of Justice: note from Mr V. SKOURIS, President of the Court of Justice, to Mr Bertie AHERN, President of the Council*, Council doc. 6143/04, 12 February 2004, p. 4.

③ See Council of the European Union, *Proposal for a Council Decision establishing the European Civil Service Tribunal: note from Secretary-General of the European Commission, signed by Ms Patricia BUGNOT, Director, to Mr Javier SOLANA, Secretary-General/High Representative*, Council doc. 15105/03, 20 November 2003, p. 11.

④ See Council of the European Union, *Council Decision of 2 November 2004 establishing the European Union Civil Service Tribunal*, Official Journal of the European Union L 333, 9 November 2004, p. 9.

⑤ 这些条款规定，在成员国政府共同商定任命欧洲法院和初审法院的成员之前，应成立一个由"从欧洲法院和普通法院的前成员、国家最高法院的成员和具有公认能力的法学家中选出的七人小组，其中一人应由欧洲议会提名"，将必须对候选人的能力提出意见。（参见 *Treaty establishing a Constitution for Europe*, Official Journal of the European Union C 310, 16 December 2004.）类似的观点也体现在里斯本条约版本的《欧盟运作条约》第 253 条到第 255 条。

了成员国的政治性干预。

公务员法庭委员会的运作规则于 2005 年 1 月 18 日通过，但这些运作规则仅有半页纸，因此委员会第一任主席认为这份规则"相当简陋"。[1] 这在一定程度上体现了公务员法庭委员会制度方面的不完善，使其运作中仍然具有较大的政治介入空间，这种不被重视的弱势地位给委员会的工作以及公务员法庭日后的运作带来了困扰。

在公务员法庭委员会存在的问题中，最突出的一点是，欧盟建立公务员法庭委员会所追求的主要目标是使法官的选任过程脱离成员国的控制，并将重点放在候选人的资格与能力上，但实践中委员会所展现的效果却事与愿违。例如，在第二届公务员法庭委员会的选任过程中，欧盟理事会只要求委员会向其提交一份候选人名单，因此选择的自由完全留给了理事会。同时，理事会并未考虑前法官的连任请求，而是任命了三位在公务员法庭还没有法官代表的国家的法官，这三名法官分别具有不同国籍。

在法官数量与成员国数量不匹配的情况下，公务员法庭法官的选任似乎在本质上仍然体现了基于成员国意志的国籍轮换原则，以及各成员国都尽可能在某一阶段拥有法官代表的"雨露均沾"（nationality-based sprinkling）原则。可以认为，公务员法庭的这套模式只是以不同的形式实现了欧洲法院与普通法院法官任命的平均主义。如果不采取适当的措施，这可能会严重影响公务员法庭委员会职能的行使，并有可能重新出现政治提名、偏袒、基于能力考虑以外的任命。[2] 同时，由于"僧多粥少"，在公务员法庭，某一国籍的法官很少能够连任。但从理论上看，如果符合规定的要求，给予法官连任的可能有利于确保法庭成员的稳定性，并确保法官有机会发展和巩固他们在该领域的司法经验与专业知识。

---

[1] Council of the European Union, *Council Decision of 18 January 2005 concerning the operating rules of the committee provided for in Article 3(3) of Annex I to the Protocol on the Statute of the Court of Justice*, Official Journal of the European Union L 21, 18 January 2005, pp. 13-14; L. Sevón, 'The Procedure for Selection of Members of the Civil Service Tribunal: A Pioneer Experience', *Human Right Law Journal*, Vol. 31, No. 1, 2011, p. 2.

[2] Georges Vandersanden, "The Real Test-How to Contribute to a Better Justice The Experience of the Civil Service Tribunal", in Michal Bobek ed., *Selecting Europe's Judges: A Critical Review of the Appointment Procedures to the European Courts*, Oxford University Press, 2015, pp. 90-92.

更为严重的是，由于成员国对法官选任过程中主权平等的注重，法官任命的确定需要理事会一致表决，这使得每个成员国拥有否决权；但相比之下，其他重要事项，例如，在选择公务员委员会主席时，或是在废除公务员法庭时，有特定多数的表决就足够了。[1]理事会一票否决的方式严重损害了公务员法庭法官选任制度的效率与合理性。[2]

虽然存在种种不足，但对于欧盟法院而言，公务员法庭法官选任程序的实施是一场"真正的革命"，因为它打破了欧洲法院和普通法院一直以来坚持的"一个国家一个法官"的传统惯例。[3]同时公务员法庭委员会也推动了法官的独立性与专业性建设。正如前文所说，国际组织内部司法系统的独立性愈发重要，而在这之中法官的选任又具有举足轻重的影响力，虽然相关国际公约或宣言中有关法官选任的标准得到了包括部分国际组织在内的国际法主体的广泛支持，但并非所有国际组织都严格遵守这些条款。公务员法庭委员会的成立无疑是欧盟法院首次在这方面迈出的重要一步，它为欧洲法院和普通法院建立类似的法官选任机构铺平了道路，并提供了制度参考，使得255小组的设计更为完善与成熟。

4. 欧盟内部司法上诉机制的法官选任程序与其他国际组织的比较

在法官选任程序上，欧盟内部司法上诉机制与联合国以及其他国际组织内部司法机制一样，都需要保障其机构的司法独立。而这些国际组织所遇到的问题也往往涉及法官选任的独立性与专业性。但二者在具体制度内容以及所遇到的问题上仍然有一定的差异。在其他国际组织中，联合国内部司法上

[1] Kieran Bradley, "Appointment and Dis-Appointment at the CJEU: Part I – The FV/Simpson Litigation", *The Law & Practice of International Courts and Tribunals*, Vol. 20, 2021, pp. 152-153.

[2] 例如，在2011年法庭三位法官的任期到期时，主张延长现任法官任期的稳定派和主张更换法官的"地域平衡"派之间出现了争议，后者主张用尚未向公务员法庭提供法官的成员国的国民来取代现任法官。后者占了上风，但理事会花了大约四个月的时间才任命了名单上符合不同国籍要求的前三名候选人。而在2014年，包括公务员法庭主席在内的两名法官任期届满，也出现了类似的僵局；虽然理事会在2013年12月正式发出了申请通知，遴选委员会也正式向理事会提交了一份六名候选人的名单，但理事会却无法打破"稳定与地域平衡"的僵局。（参见Kieran Bradley, "Appointment and Dis-Appointment at the CJEU: Part I – The FV/Simpson Litigation", *The Law & Practice of International Courts and Tribunals*, Vol. 20, 2021, pp. 152-153.）

[3] Michal Bobek, "Prologue: The Changing Nature of Selection Procedures to the European Courts", in Michal Bobek ed., *Selecting Europe's Judges: A Critical Review of the Appointment Procedures to the European Courts*, Oxford University Press, 2015, p. 1, p. 9.

诉机制在法官选任制度上走在前列，因此值得与欧盟进行比较。在比较后，可以看出二者在法官选任上存在一些趋同之处。

首先，两个组织内部司法上诉机制在法官选任时都注重法官的地域分配（geographical distribution）原则。目前欧盟法院"一成员国一法官"的平均分配制度就是地域分配原则最直观的体现。对于非成员国任命法官的公务员法庭，在其法官选任程序中，欧盟法院的规约要求"理事会应确保法庭在尽可能广泛的地域基础上从成员国国民中平衡组成，并考虑到所代表的国家法律制度。"[①] 在联合国内部司法上诉机制的法官选任中，大会第 62/228 号决议的第 37 段也规定，内部司法理事会向联合国大会提出的任命意见和建议应"充分考虑到地域分配原则"。[②]

通过比较可以认为，地域分配原则是法官选任中的一个基础性要求。在内部司法上诉机制法官选任的过程中，国际组织对成员国利益的注重具有普遍性。虽然法官选任时应当尽可能避免成员国的政治干预，但国际组织也要尽可能维护每个成员国的正当利益。这在法官的选任上体现为对法官名额尽可能地平均分配，尊重每一个成员国的利益及其法律传统。

其次，在法官选任机构的设置上，二者都设立了一个偏向中立性质的机构来负责法官选任。在欧盟内部司法上诉机制中，该机构为 255 小组，而在联合国则为内部司法理事会（Internal Justice Council，IJC）。因此，可以看出将独立性与专业性引入法官任命程序并不是仅在欧盟法院进行尝试的新鲜事，这也是国际组织内部司法机制在整体上呈现出的一种趋势，即通过将法官任命的权力部分赋予特定的任命机构，削弱成员国以及组织行政当局的权力，来加强司法机构自治权与独立性，以更好地实现国际组织的内部法治。[③] 正如

---

① Article 3(1) of Annex I to the Protocol on the Statute of the Court of Justice.

② United Nations General Assembly, Administration of justice at the United Nations: resolution/ adopted by the General Assembly, A/RES/62/228, 6 February 2008. 大会在第 63/253 号决议第 57 段中，还进一步将该原则进行了具体化，认为"对于联合国争议法庭法官和联合国上诉法庭法官今后的任命，内部司法理事会不应推荐任何一个成员国一名以上候选人担任争议法庭法官，或推荐任何一个成员国一名以上候选人担任上诉法庭法官。"（United Nations General Assembly, Administration of justice at the United Nations: resolution / adopted by the General Assembly, A/RES/63/253, 17 March 2009.）

③ 这也是国家司法制度在法官选任方面的一个发展方向。（Marijn Van Der Sluis, Tomáš Dumbrovský & Bilyana Petkova, "Judicial Appointments: The Article 255 TFEU Advisory Panel and Selection Procedures in the Member States", Common Market Law Review, Vol. 51, Iss. 2, 2014, p. 482.）

相关文件所要求的，在法官的选任中，建立独立和适当的选任机构，负责司法人员的甄选，并予以规定明确的任务，这将是确保法官个人独立性的一个关键因素，使法官能够在没有恐惧或偏袒的情况下裁决案件。[①]

但欧盟内部司法上诉机制在法官选任方面仍然与联合国存在很大的差异。

首先，在法官的提名程序上，目前欧盟内部司法上诉机制的法官实质上是由成员国直接提名的，采用"一成员国一法官"制度。255 小组则仅负责对成员国提名的候选人进行测试与筛选，不能主动提名法官候选人。因此简单而言，255 小组在法官选任过程中承担筛选职能，只能阻止不符合要求的候选人进入欧盟法院。由于其司法机构的法官人数要远远少于组织的成员国，因此，这套机制并不适用于整个欧盟法院系统。

而与欧盟不同，在联合国内部司法上诉机制中，内部司法理事会负责编制一份名单，为两个法庭（争议法庭和上诉法庭）设置的司法职位列出合格人选。而内部司法理事会是一个独立的，性别和地理上多样化的代表机构[②]，其组成并不包括成员国代表。[③] 内部司法委员会通过联合国内部司法办公室发布的通知公开邀请候选人提出个人申请，并在竞争性测试后向大会提出建议[④]，为每个空缺职位推荐两名候选人。[⑤] 由此可以看出，联合国内部司法上诉

---

① 在《英联邦拉蒂默堡原则》(the Parliamentary Supremacy, Judicial Independence: Latimer House Guidelines for the Commonwealth) 中虽然没有明确规定法官任命应采用的机制，但该原则在第 II 部分第 1 项认为在法官任命时应采用"独立的程序"，并建议在没有这种机制的地方建立真正独立司法任命委员会。该条的具体内容为："各法域应为司法任命制定适当的独立程序。在没有独立制度的情况下，应由司法事务委员会（根据《宪法》或法规设立）或根据该委员会的建议行事的适当国家官员作出任命。"(参见 Commonwealth Secretary–General, *Commonwealth (Latimer House) Principles: on the Three Branches of Government*, Commonwealth Secretariat, the Commonwealth Parliamentary Association, the Commonwealth Legal Education Association, the Commonwealth Magistrates' and Judges' Association & the Commonwealth Lawyers' Association Pub., February 2009, p. 17.)

② Memooda Ebrahim–Carstens, "Gender Representation on the Tribunals of the United Nations Internal Justice System: A Response to Nienke Grossman", *AJIL*, Vol. 110, 2016, p. 100.

③ 理事会是由一名工作人员代表、一名行政当局代表、两名知名的外部法学家（分别由工作人员和行政当局提名），以及一名主席组成，该主席由秘书长同其他四名成员协商后任命的另一名知名外部法学家担任。(参见 United Nations General Assembly, *Administration of justice at the United Nations: resolution/ adopted by the General Assembly*, A/RES/62/228, 6 February 2008, para. 36.)

④ Internal Justice Council, *Appointment of judges of the United Nations Appeals Tribunal and of the United Nations Dispute Tribunal: report of the Internal Justice Council*, A/70/190, 14 Aug. 2015.

⑤ United Nations General Assembly, *Administration of justice at the United Nations: resolution/ adopted by the General Assembly*, A/RES/62/228, 6 February 2008, para. 37 (b).

机制的一个显著特征是，在法官选任的初步阶段，国家的介入受到严格限制，这在很大程度上消解了国家对法官任命的影响。只有在大会投票阶段，成员国才有可能参与到对法官任命的"游说、博弈或交易（lobbying, or horse-trading in the two-horse race）"中。[①] 所以，整体上看，联合国内部司法上诉机制法官的选任似乎排除了成员国干预，所以其独立性也应有所增强。联合国争议法庭的梅姆达·易卜拉欣·卡斯滕斯（Memooda Ebrahimm-Carstens）法官就曾表示"从收到的申请中可以看出，这一程序确保了更多的全球竞争者可以独立和自由地提出申请，排除了国家政治、偏见和偏袒，同时也保证了候选人的代表性"。[②] 因此，有观点认为就法官的选任而言，联合国内部司法上诉机制是值得效仿的。[③]

事实上，欧盟内部司法上诉机制就曾出现过与联合国法官提名程序较为相似的任命程序，即已被废除的欧盟公务员法庭的法官任命程序。公务员法庭也采取了普遍性的公开申请制。通过与联合国比较，可以推测出公务员法庭相比于欧洲法院与普通法院更容易采取此类创新性制度的原因。第一个重要的原因为法庭法官的数量，在欧盟内部司法上诉机制的各司法机构中只有公务员法庭的法官数量与欧盟成员国数量严重不匹配，这种无法消除的实际障碍为法官选任制度的创新提供了现实动力。另一个重要的因素则为法庭管辖权的专业性，尤其考虑到法庭的管辖权针对的是欧盟内部公务员案件，此类案件对成员国利益的直接影响相对较小。而欧洲法院与普通法院作为具有普遍管辖权的法院，许多案件与国家利益紧密相连，同时法官人数也在大致上与成员国数量相当。所以在当前欧盟内部司法上诉机制的法官选任程序中，

---

① Memooda Ebrahim-Carstens, "Gender Representation on the Tribunals of the United Nations Internal Justice System: A Response to Nienke Grossman", *AJIL*, Vol. 110, 2016, p. 102.

② Memooda Ebrahim-Carstens, "Gender Representation on the Tribunals of the United Nations Internal Justice System: A Response to Nienke Grossman", *AJIL*, Vol. 110, 2016, p. 102。在联合国2016年7月1日开始的上诉法庭与争议法庭法官招聘中，理事会收到来自51个国家的182份申请。申请人中共有45人来自非洲、12人来自亚洲及太平洋区域、15人来自东欧、24人来自拉丁美洲和加勒比区域、84人来自西欧和其他国家。申请人中117人为男性、65人为女性。（参见 Internal Justice Council, *Appointment of judges of the United Nations Appeals Tribunal and of the United Nations Dispute Tribunal: report of the Internal Justice Council*, A/70/190, 14 Aug. 2015, para. 16.）这些都体现了法官申请程序的公开性与民主性。

③ Rishi Gulati, "An International Administrative Procedural Law of Fair Trial: Reality or Rhetoric?", *Max Planck Yearbook of United Nations Law Online*, 2017, Vol. 21, No.1, p. 248.

成员国介入的现实需求与动力更强。因此，联合国的这套机制并不一定能够适用于目前的欧盟法院。

其次，以目前两个组织的法官选任机构的组成，以及机构在法官选任申请的受理与筛选阶段所发挥的职能为切入点，也可以看出二者在法官选任方面的主要差别。

在遴选机构的组成方面，欧盟法院的 255 小组由"从前法院和普通法院成员、国家最高法院成员和具有公认能力的法学家中选出的七人组成，其中一名应由欧洲议会提议"①，而联合国内部司法理事会则由"一名工作人员代表、一名行政当局代表、两名知名的外部法学家（分别由工作人员和行政当局提名），以及一名主席组成，该主席由秘书长同其他四名成员协商后任命的另一名知名外部法学家担任"。②欧盟法官遴选机构的这种人员组成属于同行参与模式，组成人员都为司法系统的法律工作者，因此都有过相关的工作、任职经历。尤其是曾在欧盟法院工作的人员，这些法律工作者群体更了解欧盟内部司法的运作模式与实践操作，专业化程度也更高，较为契合法官选任的需要。但该小组的职能却受到相对严格的限制，并不能主动提名法官候选人或在提名时提出相关建议，而只能对成员国提名的候选人进行评估与筛选，换言之，只能对自己不满意的候选人加以阻止，并不能把自己中意的候选人选入，只要成员国依然具有推荐法官候选人的权力，那么该小组的评估与遴选的实际作用就会非常有限。因此在欧盟内部司法上诉机制法官的选任中，成员国仍然具有重要的影响力。

而联合国内部司法理事会在法官选任上被赋予了更多的职能，可以直接负责法官的提名与筛选，并向大会提交最终的候选人名单，这个过程基本排除了成员国干预的可能性。所以，理事会的组成则并不那么强调专业性，而是更注重对成员国干预的限制。

虽然联合国内部司法理事会组成人员不与成员国有直接联系，但其人员

---

① *Consolidated version of the Treaty on the Functioning of the European Union*, Official Journal of the European Union C 202, 7 June 2016, Art. 225.

② United Nations General Assembly, *Administration of justice at the United Nations: resolution/ adopted by the General Assembly*, A/RES/62/228, 6 February 2008, para. 36.

构成的标准也不要求理事会成员具有国际行政法庭的工作经验，仅强调职员争端案件双方，即职员代表与行政当局代表的平等参与。而理事会的人员组成不论是工作人员代表，还是行政当局代表都直接受到联合国行政当局的管理与控制，他们在本质上都是联合国行政机关的工作人员。因此，可以认为内部司法理事会一定程度上被笼罩在联合国行政当局的阴影之下，具有相对浓厚的行政管理色彩。在这种情况下，机构的司法专业化以及公正性都将受到影响。

综上所述，在遴选机构的人员组成上，欧盟内部司法上诉机制的255小组或许更为合理。虽然小组在履行职能时会受到成员国的影响，但它能够对组织的行政当局保持较强的独立性，其人员组成也更加专业。这在处理国际组织职员与行政当局关系的职员案件中是非常重要的。更何况在职员案件中，工作人员往往处于弱势地位。成员国对选任小组以及选任程序较强的影响力虽然也有可能产生不利的效果，但这种介入的影响往往都是间接，或者是特定情况下才产生的，例如当案件涉及成员国国民时。但如果负责法官选任的工作小组由行政当局主导，考虑到案件性质，这很难不让人怀疑法官的偏向性，同时行政当局还是每个职员案件的当事方，这将可能对法官的独立性与公正性产生持续且严重的损害。

因此，似乎可以认为，欧盟内部司法上诉机制法官选任小组的同行参与模式是联合国乃至其他国际组织构建法官选任机制时值得借鉴的。但在职能上，很明显联合国的内部司法理事会承担了更多的选任职能，如果考虑到内部司法理事会组成人员的性质，应当对其职能的履行加以规制并进行完善，以增加其专业性与中立性。整体上，在国际组织内部司法的法官选任方面设置一个专门机构并承担更多的选任职能，是加强国际组织内部司法独立性的一个重要趋势。对于欧盟而言，赋予255小组更多的职能也是欧盟内部司法上诉机制需要进一步完善的地方。但考虑到欧盟的超国家性与区域性，在成员国数量较少且组织权力较大的情况下，法官选任环节进一步去"政治化"的改革仍需要循序渐进。

从目前欧盟与联合国内部司法上诉机制法官选任机构的组成以及职能中，

还可以看出这两种制度在权力平衡与制约上的不同。可以认为欧盟 255 小组的独立性是相对于欧盟行政当局的，而联合国内部司法理事会的独立性则是相对于成员国的。以欧盟法院的法官选任制度为例，其主要处理成员国与法院之间的关系，255 小组更像是一个法律人职业共同体，因此在随后的发展中小组可能形成一个法律专业的特殊利益集团，具有自己的利益诉求，成员国的介入使得 255 小组的权力受到制约，在法官选任中只被赋予了有限的否定权。成员国虽然可以对法官进行提名，但也会面临提名被 225 小组否决的可能性。因此该权力并非充分而绝对，需要受其他机构的掣肘。这是一个非常微妙与精巧的权力平衡制约机制，这种权力的制约与平衡在欧盟内部司法上诉机制中能够经常出现。

5. 对欧盟内部司法上诉机制法官选任程序的评析

通过对欧盟内部司法上诉机制的法官选任制度进行分析，可以发现，在其发展历程中，成员国一直处于一个较为强势的地位。虽然公务员法庭的短暂出现对该制度提出了一定的挑战，目前 255 小组的出现也对成员国的法官选任权力进行了制衡，但不可否认，各成员国仍然主导了欧盟法院的法官选任。

事实上，成员国主导下的"一国一法官"机制具有其合理性，该机制在本质上体现出主权平等原则（Principle of Sovereign Equality）。主权平等原则在《联合国宪章》中被明确规定[1]，并深深植根于国际法的概念结构中。[2] 该原则应包括两方面的内容，即主权与平等，这是各国作为国际法主体普遍承认的两个特征，"主权平等"的表述只有在两个要素被认为相互联系的情况下才是合理的。通常可以认为，"主权"意味着一个主体不隶属于另一个主体。因此从不服从彼此的角度看，所有主权者都是平等的[3]，国家之间的平等被解释

---

[1] *United Nations Charter*, Chapter I: Purposes and Principles, Art. 2(1).

[2] Gaetano Arangio-Ruiz: *The UN Declaration on Friendly Relations and the System of Sources of International Law*, Sijthoff & Noordhoff, 1979, p. 144.

[3] Martti Koskenniemi & Ville Kari, "Sovereign Equality", in Jorge E. Viñuales ed., *The UN Friendly Relations Declaration at 50: An Assessment of the Fundamental Principles of International Law*, Cambridge University Press, September 2020, p. 166.

为主权的结果或暗示。[①]

在国际组织内部，平等也被各成员国所要求，并"以前所未有的活力和更具体的形式出现"。[②]虽然平等不是像质量或温度这样可测量的东西，可以用从自然界的普遍常数派生的精确单位来描述，[③]但可以肯定的是，有一个较为明显的主权平等概念可以作为批评和改革国际组织内部平等的表述方式，这一概念将主权平等理解为代表权平等。[④]

在国际组织内部司法系统中，代表权平等可以体现为成员国在司法机构中具有同等比例的法官代表，还可以体现为法官在地域分配方面的平等。国际组织通过国家之间签订的条约而建立，体现出各成员国的共同意志。在建立国际组织时，国家把部分主权让渡给国际组织，在这之中就包括将对本国国籍的国际组织职员的司法管辖权让渡于国际组织的内部司法机构。所以成员国为国际组织提供本国国籍的法官，是为了给国际组织内部司法机制带来不同的法律体系与法律传统，丰富国际组织内部司法的法律运用，让国际组织更好地履行让渡给它的职员争端解决的司法职能，进一步保障包括本国国籍职员在内的国际公务员的权利，维护组织内部的正常运转。更何况国际社会仍然是主权国家林立，并不存在一个完全替代国家行使"主权"的国际组织，或者"世界政府"，组织仍然需要尊重各成员国在内部司法代表中的主权平等。因此不论是关于司法独立的一般的国际性法律文件、[⑤]国际司法机

---

① Hans Kelsen, "The Principle of Sovereign Equality of States as a Basis for International Organization", *The Yale Law Journal*, Vol. 53, No. 2, 1944, p. 207.

② PH Kooijmans: *The doctrine of the legal equality of states : an inquiry into the foundations of international law*, Leiden: A.W. Sythoff, 1964, p. 3.

③ "平等"是指一个相对的制度或标准，它涉及一种比较，需要一种外部观点、一个标准和一个比较者，或者至少需要一种共同的理解。（参见 Martti Koskenniemi & Ville Kari, "Sovereign Equality", in Jorge E. Viñuales ed., *The UN Friendly Relations Declaration at 50: An Assessment of the Fundamental Principles of International Law*, Cambridge University Press, September 2020, pp. 186–187.）

④ Jeffrey L. Dunoff, "Is Sovereign Equality Obsolete? Understanding Twenty-First Century International Organizations", in Janne Elisabeth Nijman and Wouter G Werner eds., *Netherlands Yearbook of International Law 2012: Legal Equality and the International Rule of Law - Essays in Honour of P.H. Kooijmans*, The Netherlands: T.M.C. Asser Press, 2013, p. 120.

⑤ 例如《斯科普斯山国际司法独立标准》就规定了"提名、选举和任命程序应酌情考虑不同地理区域"。（*Mt. Scopus Approved Revised International Standards Of Judical Independence*, 19 March 2008, Art. 11.2.）而更早的《关于国际司法机关独立性的伯格堡原则》也作出了类似的规定。（*The Burgh House Principles On The Independence Of The International Judiciary*, 1 Jul. 2005, Art. 2.2.）

构①，还是国际组织内部司法上诉机制，都强调体现主权平等的地域分配原则的重要性。

所以，在法官的任命中，只要候选人完全合格，各成员国政府以政治动机为指引，并试图从自己的党派中挑选候选人，这既不罕见，也不卑鄙。②主权平等原则在欧盟表现得尤为突出，因为欧盟是一个成员国相对较少的区域性组织，每个成员国获得代表权的比例与可能性极大。同时欧盟作为一个超国家组织，其成员国让渡的主权一般要多于其他国际组织，在欧盟内部司法上诉机制中则体现为法院较强的执行力。③因此各成员国，尤其是较小的成员国④，一般都会重视其在欧盟内部司法上诉机制乃至欧盟法院系统的法官代表权。对于欧盟法院自身而言，这种包含每个国家法律秩序的多元代表性也是可取的，这可以确保各国的法律传统都能为法院判例的发展作出贡献，并可

① 例如，国际刑事法院（International Criminal Court，ICC）就规定，缔约国大会在任命法官时必须"考虑到世界各主要法系的代表性、公平的地域代表性"。（*Rome Statute of the International Criminal Court*, United Nations, Treaty Series, Vol. 2187, No. 38544, 1 July 2002, Art. 36(8).）而对于国际法院而言情况也类似，法院不得包括同一国家的多于一名国民的法官。（*Statute of the International Court of Justice*, Art. 10 (3).）除此之外，整个法院必须反映世界主要文明类型和主要法律制度。这一原则反映在法院成员在世界主要地区的分配上。（截至 2022 年 7 月，国际法院法官由 4 位来自欧洲，4 位来自亚洲，3 位来自非洲，2 位来自美洲，1 位来自大洋洲的法官构成。参见 International Court of Justice, "Current Members", https://www.icj-cij.org/en/current-members (last accessed on 9 Aug. 2022); Nederland een Vereniging voor de Verenigde Naties, "The International Court of Justice (ICJ)", https://nvvn.nl/the-international-court-of-justice-icj/#:~:text=Although%20there%20is%20no%20entitle-ment,the%20Court%20is%20as%20follows (last accessed on 9 Aug. 2022)）

② Werner Feld: *The Court of the European Communities: New Dimension in International Adjudication*, Martinus Nijhoff Publishers, 1964, pp. 19.

③ 例如《欧盟运作条约》第 260 条第 2 款规定，在一定条件下，如果法院发现有关成员国没有遵守其判决，则可以对其处以一次性付款或罚款。

④ 欧洲法院的前法官康拉德·希曼（K. Schiemann）爵士在 2013 年坦诚地谈到了较小成员国对这方面的敏感性的问题，事实上这些因素也在一定程度上适用于其他成员国。他表示："首先是不希望只因为自己是小国而被忽视，也不希望自己的潜在法官被忽视。第二个想法是不想被已经在各方面占主导地位的大国所支配。第三种是希望被全国选民认为是在为自己的国家尽可能地争取利益。第四种是各国政府希望利用欧盟的职位来奖励那些他们想奖励的人，或流放（park）那些他们希望远离国家的人。在一些成员国，这种职位的分配传统上是一个相当大的政治讨价还价的问题。"（参见 K. Schiemann, 'Follow-up Inquiry into the Workload of the Court of Justice of the European Union: Oral and written evidence', *House of Lords European Union Committee*, 6 Mar 2013, p. 65, https://www.parlia-ment.uk/documents/lords-committees/eu-sub-com-e/FollowupworkloadCJEU/CJEU-Follow upWritten-Oralevidence290413.pdf.）因此小国对强大的欧盟法律体系感兴趣。在欧洲法院面前，政治权力是平等的，而在欧洲法院内部，小国有不成比例的发言权，因为每个法官都有一票，决定是由简单多数决定的。比荷卢经济联盟国家不太可能同意他们认为会削弱法律制度基础的任何事情，从而损害他们自己的利益。（Karen J. Alter: *The European Court's Political Power*, Oxford University Press, 2010, p. 126.）

能有助于国家法院更严格地遵守法院的判例法。①

　　但这种成员国对法官选任的介入需要保持在合理限度内，否则将产生破坏法官独立性与公正性的严重隐患。这种对独立性的潜在破坏在公务员法庭存在的时期尤为明显。除了前文提及的公务员法庭在其存续末期由于成员国意见不一致而出现法官空缺的现象外，最直接的体现是由欧洲法院通过审查程序审理的 FV/Simpson 案。② 该案源于公务员法庭审理的 FV v. Council 案③，在初审中，原告职员只是对工作人员的绩效评估提出普通质疑。但在初审判决做出后，原告随即认为该案法官的选任程序存在严重问题，因为在该案法官的选任程序中，欧盟理事会以代表权尽可能平等为依据在仅存在两个职位征集申请的基础上任命了三名法官。④ 因此，原告职员提出上诉。普通法院在本案的上诉中确定了"有争议的法官"参与了案件的审理，法院还引用欧洲人权法院解释《欧盟基本权利宪章》第 47 条第 2 款的判例法，认为"合法法官的原则要求遵守关于法官任命程序的规定"，并表述"法官的独立和公正不仅至关重要，而且他们的任命程序似乎也是如此。因此，必须严格遵守法官任命规则。否则，诉讼当事人和公众对法院独立性和公正性的信心可能会受到削弱"。⑤ 因此，普通法院撤销了公务员法庭的判决。虽然欧洲法院在最后的审查程序中驳回普通法院的上诉判决，但这个案件明确了公平审判权包括了要求按照预先确定的程序任命法官，依照该要求，如果过于强调成员国主权平等而违背选任程序，将严重影响到法院的独立性，并进一步损害其合法性与公信力，这不利于欧盟职员司法救济权的保障。

---

① See *Report by the working party on the future of the European communities' court system ("The Due report")*, January 2000, p. 46.

② See Case C–141/18 RX, *FV v Council of the European Union*, Decision of the Court of Justice (Reviewing Chamber), ECLI:EU:C:2018:218, 19 March 2018.

③ Case F–40/15, *FV v Council of the European Union*, Judgment of the Civil Service Tribunal (Second Chamber), ECLI:EU:F:2016:137, 28 June 2016.

④ 欧盟理事会的决议如下："任命该名单上的三人为公务员法庭法官是适当的，以确保公务员法庭在尽可能广泛的地域基础上从成员国国民中平衡组成所代表的国家法律制度。"（参见 Council of the European Union, *Council Decision (EU, Euratom) 2016/454 of 22 March 2016 appointing three Judges to the European Union Civil Service Tribunal*, Official Journal of the European Union L 79, 30 March 2016, p. 30.）

⑤ Case T–639/16 P, *FV v Council of the European Union*, Judgment of the General Court (Appeal Chamber), ECLI:EU:T:2018:22, 23 January 2018, paras. 74, 75.

虽然当前欧盟内部司法上诉机制的法官选任程序处于正常运转中，但这在很大程度上是因为，相比于案件数量，欧盟法院的法官数量仍然相对较多，甚至可以认为过于充裕，尤其考虑到目前普通法院拥有的 54 名法官。因此法院的人力资源并没有处于紧缺状态，以至影响到案件的公正裁判。但每次欧盟法院面临积案压力时，增加法官人数的改革往往都相当艰难，在各方讨论完涉及法官数量以及法官分配制度的可能的众多改革路径后，最后确定的方案往往不会改变这样一个做法，即严格按照成员国数量平均分配法官名额。而欧盟公务员法庭作为平均分配制度的唯一例外，已于 2016 年被废除。每当法院处于需要进行人员数量改革的阶段时，成员国往往会进行干预或阻碍，影响改革的正常进程。在这种时候，法院司法独立性的缺失体现得尤为突出。在欧盟拥有 27 个成员国的情况下，法官数量按照成员国数量成倍增加的执行难度可能会越来越大。因此，在法官选任过程中，成员国过于注重主权平等原则，并影响到欧盟内部司法上诉机制正常运转的隐患仍然存在。这也是其他国际组织内部司法机制需要注意的现实问题。

6. 对欧盟内部司法上诉机制法官选任程序的完善建议

在分析了当前任命程序存在的问题后，似乎可以为欧盟内部司法上诉机制日后对其司法结构可能的改革提出建议，以尽可能平衡、缓解司法独立性与成员国主权平等原则的冲突，而该建议主要为对临时法官制度（Ad Hoc Judges）的运用。在具体阐述前，可以认为该建议可能在一定程度上也适用于其他国际组织。同时，考虑到欧盟法院司法管辖权的普遍性，临时制度也可适用于欧盟法院整体，但本部分的内容主要针对欧盟内部司法上诉机制。

（1）对临时法官制度的分析

关于临时法官制度，国际司法独立与世界和平协会（International Association of Judicial Independence and World Peace）公布的斯科普斯山标准（Mt. Scopus Standards，全称为《斯科普斯山国际司法独立标准》）具有一定的参考价值，该标准的第 27 条规定了应用临时法官制度的可能性[①]，认

[①] 第 27.1 条规定："国际法院或法庭的临时法官在裁决指派审理的案件时，必须认真和独立地行事。"
第 27.2 条规定："适用于专职国际法官的关于过去的社会关系、司法外活动、离职后限制和任期保障的限制和规定不适用于临时法官。"（*Mt. Scopus Approved Revised International Standards Of Judical Independence*, 19 March 2008.）

为只要坚持法官公正的普遍原则，在法庭上没有代表的国家就可以任命自己的临时法官。临时法官制度的规定可溯源至常设国际法院（Permanent Court of International Justice，PCIJ），并在当前具体规定于《国际法院规约》第31条。①

临时法官制度的优势，包括但不限于如下几点：首先，根据编写常设国际法院章程的草案，这需要结合法官选任中各当事方对国籍因素的考虑与对平等的需求，这些因素能够影响法院的公正性。② 其次，在当事方有权任命一名代表的情况下，任命国的利益可以更好地被保障。再者，这也有利于法院理解由于法律体系之间的差异，而需要通过高度专业化的知识解决的某些问题。③ 最后但同样重要的是，临时法官并不占据法院的名额，因此该制度能够使成员国法官数量分配灵活化，在保证法官数量合理的同时最大程度地尊重国家主权平等原则以及地域分配原则。

但有一些观点对临时法官制度提出了批评与质疑 ④，其中一个较为具有说

---

① 该条具体规定如下："一、各当事方国籍的法官应保留出庭审理案件的权利。二、如果法院在法官席上包括一方当事人国籍的法官，任何另一方当事人可以选择一人出任法官。该人应从第四条和第五条规定的被提名候选人中优先选择。三、如果法院在法官席上没有当事方国籍的法官，则这些当事方中的每一方都可以按照本条第2款的规定选择法官。四、本条的规定应适用于第26条和第29条的情况。在这种情况下，院长应请求组成分庭的一名或必要时两名法院成员让位给当事人国籍的法院，如不能出庭或不愿出庭，则由当事人特别选定的法官审理。五、同一利益有多个当事人的，就前款规定而言，应仅视为一个当事人。对这一点的任何疑问应由法院裁决解决。六、本条第二款、第三款和第四款规定的法官应符合本规约第二条、第十七条第二款、第二十条和第二十四条规定的条件。他们应在与同事完全平等的条件下参与决策。"

② Permanent Court of International Justice, Advisory Committee of Jurists, *Procès-verbaux of the Proceedings of the Committee: 16 June–24 July 1920 with annexes*, The Hague, Van Langenhuysen, 1920, p. 172.

③ 参 见 Permanent Court of International Justice, Advisory Committee of Jurists, *Procès-verbaux of the Proceedings of the Committee: 16 June–24 July 1920 with annexes*, The Hague, Van Langenhuysen, 1920, pp. 528–529。对于法院而言，这将使裁决程序和争端各方接受判决合法化。

④ 例如，有观点认为如果裁判者由当事人选择，那么临时法官制度更偏向于仲裁性质，裁判仍然是个人事务，因为没有什么可以消除裁决者对提名他的国家的依赖。但在法院中，法官不是个人，而是机构，即法官的个性被纳入法院的集体性。（参见 Eugène Borel, *Les problèmes actuels dans le domaine du développement de la justice internationale: conférence donnée à la Société suisse de droit international*, Zürich Leipzig: Orell Füssli, 1928, pp. 13–14.）还有观点认为"专案法官在职能上毫无用处，无法充分参与法院的工作，特别是在本案范围之外法院更广泛的任务中"，并认为"从法律上讲，人们必须怀疑，继续实行临时法官制度是否有任何坚实的基础。它似乎确实违背了司法活动的基本原则，例如司法机构的独立性"。（Iain Scobbie, "'Une Heresie en Matiere Judiciaire'? The Role of the Judge ad hoc in the International Court", *The Law & Practice of International Courts and Tribunals*, Vol. 4, No. 3, 2005, p. 462, 463.）

服力的观点认为成员国在特定案件中选出的临时法官更倾向于投票支持任命国家的立场[1]，因此他们能否公正、独立地进行司法尚存疑义。[2] 如果事实如这些观点所述，那临时法官制度的应用将与内部司法上诉机制中的司法独立性要求相违背，并影响裁判公正。

但需要注意的是，临时法官并不等于国家法官，虽然国家的立场与临时法官往往具有一致性，但在国际组织内部司法中应用临时法官制度并不意味着该临时法官会成为该国的辩护人或律师。[3] 不论是任命国，还是临时法官，都应当只能在公正独立司法的基础上满足国家利益诉求。

对成员国而言，保障国际组织的司法公正性是各成员国的根本利益所在。那种认为临时法官将在司法裁判中偏向任命国的观点是相当短视与狭隘的。如果在某一例个案中由于成员国的临时法官出现司法偏私而造成严重不公正的现象，那么这将损害该国际司法机制的公信力以及该成员国的国际社会声誉。当该成员国真正受到不合理对待导致它需要国际司法裁判时，将可能无法找到一个公正的司法机构。

对于临时法官而言，他或她在被任命后也很难为了任命国的利益而违背公正司法原则。兹将原因分为如下几点：首先，在理论上，临时法官虽然与自己的国籍国或任命国存在联系，但在任命后他或她将以国际组织公职人员

---

[1] See, e.g., Michel Dubuisson: *La Cour internationale de justice*, Paris: Librairie générale de droit et de juris-prudence, 1964, p. 65; II Ro Suh, "Voting Behavior of National Judges in International Courts", *American Journal of International Law*, Vol. 63, 1969, p. 224, p. 230.

[2] 参见 Hersch Lauterpacht: *The Function of Law in the International Community*, Oxford University Press, 2011, pp. 232–240。作者引用了常设法院的一个委员会在涉及诉讼当事人利益代表问题时的观点，即"在人们所受到的所有影响中，没有比将他们（法官）与他们的祖国和家人的土地以及他们准备的荣誉和偏好的巨大来源联系更强大，更有说服力或更微妙的了"。他认为如果一般法官是这样，那么由本国政府任命的临时法官也应尤为如此。

[3] See Institut de Droit International, "Study of Amendments to be made in the Statute of the International Court of Justice", 45 *Annuaire de l'Institut de Droit International*, 1954, p. 534, from Andres Sarmiento Lamus & Walter Arévalo Ramírez, "Non–appearance before the International Court of Justice and the Role and Function of Judges ad hoc", *The Law & Practice of International Courts and Tribunals*, Vol. 16, Iss. 3, 2017, p. 404.

的身份进行司法裁判①，因此法官在任命后将不受除该组织外的任何个人、团体或国家的控制。其次，在一般情况下国际性法官的选拔标准都对候选人提出了较高的道德要求，并且需要法官具备公正司法的专业能力与职业操守，而法官自身的职业荣誉感也不允许其在特定案件中胡乱作为。再者，国际机构的法官人数，尤其是国际组织内部司法的法官人数并不多，不进行公正裁判的法官很容易受到同行讥议，因此该法官很有可能在国际组织法律人的圈子中难以为继。最后，通常能够担任国际组织法官候选人的往往都是社会精英，与普通人相比，他们在职业选择与迁徙方面自由度更大，因此在更大程度上可以不遵从成员国或任命国的要求，更有可能拒绝满足相关国家明显不合理的要求或指令。因此整体而言，临时法官出现偏袒的情况可能并不多见。

在实际应用中，临时法官制度似乎比想象中的更加有效。不可否认，临时法官可能的确存在积极确保其任命国的论点得到充分考虑的行为，尤其在法院较小的分庭中，此时裁判者的数量较为有限。但临时法官积极主张任命国观点的行为也证明了临时法官制度的确可以确保当事方之间保持司法程序代表性的对等。考虑到法院的外交和政治环境，即使是形式上的平等，对于法院公信力的提升也是一种强大的力量。临时法官为当事方提供了一个安全罩（security blanket），使各方对法院的诉讼程序保持必要的信心，尤其是在法官席上没有其代表的诉讼国。②同时需要考虑的是，这些临时法官只是特定案件中法院或者法院分庭的一个组成部分，而绝大多数法院及其分庭都必须公布"说明理由"的判决。③因此法官有必要使这些理由具有说服力，这也要求法院充分处理各方提出的每一个相关论点。在这种情况下，临时法官往往不会，也很难去影响裁判的公正性。

---

① 这在欧盟内部司法上诉机制的专职法官选任中有所体现，虽然法官由成员国提名，但随后法官的任命需要"在与第 255 条规定的专家组协商后，由成员国政府共同任命"。（*Consolidated version of the Treaty on the Functioning of the European Union*, Official Journal of the European Union, C 202, 7 June 2016, Arts. 253, 254.）采用成员国共同任命的形式就是为了强调法官作为欧盟法院的法官，相对于其提名国的独立性。（Renaud Dehousse, *The European Court of Justice: The Politics of Judicial Integration*, Basingstoke, Hampshire Macmillan, 1998, p. 7.）

② 例如，参见 *Annuaire de l'Institut de Droit International: Tome 45, 1954, Vol. I*, Schmidt Periodicals GmbH, 2001, p. 502, p. 528; Connie Peck & Roy S. Lee, *Increasing the effectiveness of the International Court of Justice*, The Hague, Nijhoff, 1997, p. 391.

③ See *Statute of the International Court of Justice*, Art. 56 (1); Statute of the Court of Justice of the European Union, Art. 36; Statute of the United Nations Appeals Tribunal, Art. 10 (3).

并且在实践中，越来越多的国际司法机构前任法官被任命为临时法官，这证明各国更注重法官的专业能力与权威性。这种趋势也体现在国家对临时法官的任命越来越注重其与案件类型的联系，而不是法官国籍的现象中。^① 因此，任命争端领域的相关专家作为临时法官的现象也越来越多。从主观上，成员国对临时法官的任何任命本质上都是为了实现本国利益，在任命法官时国籍只是标准之一，而法官的专业技能、其在国际组织的司法实践经历以及对职位的胜任能力都是成员国需要考虑的重要因素。当本国国民无法胜任该职位时，运用具有专业能力与较强权威的法官能使成员国在国际规则允许的范围内更好地维护本国利益。这体现出在某种程度上，成员国在任命法官时，除了利用国民主义（nationalism）外，更多地需要考虑如何通过法官的专业能力在国际组织的法律框架内准确适用法律来积极、合理地维护自身利益，因此成员国对本国法官的任命也并不必然导致该法官的偏私。

综上所述，临时法官制度并不应被视为对国际司法机构公正性的损害，相反，成员国愈加注重法官的个人地位和专业声誉，并越来越多地任命非本国国民为临时法官，将使法院的公正性更加突出。^② 这种在法律框架下处理问题、解决争端的思维也与国际组织的内部法治要求相契合，能更好地维护国际组织职员的法律权益。

（2）欧盟内部司法上诉机制法官选任程序的完善

在国际组织内部司法上诉机制中，当上诉机构法官选任的独立性、公正性遇到成员国基于主权平等原则的干预时，临时法官制度是非常值得借鉴的。那些未平等地获得法官提名的成员国或是该国国籍的国际组织职员，在特定的职员案件中可以通过满足一定条件来任命临时法官。考虑到国际组织职员

---

① 例如，相关国家在国际法院的 Peru v. Chile 以及 Alleged Violations of Sovereign Rights and Maritime Spaces 案中选择了海洋法专家，在第一个案件中，当事方之一的秘鲁选择了前国际法院的法国籍法官吉尔伯特·纪尧姆（Gilbert Guillaume）。在第二个案件中，当事方之一的尼加拉瓜也选择吉尔伯特·纪尧姆，还选择了另一位法国籍专家伊夫·道代（Yves Daudet），而哥伦比亚则选择了美国籍的大卫·卡隆（David D. Caron）。在 Ukraine v. Russian Federation 案中，乌克兰选择了来自意大利的国际人道主义法专家福斯托·波卡尔（Fausto Pocar）。（更多相关资料可查阅 Charles N. Brower & Massimo Lando, "Judges ad hoc of the International Court of Justice", *Leiden Journal of International Law*, Vol. 33, No. 2, 2020, Appendix.）

② Charles N. Brower & Massimo Lando, "Judges ad hoc of the International Court of Justice", *Leiden Journal of International Law*, Vol. 33, No. 2, 2020, p. 16.

案件的专业性，以及与国家利益联系的间接性，将使该制度可能存在的任命国通过给法官施加政治压力来影响法官独立性的负面作用减少。

在国际组织职员上诉案件中，该制度的启用大致有如下几种模式：一、如果成员国对本国国籍的职员案件表示关心，则可以通过主动介入来任命临时法官；二、如果国际组织职员的国籍国不主动介入，作为当事方之一的职员可以在初审案件或是上诉案件中提请成员国任命临时法官；三、法院或法庭认为必要的情况下，也可提请成员国任命临时法官。从理论依据上看，国际组织的成员国通过签署、批准相关司法保障的人权公约，以及遵守提供司法保障的习惯国际法，对其国民承担着提供公正司法的国家义务。

从以上分析也可以看出，在国际组织职员上诉案件中，临时法官的任命有可能需要由原告职员申请，对于成员国而言这更像是一种提供公正司法、保障人权的义务，这也进一步论证了职员案件对国家利益影响的间接性，以及在国际法领域相对于国家的独立性。这使得职员案件不同于国家直接作为当事方的其他案件。毕竟组织的职员在被任命后应服务于国际组织宗旨的实现与职能的履行，在工作中不受国籍国的控制。同时，在国际组织职员案件中，国家已经通过签订国际组织的组织宪章等宪法性文件以及国际组织的基本法律文件和专门性条约，将对职员的司法管辖权让渡给国际组织。而欧盟对职员司法权益保障义务的履行较为充分，甚至高于某些成员国。

所以在欧盟内部司法上诉机制一定的历史时期，尤其是在公务员法庭设立期间，成员国过于强调在职员案件中法官代表的主权原则，并对欧盟内部司法上诉机制的法官选任进行干预，可能是心理因素大于实际效果。[①] 与此相对比，在其他国际组织的内部司法系统中，法官的选任在一定时期也受到成

---

① 在国家利益方面，尽管每个国家都认为法院中有"我们的"法官在场，但如前文所反复提及的，法官自然而然地在完全独立于其成员国的情况下行使职权。并且在大多数情况下，在裁决与其国籍国相关的案件时，他们都不会在场。（参见 Michal Bobek, "The Court of Justice of the European Union", in Anthony Arnull, Damian Chalmers eds., *The Oxford handbook of European Union law*, Oxford University Press, 2017, pp. 162–163.）而在不同法律体系以及法律传统的代表方面，有学者在研究公务员法庭时，认为成员国在职员案件中关心的对欧洲各种法律制度的反映对于欧盟司法裁判的影响并没有如此明显，因此成员国只是通过"'擦亮'要求公务员法庭在尽可能广泛的地域基础上由本国国民组成的规则"来实现自己关心的国家利益。（Haris Tagaras, "Comparative Law and the European Union Civil Service Tribunal", in Mads Andenas & Duncan Fairgrieve eds., *Courts and Comparative Law*, Oxford University Press, 2015, p. 109.）

员国的严重干预。①但在经历了一系列改革后，目前大多数国际组织内部司法系统的法官选任程序在一定程度上都减少了成员国的干预程度，并将权力平衡与制约的重心置于国际组织职员与行政当局之间。②

　　具体到欧盟内部司法上诉机制，如果当初公务员法庭设立了临时法官制度，则至少在一定程度上可以解决成员国关于法官代表分配不均的争议，并可能避免被废除的命运。但《欧盟运作条约》第 257 条中关于专门法院设置的条款仍然存在，仍然有被运用的可能性。从长远发展的视角看，虽然普通法院法官的人数非常充裕，但作为上诉机构的欧洲法院近几年案件审理则处于一个相对紧张的状态，待决案件整体上呈增加的趋势（参见图 3③ ）。因此，如果在未来欧盟内部司法上诉机制可能的结构改革中，欧洲法院法官数量的增加不能与成员国的数量完全匹配，或再起用《欧盟运作条约》第 257 条重新设立公务员法庭，而相关成员国对法官的分配产生争议时，临时法官制度则将是一个相对不错的选择。

---

① 例如联合国，在内部司法改革前，尤其是联合国行政法庭运作的前期，在提交法官候选人的阶段，联合国行政法庭成员的候选人似乎必须由联合国成员国的政府提出。除了极少数例外，候选人一般来自各自的政府，这使得法庭法官的任命受制于成员国的提名。因此联合国行政和预算委员会在 1965 年 11 月的报告中表示："委员会成员当然可以自由地投票给他们所希望当选的人，无论有关人员是否已被正式提名。还应考虑到，行政法庭的任命是个人的，而不是国家的。"（General Assembly, 20th session, *official records*, 5th Committee, 1102nd meeting, Tuesday, 30 November 1965, New York, para. 38.）

② 例如，世界银行行政法庭就在这方面进行了详细的规定，其法庭规约规定："法庭成员应由银行执行董事从银行行长提名的候选人名单中经适当协商后任命。为此，总裁应任命一个由四名具有相关经验的成员组成的咨询委员会"（*Statute of the Administrative Tribunal of the International Bank for Reconstruction and Development, International Development Association and International Finance Corporation*, 2009, Art. IV.），而该委员会包括管理层和员工协会的代表，并包括一名外部专家。（Olufemi Elias & Melissa Thomas, "Administrative Tribunals of International Organizations", in Chiara Giorgetti ed., *The Rules, Practice and Jurisprudence of International Courts and Tribunals*, Leiden : Martinus Nijhoff, 2013, p. 164.）他们由国际劳工大会根据国际劳工局理事会的建议任命，而理事会在本质上可以被认为是组织的管理机构，即秘书处。（ILOAT, "The Tribunal", https://www.ilo.org/tribunal/about–us/lang––en/index.htm (last accessed on 9 Aug. 2022).）

③ 数据来自 Court of Justice of the European Union, *Annual Report 2021: Judicial Activity*, Luxembourg: Court of Justice of the European Union & Communications Directorate Publications and Electronic Media Unit, March 2022, p. 230.

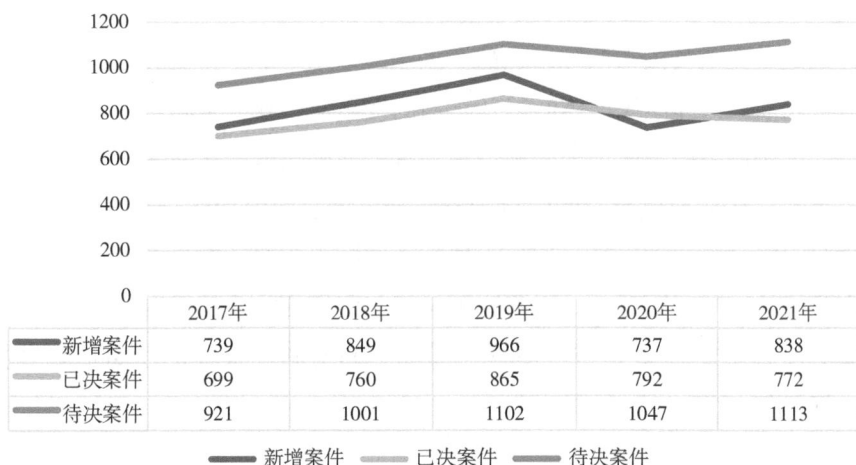

	2017年	2018年	2019年	2020年	2021年
新增案件	739	849	966	737	838
已决案件	699	760	865	792	772
待决案件	921	1001	1102	1047	1113

━━ 新增案件　　━━ 已决案件　　━━ 待决案件

图3　欧洲法院2017—2021年案件审理数据

7. 欧盟内部司法上诉机制法官选任程序的总结

最后，从欧盟内部司法上诉机制的法官选任可以看出国际组织与其成员国的关系以及二者在权利、义务方面的协调与平衡。在国际组织，尤其是政府间国际组织中，国家既是"组织条约的缔约方"（parties of Treaty）又是"组织的成员"（members of the Organization）。前者可以视为国际组织的外部法概念，各国以"缔约方"的身份参与组织的构建，通过相关条约将主权让渡于创设的国际组织。但组织在成立后即具有独立于这些"缔约方"的新的国际法律人格，并形成了新的权力承担模式，此时该身份不足以为创设国进入这一权力机构提供正当理由。而后者，即"组织的成员"，则可视为一个内部法概念，它使国家能够以成员国的身份，通过委派代表组成国际组织各种主要机构，形成国际组织的内部体系结构，并亲自操持组织内部的一切运作事务。这使得让渡给国际组织的权力中的相当部分，以另一种形式回归至创设国手中。

成员国的这种双重定位体现了国家在国际组织领域实践的复杂性与矛盾性。一方面，国家基于国家利益的客观需求，需要创设国际组织并向它让渡部分权力，并需要尊重组织的独立性以让组织更好地履行职能；但另一方面，它们又对国际组织，具体而言是对国际组织运用被让渡的权力抱有深刻的不信任感，不仅时时处处从外部加以管制，还渗透到国际组织的内部机构中，通过国家代表来影响组织权力的行使。①

因此，在成员国与国际组织的关系中，谁都不能走得太远，也不能走得太过于超前。国际组织的体制以及结构的变更需要在一个相对稳健的幅度内进行，以协调组织与成员国的利益与需求。如果法官的任命完全由国际组织来主导，那么作为成员国的主权国家将会不同意。但如完全由成员国控制，国际组织将会失去独立性，这将无法实现国际组织的意志，而这种意志事实上也是成员国的共同意志。因此这种对抗与制衡的关系从根本上可以视为每个成员国的独立意志与为更好地实现成员国自身利益而形成的共同意志的关系（参见图4）。

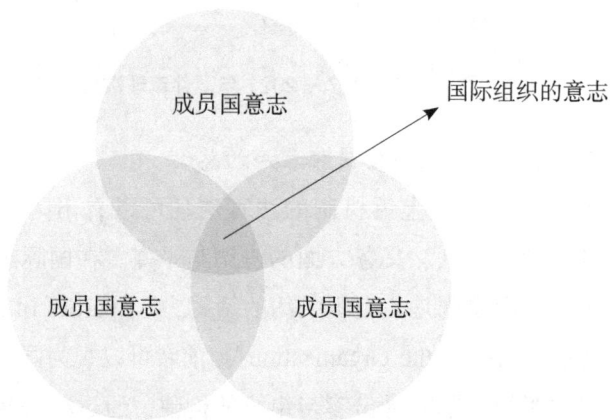

图4　成员国意志与国际组织意志关系图

（三）欧盟内部司法上诉机制法官的选任标准

1. 欧盟内部司法上诉机制法官选任标准的发展演化

除了选任程序以外，法官的选任制度还包括了选任标准，二者相辅相成，具体而合理的选任标准能够为法官的选任提供有效依据。如果说法官的选任程序能够影响司法独立性，那么法官的选任标准则更多的影响到司法专业性。与大部分国际组织内部司法系统相似，欧盟内部司法上诉机制法官的选任标准也经历了从宽松模糊到严格具体的过程。在国际组织内部司法方面，除了

---

① 参见邓烈：《国际组织行政法庭》，武汉大学出版社2002年版，第125—126页。

国籍多样性的要求外，在国际法律领域或相关领域经证实的经验也是司法任命的前提条件。[①] 很难想象一个缺乏经验的候选人如何能在国际行政法庭充分地、独立地和公正地伸张正义。

在煤钢共同体法院时期，《煤钢共同体条约》第 32 条规定："法官由成员国政府从具有公认独立性和能力的人士中协议任命"。条约并未试图定义这些词的含义，通过选举荷兰的政治家彼得·约瑟夫·塞拉伦斯（Petrus Josephus Servatius Serrarens）以及法国的经济学家雅克·鲁埃夫（Jacques Rueff）进入法院，各成员国与机构似乎并未将"能力"（competence）一词用于暗示法律资格[②]，或者说对这一词内涵的要求非常宽松。用一位研究欧盟历史的学者的话形容恰到好处，即"最初法官的提名即便没有远离法律领域，也可以说与司法领域不沾边，至少可以认为，法院成员的专业资格是参差不齐的"[③]。在这种情况下，法官的专业能力值得推敲。

如前文所述，随着欧盟法院案件数量的增加和复杂化，以及法官数量的快速增长，欧盟法院对法官的人事制度提出了更高的要求。到公务员法庭存续的末期，欧盟法院法官人数从最开始的 7 人大幅增加到惊人的 63 人[④]，并分布于三个不同级别的司法机构。在这一时期，法官选任的标准也逐渐具体化与区别化。在上诉机制不存在时，《欧洲各共同体有关共同体机构的公约》仅规定法官应从"其独立性毋庸置疑，并具有被任命为各自国家最高司法职位所需的资格，或具有公认能力的法学家"中选出。[⑤] 在上诉机制设立后，《欧盟

---

① 联合国人权委员会就认为，法官的选任应主要以其法律能力为依据。（Human Rights Committee, *Consideration of Reports Submitted by States Parties under Article 40 of the Covenant – Concluding Observations of the Human Rights Committee – Sudan*, UN Doc. CCPR/C/79/Add.85, 19 November 1997, para. 21.）

② Donald Graham Valentine: *The Court of Justice of the European Coal and Steel Community*, The Hague: M. Nijhoff, 1955, p. 34.

③ Antonin Cohen, ' "Ten Majestic Figures in Long Amaranth Robes" : The Formation of the Court of Justice of the European Communities', in A. Vauchez and B. de Witte eds., *Lawyering Europe*, Hart Publishing, 2013, p. 30.

④ 欧洲法院 28 人，普通法院 28 人，公务员法庭 7 人。（参见 Court of Justice of the European Union, *Annual Report 2015: Judicial Activity*, Luxembourg: Court of Justice of the European Union & Communications Directorate Publications and Electronic Media Unit, 1 January 2016.）

⑤ *Convention on certain institutions common to the European Communities*, Rome, 25 March 1957, Art. 32(b).

运作条约》开始有所区分，规定"独立性毋庸置疑、具备被任命为各自国家最高司法职位（highest judicial offices）所需的资格或具有公认能力的法学家"才有资格进入欧洲法院。对于普通法院，只有"独立性毋庸置疑并具备担任高级司法职位（high judicial office）所需能力"的人才被认为适合担任法官。[①]公务员法庭的法官则应从"独立性毋庸置疑，并具备担任司法职位（judicial office）所需的能力"的人中选出。[②]

与煤钢共同体法院时期的规定相比，此时欧盟法院的法官任命标准变得更加具体，也更适应司法机构的现实需求。仅从条约上看，法官任命标准可以分为两个部分，第一个部分是职业道德上的要求，法官的独立性不容置疑，在法院存续的任何时期，以及法院的任何司法机构中，独立性都是法官任命标准的必要条件；第二个部分则是实质性要求，或者说专业要求，候选人必须具备被任命为特定级别司法职位所需的能力。

值得注意的是，欧盟内部司法上诉机制中不同司法机构的法官对专业能力的要求也存在着不同，目前作为职员案件上诉机构的欧洲法院要求具备在国家最高司法职位任职的能力，而普通法院则是高级司法职位，至于公务员法庭，要求则更为宽松，仅需要候选人具备担任司法职位所需的能力。这种按照法院等级与职能的需要，来对法官的专业性提出差异化要求无疑是一种发展与进步，使欧盟法院内部制度的设计更加合理。

其他值得关注的地方还包括条约中关于欧洲法院的法官资格的条款，该条款规定欧洲法院的法官还可以是具有公认能力的法学家，这包括来自学术界、行政部门或律师协会的候选人。[③]这种特殊的规定体现出国际法的一种传

---

① 参见 *Treaty establishing the European Community*, Official Journal of the European Communities C 325, 2002, Art. 223, 224。而条约中关于欧洲法院以及普通法院法官的遴选资格一直延续到现如今的欧盟内部司法上诉机制中。（*Consolidated version of the Treaty on the Functioning of the European Union*, Official Journal of the European Union C 202, 7 June 2016., Art. 253, 254.）

② 公务员法庭的有关事项规定于《法院规约》的附件一，关于法官的选任标准，相关条款规定："凡是欧盟公民并符合《欧共体条约》第 225a 条第 4 款和《建立欧洲原子能共同体条约》第 140b 条第 4 款规定的条件的，均可提出申请。"（Court of Justice of the European Union, *Statute of the Court of Justice*, 2012, Annex, Art. 3 (1).）而《欧共体条约》第 225a 条第 4 款规定："司法小组的成员应从独立性毋庸置疑并具备担任司法职务所需能力的人员中选出。"（*Treaty establishing the European Community*, Official Journal of the European Communities C 325, 2002.）

③ Manuel Kellerbauer, Marcus Klamert & Jonathan Tomkin, *The EU Treaties and the Charter of Fundamental Rights: A Commentary*, United Kingdom: Oxford University Press, 2019, pp. 1756–1757.

统，即重视国际公法学家的作用。这种传统在国际法院规约第 38 条中有所体现，该条第 1 款中就规定："司法判例及各国权威最高之公法学家学说，作为确定法律原则之补助资料者。"[①] 因此，让公法学家担任法官在国际性司法机构以及国际组织内部司法机构中是一种较为普遍的现象，或者说惯常做法。[②] 欧盟法院系统中仅欧洲法院法官的选任可以适用此项标准，或许是因为欧洲法院的定位类似于国内法中的宪法法院，更多地需要处理关于欧盟法律整体协调性与统一性的问题，所以在为其选拔法官时更加注重候选人的理论造诣，而较为复杂的事实问题大部分已在普通法院，以及先前存在的公务员法庭中处理完毕。

2. 欧盟内部司法上诉机制法官选任标准的具体化

即便条约中关于欧盟内部司法上诉机制法官任命标准的规定已逐步发展与完善，使得"将塞拉伦斯和鲁埃夫等形形色色的人物借调到基希贝格（欧洲法院所在地）不仅变得不可想象，而且在法律上也是不可能的"[③]，但从上述条款的规定中可以看出，这些标准依然不够具体。

由于欧盟法院法官的选任程序仍然以国家主权平等为核心，各成员国在法官选任过程中仍然占据主导地位，因此条约在法官选任中留下的法律空白赋予了各成员国相当大的裁量空间。这使得在实践中，整个选任过程不是那么透明。除了程序不公开外，国家层面的选任标准往往也不明确，导致欧盟法官通常不是一项可以公开申请的工作。在法官选任的"共同协议"阶段，提名的最终确认因需要各成员国共同决定而在成员国之间较为公开。但由于普遍性标准的缺失，各成员国很难对其他候选人作出具有说服力的评价，这在一定程度上使得共同协议制度失去其本应发挥的作用。

---

① *Statute of the International Court of Justice*, Art. 38(1).

② 例如，国际法院规约就规定法官可以从"国际上具有公认能力的法学家中选出"。（*Statute of the International Court of Justice*, Art. 2.）而在其他国际组织行政法庭，如国际货币基金组织行政法庭、世界银行行政法庭的规约中则规定法官可以是"公具有认能力的法学家"。（*Statute of the Administrative Tribunal Commentary on the Statute Resolutions of the Board of Governors*, Art. VII(1) (c); *Statute of the Administrative Tribunal of the International Bank for Reconstruction and Development, International Development Association and International Finance Corporation*, Art. IV (1).）

③ Henri de Waele, "Not Quite the Bed that Procrustes Built: Dissecting the System for Selecting Judges at the Court of Justice of the European Union", in Michal Bobek ed., *Selecting Europe's Judges: A Critical Review of the Appointment Procedures to the European Courts*, Oxford University Press, 2015, p. 25.

　　所以，有必要对条约中的任命标准进一步具体化。在实践中，法官选任标准的发展往往与法官选任程序的改革共同进行。2005 年开始运作的公务员法庭委员会在标准具体化过程中可谓发挥了先锋作用。除了自身作为法官选任程序的制度创新，委员会还确定了法官遴选的具体标准。虽然公务员法庭委员会的规则并未明确说明委员会应当遵循哪些工作方法以及评判标准，但在 2005 年第一次法官遴选的讨论中，委员会对每个申请人的资格与能力进行了各方面的评估，并为每个申请人制作了一份表格，来评判该申请人每个要素的符合情况。

　　在表格中，这些要求分为以下几个方面：对一般性欧盟法律的了解；对欧洲公务员法的了解；对国际和国家公务员法的了解；以及通过司法或准司法活动，或通过立法、学术或行政活动，或通过国际组织在多国或多语种环境中的法律性质的工作，在这些活动中使用相关知识时获得的专业经验。[①] 其中对法官在公务员法领域的专业要求是欧盟内部司法上诉机制，也是欧盟法院在法官选任标准中一次难得的创新，并且在实际运作中该标准也得到了相对有效的执行，这使得法庭的大部分成员或多或少都具有公务员领域的相关专业知识或任职经历。[②]

　　法官选任标准的具体化一定程度上体现出欧盟法院司法专业化程度的加深。司法专业化能够提升组织内部司法领域判决的质量、效率以及法律的统一性。[③] 由于法官候选人是某一类案件的专家，专业化能够使法官在日益复杂

[①] L. Sevón, 'The Procedure for Selection of Members of the Civil Service Tribunal: A Pioneer Experience', *Human Right Law Journal,* Vol. 31, No. 1, 2011, p. 5.

[②] 例如，公务员法庭最后一任庭长肖恩·范·雷彭布施（Sean Van Raepenbusch），他曾担任欧洲共同体委员会法律服务部（The European Commission's Legal Service）的成员，该委员会的职能包括在所有法庭案件中代表委员会，其中就包括职员案件。值得注意的是，他曾于 1989 年到 1991 年在列日大学担任欧洲公务员法的讲师。拥有类似背景的还包括斯蒂芬·热尔瓦索尼（Stéphane Gervasoni）法官以及勒内·巴伦支（René Barents）法官，前者曾是北大西洋公约组织上诉委员会（Appeals Board of the North Atlantic Treaty Organization）的正式成员，该委员会是北约行政法庭的前身，负责处理北约的内部职员纠纷；后者则曾任欧洲共同体法院人事司雇员权利科科长（the Employee Rights Section in the Personnel Division of the Court of Justice of the European Communities）以及欧洲共同体委员会法律服务部成员。同时欧盟公务员案件主要涉及行政法以及劳动法，因此相关领域的法官也可以被认为具有此专业领域的优势，这包括了曾任芬兰最高行政法院法律秘书、公共行政法律保护改革委员会秘书长、最高行政法院首席行政官、司法部行政诉讼改革委员会秘书长的海基·坎宁（Heikki Kanninen）法官，以及曾任波兰劳动和社会事务部副部长、波兰政府驻国际劳工组织代表的劳动法专家伊雷娜·博鲁塔（Irena Boruta）法官。

[③] Lawrence Baum: *Specializing the Courts*, University of Chicago Press, 2011, p. 4, 32.

的该法律领域做出更正确的决定。此外，专业化可能使决策变得更加统一和连贯。尤其在涉及行政事项的职员争端领域，专门法院的一个潜在优势可能是，鉴于法官的专业知识，他们在作出判决时会更有信心，这有利于他们作出对反对违法行政决定的判决。^①这种专业化趋势不论是对欧盟内部司法上诉机制的体系化，还是对欧盟法院的整体发展，都具有积极意义。

同样值得注意的是，该选任标准还强调了法官的国际交流能力。这体现于公务员法庭委员会在面试过程中对欧盟理事会在第一次发布公务员法庭成员职位的空缺通知时提出的特殊要求的强调。^②在理事会的通知中，除条约中规定的基本要求外，理事会还特别提请申请人注意"委员会还将特别考虑候选人在多国、多语言环境中的合议结构（collegiate structure）中的工作能力，以及他们履行职责的性质、程度和时间等经验的适合度"。^③该要求的前半部分内容凸显出在国际性司法机构工作的特点，法官们需要在不同语言、文化的工作环境中进行交流。这是条约中所没有体现出的，却又非常重要的一个能力，它能够使法庭的工作更加高效，并在一定程度上改善法庭的工作环境。这种对于法官国际交流能力的直接强调是值得联合国内部司法上诉机制以及其他国际组织内部司法系统学习的。^④

在公务员法庭委员会随着法庭的废除而一并成为历史后，255 小组吸收了前者的制度经验与失败教训后于 2010 年设立，并对其运作规则进行了更加具体的规定，其内容的长度大抵是前者的两倍。^⑤而小组在对候选人进行

① Giuseppe Dari-Mattiacci, Nuno Garoupa & Fernando Gomez-Pomar, "State Liability", *European Review of Private Law*, Vol. 18, No. 4, 2010, pp. 804–807.

② L. Sevón, 'The Procedure for Selection of Members of the Civil Service Tribunal: A Pioneer Experience', *Human Right Law Journal*, Vol. 31, No. 1, 2011, p. 5.

③ Council of the European Union, *Council Decision of 18 January 2005: concerning the conditions and arrangements governing the submission and processing of applications for appointment as a judge of the European Union Civil Service Tribunal*, Official Journal of the European Union,\ L 50, 23 February 2005, p. 8.

④ 对于这方面的要求，《联合国上诉法庭规约》中仅规定法官需要"能流利口头表达和书写上诉法庭的至少一种工作语言"（Statute of the United Nations Appeal Tribunal, Art. 3(3).））。仅从字面含义看，该标准实际上相对较低，尤其要考虑法官工作环境的多元化与工作任务的复杂性。《世界银行行政法庭规约》《国际劳工组织行政法庭规约》等文件中也缺乏此类规定。

⑤ Henri de Waele, "Not Quite the Bed that Procrustes Built: Dissecting the System for Selecting Judges at the Court of Justice of the European Union", in Michal Bobek ed., Selecting Europe's Judges: *A Critical Review of the Appointment Procedures to the European Courts*, Oxford University Press, 2015, p. 39.

评估时的标准也变得更为具体，规定了六个标准。这些标准可以分为三个部分，第一部分负责考察法官是否具备条约所要求的被任命担任高级或较高级别的司法职务，或成为具有公认能力的法学家所需的能力。这包括：候选人的法律专业能力[①]；已获得适当程度的专业经验[②]；履行法官职责的能力。[③] 第二类标准则是考虑了候选人在国际环境中工作的能力，而该内容的标准在公务员法庭遴选标准的基础上进行了进一步的具体化，这些标准包括：候选人的语言能力[④]；能够在有若干法律制度代表的国际环境中工作的能力。[⑤] 最后一类要求集中于法官的职业道德，即条约所要求的不容置疑的公正性和独立性（impartiality and independence）。[⑥]

除了提出一系列标准，小组对这些评估标准的进一步执行也取得了较大进展。小组的许多评估方式都值得联合国内部司法上诉机制以及其他国际组织内部司法系统借鉴吸收。在这之中当然包括某些较为容易评判的标准，例如在专业经验方面，小组部分地通过对候选人的工作年限进行衡量[⑦]，而这也

---

① 可能考虑到了欧盟法院的普遍管辖权，小组对于欧洲法院的法官特别强调了其应具有"非常广泛的法律能力（very extensive legal capabilities）"，而普通法院则要求具有"广泛的法律能力"。

② 小组表示为照顾到不同成员国的不同做法，小组将考虑候选人有机会履行所有职责和任务，并且"不赞成对任何候选人概况的具体化（does not favour any specific candidate profile）"，只要求候选人所履行的职责能够表明他具有独立思考的能力，以及要求他们有能力对他们期望履行的职责中固有的挑战进行具体和深入的分析，并考虑到做出在法律上合理且符合联盟法目标和原则的决定。但小组也考虑到现实需要，特别关注候选人履行的高级职责，特别是在其司法、行政和大学系统中。

③ 该标准可以视为候选人对法院或普通法院法官职业要求的"认识和内化（awareness and internalization）"。小组根据小组成员在法律领域担任或曾经担任的职务所获得的经验，确定候选人是否充分理解可能赋予他们的职责范围，以及法官职业的约束性要求，特别是在独立性和公正性方面，而且在工作量和采取法律上明确且合理的立场的能力方面也是如此。

④ 包括能够说或至少理解欧洲联盟的一些官方语言，以及在合理时间内熟练掌握欧洲法院工作语言，从而能够为法院其他成员的审议作出贡献的能力。

⑤ 因此除了候选人自身成员国的法律制度外，小组评估还需要依靠其理解欧洲联盟成员国法律制度的广泛类别和原则的能力。在这方面，候选人在欧洲或国际范围内的经验或活动可被视为一种优势。

⑥ 这些标准，包括后文所提及的相关内容，都来自于小组的最新报告，参见 Panel provided for by Article 255 of the Treaty on the Functioning of the European Union, Seventh Activity Report, Luxembourg: Publications Office of the European Union, 25 February 2022, pp. 17-19.

⑦ 小组通过把法官职位与欧洲公务员制度中同等职级的职位类比，并参照它所熟悉的国家做法，认为：欧洲法院法官或总法律顾问的候选人如果担任高级职务的经验不足 20 年，或者对于普通法院法官职位的候选人来说，少于 12 年甚至 15 年的类似职责经验，不大可能被认为是足够胜任法官职位的。

是联合国内部司法上诉机制所采用的一种较为直观的做法。[①] 较为困难的是那些更抽象的标准，如作为候选人职业道德要求的正直与诚信（integrity and probity），小组自身也表示"很难仅根据成员国政府提交的候选人档案和小组酌情举行的面试（hearing）来评估"，但小组表示会竭尽所能去确定任何可能影响候选人独立、公正、正直和诚信地履行法官职责的可能，并可能需要就申请的一个或多个方面向提出提案的候选人或政府提出质疑。[②]

在整体上，小组主要通过两个环节来进行标准评估。

首先，小组的评估主要基于候选人的档案、简历、论著，特别是他们提交给小组的书面陈述，尤其包括提供他们具有法律分析能力的证据。小组将通过这些客观资料对候选人履行他们所期望的职责的能力进行初步评估。

接着，小组将通过面试对候选人的能力评估进行补充，但面试的目的主要是使小组能够对上个环节的文件提出问题，并完善从文件审查环节中获得的初步评价。面试在小组的评估中并不占据绝对的影响地位，虽然这是一个重要的方面，但需要结合对书面文件分析的结论进行评估。因此，可以认为，候选人及其成员国提交相关文件是执行标准的主要依据，同时也是面试评估的基础。尽管如此，面试依然发挥了重要作用。小组需要尽可能根据候选人的具体专业经验，评估他们对主要法律问题、与法治和欧洲一体化原则有关的问题以及欧盟法律主要方面的掌握能力，而这些能力仅靠书面文件很难准确评估。面试则有利于对候选人反思欧盟法律适用情况以及欧盟法律制度与各自国家法律制度之间关系的能力进行深入了解。所以小组的面试环节更像是在对文件资料静态评估之上的动态评估，对于那些较为抽象，无法用具体标准来进行参照衡量的方面，面试反而更能够进行准确的审查。在大多数情况下，通过这两种方式相结合，小组能够对法官候选人进行较为准确、全面的评估。

综上所述，不仅是审查标准，255 小组在法官选任时的评估方式在整个

[①] 例如，《联合国上诉法庭规约》规定候选人需要在具体领域具有"至少 15 年的司法经验"，同时某些相关非司法经验"可计入资格所要求的 15 年中的 5 年"。《联合国争议法庭规约》则规定候选人需要在具体领域具有"至少 10 年的司法经验"。（参见 *Statute of the United Nations Appeal Tribunal, Art. 3(3)(b); Statute of the United Nations Dispute Tribunal*, Art. 4(3) (b).）

[②] Panel provided for by Article 255 of the Treaty on the Functioning of the European Union, *Seventh Activity Report*, Luxembourg: Publications Office of the European Union, 25 February 2022, p. 19..

国际组织内部司法，甚至是整个国际司法的法官选任中都较为超前与完备。小组通过资料审查与面试提问，对法官候选人进行了尽可能客观准确的评估。这种模式值得各国际组织参考借鉴。考虑到大部分国际组织对自身内部司法机构法官选任的评估方式甚至并不公开透明，欧盟内部司法上诉机制在这方面不可谓不成功。

3. 欧盟内部司法上诉机制法官选任标准的完善

但欧盟内部司法上诉机制的法官选任标准仍然存在一定的完善空间，例如法官的选任标准还可以进一步专业化（specialization）。在设置公务员法庭时，欧盟内部司法上诉机制的法官曾被要求具备公务员法的专业知识，因此对公务员法庭的法官可能更偏向于"专案法官"（specialist judge）。[1] 但在涉及欧盟内部司法上诉机制的最新一次司法架构的改革中，该项标准随着法庭的废除而一并失效。目前不论是欧洲法院还是普通法院，法官的定位更偏向于"通案法官"（generalist judge）。[2]225 小组的评选标准就明确表示，法官至少需要有"广泛的法律能力"（very extensive legal capabilities）。[3] 改革后的遴选标准是否合理仍有待观察。

相比于任何深思熟虑的选择，专业化往往源于适应法律变化的现实需要。无论是在国际层面，还是在国内层面，不断实施的新的立法，以及不断变化的判例法和学说，都使法律科学变得越来越庞大和复杂。法官很难掌握所有这些领域的专业知识，同时社会和当事人对法院的专业性和效率的要求也越来越高。[4] 因此人们还能否坚持认为，一个普遍精通"裁判技艺"（art of judging）的法官就能满足有效司法制度的需要？答案是直截了当且否定性的，

---

① "专案法官"可理解为处理有限法律领域（如刑法、税法、家庭法、经济金融法、知识产权法、竞争法），或者处理与特定领域的特定事实情况有关的案件（例如与社会、经济或家庭法有关的案件）的法官。（Consultative Council of European Judges (CCJE), *Opinion (2012) No. 15 of the Consultative Council of European Judges on the Specialization of Judges adopted at the 13th plenary meeting of the CCJE (Paris, 5–6 November 2012)*, CCJE(2012)4, Paris, 13 November 2012, para. 5.）

② "通案法官"可理解为具备裁判所有领域案件的能力。他们对法律及其基本原则的一般知识、常识和对生活现实的了解使他们能够在包括专业领域在内的所有领域应用法律。

③ Panel provided for by Article 255 of the Treaty on the Functioning of the European Union, *Seventh Activity Report*, Luxembourg: Publications Office of the European Union, 25 February 2022, p. 18.

④ Consultative Council of European Judges (CCJE), *Opinion (2012) No. 15 of the Consultative Council of European Judges on the Specialization of Judges adopted at the 13th plenary meeting of the CCJE (Paris, 5–6 November 2012), CCJE(2012)4*, Paris, 13 November 2012, para. 8.

法律需要专业化。因此，一定程度上可以自然而然地认为，不断变化的新案件提出了更为复杂、具体的事实和法律问题，应该由对所涉案件类型具有较强能力的法官进行裁决。[①]作为欧盟委员会咨询机构的欧洲法官咨询委员会就曾针对法官的专业化问题发表过较为详尽的意见。欧洲法官咨询委员会从判决质量的提升、法官以及法院权威的增强、法律确定性的提高、解决方案的合理化与多元化以及司法效率的提高这几个方面对法官的专业性进行了积极评价。[②]

虽然目前欧盟法院对专业化较为保守的态度具有一定的合理性，且法官的专业化程度过深也可能会产生一系列问题，[③]但法律在某些领域已变得如此复杂或具体，以至于适当审议这些领域的案件需要更高程度的专业化。尤其考虑到当前欧盟法院中不论是作为初审机构的普通法院，还是作为上诉机构的欧洲法院，对于法官的选任标准都仍然未进行相对稳定、合理的专业化设置。伴随着公务员法庭的废除，欧盟内部司法上诉机制对法官选任标准的"去专业化"可能会被认为是某种程度上的倒退，这对于欧盟的内部职员、行政当局以及欧盟法院而言也许是一种损失。

因此，欧盟内部司法上诉机制的法官选任标准可采取更加专业化或具有针对性的措施。在欧盟法院中，可逐渐对部分法官在公务员尤其是国际公务

---

① Elisabetta Silvestri, "The Pros and Cons of Judicial Specialization", in Xandra Kramer, Alexandre Biard, Jos Hoevenaars & Erlis Themeli eds., *New Pathways to Civil Justice in Europe Challenges of Access to Justice*, Cham: Springer, 2021, p. 246.

② 首先法官的专业化能够确保他们在其管辖领域拥有必要的知识和经验来应对现实需要；其次，对相关法律领域的深入了解可以提高法官做出的决定的质量；同时，专案法官可以在其特定领域获得更多的专业知识，从而进一步增强法院的权威；而将案件卷宗集中在精选的专案法官手中有助于司法判决的一致性，从而提高法律确定性；再者，专业化可以帮助法官通过反复处理类似案件，更好地了解提交给他们的案件的现实情况，无论是在技术、社会还是经济层面，从而找到更适合这些现实的解决方案；提供法律以外的科学知识的专业法官可以促进对所讨论问题的多学科方法；最后也是最为现实的一点，考虑到案件数量的不断增长，通过在某个法律领域获得更多专业知识的专业化可能有助于提高法院的效率和改善案件管理。（Consultative Council of European Judges (CCJE), *Opinion (2012) No. 15 of the Consultative Council of European Judges on the Specialization of Judges adopted at the 13th plenary meeting of the CCJE (Paris, 5–6 November 2012), CCJE(2012)4*, Paris, 13 November 2012, paras. 8–13.）

③ 有学者认为，普通法院不同分庭之间的判例存在破坏欧盟法律体系一致性的风险，同时如果普通法院实现专业化，就有可能将法官国籍问题的焦点转移到普通法院，而且更有可能将不同领域司法职位的分配政治化。（参见 Sophie Turenne, "Institutional constraints and collegiality at the Court of Justice of the European Union: A sense of belonging?", *Maastricht Journal of European and Comparative Law*, Vol. 24, 2017, p. 572.）具体论述，参见后文欧盟内部司法上诉机制的"案件分配制度"部分。

员领域的专业能力提出合理的要求，使法院更好地处理职员案件，并进一步提升法院在职员案件中的司法效率。但同时也应当注意法官专业化的程度问题。首先，无论是通案法官还是专案法官，都应具有分析评估事实和法律，并在广泛领域做出决定的专业知识。为此，专案法官也必须对法律制度和原则有必要程度的了解。①

同时，法官选任标准的专业化更多的应集中于作为初审机构的普通法院。因为普通法院需要处理大量案件，同时法院作为初审机构需要履行事实调查职能，并处理大量复杂、具体事实问题。对于作为内部司法上诉机构的欧洲法院，其法官的定位应更偏向于通案法官，强调法官个人能力的全面性与宏观性。这是因为欧洲法院类似于宪法法院，需要统一、协调欧盟法律体系。欧洲法院法官的"通案"（generalist）能力应要求法官除法律专业外，在其他专业领域也是一定程度上的"通才"。因为争端产生的原因、背景往往是多元且复杂的，不仅涉及法律，还有文化、习俗、政治、伦理等社会因素。在具有终局效力的上诉裁判中，法官需要通过判决尽可能地定纷止争，不仅需要考虑法律专业问题，还需要考虑不同的利益诉求、文化差异，并需要考虑案件对国际组织及其司法机关发展的影响。国际组织及其内部司法机构的健康发展和整体运作也是法官裁判的考量范畴。这对国际组织内部司法上诉机构的法官任职资格提出了更高的要求，除了法律专业知识外，法官还应具有全局观念、宏观视角以及政治敏感性。这也在一定程度上解释了欧洲法院的法官为何可以从"具有公认能力的法学家"中选出。

最后，对于法官选任标准以及法院的专业化发展还应当注意，包括内部司法机构在内的国际组织司法机构的专业化发展，一定要与当下的国际关系、国际政治以及国际组织的一体化程度相匹配、相适应，不能脱离当下国际关系的现实来奢谈过度理想主义的专业性。欧盟一体化是一个漫长的发展过程，不能一蹴而就，因此欧盟内部司法上诉机制法官的遴选标准也应与当前的发展程度相匹配。虽然目前法官的任命仍然由成员国主导控制，因此阻碍了欧盟法院专业化程度的加深，但在未来，或许可以赋予法院相应的权力，在任

---

① Consultative Council of European Judges (CCJE), *Opinion (2012) No. 15 of the Consultative Council of European Judges on the Specialization of Judges adopted at the 13th plenary meeting of the CCJE (Paris, 5–6 November 2012)*, 13 November 2012, para. 24.

命法官时能够给成员国提供结合法院实际需要的建议，以确保成员国提名的法官在不同专业、背景的比例上实现动态平衡。

（三）法官的任期

1. 欧盟内部司法上诉机制法官任期概述

有保障的任期是确保法官个人独立性的必要条件，这包括了任期的长短、连任以及任期的保障。而法官的任期也是确保欧盟内部司法上诉机制的独立性、公正性以及稳定性的关键因素。[①]

在目前的欧盟内部司法上诉机制中，欧洲法院以及普通法院法官的任期都为6年。同样的，公务员法庭法官的任期也为6年。而涉及这三个机构的相关规约或条约中都规定"任期届满的法官可以重新任命"。[②] 但这主要由成员国决定，可以认为，最开始提名法官的成员国对该法官拥有无限制的连任提名权。在法官任期终止方面，法院规约规定欧洲法院的法官"只有在法官和法院总法律顾问一致认为法官不再符合必要的条件或履行其职责所产生的义务的情况下，才可以剥夺法官的职务"，而普通法院以及专门法院的法官在上述规定的基础之上，还应"在咨询欧洲法院后做出决定"。[③] 这种法院内部的自治模式在一定程度上保障了法官在此环节的独立性。

通过对法官的任期进行制度与实践的分析，从影响的持续性看，相比于法官的任命，成员国对欧盟法院内部司法独立性的干预和制约，可能更多地

[①] 欧洲人权法院在 Findlay v. U. K. 一案中表示，"为了确定一个法庭是否可以被认为是'独立的'，必须特别考虑到其成员的任命方式和任期是否有防止外部压力的保障，以及该机构是否体现了独立的问题。关于'公正性'问题，这一要求有两个方面。首先，法庭必须在主观上没有个人偏见或偏向。其次，从客观角度看，它也必须是公正的，也就是说，它必须提供足够的保证，以排除这方面的任何合理怀疑……"（Findlay v. United Kingdom, ECtHR, Application no. 22107/93, 25 February 1997, para. 73.）在 Çiraklar v. Turkey 一案中，法院认为军事法庭法官四年任期以及连任的可能性是确定独立性的一个值得怀疑的因素。（Çiraklar v. Turkey, ECtHR, Application no. 19601/92, 19 January 1995, para. 39.）而《关于国际司法机构独立性的伯格堡原则》中就法官任期保障也进行了特别规定，要求"每个法院的管理文书应规定法官的最低任期，以使他们能够独立地行使其司法职能"（The Burgh House Principles On The Independence of The International Judiciary, International Law Association Study Group, 2004, para. 3.2.）

[②] Consolidated version of the Treaty on the Functioning of the European Union, Official Journal of the European Union C 202, 7 June 2016, Arts. 253 (1)(4), 254(2); Court of Justice of the European Union, Statute of the Court of Justice, 2012, Annex, Art. 2(2).

[③] Statute of the Court of Justice of the European Union, Art. 6(1).

是通过司法任期的长度，以及连任制度实现的。

关于法院法官的任期制度对独立性的具体影响已有相当多的研究。从主观上看，法官希望自己的任期得到延长或得到保障，这是一个理性的假设。既然如此，在潜意识里，或许在某些情况下，法官的决策会受到影响。判决不是基于特定案件的法律和事实，而是被别有用心的动机所驱使，危及法官的个人独立性。[①] 而从客观角度看，欧盟内部司法上诉机制的现任法官任期较短且往往由成员国决定是否连任，这一制度为法官的工作带来了相当程度的不稳定性，也为国家当局提供了一种施加压力的手段，很难相信它们没有利用或尝试利用这种手段。[②]

上述原因让人们开始担忧法官的任期制度对其独立性可能会造成损害，因为过短的任期可能意味着"许多国际法官在离职时将寻求本国政府在国家公共部门的再就业"，而成员国拥有连任提名权则意味着"重新任命的候选人在其任期内会受到其国家……政府的摆布"[③]，潜在地影响法官们去考虑自己是否会被重新任命。早在煤钢共体法院时期，成员国在法官任期的设计方面

[①] 参见 Rishi Gulati, "An International Administrative Procedural Law of Fair Trial: Reality or Rhetoric?", *Max Planck Yearbook of United Nations Law Online*, 2017, Vol. 21, No.1, p. 232。也有学者表示了类似的观点，认为国际法官的动机相当混杂（heterogeneous），即使对于一个具体的法官进行观察，他的偏好也可能在职业生涯中改变，或者为了应对不断变化的情况而改变。因此，对司法中主观影响的研究基本上是持不可知论的，但如果分析是基于一个非常小的假设，即无论其内在动机（意识形态、政策追求（policy-seeking）、声誉、报酬等）如何，法官都重视继续担任其职位，将其作为实现许多（即便不是全部）目标的必要条件。因此，虽然个别法官的具体偏好会有所不同，但我们与大多数司法政治学者一样，认为常规情况下的法官可能至少在某种程度上受到固定的、可延长的任期结束时重新任命的前景的影响。（Jeffrey L. Dunoff & Mark A. Pollackp, "The Judicial Trilemma", *The American Society of International Law*, Vol. 111, 2017, p. 241.）

[②] 例如德国的科尔（Helmut Kohl）总理在 1990 年公开批评欧洲法院关于移民工人社会保障案（Agence Europe, 14 October 1992, no. 5835.）的裁决。显然他的言论给当时欧盟法院的德国法官曼弗雷德·祖利格（Manfred Zuleeg）施加了一些压力。而这些公开批评很可能只是冰山一角，更多地是对法官裁判时的隐性压力。（Renaud Dehousse: *The European Court of Justice: The Politics of Judicial Integration*, Basingstoke, Hampshire Macmillan, 1998, p. 12.）

[③] 这是曾于 2005 年至 2011 年担任公务员法庭庭长的保罗·马奥尼（Paul Mahoney）先生于 2008 年 10 月在兰开斯特宫会议上发表的一篇论文中的节选。（转引自 Jonathan Hugh Mance, "The Composition of the European Court of Justice ——The text of a talk given to the United Kingdom Association for European Law", Supreme Court of the United Kingdom, 19th October 2011, para. 19.）

就产生了争议①，并且后续也有人断言这种任期模式将导致法官必然有求于他的政府。②因此，对于欧盟法院而言，长期以来，有一种批评意见认为 6 年的短暂任期和无限期连任的可能性可能会破坏司法的独立性，使法官在寻求连任时更容易受到政治因素的影响。③法官们在任期的末期可能会试图不去惹恼拥有提名权的政府，而不是履行他们对法院的义务。

2. 欧盟与联合国内部司法上诉机制法官任期的比较

对比之下，联合国内部司法上诉机制法官的任期与欧盟内部司法上诉机制存在明显不同。联合国上诉法庭和争议法庭法官的任期都为 7 年，且不得连任，同时规约还规定了两个法庭的法官在任期结束后不能在另一法庭担任司法职务。④单从法官的独立性看，这是一种较为理想的法官任期模式，短暂的可连任任期往往会降低独立性；而相对较长的不可连任任期则会增强独立

① 1950 年，在最初的法院规约中，6 年的可连任任期由法国提议，这遭到了参加巴黎谈判的比利时代表费尔南德·穆尔斯（Fernand Muûls）的质疑，他试图将任期设置为 9 年。用历史学家安妮·布尔格（Anne Boerger-de Smedt）的话来说，穆尔斯认为"法国人提出的提名程序将使法官受到部长们的摆布，这似乎与《条约》第 32 条所确认的独立原则不符……这似乎更令人担忧，因为法官不是终身任命的，而且他们的任期也由政府自行决定。"但在其他代表团的支持下，法国提议的程序还是占了上风。保罗·路透（Paul Reuter）以两个论点为法国代表的观点进行辩护：一方面，它为政府保留了"属于他们的角色"，另一方面，它允许法院和最高权力机构（la Haute Autorité）就提名进行"全面交流"，在对话中"可以谈判出有利于所有成员国的满意结果"。（F. Muûls, "Note concernant le projet de traité relatif au charbon et à l'acier", AMAE/B, Dos.gén. CECA 5216, 16 November 1950; Reuter, "Observations sur les problèmes politiques réservés aux entretiens directs entre gouvernements", FJM, AMG 12/2/2, 6 February 1951. 另可参见 Anne Boerger-De Smedt, "La Cour de Justice dans les negociations du traite de Paris instituant la CECA", *Journal of European Integration History*, Vol. 14, No. 2, 2008, pp. 20–21; Jeffrey L. Dunoff & Mark A. Pollackp, "The Judicial Trilemma", *The American Society of International Law*, Vol. 111, 2017, p. 244.）

② Henry L. Mason: *The European Coal and Steel Community, Experiment in Supranationalism*, The Hague, 1955, p. 25.

③ See Jiří Malenovsky, "Les éléments constitutifs du mandat des juges de la Cour de justice à l'épreuve du temps: l'iceberg commence à fondre", *Il Diritto dell'Unione Europea: rivista trimestrale*, 2011, pp. 801, 817–823. 更早的观点，参见 Hans-Ulrich Bächle, *Die Rechtsstellung der Richter am Gerichtshof der Europäischen Gemeinschaften, Duncker & Humblot*, 1961, p. 129.（另可参见 Christoph Krenn, "Self-Government at the Court of Justice of the European Union: A Bedrock for Institutional Success", *German Law Journal*, Vol. 19 No. 07, p. 2024.）

④ See Statute of the United Nations Appeals Tribunal, Art. 3(4)(6); Statute of the United Nations Dispute Tribunal, Art. 4(4).

性。[1]

从任期长短看，相比于其他国际司法机构，联合国内部司法上诉机制法官的任期都并不算长，例如，欧洲人权法院法官的任期为不可连任的 9 年[2]，而国际法院的法官虽然可以连选连任，但也有长达 9 年的任期。[3] 与这些机构法官的任期相比，欧盟内部司法上诉机制法官 6 年的任期就显得更短了。更重要的是，一旦将 6 年的任期与欧盟法院规约中"每三年更换部分法官时，应更换法官人数的一半"的规定相结合[4]，欧盟法院法官较短的任期所造成的法官与分庭高更替率的负面影响就变得更为突出了。[5] 该负面影响在案件数量多、案件调查内容复杂的普通法院显得尤为严重。因此，有观点认为，普通法院似乎处于永久重组状态，并且"经常看起来像机场的候机厅，屏幕上一直显示新的降落、起飞、通告以及延误"。[6]

---

[1] 参见 Jeffrey L. Dunoff & Mark A. Pollackp, "The Judicial Trilemma", *The American Society of International Law*, Vol. 111, 2017, p. 241。在该篇文章中，作者与来自不同国际法院和法庭的几位法官进行访谈，并经过广泛的分析得出结论：不能连任的较长任期可以最大限度地提高司法独立性。在国际组织内部司法领域，学者迈克尔·辛格（Michael Singer）认为："为保证真正的独立性，法官的任期应很长，或任期有限，不得连任"。（Michael Singer, "Jurisdictional Immunity of International Organizations: Human Rights and Functional Necessity Concerns", *Virginia Journal of International Law*, Vol. 36, No. 1, 1995, p. 155.）学者阿梅拉辛格（Amerasinghe）则认为将重新任命"限制为一个额外的任期，可能在某种程度上有利于独立和公正，至少在第二个任期内是这样"，但阿氏也认为这方面的限制可能不会影响司法独立，因为法官似乎是"从可能对重新任命不那么特别感兴趣的高级专业人员中挑选出来的，因为他们不依赖法官职位为生"。（C. F. Amerasinghe, *The Law of the International Civil Service*, Vol. 1, Oxford: Clarendon Press, 1994, p. 70–71.）后一种观点本书在前文论述临时法官制度时也予以了考虑，但这种可能性并不代表全部法官都是如此，即便是少部分法官（这种情况尤其可能在年轻法官中发生）因具有连任需求的想法而偏向成员国以及组织的行政当局，对司法机构独立性和权威性的打击都是致命的。

[2] *European Convention on Human Rights*, 1 August 2021, Art. 23 (1).

[3] *Statute of the International Court of Justice*, Art. 13 (1).

[4] 条款的具体规定为："每三年法官部分替换时，应替换一半的法官。如果法官人数为奇数，则应替换的法官人数应以法官人数一半以上的人数和一半以下的人数交替进行。"（Statute of the Court of Justice of the European Union, Art. 9, 47.）

[5] 以普通法院为例，这将导致每三年 50% 的法官以及 100% 的分庭（chamber）需要更新。（Franklin Dehousse, "The Reform of the EU Courts. The Need for a Management Approach", Egmont Papers No. 53, 2011, p.11.）但在 2013 年至 2016 年期间，普通法院经历了"一个不寻常的稳定时期"，普通法院的组成只有一次变化。（A. Collins, "The General Court: Enlargement or Reform?", *Annual European Law Conference*, King's College London, 2016, p. 5.）新的一轮法官轮换于 2022 年 8 月前分批次进行，涉及 26 名法官。法院于 2022 年 7 月的一次变动涉及 4 名法官，其中 3 名连任，1 名首次被任命。（See Conferences of Representatives of the Governments of the Member States, *Decision of the representatives of the Member States appointing Judges to the General Court*, Doc. 10364/22, 13 July 2022.）

[6] Franklin Dehousse, "The Reform of the EU Courts. The Need for a Management Approach", Egmont Papers No. 53, 2011, p.11.

　　在这种情况下，过短的任期除了会对法官的独立性造成影响，还将不利于法官在任期内经验的积累，进而影响案件处理质量的提升。同时，这也可能对法官个人以及法院整体的稳定性与连续性造成损害。[①] 有学者进一步认为，将一名任期结束的法官从普通法院调到欧洲法院比其从法院直接离开更具有破坏性，因为"当法官离开法院时，他将独自离去。但他若是为了去另一个法院时，他一般都会与整个法官团队一起离开。因此，在十年中，普通法院有时在特定意义上成为欧洲法院的训练场，无法积累大量有经验的法官"。[②] 这也为联合国内部司法上诉机制为何规定两个法庭的法官在任期结束后不能在另一法庭担任司法职务提出了一种合理的解释。

　　而从连任可能性看，欧盟内部司法上诉机制的法官受成员国政府影响的程度更深。联合国不可连任的任期能够极大程度地维护法官的独立性，使法官能够在相对较长的任期内不受连任可能性的干扰。这使欧盟在连任制度上与联合国存在较大差异。

　　但即便与其他存在法官连任可能性的国际组织内部司法机构相比，欧盟内部司法上诉机制的情况也不那么相同。其法官任期的连任如同其任命一样，主要受成员国的控制，而非组织的行政当局。虽然前者对职员案件的影响往往不如后者那么直接，但如同学者迈克尔·辛格所认为的，"从理论上讲，每个行政法庭在决策上完全独立于该组织的政治、管理和行政机关"[③]，欧盟内部司法上诉机制的独立性要求不仅应独立于组织的行政机关，也应避免受到政治影响，独立于各成员国。

　　同时值得注意的是，成员国决定法官连任的权力所受到的制约要少于其法官任命权。因为成员国的法官选任权主要受限于 225 小组，但小组在法官

① 普通法院的法官曾在英国上议院的报告中反映法官的轮换问题，认为他们每三年以 13 名和 14 名交替分组进行部分更换（当时法院为 27 人），这给法院案件数量的管理上造成了问题。他们表示："法官任命或续任的不确定性直接影响聆讯的安排和案件的处理，不仅与分配给任期即将到期的法官的案件有关，而且也涉及分配给分庭其他成员的案件，这些法官是其成员"。他们得出的结论是，这种稳定性的缺乏"对他们的效率产生了重大影响"。（European Union Committee of House of Lords, *Fourteenth Report: The Workload of the Court of Justice of the European Union*, House of Lords, 6 April 2011, para. 83.）

② Franklin Dehousse, "The Reform of the EU Courts. The Need for a Management Approach", Egmont Papers No. 53, 2011, p.12.

③ Michael Singer, "Jurisdictional Immunity of International Organizations: Human Rights and Functional Necessity Concerns", *Virginia Journal of International Law*, Vol. 36, No. 1, 1995, p. 155.

连任制度中的权力相当有限。首先，负责监督法官任命的 255 小组并不享有积极的倡议权来建议成员国重新任命表现优异的法官。其次，小组所享有的连任否定权，在法官的连任方面实际上也发挥不出应有的作用。这是因为如果 225 小组在法官的首次任命中支持了成员国的提名，那在一定程度上就证明了该法官符合小组的选任标准，此时法官的连任在没有例外的情况下往往不存在较多争议。255 小组在报告中就表示，如果"提议延长任期的候选人不具备或不再具备履行高级别或最高级别司法职责所需的能力"，小组将提出不利意见，但"到目前为止，该小组从未利用过这种可能性"。[1] 因此，成员国在法官连任方面有着相当大的权力。

最后，从法官任期的保障看，欧盟内部司法上诉机制中规定法官任期的提前终止需要法院成员的一致同意。由司法机构自行决定法官任期的提前终止体现了司法机构的自治权。这在一定程度上能够保障法官免于任意或报复性的免职，使法官"独立行动，来决定移交给他们的案件"[2]，并增强法官任免决定的专业性与权威性。而联合国内部司法上诉机制则将这一重要权力赋予联合国大会[3]，这种模式能够更好地监督制约内部司法机关权力的行使，还能体现出对各成员国权力的尊重。但从另一方面看，这也容易使法庭的法官受到外部因素的不必要干扰。

3. 欧盟内部司法上诉机制法官任期的评析与建议

从上文的比较中可以看出，在欧盟内部司法上诉机制的法官任期制度中，法官任期的长短及其留任的可能性存在较多争议，这两方面又主要体现为成员国对法官独立性的影响。但不可否认，当前的任期制度具有其合理性，在实践中该制度也能够对各方利益进行协调。透明国际（Transparency International）2014 年的一项研究认为，从法律层面看，法官的任期与留任制度的确可能损害其独立性。但报告认为，在实践中"没有证据表明成员国、

---

[1] Panel provided for by Article 255 of the Treaty on the Functioning of the European Union, *Seventh Activity Report*, Luxembourg: Publications Office of the European Union, 25 February 2022, p. 14.

[2] C. F. Amerasinghe, *The Law of the International Civil Service*, Vol. 1, Oxford: Clarendon Press, 1994, p. 70.

[3] 《联合国上诉法庭规约》第 3 条第 10 款以及《联合国争议法庭规约》第 4 条第 10 款都规定"唯有大会可在法官出现不当行为或欠缺行为能力情事时免除"法官的职务。

其他实体或个人对法院的裁决或个别法官施加了不适当的影响"。① 虽然该结论是否准确还有探讨的空间，但仍然能反映出实践中欧盟内部司法上诉机制的法官任期制度并未对上诉机制与法官的司法独立性造成严重损害，以至于影响到法院的合法性与权威性。

这种情况的产生可能并非成员国对内部司法上诉机制心存"敬畏"，而很可能得益于欧盟法院最初设立时就形成的审议保密制度。② 欧盟法院成立至今，其所有判决都是以法院的名义作出的，没有一项判决记录了法官的审议过程，或是法官的个人观点或意见。③ 虽然在联合国内部司法上诉机制中也有关于审议保密制度的类似规定，④ 但该规定并没有明确禁止法官在判决中附带独立意见。事实上，大部分国际组织内部司法机制的法官通常都可以在判决中发表单独意见。因此这种匿名机制更像是欧盟法院对此类条款形成的独特理解。⑤

---

① 参见 Louis Hancisse, Amanda McMenamin, Mark Perera & Ronny Patz, *The European Union Integrity System*, Transparency International EU Office, 2014, pp. 214–215. 报告认为这可以体现为法院的裁决没有导致任何关于缺乏独立性的严重指控，也从未以这种理由罢免过一名法官。没有证据表明其他欧盟机构不当地侵犯了法院的司法独立性，其他欧盟机构要求撤换法官的呼声也很少见。（相关事件可参见 R. Watson, "MEP tries to remove Belgian judge from European Court", Politico, 11 September 1997, https://www.politico.eu/article/mep–tries–to–remove–belgian–judge–from–european–court/ (last accessed on 4 Aug. 2022).）

② 在欧洲煤钢共同体时期，就有学者认为实际上是审议的保密性确保了法官的自治性。（Nicola Catalano, *Manuel de droit des Communautés européennes*, Paris: Dalloz et Sirey, 1965, p. 65. 转引自 Anne Boerger–De Smedt, "La Cour de Justice dans les negociations du traite de Paris instituant la CECA", *Journal of European Integration History*, Vol. 14, No. 2, 2008, p. 18.）

③ 这是基于《欧盟法院规约》第 35 条的规定，具体内容为："法院的审议应保密，并将持续保密（The deliberations of the Court of Justice shall be and shall remain secret.）"。此外，根据《欧盟法院规约》第 2 条的规定："每名法官在就职前，应在法院公开开庭时宣誓公正、认真地履行职责，并保守法院审议的秘密"。

④ 《联合国上诉法庭规约》第 10 条第 4 款、《联合国争议法庭规约》第 11 条第 2 款都规定"法庭的审议记录应当保密"。在其他国际司法机构中则较为常见，例如《国际法院规约》第 1 条就规定："法院的审议应保密，并将持续保密"，欧洲人权法院的《法院规则》第 22 条则规定，"法院应秘密审议。它的审议应当保密并且将一直保密。"

⑤ 实践中采取保密模式可能基于这样的理解，即在判决中单独发表意见将在一定程度上展现审议内容，特别是那些在特定问题上偏离法院多数派的人的身份和论点，这将不能全面维护审议工作的保密义务。参见 Josef Azizi, "Unveiling the EU Courts' Internal Decision–Making Process: A Case for Dissenting Opinions?", *ERA Forum*, Vol. 12, No. 1, 2011, p. 52. 文章的具体表述为："似乎即便根据欧盟的主要法律，出于某种原因，关于法院裁决方式的信息也不应披露……更具体地说，当事方和公众不可能了解司法分组（主要是分庭）的不同法院成员对特定案件提出的具体法律（和事实）问题的意见，包括与所选择的方法有关的方面。此外，由于审议完全保密，因此无法透露遵守最后判决的法官人数，也无法具体说明他们部分或全部不同意该判决的理由。"

对于司法独立的考虑可能在该模式的形成动机中占据很大比例。[①] 最初，条约的制定者们考虑到法官对独立性的渴望及其相对较短的任期[②]，如果允许法官们在判决中提出异议，那么在某些涉及成员国重要利益的案件中，这些国家很容易了解到法官们对裁判的态度，此时法官可能会受到成员国施加的压力，这将影响到其独立性，尤其是在他们的任期即将结束时。因此，法官们并不单独作出裁决，有权决定是否留任法官的成员国由于不了解本国法官在决议过程中发挥的作用而难以进行"报复"，司法独立得以保持。[③]

　　虽然由于法官们通过完全不公开审议内容来尽可能避免成员国对他们独立性的干扰，但这种方式仍然不能完全解决法官任期制度所带来的问题。首先，这使得欧盟内部司法上诉机制在审议方面具有"低透明度"（low transparency）的特征，法官通过牺牲司法透明度来实现裁判的独立性与公正性。与其他国际组织内部司法机构以及其他国际司法机构较为透明的审议制度相比，欧盟法院判决形成过程的不透明性经常受到批评。[④] 其次，成员国对法官任期过强的控制仍然能够对内部司法上诉机制的稳定性与效率造成严重影响，[⑤] 例如在公务员法庭存续期间，"法庭的工作能力在很大程度上取决于欧

---

① 大量的研究都证明了该动机，即将连任条款视为对欧盟司法独立的威胁，以及将不公开判决异议作为维护司法独立性的途径。可参见 J. H. H. Weiler, "Epilogue: The Judicial Après Nice", in Gráinne de Búrca & J. H. H. Weiler eds., *The European Court of Justice*, Oxford University Press, 2002, pp. 225–226; Vlad Perju, "Reason and Authority in the European Court of Justice", *Virginia journal of international law*, Vol. 49, No. 2, 2009, p. 347–349.

② 事实上，有前任法官在论著中坦率地提出了类似的观点。可参见 David T Keeling & G Federico Mancini, "Democracy and the European Court of Justice", *Modern Law Review*, Vol. 57, No. 2, 1994, p. 176。文章表示，欧盟法院法官的任期模式"至少在基础条约下，权力在各级都牢牢地集中在成员国政府手中。他们通过部长会议实际上垄断了立法权，此外他们还拥有任命和重新任命共同体行政和司法成员的专属、不受控制的权力"，该机制在某种程度上应被视为民主的倒退。

③ Jeffrey L. Dunoff & Mark A. Pollackp, "The Judicial Trilemma", *The American Society of International Law*, Vol. 111, 2017, pp. 245–246.

④ Josef Azizi, "Unveiling the EU Courts' Internal Decision–Making Process: A Case for Dissenting Opinions?", *ERA Forum*, Vol. 12, No. 1, 2011, p. 52.

⑤ 依据相关学者截至 2016 年的数据统计，虽然普通法院的法官平均任职 8 年，欧洲法院的法官任职 9 年，总法律顾问平均任职 7 年。但可变性相当高。法官在法院任职时间最长为 21 年，最短任期不到 1 年。此外，超过 42% 的欧盟法官的任期不超过 6 年。特别是，41% 的欧洲法院法官和 52% 的普通法院法官在经历了一届任期后没有连任。（参见 Angela Huyue Zhang, "The Faceless Court", *University of Pennsylvania Journal of International Law*, Vol. 38, Iss. 1, 2016, p. 92.）

盟成员国政府"提名新候选人的时间。^① 透明国际的报告也认为"若干因素突出了法院在内部组织方面的独立性以及对不断变化的情况作出反应的能力的局限性，例如案件量的增加"。^② 因此，欧盟内部司法上诉机制在任期制度上独立性的缺乏将更多地影响司法机构的司法效率与质量。

对法官任期制度的完善可以从连任与任期这两方面着手。对于前者，应当充分发挥 255 小组的作用。首先小组需要加强对成员国支持法官留任选择的审核。虽然如小组操作细则第 7 条所规定的，在法官连任的情况下小组一般不需要采取面试措施。^③ 此时小组应当尽可能地获取全面和准确的信息，并对可能留任的法官进行包括面试在内的严格审核。事实上，小组在其报告中就提出，从 2021 年开始，小组将根据法院的内部指示性最后期限，将候选人处理案件的诉讼实践与具有可比性的案件预期诉讼时间进行比较^④，使考核重心置于法官的司法效率上。该标准较为具体且具有可执行性，并将有利于确保法官具有继续履行职责的能力。因此小组可以在法官的留任环节制定更多的评估标准，以对成员国在此环节权力进行合理、必要的限制。同时，如果考虑到保证法官以及法院工作的连续性以及稳定性，对于那些工作效率、判决质量较高，特别符合法院需求的法官，255 小组也许可以在向成员国发送的法官任职工作效能评估报告的末尾处，对法院是否能够接受该法官继续留任作出预先表态，虽然这有可能会让人产生小组干涉成员国在法官连任方面的内政之嫌。

而在任期方面的改革方式则可能更为彻底，这需要延长法官的任期，并且不为法官提供连任的可能性。这种改革方式能够在制度上增强对法官独立性的保障，并很有可能解决前文提及的法院一直被诟病的审议透明度问题。

---

① Council of the European Union, *European Union Civil Service Tribunal – Partial renewal of the Members of the Civil Service Tribunal: Letter from M. S. Van Raepenbusch, President of the European Civil Service Tribunal to Mr L.A. Linkevičius, President of the Council of the European Union*, Council doc. 16903/13, 26 November 2013.

② Louis Hancisse, Amanda McMenamin, Mark Perera & Ronny Patz, *The European Union Integrity System*, Transparency International EU Office, 2014, p. 125.

③ Council of the European Union, *Operating Rules of the Panel Provided for in Article 255 of the Treaty on the Functioning of the European Union*, Official Journal of the European Union, L 50, 27 February 2010.

④ Panel provided for by Article 255 of the Treaty on the Functioning of the European Union, *Seventh Activity Report*, Luxembourg: Publications Office of the European Union, 25 February 2022, p. 14.

在当前欧盟一体化程度的背景下，让成员国在任期制度上部分放弃对法官留任的控制权看似非常困难，但参照欧洲人权法院在此方面的发展路径，改革在未来或许有可能发生。最初的欧洲人权公约规定，欧洲人权法院法官的任期为 9 年，且可以留任。① 但在随后的第 11 号议定书中，成员国认为应进一步加强法官的问责制（Accountability），因此将任期缩短为 6 年。此时，欧洲人权法院法官的任期制度与欧盟法院非常相似，其法官的任期为 6 年，且可以连任。② 在实际运作中，成立之初，欧洲人权法院的判决就比欧盟法院更加公开透明③，并还保持着较高的独立性，到 1970 年代，相关研究人员认为法院已经通过裁判获得了"高品质和独立性的声誉"。④ 但在 2000 年左右，法院的研究者开始对欧洲人权公约成员国正在利用连任权报复他们认为持反对意见的国家法官的行为表示担忧。⑤ 虽然成员国不会直接表明其态度或想法，但他们拒绝法官连任的行为很难排除他们想要干预法官独立性的合理怀疑，更何况

① Council of Europe, *Convention for the Protection of Human Rights and Fundamental Freedoms*, European Treaty Series No. 5, 1950, Art. 21 (1).

② Council of Europe, *Protocol No. 11 to the Convention for the Protection of Human Rights and Fundamental Freedoms, Restructuring the Control Machinery Established Thereby*, European Treaty Series No. 155, 1994, Art. 23.

③ 虽然最初的公约中提及法官判决表现形式的内容并不多，即没有要求判决列出参与的法官或其表决过程，但法院的规约明显参照了国际法院的规约，公约的初稿由欧洲运动国际司法部门（International Juridical Section of European Movement）起草，并附有一项规约草案，其中第 1 条明确规定它"基于国际法院规约"。（Collected Edition of the 'Travaux Préparatoires' of the European Convention on Human Rights, Council of Europe ed., 1975; 另可参见 Jeffrey L. Dunoff & Mark A. Pollackp, "The Judicial Trilemma", *The American Society of International Law*, Vol. 111, 2017, p. 250.）因此法院规约中规定："如果判决不能全部或部分代表存在异议的法官，任何法官都有权发表单独的意见"。（Council of Europe, *Protocol 7 to the European Convention for the Protection of Human Rights and Fundamental Freedoms*, European Treaty Series No. 117, 22 November 1984, Article 45 (2).）

④ Ed Bates: *The Evolution of the European Convention on Human Rights: From its Inception to the Creation of a Permanent Court of Human Rights*, Oxford University Press, 2010, p. 405.

⑤ 例如在 2003 年关于欧洲人权法院的报告中就表达了此方面的担忧，认为"鉴于国家提名程序的透明度、一致性和问责制存在问题，如果法官表现出独立于政府的独立性，他们很容易受到不被提名的可能性的影响。在一些案件中，有人声称在任法官没有因为这些原因而被重新提名。因此，有些法官可能会在任期的最后几年试图不让他们的提名政府感到不安，而不是履行他们对法院的义务。"（Jutta Limbach, Pedro Cruz Villalón, Roger Errera et al., *Judicial independence: Law and Practice of Appointments to the European Court of Human Rights*, London : Interights, 2003, p.30.）

裁判的完全公开透明也有利于成员国"秋后算账"。[①] 因此在 2001 年，相关评估小组向欧洲人权公约部长委员会（Committee of Ministers on the ECHR）提交的报告中就提议修订《欧盟人权公约》，将法官的任期进行限定，并将任期延长至不少于九年。[②] 该提议得到了欧洲委员会大会的拥护[③]，并最终成为第 14号议定书的一部分而得到确立。[④]

　　虽然欧盟法院与欧洲人权法院在职能、内部制度等方面存在明显不同的差异，但从欧洲人权法院法官任期的改革历程可以看出，成员国在特定条件下可以接受法官的较长任期，甚至愿意放弃对于法官留任的权力。而对该特定条件的探究，在一定程度上有利于欧盟内部司法上诉机制以及其他国际组织内部司法系统中法官任期制度的改革。可以认为，欧洲人权法院在最初的设立阶段设置了一个具有高度问责制与司法透明度的司法模式，这种模式通过牺牲法官的任期保障并结合司法透明来确保对法官的问责，但法官独立性的保障却相对缺失。为了减轻对司法独立的政治压力，作为回应，各成员国

---

① 有学者表示："存在一些法官没有被留任的例子，而且成员国这一决定的作出与法官决议的公开有关。据一些研究者称，当迪米塔尔·戈切夫（Dimitar Gotchev）法官在 Loukanov 案中投票后，保加利亚当局与法官进行了"算账（settled scores）"。摩尔多瓦法官都铎·潘蒂鲁（Tudor Pantiru）被新政府赶下台，该政府公开表示，在潘蒂鲁未能在比萨拉比亚大都会教会和其他教会案（*Metropolitan Church of Bessarabia and Others*）中持不同意见后，只会"派遣真正的爱国者"到摩尔多瓦的外交使团。而斯洛伐克法官维埃拉·斯特拉兹尼卡（Viera Stráznická）曾多次投票反对斯洛伐克，但 2004 年没有被选为连任候选人，她对这一决定提出上诉。"（参见 Erik Voeten, "The Impartiality of International Judges: Evidence from the European Court of Human Rights", *American Political Science Review*, Vol. 102, No. 4, 2008, p. 421.）

② 小组表示："在判例法中，法院要求国家法院具有客观独立性和公正性的高标准，这也适用于法院自身。在这方面，小组认为，部长委员会第 R（94）12 号建议中关于法官的独立性、效率和作用的原则也适用于斯特拉斯堡法院的成员。评估小组认为，应修订公约，规定法院法官的任期为单一、固定任期，不得连任。该期限不得少于九年。这些改变将能够保障法院内部的连续性，此外，也将进一步确保法院的独立性。"（EG Court, "Report of the Evaluation Group to the Committee of Ministers on the ECHR", in Council of Europe ed., *Reforming the European Convention on Human Rights: A compilation of publications and documents relevant to the ongoing reform of the ECHR*, Strasbourg: Council of Europe Pub., April 2009, Appendix I, p. 601, para. 89.）

③ 大会表示："确保法官在法定退休年龄或固定任期届满之前的适当地位和薪酬、条款和条件以及任期保障，将加强法院无惧无畏地行事的能力"，并认为"九年任期将有助于提高法院的效率和连续性，并将巩固其独立性。应采取措施维护在职法官的权利"。（Parliamentary Assembly, *Candidates for the European Court of Human Rights*, Recommendation 1649, Doc. 2204, 2004, para. 9, 13.）

④ Council of Europe, *Protocol 14 to the European Convention for the Protection of Human Rights and Fundamental Freedoms*, European Treaty Series No. 194, 13 May 2004, Art. 23(1).

同意改变法官任期，使其更长且不可连任。[①]

因此，国际组织内部司法上诉机制如果能保证其司法透明度，并对其法官制定严格的问责制度，将在一定程度上缓解成员国的顾虑与不信任。虽然法官连任的可能性在对司法机关的问责制中是一种重要的监督方式，但在欧盟法院的背景下，很难将成员国在连任方面的裁量权视为一种合法或适当的问责手段。[②] 问责制可以通过许多方式来实现，这包括司法过程透明，以及针对法官不当行为的申诉制度等更为公开客观的监督机制来实现对法官的问责。这些制度在联合国内部司法上诉机制中就得到了很好的体现[③]，而这或许也是联合国两个行政法庭法官的任期能够设置为整个国际组织内部司法制度中都较为少见的不可连任的原因之一。上述问责方式可以为欧盟法院提供参考借鉴，为成员国接受法官任期制度的改革提供更有力的保障。

最后，需要注意的是，如果将法官的任期进行延长，那么 255 小组可在法官进入司法系统前采取更加严格的评估标准，以尽可能避免法律能力相对不足的法官由于任职期限的延长而加深对法院专业性与效率的影响。

（四）法官的纪律制度

1. 欧盟内部司法上诉机制法官纪律的理论基础

法官的纪律（discipline）制度是司法问责制的一个重要部分。从广义上看，问责制可以理解为"一些主体有权要求其他主体遵守一套标准，根据这些标准判断其他主体是否履行了责任，如果确定这些责任没有得到履行，则

---

① Jeffrey L. Dunoff & Mark A. Pollackp, "The Judicial Trilemma", *The American Society of International Law*, Vol. 111, 2017, p. 252.

② Sophie Turenne, "Institutional constraints and collegiality at the Court of Justice of the European Union: A sense of belonging?", *Maastricht Journal of European and Comparative Law*, Vol. 24, 2017, p. 573.

③ 例如，联合国内部司法上诉机制的两个法庭判决都允许法官提出异议，并且还建立了针对法官的申诉系统（United Nations General Assembly, *Resolution adopted by the General Assembly on 14 December 2015: 70/112. Administration of justice at the United Nations*, A/RES/70/112, 31 December 2015, p. 6.)，以及为加强对法官的监督而公布的法官行为守则（United Nations General Assembly, *Resolution adopted by the General Assembly on 9 December 2011: 66/106. Code of conduct for the judges of the United Nations Dispute Tribunal and the United Nations Appeals Tribunal*, A/RES/66/106, 13 January 2012.)。

实施制裁"。① 司法机构的信誉取决于司法问责的适当程序，因此必须通过问责程序，来罢免行为失检、违反或未能履行其职责的法官，这也是法官获得合法性与独立性地位的重要前提。② 正如相关国际司法机构的判例以及法律文件中所表明的那样③，在现代民主社会中，司法机构持续的公共信任是维持司法独立的基础。④

　　前文已略为提及法官的问责方式，并将其与司法独立性相联系。可以认为，二者是国际组织内部司法系统中需要平衡的一对重要价值。有学者认为，独立性和问责制之间制度平衡的性质"根据司法化的具体形式和其产生的政治制度背景"而有所不同⑤，二者的平衡是一个动态问题，处于不同的环境就可能发生变化。⑥ 可以认为法官的问责制与其司法独立性紧密联系，对于二者的处理应当结合相关社会、政治背景，找到一个适当的平衡点。司法问责制的形式有很多种，这些形式包括但不限于：以效率和效益为中心的财务问责、管理问责，这包括法官运营法庭和管理案件处理数量的方式；涉及法官行为

---

① Ruth W. Grant & Robert O. Keohane, "Accountability and Abuses of Power in World Politics", *American Political Science Review*, Vol. 99, No. 1, 2005, p. 29.

② 在问责制的必要性上，法官必须能够公正地解决法律争端，因此"需要保护他们不受外来影响，尤其是在政治权力方面。同时，在任何法律制度中，这种独立性都不能被视为绝对的。在任何情况下，法官都受到现行法律、程序和惯例的约束，并应遵守这些法律、程序和惯例；他们不能自由地采取反常或别有用心的行动。他们不可避免地发现自己处于司法或行政性质的控制之下，因此在法律、政治权力和广大公众方面受到某种形式的问责制。"（Leonardo Pierdominici, *Mimetic Evolution. New Comparative Perspectives on the Court of Justice of the European Union in its Federal Judicial Architecture*, Doctor of Laws Thesis, European University Institute, 29 February 2016, p. 82.）

③ 例如，《班加罗尔司法行为原则》中规定："法官应展示和促进高标准的司法行为，以增强公众对司法机关的信心，这是维护司法独立的基础"，并规定"法官应确保其在法庭内外的行为保持和增强公众、法律界和诉讼当事人对法官和司法机关公正性的信心"。（Bangalore Principles of Judicial Conduct, in UN Commission on Human Rights, *Report of the Special Rapporteur on the Independence of Judges and Lawyers, Dato' Param Cumaraswamy, submitted in accordance with Commission on Human Rights resolution 2002/43*, E/CN.4/2003/65, 2003, Annex, 1.1, 2.2.）在欧洲人权法院的 H. v. Belgium 案中，由于缺乏质疑权和不存在内部程序规则，法院得出结论，认为程序保障"受到不适当的限制"，这不利于司法的公正性与合法性，原告有理由担心他会受到任意对待（*H. v. Belgium*, ECtHR, Application no. 8950/80, 30 November 1987, para. 53.）

④ Paul Mahoney, "The International Judiciary – Independence and Accountability", *The Law and Practice of International Courts and Tribunals*, Vol. 7, No. 3, 2008, p. 339.

⑤ K. Malleson, "Introduction", in K. Malleson, Peter H. Russell eds., *Appointing Judges in an Age of Judicial Power: Critical Perspectives from Around the World*, University of Toronto Press, 2007, p. 4.

⑥ M. Andenas, D. Fairgrieve, "Judicial Independence and Accountability: National Traditions and International Standards", in G. Canivet, M. Andenas, D. Fairgrieve eds., *Independence, Accountability and the Judiciary, British Institute of International and Comparative Law*, 2006, p. 3.

和诚信的个人问责；针对程序的程序责任（process accountability）；以及针对个人裁判的"内容"或实质性责任。[①] 许多制度可用于促进这些不同形式的问责制。在这之中，法官的纪律制度是一个较为易于实现客观与公开化的机制，合理的法官纪律制度能够在对法官进行监督问责的同时，又尽可能地保障其独立性，避免主观、任意因素的干预。[②]

2. 欧盟内部司法上诉机制法官纪律制度概述与比较

从法律层面分析，法官的纪律制度包括法官的纪律规范与法官纪律的监督执行两个方面，前者需要确定法官的独立性与职业道德要求，而后者负责为那些对法官纪律规范被违反而感到不满的人提供有效的监督、申诉途径。

对于法官的纪律规范，除了有关条约、欧盟法院规约和法院程序规则所规定的道德标准，法官们还受欧洲法院和普通法院共同通过的《欧盟法院成员和前任成员行为准则》的约束[③]，该准则旨在具体阐明由这些标准产生的某些义务，因此法官的纪律规范可以认为较为详尽。

但在具体的监督执行上，情况却有所不同。涉及法官纪律的监督执行机制具有多元性，其中权力较为充分并更具可行性的机制主要为欧盟法院的法官共同决议制度，《欧盟法院规约》第6条规定："只有在欧洲法院法官和总法律顾问一致认为法官不再符合必要条件或不再履行其职务所产生的义务时，才可剥夺其职务或其领取养恤金或其他福利的权利。所涉法官不应参加任何此类审议。如果有关人员是普通法院或专门法院的成员，欧洲法院应在与有关法院协商后作出决定。"但该规定属于法院内部司法自治，或者说自我监督，并不具备较强的公开性与透明度。而其他相关的制度规范也与此相似，

---

① See D. Woodhouse, "Judges and the Lord Chancellor in the Changing United Kingdom Constitution: Independence and Accountability", *Public Law Review*, Vol. 16, No. 3, 2005, p. 234; 转引自 Wayne Martin, *Rule of Law: The Challenges of a Changing World Judicial Appointments and Judicial Independence*, Law Council of Australia Conference, 31 August 2007, p. 18.

② 有报告指出，需要注意法官的纪律制度不得成为以与履行司法职责无关的政治或其他原因任意罢免法官的机制。（参见 Erica Cannon, Isabelle Wárlám, *The Judicial Independence of The International Labour Organization Administrative Tribunal: Potential For Reform*, Amsterdam International Law Clinic, 2007, p. 54.）

③ Court of Justice of the European Union, *Code of conduct for Members and former Members of the Court of Justice of the European Union*, Official Journal of the European Union C 397, 30 September 2021.

或者还存在其他问题，这些制度要么不针对法官个人[1]，要么并不具有适用的公开性。[2] 因此可以认为，目前欧盟法院并没有关于法官违反纪律行为的正式申诉机制。同时，法官司法问责的公开性问题也较为突出，虽然根据行为准则的透明度要求，成员的外部活动每年都会在法院的网站上公布，但法官的司法审议过程却是个例外，法院判决时的决定由分庭集体做出，法官个人不会对他们的立场进行说明，因此法官的司法过程具有较强的不透明性，这限制了公众对法官个人的监督问责。

联合国内部司法上诉机制对法官纪律制度的侧重点与欧盟有所不同。首先，在法官纪律规范方面，联合国大会在 2011 年制定了《联合国争议法庭与联合国上诉法庭法官行为守则》(Code of Conduct for UNDT and UNAT Judges)，较为详细地阐述了法官的任职标准和义务，在这方面欧盟与联合国的规定都为法官纪律体系的构建提供了一个良好的开端。[3]

二者较为不同之处是法官纪律规范的监督执行，联合国内部司法上诉机制对法官纪律规范的监督执行主要通过联合国大会设立的法官申诉机制。[4] 该机制专门针对法官而设立，且受理事项的范围较广，对法官进行处分的事由

---

① 《欧洲联盟运作条约》第 228 条第 1 款规定："由欧洲议会选举产生的欧洲监察员有权受理任何欧盟公民或居住在成员国或在成员国设有注册办事处的任何自然人或法人就欧盟机构、团体、办事处或机构活动中的行政不当（maladministration）事件提出申诉，但行使司法职能时的欧盟法院除外。他应审查此类申诉并报告。"(Consolidated version of the Treaty on the Functioning of the European Union, Official Journal of the European Union C 202, 7 June 2016, Art. 228(1).)对法官的纪律处分可能基于司法、行政与财务事项等方面的原因，但该申诉机制的对象为法院整体，且只涉及行政事项。

② 例如，根据法院自身一项决议，欧洲反欺诈局（European Anti-Fraud Office，OLAF）有权调查法院内的欺诈和腐败行为，并有权获得信息并得到法院工作人员和成员的支持。但是，这项权利不适用于与公开或非公开司法程序有关的信息（参见 Décision de la Court de Justice du 12 juillet 2011 relative aux conditions et modalités des enquêtes internes en matière de lutte contre la fraude, la corruption et toute activitéillégale préjudiciable aux intérêts de l'Union européenne, 转引自 Louis Hancisse, Amanda McMenamin, Mark Perera & Ronny Patz, The European Union Integrity System, Transparency International EU Office, 2014, p. 128.)。而类似可作为法官纪律处分的途径还包括成员国与 255 小组在法官留任制度中的否定权与异议权，其手段与实施条件都严重受限，更何况成员国可能主要为了实现国家利益而对法官进行监督。这些制度都体现出了极强的主观性和非正式性，更重要的是，这些途径只由行政机关、成员国或者 255 小组决定，并不具有社会公开性。

③ United Nations General Assembly, Resolution adopted by the General Assembly on 9 December 2011: 66/106. Code of conduct for the judges of the United Nations Dispute Tribunal and the United Nations Appeals Tribunal, A/RES/66/106, 13 January 2012.

④ United Nations General Assembly, Resolution adopted by the General Assembly on 14 December 2015: 70/112. Administration of justice at the United Nations, A/RES/70/112, 31 December 2015, p. 6.

包括法官违反了联合国争议法庭和联合国上诉法庭法官行为守则所确立的标准。除此之外，依据《联合国上诉法庭规约》第 3 条第 10 款与《联合国争议法庭规约》第 4 条第 10 款的规定，联合国大会也可以"在法官出现不当行为或欠缺行为能力情事时免除"法官的职务。同时，在联合国内部司法上诉机制中，司法机构的审议更为公开，法官可以通过判决提出个人观点。虽然联合国法官纪律的监督执行制度在具体运作上仍有许多需要改进与完善的地方[①]，但整体上看，该机制更为正式与公开，因此值得欧盟内部司法上诉机制参考借鉴。

但联合国内部司法上诉机制采取此种执行机制是基于不同于欧盟的背景与缘由。联合国法官的职位为公开招聘，且其任期为不可连任的 7 年，这将在一定程度上导致联合国内部司法上诉机制中的法官具有较强的独立性与封闭性，因此需要对其施加严格的纪律执行机制来确保司法问责，进而保障司法机构整体的公正与合法。[②]并且在联合国的内部权力配置中，内部司法机构一直都是较为弱势的一方。这可以体现为司法机构的独立性相对较弱，制定相关规则的主导权往往由成员国或组织的行政当局控制。虽然行政管理人员问责机制的构建可能更为困难，但在联合国有一种较为特殊的现象，即处理司法不当行为的申诉机制被赋予了比联合国管理人员的问责制更高的优先地

---

① 例如，该机制的正式调查机构为一个由法官、前法官或其他知名法学家组成三人小组（United Nations General Assembly, *Resolution adopted by the General Assembly on 14 December 2015: 70/112. Administration of justice at the United Nations*, A/RES/70/112, 31 December 2015, p. 7.），因此该小组的成员多为法庭的现任或前成员，该模式在该机制的筹备阶段就受到联合国内部司法理事会的反对，其在报告中表示："法官们自己认为，他们也应是机制的一部分。内部司法理事会不同意这种见解。司法必须在监督下执行。一种日益得到认可的观点是，针对某个法官的投诉由该法官的同事们作出裁决是不适当的。人们的感受很可能是这些同事会偏袒那个法官，尽管在实际中他们有时会对他们不喜欢的同事持有偏见。无论如何，理事会建议不让法官参与处理涉及其他法官的纪律问题。"（United Nations Internal Justice Council, *Administration of justice at the United Nations : report of the Internal Justice Council*, A/67/98, 18 June 2012, para. 13.）

② 联合国法官较强的独立性、封闭性以及其纪律执行制度的缺失可以产生许多损害司法公正的事件。例如，联合国内部司法理事会曾在报告中举出一个例子，一位管理人员曾拒绝任用某一法官的亲戚到该人员所在部门当实习生，而该管理人员需要经常作为行政部门的法律顾问在该法官面前出庭，很难说该法官没有对管理人员产生消极情绪。当时联合国未设立任何执行机制，导致该管理人员只能向未被授予进行任何此类调查的权力的内部司法理事会提起申诉，但该问题未能得到有效解决。这种有损法庭的权威与公信力，并将加深法庭与行政当局不必要的矛盾与对抗。（United Nations Internal Justice Council, *Administration of justice at the United Nations: report of the Internal Justice Council*, A/67/98, 18 June 2012, para. 12.）

位。① 这些都在一定程度上使得联合国在两个法庭中设立一个有效运作的法官纪律执行机制具有可行性。

而在欧盟，需要考虑的是，其内部司法上诉机制的任期与选任制度并不能为其法官提供像联合国内部司法系统那么强的独立性保障，法官在这些方面很容易受到其他主体通过某些方式施加的影响，这些方式可以被视为非规范性的问责制度。可以认为，欧盟内部司法上诉机制中还是存在着相当多元化的问责方式来弥补法官纪律执行机制的缺位。例如，上诉机制的存在就在某种程度上能够通过"流程管理"对初审法官在司法裁判中的不当行为进行实质性的公开纠正，以缓解此方面可能产生的问题与矛盾，而成员国的任命权也可对法官起到一定程度的监督作用。这些方式可能使法官纪律制度的完善变得不那么迫切。

从该角度看，欧盟内部司法上诉机制建立一个正式的法官申诉机制的现实需求并没有联合国那么强烈。但如最开始所述，在众多问责方式中，法官的纪律制度能够较好地保障法官的独立性，避免政治利益等主观、任意因素的干预。同时，从司法透明与司法问责的建设角度分析，公众凭借其"知情权"，有权期望国际性的法院和法庭本身采用比目前更透明和更正式的程序来规范司法职能的行使，② 这将可以视为欧盟内部司法上诉机制法官纪律制度的改革方向，该上诉机制在未来很有可能建立一个正式的法官申诉机制，而到那时，联合国内部司法上诉机制的法官纪律制度将会具有潜在的参考价值。

---

① See Abdelaziz Megzari, *The Internal Justice of the United Nations*, Koninklijke Brill NV, 2015, p. 520. 在联合国内部司法理事会的第一份报告中，理事会就表示处理法官的投诉机制是一个"需要迫切关注的问题"。(United Nations Internal Justice Council, Administration of justice at the United Nations : report of the Internal Justice Council, A/65/304, 16 August 2010, p. 13.) 而对于行政当局管理人员的问责机制仍在构建中，大会在 2020 年的报告中仍要求"秘书长继续确保在整个秘书处构建强有力问责文化，特别是积极主动和透明地采用联合国管理不当行为的三管齐下办法：预防、执法和补救行动"。(United Nations General Assembly, Administration of justice at the United Nations: resolution/ adopted by the General Assembly, A/RES/75/248, 7 January 2021, para. 9.)

② Paul Mahoney, "The International Judiciary – Independence and Accountability", *The Law and Practice of International Courts and Tribunals*, Vol. 7, No. 3, 2008, p. 348.

二、欧盟内部司法上诉机制中的总法律顾问

与其他国际组织内部司法机制相比，总法律顾问是欧盟内部司法上诉机制中所特有的一类法律工作人员，其在欧盟法院中的地位往往与欧洲法院的法官相当。[①] 虽然总法律顾问的职能不局限于职员案件，但其在职员上诉案件中发挥着相当重要的作用。

（一）总法律顾问的历史溯源

《欧盟条约》第 19 条第 2 款规定："欧洲法院应由每个成员国的一名法官组成。它应由总法律顾问协助"。而《欧盟运作条约》第 252 条也规定："欧洲法院应由八名总法律顾问协助法院。如果法院有此要求，理事会可以一致行动，增加总法律顾问的人数。"由上述条款可以看出，欧洲法院的成员中不仅有法官，还有一类相当特殊且在其他国际组织内部司法机制中不曾出现的职位——总法律顾问。

与欧洲法院不同，普通法院并没有常设的总法律顾问，也不能从欧洲法院"借用"他们[②]，但依据《欧盟法院规约》第 49 条的规定，可以要求法官在特定案件中作为"临时总法律顾问（ Ad hoc Advocate General ）"以履行总法律顾问的职能。[③] 普通法院任命临时总法律顾问的案件本就不多，[④] 具体到职员

---

① Case C–17/98, *Emesa Sugar (Free Zone) NV v. Aruba*, Order of the Court, ECLI:EU:C:2000:69, 4 February 2000, para. 11.

② B. Wägenbaur: *Court of Justice of the European Union. Commentary on the Statute and Rules of Procedure*, CH Beck, 2013, p. 510.

③ 关于普通法院指定总法律顾问更加具体的规定，参见 General Court, *Rules of procedure of the General Court*, Official Journal of the European Union, L 105, 23 April 2015, Arts. 30, 31。作为临时总法律顾问的法官随后不得参与案件的判决。此外，《普通法院议事规则》（ Rules of procedure of the General Court ）第 3 条第 3 款规定，普通法院的院长、副院长与分庭庭长不得担任临时总法律顾问。(Rules of procedure of the General Court, Official Journal of the European Union L 105, 23 April 2015.) 在实践中，普通法院在 1990 年代初使用了该机制，之后几乎都没有运用过该机制。因此有学者指出，它现在是一个"过时的规定"，而普通法院"从那以后就没有使用它。鉴于普通法院的司法程序往往具有事实性质，而且工作负担重，这种情况今后不太可能改变"。(B. Wägenbaur: *Court of Justice of the European Union. Commentary on the Statute and Rules of Procedure*, CH Beck, 2013, p. 511.)

④ 普通法院第一次任命自己的一名法官担任总法律顾问出现在 1990 年的 *Tetra Pak Rausing SA* 案。(参见 Case T–51/89, *Tetra Pak Rausing SA v Commission of the European Communities*, Judgment of the Court of First Instance, ECLI:EU:T:1990:41, 10 July 1990.)

争端领域，该制度目前还没有得到实际适用。先前设立的公务员法庭也不能任命总法律顾问，甚至完全没有与总法律顾问相关的规定。① 因此，在欧盟内部司法上诉机制中，虽然不排除以后出现在初审案件的可能，但目前总法律顾问更像是上诉机构的专门职位，基本上不出现在初审案件中。

　　与此相关的历史可以追溯至欧洲煤钢共同体时期，在《巴黎条约》关于设立司法机构的谈判中，法国代表团坚决反对允许法官提出个人意见，而是建议由一名总法律顾问来履行该项职能。② 虽然荷兰表示反对，但条约的谈判者们最终在 1951 年的《法院规约议定书》（Protocol on the Statute of the Court of Justice）中选择了法国代表提供的制度。采取此种制度的原因部分是因为法官审议的异议制度在当时的大陆法系并不那么流行，只在适用英美法系的地区和海牙的国际法院中得到应用③，6 个创始成员国中有 3 个成员国在其国内司法体系中存在类似于总法律顾问的职位。④ 鉴于法国对设立该职位的重要影响，在相当多关于欧盟法院的研究资料中，总法律顾问（Avocat Général）这一职位被认为是以法国行政法院（Conseil d'Etat）中的政府专

---

① 在 *Petrus Kerstens* 案中，原告职员向作为上诉机构的初审法院上诉，认为公务员法庭没有总法律顾问违反了程序的规则。而初审法院驳回了这一论点，指出条约、规约和将公务员法庭作为专门法院的决定都没有规定总法律顾问或公务员法庭成员担任总法律顾问，因此该请求没有法律依据。（参见 Case T-222/07 P, *Petrus Kerstens v Commission of the European Communities*, Judgment of the Court of First Instance (Appeal Chamber), ECLI:EU:T:2008:314, 8 September 2008.）

② 设立总法律顾问的想法起源于担任法国政府专员（Commissaire du gouvernement）的莫里斯·拉格朗日（Maurice Lagrange），他于 1951 年负责起草共同体的法院规约，并随后在法院担任了 12 年的总法律顾问。拉格朗日将法院设想为法国行政法院（Conseil d'Etat）在欧洲共同体的对等物，之所以这么做主要是因为煤钢共同体法院最初是为了控制组织行政当局的行为而设立的，其作用类似于法国的行政法院。基于这些相似之处，拉格朗日向他的欧洲伙伴们建议，在欧洲层面设立一个与法国"政府专员"对应的机构。（Laure Clément-Wilz, "The Advocate General: A Key Actor of the Court of Justice of the European Union", *Cambridge Yearbook of European Legal Studies*, Volume 14, 2012, p. 589.）

③ 参见 Anne Boerger-De Smedt, "La Cour de Justice dans les negociations du traite de Paris instituant la CECA", Journal of European Integration History, Vol. 14, No. 2, 2008, pp. 18-19。因此有学者认为，这体现了英美法系的法官在审议中独立发表意见的传统与最初 6 名受到法国和其他欧洲大陆法律制度影响的共同体法院法官格格不入。（参见 Jeffrey L. Dunoff & Mark A. Pollackp, "The Judicial Trilemma", *The American Society of International Law*, Vol. 111, 2017, p. 244.）关于总法律顾问制度在不同国家的比较研究，可参见 Kirsten Borgsmidt, "The Advocate General at the European Court of Justice: A comparative study", *European Law Review*, Vol. 13, 1988, pp. 106-119.

④ Laure Clément-Wilz, "The Advocate General: A Key Actor of the Court of Justice of the European Union", *Cambridge Yearbook of European Legal Studies*, Volume 14, 2012, p. 590.

员[①]（Commissaire du gouvernement）为蓝本而设立的。[②] 在 1988 年 7 月 29 日的 Esclatine 案判决中，行政法院将政府专员的职能描述为："列出每个案件中需要决定的问题，并完全独立地拟定其结论，公布他对案件的事实情况和适用的法律规则的评估（必须是公正的），以及为提交至他所属的法院的争端提供与解决方案相关的意见"。[③] 可以肯定的是，总法律顾问在一定程度上受到法国行政法院中政府专员的影响。[④] 传统上，政府专员在行政案件判例法的创建中发挥着非常重要的作用，许多重要的司法创新都源于政府专员提出的独到而具有建设性的意见。[⑤] 因此，该职位具有相当程度的重要性，并总是由表现出高职业水准的法官担任。所以在设立之初，总法律顾问就立即被认为是当时欧洲经济共同体背景下的重要角色。[⑥]

[①] 该职位根据 1831 年 3 月 12 日的法令在法国行政法院内设立。（参见 Voir N. Rainaud, *Le commissaire du Gouvernement près le Conseil d'Etat*, éd. LGDJ, 1996, p. 14; 转引自 Par Jean-Marc Sauvé, "Le rapporteur public dans la juridiction administrative", Le Conseil d'Etat, 28 Juin 2016, https://www.conseil-etat.fr/publications-colloques/discours-et-interventions/le-rapporteur-public-dans-la-juridiction-administrative#_ftn2 (last accessed on 4 Aug. 2022).）政府专员的职能经历了一系列发展，逐渐具有司法独立性。欧洲人权法院曾在判决中认为："最初，正如其名称所示，它旨在代表政府发表观点，但该项职能很快在 1852 年前就消失了。虽然名称得到保留，但该职位的职能并非字面含义。从那时起，对于外部研究者来说，该机构已成为法国行政司法最显著的特征之一，这主要是因为政府专员迅速确立了自己作为完全独立于当事人的司法人员的地位。"（*Case of Kress v. France*, Application no. 39594/987, June 2001, para. 41.）

[②] See eg., Takis Tridimas, "The Court of Justice of the European Union", in R. Schütze and T. Tridimas eds., *Oxford Principles of European Union Law: Volume 1: The European Union Legal Order*, Oxford University Press, 2018, pp. 588-589; Takis Tridimas, "The Role of the Advocate General in the Development of Community Law", *Common Market Law Review*, Vol. 34, Iss. 6, 1997, p. 1350. 拉格朗日在 1964 年 10 月 8 日法院的演说中谈及总法律顾问的产生，表示："国际法院不知道，法国以外的成员国的最高行政法院也不知道，这显然是受到了法国最高行政法院的启发，在那里，该机构中的一名成员毫无疑问地被要求以'政府专员'的名义在每个案件中，并以完全公正和独立的方式公开提出合理的结论。这些不正是《欧洲条约》用来界定总法律顾问任务的术语吗？"（Maurice Lagrange, *Discours prononcé par M. l'Avocat général Maurice Lagrange, à l'audience solennelle de la Cour*, Luxembourg, le 8 octobre 1964, p. 1.）

[③] CE 29 juillet 1998, *Mme Esclatine*, Rec. 320.

[④] 但可以认为二者并不等同，曾任欧洲法院总法律顾问的迈克尔·博贝克（Michal Bobek）强调，这种说法更多的是作为一种参考，而不能当作总法律顾问在欧盟体系内的功能以及设立缘由的真正解释。（参见 Michal Bobek, "A Fourth in the Court: Why Are There Advocates General in the Court of Justice?", *Cambridge Yearbook of European Legal Studies*, Volume 14, 2012, p. 536.）

[⑤] *Case of Kress v. France*, ECtHR, Application no. 39594/987, June 2001, para. 41.

[⑥] Laure Clément-Wilz, "The Advocate General: A Key Actor of the Court of Justice of the European Union", *Cambridge Yearbook of European Legal Studies*, Volume 14, 2012, p. 590.

（二）总法律顾问的数量与案件分配

依照当前《欧盟条约》第 19 条第 2 款以及《欧盟运作条约》第 252 条的规定，总法律顾问数量的确定并不像法官那么严格，并不适用"一国家一名额"的分配原则。对于法官数量的改变，条约中只规定了"如果欧洲法院有此要求，理事会可以一致行动，增加总法律顾问的人数"。但在整体发展趋势上，和法官相似，总法律顾问的数量也随着欧盟法院规模的扩大而增加，目前总法律顾问的人数为 11 人。[1]

在共同体法院成立时，依照《罗马条约》的规定，法院只有两名总法律顾问，一名为来自法国的莫里斯·拉格朗日，另一名为来自德国的卡尔·罗默（Karl Roemer）。[2]在欧洲共同体于 1972 年进行第一次扩张之后，总法律顾问的人数增加到 4 人。[3]然而，从总法律顾问的国籍可以发现，彼时只有法国、德国、英国和意大利这四个体量较大的成员国在法院拥有总法律顾问。[4]伴随着欧盟随后一系列的扩张，欧盟法院总法律顾问形成了一套相对稳定的分配模式，该模式由常设名额与轮换名额两个部分组成。关于常设名额的分配，随着西班牙于 1995 年[5]、波兰于 2013 年确定拥有一个常设总法律顾问名

---

[1] Court of Justice, "Composition", https://curia.europa.eu/jcms/jcms/Jo2_7024/en/#jurisprudences (last accessed on 9 Aug. 2022).

[2] See List of the Members of the Court of Justice of the European Coal and Steel Community taking up office on 4 December 1952, CVCE, https://www.cvce.eu/obj/Members_of_the_ECSC_Court_of_Justice_1952_1958–en–988bd933–15f9–4aed–8d6f–3fc467e6fcc0.html (last accessed on 9 Aug. 2022).

[3] Council of the European Union, *Council Decision of 1 January 1973 increasing the number of Advocates-General*, Official Journal of the European Communities, L 2, 1 January 1973, p. 29.

[4] Council of the European Union, *Decision of the representatives of the governments of the Member States of the European Communities of 1 January 1973 appointing Judges and an Advocate-General to the Court of Justice*, Official Journal of the European Communities, L 2, 1 January 1973, p. 32.

[5] *Joint Declaration on Article 31 of the Decision adjusting the instruments concerning the accession of the new Member States to the European Union*, Official Journal of the European Communities, L 1, 1 January 1995, p. 221.

额①，以及拥有一个名额的英国于 2020 年离开欧盟，目前只有成员国中人口最多的五个国家有权任命常设总法律顾问。而其他成员国则以轮换的方式任命总法律顾问，轮换的名额自 2020 年以来为 6 名。②总法律顾问形成此种不同于法官的分配模式，除了其职能的性质对成员国利益的影响相比于法官并不那么直接外，另一个相当重要的原因是其职能的履行并不需要太多人员，这对于财政资源相对紧张的欧盟法院是一个不能忽视的因素。③

在案件的分配方面，由于职能以及数量的差异，总法律顾问与法官也有所不同。首先需要提及首席总法律顾问（First Advocate General）这一职位。根据《欧洲法院议事规则》第 14 条第 1 款，欧洲法院每年在听取总法律顾问的意见后从他们之中任命一名首席总法律顾问，任期一年。④而根据议事规则第 16 条第 1 款，首席总法律顾问的任务是将案件分配给各个总法律顾问。但在 1979 年之前，这项任务由欧洲法院的院长完成。⑤

---

① 参 见 Council of the European Union, *Council Decision of 25 June 2013 increasing the number of Advocates-General of the Court of Justice of the European Union*, Official Journal of the European Union L 179, 29 June 2013, p. 92. 更详细的立法过程可参见 Council of the European Union, *Council Decision increasing the number of Advocates-General of the Court of Justice of the European Union - Draft Joint Statement by the Council and the representatives of the member states meeting within the Council on the number of Advocates-General*, 7013/13 ADD 1 REV 1, 14 June 2013.。其实早在 2007 年里斯本政府间会议上，波兰就成功地使政府间委员会通过了第 38 号宣言，根据该宣言，"如果……法院要求将总法律顾问的人数增加三名（由八名变为十一名），委员会将……同意这种增加……在这种情况下……波兰将像德国、法国、意大利、西班牙和联合王国一样，拥有一名常设总法律顾问。" 其目的是使波兰与其他较大的成员国相提并论。法院可能不太热衷于增加总法律顾问的人数。但无论如何，需要由它来要求是否增加总法律顾问（参见 Jean-Claude Piris, *The Lisbon Treaty: a Legal and Political Analysis*, New York: Cambridge University Press, 2011, p. 233.）。虽然在当时法院并没有提出请求，但在 2013 年即克罗地亚加入欧盟的那一年法院还是提出了增员请求。从波兰代表成功游说为整个国家争取到一个欧盟总法律顾问的常设席位可以看出，在主权林立的国际社会，祖国总是个人不可或缺的坚强后盾。

② 在英国脱欧后当前法官人数仍然为 11 人，因此可轮换的总法律顾问名额多出一名。

③ 例如在欧洲法院 2018 年的财年报告中就表示："关于工作量的控制，主要风险是工作量与翻译处可获得的人力、技术和财政资源之间可能存在不平衡，特别是在目前的预算状况和政治前景不确定的事态发展中。"（Court of Justice of the European Union, *Annual Activity Report for the Financial Year 2018: Annual Management Report (Article 74(9) of the Financial Regulation)*, Luxembourg: Court of Justice of the European Union & Communications Directorate Publications and Electronic Media Unit, May 2019, p. 16.）

④ 在实践中，各总法律顾问之间更倾向于每年轮换担任该职位。（Takis Tridimas, "The Role of the Advocate General in the Development of Community Law", *Common Market Law Review*, Vol. 34, Iss. 6, 1997, p. 1355.）

⑤ B. Wägenbaur, *Court of Justice of the European Union. Commentary on the Statute and Rules of Procedure*, CH Beck, 2013, p. 217.

不同于法官在案件分配方面存在一定的专业化区分，一般来说，首席总法律顾问对案件的分配方式拥有完全自由的裁量权，并没有相关规范规定总法律顾问之间的案件分配标准。但有几条非正式的惯例指导这一过程，例如在分配案件时，首席总法律顾问会将不同类型的案件分配给同一总法律顾问，以避免总法律顾问的工作小组（cabinets）形成一定程度的专业化①，甚至有时还会故意将同时待审的关联案件分配给不同的总法律顾问。②

这可能是因为欧洲法院的法官更偏向于处理法律问题，尤其是对欧盟法律体系的一致性与协调性有关的法律问题。因此，法官需要总法律顾问不只专注于某一类案件，而是关注整体上欧盟法律的各类问题，并形成不同的观点。这有助于总法律顾问以多元化的方式处理法律问题，避免单一思维，从而为法院判决的作出提供更加丰富的观点与论证。③由于案件分配的流动性，在任何一个时间点，尤其是将关联案件分配给不同的总法律顾问的情况下，总法律顾问们对同一法律问题可能会产生几项相互矛盾的意见。

考虑到案件最终由法院的法官集体作出判决，并且有时提交给法院的案件具有较大的复杂性，能够对欧盟法律体系乃至组织的内部法律秩序产生重要的影响，法院在做出决定之前应该有更加多元与广泛的讨论是相当合理的。因此，首席法律顾问在案件分配中往往以确保观点的多元化、工作效率和共同合作的综合考虑为指针，④这些要素也是总法律顾问履行职责时的重要目标。

---

① 这一不成文习惯有某些例外情形，特别是当案件存在专业技术问题时，如果总法律顾问审理过此类案件，那么通常会将此类案件分配给同一总法律顾问。如此分配这些案件的主要标准为是否可以节省法院的时间，并在可能的情况下加快司法程序。Philippe Léger, "Law in the European Union: The Role of the Advocate General", *The Journal of Legislative Studies*, Vol. 10, No. 1, 2004, p. 5.

② 例如1996年 *Kuratorium fur Dialyse und Nierentransplantation* 案与 *Freers and Speckmann* 案，这两个案件分别由雅各布斯（F. G. Jacobs）与达蒙（M. Darmon）两位总法律顾问负责。（参见 Case C-457/93, *Kuratorium fur Dialyse und Nierentransplantation v. Lewark*, ECLI:EU:C:1996:33, 1996; C-278/93, *Freers and Speckmann v. Deutsche Bundespost*, ECLI:EU:C:1996:83, 1996.）

③ Philippe Léger, "Law in the European Union: The Role of the Advocate General", *The Journal of Legislative Studies*, Vol. 10, No. 1, 2004, p. 5.

④ Takis Tridimas, "The Role of the Advocate General in the Development of Community Law", *Common Market Law Review*, Vol. 34, Iss. 6, 1997, pp. 1355-1356.

（三）当前总法律顾问的职能——提出意见

1. 提出意见权的内容与行使方式

总法律顾问的设立虽然参照了法国的政府专员，但前者在后者的基础上结合现实需要进行了较大的发展。[①]根据《欧盟运作条约》第 252 条第 2 款："总法律顾问有责任以完全公正和独立的方式行事，在公开的法庭上就根据欧盟法院规约需要其参与的案件提出合理的意见。"可以看出，总法律顾问目前主要的职责是在公开的法庭上就欧洲法院待审的案件发表意见。这些意见载有对案件的详细分析，并就如何裁决向法院提出意见。法官可以接受或部分接受总法律顾问提出的意见，但该意见并不具有约束力。

从该条款中还能了解总法律顾问履行该项职能的具体方式。首先，总法律顾问需要"以完全公正和独立的方式"提出意见。依照欧洲法院判例的司法解释，总法律顾问的意见以自己的名义和完全独立的方式书写，构成了法院成员本身在公开法庭上表达个人理性的意见。他们不是检察官（public prosecutors），也不受任何权力的约束。[②]更具体地说，他们不构成一个封闭的机构，不受任何权力机构的约束或被委托捍卫任何特定利益。[③]这在一定程度上保障了总法律顾问在履行职能时的客观公正，并作为其充分履行职能的基础条件。[④]其次，条约中规定的"公开的法庭"则明确限制了总法律顾问的工作方式，即在审议阶段他们并不参加审议，因为在这个阶段审议法官以保密

[①] 相比于政府专员，总法律顾问在某些方面进行了调整，使其职能更加聚焦，例如在口头程序后政府专员通常会出席审议，虽然他没有投票权。但作为一般规则，为了回答向他提出的任何具体问题，他可以参与该项程序。（参见 *Case of Kress v. France*, Application no. 39594/987, June 2001, para. 50.）而从后文可以看出，总法律顾问职能的履行仅局限于口头程序及之前，仅在这方面二者就有明显的不同。

[②] *Emesa Sugar (Free Zone) NV v.* Aruba, Order of the Court, Case C–17/98, ECLI:EU:C:2000:69, para. 12.

[③] 因此根据《欧盟运作条约》第 253 条，欧洲法院法官与总法律顾问在任命时都遵守相同的要求和程序。并且根据《欧盟法院规约》第 3 条第 4 款，二者在豁免方面也获得了同样的保障。（Case C–466/00, *Arben Kaba v Secretary of State for the Home Department*, Opinion of Mr Advocate General Ruiz–Jarabo Colomer, ECLI:EU:C:2002:447, 11 July 2002, paras. 99, 100.）

[④] 正如前法院院长罗伯特·勒考特（Robert Lecourt）指出的，总法律顾问只有在离案件足够远的情况下才有用，因此可以认为他处于法院的边缘。（See Robert Lecourt, *Allocution prononcée à l'occasion du départ de K Roemer*, Luxembourg, Publication de la Cour de justice des Communautés européennes, 1973, p. 5; 转引自 Laure Clément–Wilz, "The Advocate General: A Key Actor of the Court of Justice of the European Union", *Cambridge Yearbook of European Legal Studies*, Volume 14, 2012, p. 604.）

的方式集体决定案件。

　　其他法律文件也对总法律顾问在不同诉讼阶段的职能履行方式进行了详细补充。根据《欧盟法院规约》第 20 条以及《欧洲法院议事规则》的相关规定，总法律顾问主要在案件审议前的阶段履行其职能。在口头阶段，总法律顾问可以向当事方及其代理人提出问题，如果举行聆讯，总法律顾问的意见应在聆讯结束后发表。[1] 如果没有口头程序，总法律顾问则直接在法院就案件作出程序性决定的法院大会之后发表意见。[2] 如果重新举行聆讯，总法律顾问必须再一次提出意见。[3] 一旦总法律顾问发表意见，口头程序即告结束，案件正式进入审理阶段。与先前不同，在《尼斯条约》对《欧洲法院规约》进行修订后，并非每个案件都需要总法律顾问的参与，如果法院认为案件没有提出新的法律问题，在听取总法律顾问的意见后，法院可以决定在他不提出意见的情况下对案件进行裁决。[4]

　　最后，总法律顾问意见的内容以及表现形式也体现出极具个性化的特征。与欧洲法院法官的判决相反，法院法官的判决内容往往简明而正式，并通常运用早期的判决中的标准短语与措辞，而总法律顾问则可以选择自己的风格，深入研究案件细节并进行合理的推理，而不需要法官裁判标准的严格限制。事实上，总法律顾问的意见通常比法院的判决要长。总法律顾问在提出自己的解决办法之前，还考虑了解释性替代方案和决定案件的各种选择。即使法院没有遵循该意见，后者也可以在以后的案件中被引用。此外，这有助于各

---

① 参见 *Rules of Procedure of the Court of Justice*, Arts. 80, 82。总法律顾问通常在聆讯后 3 到 4 个月提出他的意见，"但在复杂的案件中，这可能需要更长的时间"。（B. Wägenbaur, Court of Justice of the European Union. Commentary on the Statute and Rules of Procedure, CH Beck, 2013, p. 306.）

② 法院大会（general meeting of the Court）在当事方提交诉状后举行，法院所有法官，包括总法律顾问出席。大会就法官兼报告员（Judge-Rapporteur）在其初步报告中提出的建议作出决定，这些建议涉及诸如适当的法院组成、是否有必要进行预备性调查以及是否将举行口头聆讯等问题。法院应在听取总法律顾问的意见后决定对法官兼报告员的提议采取何种行动。在实践中，总法律顾问只宣读意见的执行部分，即其结论。（参见 *Rules of Procedure of the Court of Justice*, Art. 59.）

③ 参见《欧盟法院议事规制》第 83 条。当事方确实有可能要求重新开庭审理，特别是如果它们认为总法律顾问以在整个程序中未讨论的法律论点为基础，剥夺了当事方就这些论点发表意见的可能性。但法院很少同意这种请求。（Manuel Kellerbauer, Marcus Klamert & Jonathan Tomkin, *The EU Treaties and the Charter of Fundamental Rights: A Commentary*, United Kingdom: Oxford University Press, 2019, p. 1754.）

④ 参见《欧盟法院规约》第 20 条第 5 款。

方通过借用总法律顾问意见的论点，在特定案件中确立自己的立场。[1] 除了审议的判决，在法院或其院长就案件作出某些其他决定之前，例如程序性决定和结束案件的命令，也会听取总法律顾问的意见。[2]

2. 意见的效力与提出意见的可能性

总法律顾问的意见对法院没有约束力，它只是咨询性的。因此，虽然总法律顾问的意见是一种有益的帮助，但法院没有义务遵循它。法院在这方面有自由的裁量权，例如，它可以完全不考虑总法律顾问的意见，也可以接受其提出的全部或部分论点，抑或是在判决本身明确提到总法律顾问意见的推理。[3] 但即便意见不具有约束力，如果在某些情况下它具有令人信服的权威性，法院往往也会遵循它。[4] 而在实际中，相关学者的定量研究似乎也支持这一观点，在接受调查的 118 项判决中，法院在 76 起案件（64%）中得出了与总法律顾问相同的结果，在 10 起案件中取得了与总法律顾问不同的结果（9%），并在 32 起案件（27%）中的某些方面得出了与总法律顾问意见不同的结果。[5]

这种潜在的约束力，或者说意见令人信服的权威性受很多因素的影响。例如总法律顾问的个人权威越强，他的意见影响力就越大。但某些因素，例如国籍本身，对个人权威没有任何直接影响。[6] 意见的内容也在一定程度上影

[1] Iana Kulinich, "Some remarks on the legal institution of the Advocate General", *European Integration Studies*, Vol. 16, No. 1, 2020, p. 85.

[2] Manuel Kellerbauer, Marcus Klamert & Jonathan Tomkin, *The EU Treaties and the Charter of Fundamental Rights: A Commentary*, United Kingdom: Oxford University Press, 2019, p. 1754.

[3] Koenraad Lenaerts, Ignace Maselis & Kathleen Gutman, *EU Procedural Law*, Oxford University Press, 2014, p. 23. 关于法院在多大程度上遵循总法律顾问的意见的研究以及数据分析，可参见 Cyril Ritter, "A New Look at the Role and Impact of Advocates–General – Collectively and Individually", *Columbia Journal of European Law*, Vol. 12, No. 3, 2006.

[4] Manuel Kellerbauer, Marcus Klamert & Jonathan Tomkin, *The EU Treaties and the Charter of Fundamental Rights: A Commentary*, United Kingdom: Oxford University Press, 2019, p. 1754.

[5] 更具体的说，法院还完全同意总法律顾问在 33 起案件中的推理（28%），在 33 起案件中部分（即在一个或多个要点上采用了不同的推理）（28%），在 18 起案件中（15%）在较小程度上，在 4 起案件中根本没有（3%）。虽然这些数据属于固定类型案件的定量分析，但也能在一定程度上反映出总法律顾问意见的被采纳率。（参见 Urška Šadl & Suvi Sankari, "The Elusive Influence of the Advocate General on the Court of Justice: The Case of European Citizenship", Yearbook of European Law, Vol. 36, No. 1, 2017, p. 429.）

[6] 有观点认为国籍可以产生间接影响，但这只有在来自某些成员国时才有可能。（参见 Laure Clé-ment–Wilz, "The Advocate General: A Key Actor of the Court of Justice of the European Union", *Cambridge Yearbook of European Legal Studies*, Volume 14, 2012, p. 603.）

响了其效力。有学者通过数学模型的方式来衡量意见对欧洲法院判决的实际影响。其中一项 2016 年的研究发现，如果总法律顾问在意见中建议撤销一项行为，法院更有可能遵循该观点。这体现在如果总法律顾问建议废除一项行为（或部分行为），法院真正执行该建议的可能性比执行其他驳回案件或宣布其不可受理的建议的可能性要高出约 67%。但该研究的作者承认，他们的计算"并不是因果关系的完美代表，因为在对总法律顾问和法院之间的关系进行的定量分析中可能缺少许多要素"。①

另一个值得注意的方面是在《尼斯条约》后，总法律顾问对案件的参与变得具有可选择性，并非每个案件都需要他们参与。欧盟法院改革后对于效率的强调，使得总法律顾问的案件影响范围相比于先前更为精确。但也从另一个角度削弱了其影响力。这是总法律顾问在职能调整后需要面对的众多挑战之一。② 在过去，他的意见在每一个案件中都可能被听取，并且可能会对案件发挥整体的、多层次的影响。如今他的角色可能更多地转变为欧洲法院的"专家顾问"（expert advisor）。只有在更复杂的案件中，例如在大分庭案件或一些由 5 名法官组成的分庭案件中，才会要求他们发言。在这些复杂的案件中，总法律顾问不仅要简明扼要地介绍现行法律，并在此基础上提出案件的解决方案，而且理想情况下，还要对欧洲法院在该领域的判例法进行更广泛和批判性的分析。③

3. 提出意见权的作用

通过对总法律顾问提出意见权的作用进行分析，可以对总法律顾问的职能进行进一步的探究，以全面了解总法律顾问在欧盟内部司法上诉机制中的定位与功能。④

---

① Carlos Arrebola, Ana Júlia Maurício & Héctor Jiménez Portilla, "An Econometric Analysis of the Influence of the Advocate General on the Court of Justice of the European Union", *Cambridge International Law Journal*, Vol. 5 No. 1, 2016, p. 108.

② 关于总法律顾问在职能定位上遇到的挑战，可参见 Michal Bobek, "A Fourth in the Court: Why Are There Advocates General in the Court of Justice?", *Cambridge Yearbook of European Legal Studies*, Volume 14, 2012.

③ See Michal Bobek, "The Court of Justice of the European Union", in Anthony Arnull, Damian Chalmers eds., *The Oxford handbook of European Union law*, Oxford University Press, 2017, p. 167.

④ 这些内容部分参见了 Takis Tridimas, "The Role of the Advocate General in the Development of Community Law", *Common Market Law Review*, Vol. 34, Iss. 6, 1997, p. 1358.

首先，总法律顾问提供的意见可以对法官的正式审议起到预备作用。这可以体现于如下几点：第一，总法律顾问在案件审理的书面及口头环节可以通过调查、提问，并提供建议，来协助法院为案件的审理裁判更充分地做好预先准备。第二，总法律顾问在具体的意见中可以提出案件的解决方案与逻辑推论。由于总法律顾问在这方面并不受严格限制，使得他可以提出多种观点。当他认可一个足以解决案件的论点，但为了应对法院不接受该论点的可能性，他也可以在意见中全面地提出其他论点。[1] 在法院成立的初期，总法律顾问经常在相当多的案件中就同一案件发表两种意见，这是法院当时的普遍做法。[2] 因此总法律顾问类似于在法官进行案件审理前，可能提前对案件的事实与法律问题进行详细的"审议"，并提供一个或多个包含解决方案的"初步判决"。这在一定程度上能够使法官的判决理由更加充分，并加强判决的公正性与合理性。第三，意见往往已经对案件事实与法律进行了详细分析，这可以缓解法官的工作压力，提高法院整体的司法效率。

其次，总法律顾问的意见对组织内部法律体系的发展具有重要作用。总法律顾问可以在建议中提供法律依据来证明该解决方案的合理性，并可以就认为合适的案件所附带的法律问题发表意见。在这个过程中，总法律顾问往往通过对职员案件判例法的评析与引用[3]，或以其他方式对相关法律规范进行创造性解释来发展组织的内部法律体系。该意见可以包含对成员国法律的比

---

[1] Takis Tridimas, "The Court of Justice of the European Union", in R. Schütze and T. Tridimas eds., *Oxford Principles of European Union Law: Volume 1: The European Union Legal Order*, Oxford University Press, 2018, p. 589.

[2] Takis Tridimas, "The Role of the Advocate General in the Development of Community Law", Common Market Law Review, Vol. 34, Iss. 6, 1997, p. 1356.

[3] 例如在 *Irit Azoulay and Others v European Parliament* 案中，当事方职员对《工作人员条例》中有关子女教育津贴的领取条件产生争议。而问题的核心之一为条例中"教育支出（education costs）"的概念解读，上诉职员引用了前公务员法庭的 *Bovagnet* 案对该概念进行解释，而总法律顾问对该案件提出了不同的理解，以驳回上诉人的观点。（Case C-390/17 P, *Irit Azoulay and Others v European Parliament*, Opinion of Advocate General Kokott, ECLI:EU:C:2018:217, 22 March 2018, paras. 27-41.）在 *European External Action Service (EEAS) v Ruben Alba Aguilera and Others* 案中，总法律顾问通过引用普通法院的 PO and Others v EEAS 案来阐述普通法院对于相关条例适用的判例法发展趋势。（Case C-427/18 P, *European External Action Service (EEAS) v Ruben Alba Aguilera and Others*, Opinion of Advocate General Szpunar, ECLI:EU:C:2019:866, 16 October 2019, para. 58.）

较分析，以期得出适合欧盟内部法律的原则。^① 这种方式尤其体现于欧盟法律发展的初期阶段，总法律顾问在确立行政法的一般原则和通过比较方法提炼最适合在欧盟法律秩序中转换适用的国家法律要素等方面发挥重要作用。^② 例如，在 1956 年的 Miranda Mirossevich 案中，总法律顾问拉格朗日通过对法国、德国、意大利以及荷兰这几个成员国关于雇佣合同错误解除的情况下如何救济的国内法进行了比较分析，阐述了共同体职员在公法合同中恢复职位的权利（right to reinstatement）。^③ 而这些总法律顾问在欧盟公务员领域的法律意见在某些情况下还可以推动欧盟行政法乃至人权法的发展。^④

最后，总法律顾问的提出意见权还能对法官审议的不透明性问题进行缓解。如前文所提及的，法官不能就案件应该如何裁决发表个人意见，他们甚至不被允许对最后结果表示反对，每一项裁决都由所有法官签署，所有辩论仅局限于分庭内部，并受到司法保密。虽然总法律顾问的观点并不能代表分庭的审议内容，但其或多或少都得到了法官们的考虑，同时，总法律顾问地位的独立性与公正性也保障了他们能够畅所欲言。因此他们的意见在一定程

---

① 例如，在 *HK v European Commission* 一案中，总法律顾问引用了欧洲法院 Maruko 案中根据德国法律对非婚姻伴侣与已婚夫妇在丧偶养老金方面的差别待遇的相关条款，来解释非歧视原则（Principle of non-discrimination）在公务员法中基于婚姻伴侣关系的福利待遇的适用。（Case C-460/18 P, *HK v European Commission*, Opinion of Advocate General Pikamäe, ECLI:EU:C:2019:646, 29 July 2019, para. 96.）事实上这种比较分析并不局限于成员国，还可能参照其他非成员国国家。在 *Maria-Luise Lindorfer v Council of the European Union* 案中，总法律顾问通过提及美国最高法院在 Manhart 案中的判决，来进一步阐述职员案件中不分性别的平等待遇原则。（Case C-227/04 P, *Maria-Luise Lindorfer v Council of the European Union*, Opinion of Mr Advocate General Jacobs, ECLI:EU:C:2005:656, 27 October 2005, para.57.）

② 参见 Takis Tridimas, "The Court of Justice of the European Union", in R. Schütze and T. Tridimas eds., *Oxford Principles of European Union Law: Volume 1: The European Union Legal Order*, Oxford University Press, 2018, p. 589. 该作者在其他文章中表示，拉格朗日和罗默作为最开始的两位总法律顾问"在共同体法律初步发展期的几年里任职，实际上履行了探路者的角色。它们的影响特别有助于确立共同体行政法的原则，并通过比较解释方法提炼出最适合在共同体法律秩序中转换的国内法要素。他们经常撰写国家法律的综述，在创造性的实践中表现出色，弥合了国家法律与共同体法律之间的差距，并确保了概念和意识形态的连续性。"（Takis Tridimas, "The Role of the Advocate General in the Development of Community Law", *Common Market Law Review*, Vol. 34, Iss. 6, 1997, p. 1354.）

③ See Case 10/55, *Miranda Mirossevich v High Authority of the European Coal and Steel Community*, Opinion of Mr Advocate General Lagrange, ECLI:EU:C:1956:9, 15 November 1956.

④ 例如，2021 年的 *European Parliament v UZ* 案虽然主要涉及行政当局对职员的纪律处分，但总法律顾问在提出解决方案的过程中对欧盟法律中"公正（impartiality）"的概念进行了详细的解释，并阐述了该理念在欧盟司法以及行政法领域的适用。（Case C-894/19 P, *European Parliament v UZ*, Opinion of Advocate General Pikamäe, ECLI:EU:C:2021:497, 17 June 2021.）

度上可被视为法院裁判时内部讨论内容的一部分。255 小组的现任成员朱莉娅·拉弗兰克（Julia Laffranque）就认为总法律顾问的意见仍然是公众了解有关本案的法律和事实问题的争议的"唯一渠道"。[1] 而前总法律顾问马索·鲁伊斯—哈拉博·科洛默（Da'maso Ruiz-Jarabo Colomer）在其发表的意见中也指出："至于总法律顾问，我强调这一点，即他的公正性和独立性不可能有丝毫的保留，将有助于宣传和促进赋予法院的司法职能的透明度。"[2] 因此该项职能在提高透明度和建立对法院司法决策的信任感方面发挥至关重要的作用，并抵消了欧盟司法审议模式的一些不足之处。[3]

（四）总法律顾问曾经拥有的其他职能——审查程序的启动权

在公务员法庭被废除前，总法律顾问中的首席总法律顾问还曾拥有过一项重要的职能。彼时欧盟内部司法上诉机制采取了三审模式，除了由公务员法庭和普通法院分别负责初审与上诉审之外，该模式还包括由欧洲法院对职员案件进行的审查程序。这是一个相当特殊且具有独创性的程序，在履行该司法职能时，欧洲法院可能并不能被视为上诉法院，而更像是宪法法院。这在《欧盟法院规约》第 62 条中有所体现，该条规定对于普通法院的职员案件上诉判决，如果首席总法律顾问认为"存在联盟法律的统一性受到严重影响"，那么在他申请后，欧洲法院可以决定审查该判决。因此在审查程序中，欧洲法院主要负责确保欧盟法律的一致性和统一性，而非当事方的利益。

在该程序下，首席总法律顾问在法院的审查程序中具有独特的地位，有

---

① 具体表述为："尽管这种（对于法官审议的）安排与国家、国际甚至其他超国家法院（如《欧洲人权公约》）的标准截然不同，并受到了严厉的批评，但没有任何迹象表明它将在不久的将来发生变化。在这方面，总法律顾问的意见仍然是公众了解有关本案的法律和事实问题的争议的唯一渠道。欧洲法院和普通法院（的法官）通常不会提出可能的替代解决方案，而仅限于证明他们所做出的决定的合理性，但总法律顾问则更直言不讳，并且经常对手头的争议提供更细致入微的观点，他们的推理即便没有被欧洲法院遵循，以后也可能会派上用场。"（Julia Laffranque, "Dissenting Opinion in the European Court of Justice – Estonia's Possible Contribution to the Democratization of the European Union Judicial System", *Juridical International*, Vol. 9, 2004, pp. 18–19. ）

② Case C-466/00, *Arben Kaba v Secretary of State for the Home Department,* Opinion of Mr Advocate General Ruiz-Jarabo Colomer, ECLI:EU:C:2002:447, 11 July 2002, para. 115.

③ Albertina Albors-Llorens, "Securing Trust in the Court of Justice of the EU : the Influence of the Advocates General", *The Cambridge Yearbook of European Legal Studies*, Vol. 14, 2012, p. 526.

学者将其视为欧洲法院的"守门人（Gatekeeper）"。[1] 总的来说，"行使这一专有权力不仅承认法律顾问对欧盟法律有独特和宏观的看法，而且还有利于通过弥补司法保护制度中的漏洞来确保对法院运作的信任。"[2] 但随着公务员法庭的废除，首席总法律顾问在之后的职员案件中也失去了该项职能。

最后需要提及的是，除总法律顾问的数量、案件分配与职能以外，相关法律规范也对其选任、任期制度等内容作出了规定，在这些方面总法律顾问基本上与法官相同。

（五）总法律顾问对欧盟内部司法上诉机制的意义

与其他国际组织内部司法系统进行比较，欧盟内部司法上诉机制中的总法律顾问这一职位显得如此与众不同，体现出创始成员国国内法的较强影响力。由前文的论述可以看出，总法律顾问在设立之初存在各种动机与目的，虽然该职位的设立并不只是为了职员案件，但其产生的实际效果却非常契合内部司法上诉机制的需求。

虽然有学者将总法律顾问发表意见的职能视为上诉机构中的"一审"。[3] 但作为欧洲法院的成员，总法律顾问目前实际上主要在上诉审中履行职能，这体现出总法律顾问更像是上诉机构的法律工作人员。公务员法庭的书记官长沃尔特劳德·哈肯伯格（Waltraud Hakenberg）曾对上诉机构的两项主要功能进行过论述[4]，而总法律顾问职能的履行有利于这两项功能的发挥。

首先是纠错功能。该项职能主要是为了维护当事方的上诉权，减少诉讼当事方因初审法院法官的错误判决或决定而受到的一些损害。因此上诉法院需要对初审法院判决中的事实与法律问题进行分析，并提出合适的解决方案，

---

[1] Graham Butler, "An Interim Post-Mortem Specialised Courts in the EU Judicial Architecture after the Civil Service Tribunal", *International Organizations Law Review*, Vol. 17, No. 3, 2020, pp. 616-617.

[2] Albertina Albors-Llorens, "Securing Trust in the Court of Justice of the EU : the Influence of the Advocates General", *The Cambridge Yearbook of European Legal Studies*, Vol. 14, 2012, p. 515.

[3] A. A. Dashwood, "The Advocate General in the Court of Justice of the European Communities", *Legal Studies*, Vol. 2, No. 2, 1982, p. 213; Kirsten Borgsmidt, "The Advocate General at the European Court of Justice: A comparative study", *European Law Review*, Vol. 13, 1988, p. 107.

[4] 这两项职能主要参见 Waltraud Hakenberg, "The European Union Civil Service Tribunal: A Three-tier Structure", in Olufemi Elias ed., *The Development and Effectiveness of International Administrative Law*, Martinus Nijhoff Publishers, 2012, Chapter 15, p. 251.

这也是总法律顾问的职责所在。同时，由于总法律顾问独立行使职权，且其建议并没有约束力，总法律顾问往往能对上诉问题提出更具创造力的解决方案，以供法官们参考。因此，总法律顾问制度有利于上诉机构纠错功能的发挥。

其次是确保法律统一适用的功能。当初审法院对类似的职员案件作出不同的裁决，或对职员案件作出的裁判将影响欧盟行政法甚至是欧盟法律体系的整体，以至于损害法院裁判的公信力以及法律适用的统一性与协调性时，总法律顾问对法律问题的注重将有助于上诉机构实现该功能。同时，总法律顾问在处理法律问题时一般需要注重解决方案的多元化，以及法律规范的关联性、体系性，甚至在一定程度上还需要避免自身在履行职能时过分狭隘地专注于某一专业领域，这些都与上诉机构的第二个功能相契合。

虽然总法律顾问的设立也需要结合现实情况，即考虑到司法成本以及司法效率等问题，但该职位在一定条件下的确能够使内部司法上诉机制更好地运作。因此它可以为联合国内部司法上诉机制，以及整个国际组织内部司法机制日后可能进行的改革提供制度参考。

三、欧盟内部司法上诉机制中的书记官与法官助理

（一）书记官

书记官是法院的首席行政官，他们在法院院长的授权下对法院的所有行政部门提供协调与管理服务。《欧盟运作规则》第 253 条第 5 款与第 254 条第 4 款规定了书记官任命与运作的基础，而《欧洲法院议事规则》在此基础上对上诉机构的书记官进行了更详细的规定。

在论述书记官[①]（Registrar）之前，有必要先对欧盟内部司法上诉机制的

[①] 该职位基于不同的理解和译法还有其他称呼，如"书记官长"（例如，参见赵海峰等：《国际司法制度初论》，北京大学出版社 2006 年版，第 31 页；邓烈：《国际组织行政法庭》，武汉大学出版社 2002 年版，第 141 页）。而在香港等地区该职位被翻译为"司法常务官"。（参见《司法常务官——简介》，香港終審法院官网，https://www.hkcfa.hk/tc/about/who/registrar/introduction/index.html，最后访问时间：2022 年 8 月 9 日。）在某些普通法系的司法管辖地区，该职位通常身兼部分司法人员职务，负责对特定案件进行聆讯，因此亦可称为"聆案官"。

书记处（Registry）进行简单介绍。大部分国际法院和法庭内部都设有书记处或秘书处，欧盟法院也不例外。欧盟法院的书记处作为法院的机构一般负责保存未决案件的卷宗档案，并负责保存登记所有程序文件的登记册。同时，书记处还负责接收、保存和送达律师和代理人为当事人送交法院的申请、诉状和其他程序文件，并负责与法院诉讼程序的进展有关的所有通信联络。[1]整体上看，书记处既是法院活动的协调中心，也是行政管理的中枢。[2]事实上，这也体现出书记官的职能特征，以及该职位在欧盟内部司法上诉机制中的地位与意义。

书记官是书记处的总负责人，作为司法人员与行政部门之间的纽带，书记官在法院的司法裁判与行政运作中都发挥着关键作用，[3]并将二者相协调。这体现出其职责的双重性。首先，他需要负责欧洲法院的记录和案件的处理，在这些司法职能外，他还负责法院的行政与财务管理。

除了上述法院内部的双重职责，书记官还可以加强外部与法院的联系，并增加双方的沟通交流。考虑到秘书处负责处理案件信息，并接收、通知有关文件，其中就包括与当事方的沟通交流，因此有学者认为他们在增强当事方对司法机构的信任方面发挥着不可或缺的作用。与法官和总法律顾问不同，他们的工作方式更具有协调性与沟通性，能够在相互冲突的观点和利益中，以公平有效的方式与各方进行互动。因此，可以认为书记官能够使案件得到更加细致与全面的处理，并尽可能地加强与当事方的沟通交流，这在一定程度上可以加强司法程序中不易建立或维持的公信力。[4]

为了完成上述任务，书记官被赋予了相当丰富的职能，具体包括：在法院院长的授权下，负责接受、传送和保管所有文件，并按照议事规则的规定进行送达；协助法院法官履行其所有公务；保管印章并负责记录，同时还负

---

[1] Court of Justice of the European Union, "Registry", https://curia.europa.eu/jcms/jcms/Jo2_7030/en/, (last accessed on 9 Aug. 2022).

[2] Court of Justice of the European Communities, *Synopsis of the work of the Court of Justice of the European Communities in 1986 and 1987 and record of formal sittings in 1986 and 1987*, Luxembourg, 1988, p. 137.

[3] Renaud Dehousse, *The European Court of Justice: The Politics of Judicial Integration*, Basingstoke, Hampshire Macmillan, 1998, p. 9.

[4] Stéphanie Cartier & Cristina Hoss, "The Role of Registries and Legal Secretariats in International Judicial Institutions", in P. R. Romano, Karen J. Alter & Yuval Shany eds., *The Oxford Handbook of International Adjudication*, Oxford University Press, 2015, pp. 711–712.

责法院的出版物，特别是欧洲法院报告；在法院院长的授权下指导法院的服务，并负责人事管理和行政管理，负责预算的编制和执行。同时，基于欧盟法院整体上庞大的组织规模与案件数量，这些职责并非书记官独自完成，为了应付如此繁重的工作量，书记官必须将某些任务进一步下放给书记处的其他工作人员。①

其次是书记官选任与任期制度。欧洲法院的书记官公开招聘，由法官和总法律顾问选举产生，任期 6 年，可连任。② 在煤钢共同体法院时期，法院的组织工作最初由法官与总法律顾问负责，他们建立了法院的行政机构。这些内部行政事项通过由 7 名法官和以顾问身份加入的 2 名总法律顾问组成"大会（réunion générale）"进行管理，大会具有广泛的权限，它负责任命法院所有的行政人员，当然也包括书记官③，并确定他们的职责与地位。这体现出欧盟内部司法上诉机制在机构行政管理中的自治性。究其原因，欧盟法院在成立阶段可能部分参照了当时运作得较为成熟的国际法院，并借鉴了国际法院中一些重要的司法管理规则和理念。④ 在书记官的选任、任期等与内部管理相关的制度上，法院可能借鉴了国际法院的自治原则（self-governance）。⑤

在这方面，欧盟内部司法上诉机制与其他国际组织存在明显不同。例如，

---

① 例如，法院法庭可按照相关程序，委任一名副书记官（Deputy Registrar）协助书记官，并在他无法行事时接替他的职务。同时，法院还可以任命一名或多名助理书记官（Assistant Registrar）。

② 参见 *Rules of Procedure of the Court of Justice*, Art. 18(3) (4).

③ 参见 *Rules of Procedure of Court of European Coal and Steel Community*, Article 25, para. 7, Article 12, para. 1; Statute of Court of European Coal and Steel Community, Article 14。转引自 Christoph Krenn, "Self-Government at the Court of Justice of the European Union: A Bedrock for Institutional Success", *German Law Journal*, Vol. 19 No. 07, p. 2011.

④ 参见 Anik Antoine, "La cour de justice de la C.E.C.A. et la Cour Internationale de Justice : étude critique de la cour de justice de la C.E.C.A.", *Revue générale de droit international public*, 1953, Nr. 2, p. 216；此外，其他从国际法院汲取的灵感的依据，参见 Louis Delvaux, *La Cour de justice de la Communauté européenne du charbon et de l'acier : exposé sommaire des principes*, Paris: Librairie générale de droit et de jurisprudence, 1956, p. 16。转引自 Christoph Krenn, "Self-Government at the Court of Justice of the European Union: A Bedrock for Institutional Success", *German Law Journal*, Vol. 19 No. 07, p. 2011.

⑤ 参见 Karin Oellers-Frahm, "Der institutionelle Rahmen: Status, Ausstattung und Personalhoheit internationaler Gerichte: der IGH, der Internationale Strafgerichtshof und das Jugoslawien-Tribunal im Vergleich", *Europäische Grundrechte-Zeitschrift Europaische Grundrechte Zeitschrift*, Vol. 30, 2003, p. 117。转引自 Christoph Krenn, "Self-Government at the Court of Justice of the European Union: A Bedrock for Institutional Success", *German Law Journal*, Vol. 19 No. 07, p. 2011.

联合国内部司法上诉机制的书记官由联合国秘书长进行安排[①]，秘书长公报甚至直接规定了法庭书记官最终向内部司法办公室执行主任进行报告（该主任是要向秘书长报告工作的），而不是法官。[②] 考虑到书记官的职能相当广泛，甚至在特定条件下还能间接对法官司法裁判施加潜在的影响，该职位由行政当局而不是司法机构决定，将可能对司法的公正性与独立性造成潜在的不利影响。因此仅从制度上看，与联合国相比，欧盟内部司法上诉机制在这方面给予了法院更多的自主权，更符合司法独立性的要求。

同时，值得指出的是，由于欧洲法院享有行政和预算的自主权，因此除了作为首席行政管理人员的书记官以及书记处的相关工作人员外，法院还自行招聘其他员工。总体上，大约 2000 名官员和其他工作人员在法院的各行政部门工作，例如在口译局（Interpretation Directorate）工作的，有负责案件同声传译的大约 70 名常任口译员（interpreters），还有在法律翻译局（Directorates for Legal Translation）负责法律翻译的法律语言学家（lawyer-linguist），以及在行政总司、信息总司负责相关行政职能的工作人员。[③] 这些员工都在书记官的领导下负责法院的日常行政事务。

（二）法官助理

法官助理（référendaires）也是欧盟内部司法上诉机制中一个相当重要且与其他国际组织内部司法相区别的专业职位。每个法官通常都有一个自己的工作团队（cabinet）来协助自己进行司法裁判，该团队由法官助理组成。由于与法官助理相关的规范并不多，法官助理被认为是法院内"隐藏劳动力（hidden workforce）"[④]，还有人称他们为法院的"枪手（ghost writers）"。[⑤] 之

[①]《联合国上诉法庭规约》第 5 条第 1 款规定："联合国秘书长应为上诉法庭的运作做出必要的行政安排。"

[②] See United Nations Secretariat, *Secretary-General's Bulletin: Organization and terms of reference of the Office of Administration of Justice*, ST/SGB/2010/3, 7 April 2010, Section 4.1.

[③] 更加具体的内容，可参见 Court of Justice of the European Union, "Departments", https://curia.europa.eu/jcms/jcms/Jo2_7001/en/, (last accessed on 9 Aug. 2022).

[④] 参见 Angela Huyue Zhang, "The Faceless Court", *University of Pennsylvania Journal of International Law*, Vol. 38, Iss. 1, 2016, p. 94. 本小节的内容主要参照此文章。

[⑤] Michal Bobek, "The Court of Justice of the European Union", in Anthony Arnull, Damian Chalmers eds., *The Oxford handbook of European Union law*, Oxford University Press, 2017, p. 166.

所以给予这样的称呼是因为他们的名字从未在任何判决中提及，法院也没有公布他们的个人资料，因此他们往往隐藏在法官或总法律顾问个人的影子中。法官助理的招聘、管理和治理也并未引起欧盟规范制定者的太多关注，至少从规范层面是如此。到目前为止，法院还没有一个公开的平台来招聘法官助理①，因此"法官们在组建自己的团队时或多或少都是自由的"。②总体而言，在对欧盟内部司法上诉机制的相关制度以及欧盟法院情况的各类研究分析中，这类法官工作团队的人员往往都会被令人惊讶地遗漏。③

简单而言，法官助理的职能为协助个别法官或总法律顾问进行案件审理。虽然法官助理在研究中并不那么起眼，并且每位法官的工作方式不同，法官助理的参与程度也各不相同，但他们在法官裁判的过程往往发挥着不可或缺的作用。在目前的欧盟法院，司法判决尤其是上诉机构的判决更像是一项团体任务，因此"协助（assisting）"可能意味着他们需要消化书面意见和翻阅各种附件以了解每个案件的事实和推理，研究判例法和撰写文书，并充当成熟的枪手，最后还包括虽不签署但仍负责起草与判决书或意见有关的任何事情。④

法官助理存在较多争议的地方为其招聘方式。虽然有学者表示，目前的招聘方式，即法官在相对自由的情况下选择法官助理，能够在一定程度上构建其内部团队的相互信任与良好的工作氛围。⑤但考虑到法官助理的潜在影响力以及相应规范缺失的程度，目前的制度或多或少都会对法院的实际工作带

---

① 与美国的法律助理（law clerks）相似，法官助理由法官个人选择，法官也可以随意解雇他们。然而，二者还是具有不同之处，美国通过开放的在线系统招聘联邦法律助理。仅在此方面，欧盟法官助理显然体现出更多自由性与非规范性。(See OSCAR, U.S. COURTS, https://oscar.uscourts.gov/home, (last accessed on 9 Aug. 2022).)

② Henriikka Leppo, *Improving The Court System of The European Union?: The 2015 reform of the General Court in historical context and looking ahead*, University of Helsinki, Faculty of Law, Licentiate Thesis in EU Law, 2018., p. 82.

③ Franklin Dehousse, "The Reform of the EU Courts. The Need for a Management Approach", Egmont Papers No. 53, 2011, p.14.

④ Michal Bobek, "The Court of Justice of the European Union", in Anthony Arnull, Damian Chalmers eds., *The Oxford handbook of European Union law*, Oxford University Press, 2017, p. 168.

⑤ Henriikka Leppo, Improving The Court System Of The European Union? : The 2015 reform of the General Court in historical context and looking ahead, Lisensiaatintyö, University of Helsinki, Faculty of Law Helsingin yliopisto, Oikeustieteellinen tiedekunta Helsingfors universitet, juridiska fakulteten, 2018, p. 82.

来一些消极影响，这些影响甚至可以抵消该制度的优势。

首先，法官对法官助理的选择或许没有那么自由，他们对法律顾问的依赖程度可能比想象中的更强。根据对 74 名调研时为在任的法官助理的抽样调查，法官助理平均在法院任职超过七年，超过 31% 的人已经服务了十多年。特别是，一名来自欧洲法院的法官助理任职超过 22 年，一名来自普通法院的法官助理履行职责超过 26 年，比法院历史上任职时间最长的法官还要长。[①] 尽管数据统计并不那么全面，且相关比例占比也并不突出，但仍然可以看出有相当数量的法官助理任期较为稳定，甚至超过了大部分的法官。在法官对其助理具有较大任免权的情况下，法官助理的人员构成仍然相对稳定，因此实际上法官的选择或许并不那么自由。这种现象值得剖析，尤其考虑到由于制度保障的缺失，法官助理属于临时工作人员，法官本可以随意任用或解雇他们。

此现象的产生可能部分是因为新任法官缺少一个稳定、易融入的工作环境。欧盟法院法官的任命受到成员国的干预，这导致法官的任期具有不稳定性，他们很难在工作中积累必要的实践经验。同时，作为法院官方语言的法语妨碍了一些不精通法语的法官开展工作。这些都在一定程度上使得一些法官没有能力独自充分履行其职责，他们在工作中需要更加依赖法律助理的协助。但对于如何选任法官助理，新法官可能也没有一个清晰的认知。加之，培养一个合格的法官助理需要付出较大的时间成本[②]，也没有一个合乎规范的招聘渠道。这使得他们很有可能只能从熟悉法院业务的既有法官助理人才库中挑选团队成员。[③] 因此，似乎可以认为，法官们关于法律助理选择的自由更

---

① 与此相比，依据相关学者截至 2016 年的数据统计，超过 42% 的欧盟法官的任期不超过 6 年。同时，41% 的欧洲法院法官和 52% 的普通法院法官在经历了一届任期后没有被留任。（参见 Angela Huyue Zhang, "The Faceless Court", *University of Pennsylvania Journal of International Law*, Vol. 38, Iss. 1, 2016, p. 92, 102.）

② 根据相关采访，由于缺乏正式制度，总法律顾问入职时并没有完备的在职培训，更多地的需要自己适应团队工作风格、法官的起草风格和法院的工作方法，这可能相当耗时。（参见 Brussels Legal, "Margarita Peristeraki, Référendaire at the Court of First Instance in Luxembourg", https://www.brusselslegal.com/article/display/2924/Margarita_Peristeraki_Rfrendaire_at_the_Court_of_First_Instance_in_Luxembourg, (last accessed on 9 Aug. 2022).）

③ 在最初的二十年中，每个法官成员都有一个长期固定的法官助理。因此，每个新成员都将继承其继任者的法官助理。（Sally J. Kenney, "Beyond Principals and Agents: Seeing Courts as Organizations by Comparing Référendaires at the European Court of Justice and Law Clerks at the U.S. Supreme Court", *Comparative Political Studies*, Vol. 33, No. 5, 2000, p. 605.）

多的是形式上的自由，而非实质自由。

其次，法官助理的专业素质也是一个值得注意的问题。虽然部分法官助理的任期较长，工作经验可能较为丰富，但法院仍然需要为法官的工作团队较为不稳定的那部分助理职位不断输入新人才。根据欧洲审计院（European Court of Auditors）的报告，法官助理的质量是确保法院案件有效管理的一个重要因素。[1]在欧盟法院，法官助理招聘方式的非正式性使得他们的专业素质并不能得到基本保障。法官完全依靠非正式渠道来招聘法官助理，例如从他们的前雇员、下属、学生中，或者从他们的私人朋友或前同事推荐的人中招聘。而求职者也缺乏关于法院空缺职位和法官特殊要求的资料。这缺少透明性与公开性的招募方式可能既不高效，也存在阻碍法官获得更优秀的法律人才的可能性。

最后，法官助理招聘的非正式性可能会影响成员国在法院代表权的平等。欧盟成员国在欧盟法院强调"一国家一法官"原则，其中一个很重要的原因就是对不同法律传统的尊重，欧盟需要尽可能地让每个成员国的法律体系都能够得到法官代表。但与欧盟法院的法官相比，法官助理的背景相对单一。根据法院以及相关调查提供的数据，作为上诉机构的欧洲法院超过42%的法官助理来自比利时、法国和卢森堡。在普通法院一级，这一比例更高，为49%。担任法官助理的工作人员主要集中在少数几个国家，尤其是那些具有法国法律传统的国家和德国。而来自北欧、普通法和前社会主义东欧国家的法官助理人数不足。事实上，在普通法院，只有1名法官助理来自北欧国家，2名法官助理来自普通法国家。[2]由于法院的官方语言为法语，因此精通欧盟法律并具有法语能力的候选人会更容易获得法官的青睐。但在法官助理深度参与司法判决的情况下，不同法律传统的代表性是否充分是存疑的。

与此相对比，联合国内部司法上诉机制中虽然没有完全相同的职位，但其书记处的法律工作人员往往承担了类似于法官助理的职能。法官助理在欧

---

[1] European Court of Auditors, *Special Report: Performance review of case management at the Court of Justice of the European Union (pursuant to Article 287(4), second subparagraph, TFEU)*, ECA Special Report, No. 14/2017, 2017, para. 23.

[2] Angela Huyue Zhang, "The Faceless Court", *University of Pennsylvania Journal of International Law*, Vol. 38, Iss. 1, 2016, p. 108.

盟都不那么被研究者们重视，在人员规模较小的联合国内部司法上诉机制中则更是如此。对于后者，法官团队工作人员的短缺可能是一个更加迫切的问题。例如联合国内部司法理事会在 2020 年的报告中就表示，内部司法上诉机制仍然存在着助理工作人员短缺的挑战，"日内瓦书记处严重缺乏法律干事……（其）法律助理工作人员短缺也影响到纽约书记处的工作，因为该书记处不得不向日内瓦的法官提供协助。这种情况可能会对法庭 2020 年的工作效率产生重大负面影响。"① 可以看出联合国内部司法上诉机制在法律助理方面仍然处于发展阶段，人员规模仍需要不断扩大。但欧盟内部司法上诉机制在此方面所遇到的问题并不只会出现在欧盟，这些问题日后完全有可能出现在不断扩张发展的联合国内部司法上诉机制。因此，联合国可以在必要的阶段制定一个相对具有执行力的法律助理管理制度，以预防相应问题的发生。

第二节　欧盟内部司法上诉机制的庭审组织制度

一、欧盟内部司法上诉机制的分庭制度

受案庭是司法机构行使裁判权的基本单位，它一般随着法院司法管辖权的扩张与法院法官人数的增加而随之精细化，从而形成不同形式的分庭。在最开始的煤钢共同体法院，分庭制度相当简单，法院规约允许法院在内部设立分庭，但并未将其规定为强制性义务。这些分庭只能执行某些指示措施，并根据相关规则所规定的条件对某些类型的案件作出判决。各分庭之间的任务分工由法院院长作出。②

不同于煤钢共同体时期，随着法院管辖权的扩张，目前的欧盟法院每年

---

① Internal Justice Council, *Administration of justice at the United Nations: Report of the Internal Justice Council*, A/75/154, 10 July 2020, para. 71.

② Donald Graham Valentine, *The Court of Justice of the European Coal and Steel Community*, The Hague: M. Nijhoff, 1955, p. 34.

都能收到约 1600 件新增案件①，并且这些案件的类型不尽相同。面对如此庞杂的案件，欧盟法院的受案庭制度是法院提高司法效率的重要一环。而在法官数量上，最开始法院只有 7 名法官②，但目前欧洲法院有 27 名法官，而普通法院的法官数量高达 54 名，可以说欧盟法院已经形成了一个具有极大规模的法官团体，这也为法院设置不同规模的分庭提供了基础条件。如何对这些法官在保障司法质量的前提下进行有效组织，将影响到法官以及法院整体的工作效率。

同时值得注意的是，相比其他国际组织，欧盟内部司法上诉机制的分庭制度由于欧盟法院法官人数较多而形成了更加多样的规模。在目前的联合国内部司法上诉机制中，联合国上诉法庭由 7 名法官组成，联合国争议法庭则由 9 名法官组成③，其他国际组织行政法庭法官的人数可能更少。因此，这些法庭的分庭制度可能较为单一。所以对于欧盟内部司法上诉机制中分庭制度的研究，在一定程度上也能丰富国际组织内部司法在相关领域的实践经验。

（一）分庭制度概述

首先，从法律规范层面看，欧盟的基础性条约没有对欧盟法院的分庭制度作出具体规定，而是将对此制度进行具体规定的权力赋予法院规约④，并由各法院的议事规则加以补充。

对于作为欧盟内部司法上诉机构的欧洲法院而言，依照《欧盟法院规约》第 16 条的规定，法院应当设立由 5 名或 3 名法官组成的分庭（简称"五人分庭"与"三人分庭"），并一般以这两种形式的分庭进行庭审。分庭的法官们从他们中选出各分庭的庭长。五人分庭的庭长任期为 3 年，可连选连任一

---

① 此处结合欧盟法院 2021 年的年度报告，对于新增案件数量进行了大概估算。（参见 Court of Justice of the European Union, *Annual Report 2021: Judicial Activity*, Luxembourg: Court of Justice of the European Union & Communications Directorate Publications and Electronic Media Unit, March 2022.）

② P. Mathijsen, "Le début: la Cour CECA", in M. Lagrange ed., *La Cour de justice des Communautés européennes 1952–2002: Bilan et perspectives*, Bruylant, 2004.

③ 《联合国上诉法庭规约》第 3 条第 1 款；《联合国争议法庭规约》第 4 条第 1 款。

④ 《欧盟运作条约》第 251 条第 1 款规定："法院应根据《欧洲联盟法院规约》为此规定的规则，以分庭或大分庭开庭。"

次。^① 三人分庭的庭长任期为 1 年。^② 欧洲法院目前有 10 个常设分庭负责通常情况下的案件审理，这些常设分庭都为三人或五人分庭。^③ 法官可以隶属于一个或多个分庭，并且将定期在不同分庭轮换。^④ 因此，在欧盟职员案件中，这两类分庭共同构成内部司法上诉机构的基本审理单位。

同时，欧洲法院还存在另外两种较为特殊的分庭。当作为诉讼方的欧盟机构提出要求时^⑤，或在法院认为其审理的案件具有重要价值时，法院可将案件交由大分庭（Grand Chamber）审理。^⑥ 大分庭由 15 名法官组成，并由法院院长主持。^⑦ 为了避免分配给大分庭的重要案件总是由同一批法官审理，大分庭的组成不尽相同，只有法院院长和副院长是大分庭的常任成员。当出现规约所列举的特定案件，或在法院认为其审理的案件具有特殊的重要性时，法院还能够以全体合议庭（Full Court）的方式开庭。^⑧ 依据《欧盟法院规约》的相关规定，在职员案件中，不论是大分庭还是全体合议庭，其组成的申请都不能由作为当事方的职员提出。

先不论规模更大的全体合议庭，事实上相比于国家法院较大规模的分庭^⑨，欧盟法院由 15 名法官组成的大分庭在某种程度上都过于庞大。之所以这

① 《欧盟法院规约》第 16 条第 1 款;《欧洲法院议事规则》第 12 条第 1 款。

② 《欧洲法院议事规则》第 12 条第 2 款。由于在实践中采用的是轮换制度，庭长一般不会连任。

③ See Court of Justice, *Assignment of Judges to Chambers*, Official Journal of the European Union C 513, 20 Dec. 2021, p. 3.

④ 法院在实际运作中设有 10 个常设分庭，第一到第五分庭为由 5 名法官组成的五人分庭，第六到第十分庭为由 3 名法官组成的三人分庭。可以看出，常设分庭的法官可能比实际审理案件的法官多，在这种情况下，法官在案件之间轮换。

⑤ 《欧盟法院规约》第 16 条第 3 款规定："当作为诉讼一方的本联盟成员国或机构提出请求时，法院应在大分庭开庭。"

⑥ 《欧洲法院议事规则》："法院应将提交给它的任何案件分配给 5 名和 3 名法官的分庭，只要案件的难度或重要性或特定情况不要求将其分配给大分庭。"

⑦ 《欧洲法院议事规则》第 20 条第 1 款规定："大分庭应由法院院长和副院长、五名和三名法官分庭的院长、法官兼报告员和达到 15 名所需的法官人数组成。"

⑧ 《欧盟法院规约》第 16 条第 5 款规定："如果法院认为提交给它的案件特别重要，它可以在听取总法律顾问的意见后决定将案件提交全体合议庭。"

⑨ 某些国家法院的最高司法机构，法院通常由 7 名或者 9 名法官组成，在全部参与庭审的情况下也与欧盟法院有较大差异，如美国最高法院由 9 名大法官组成，澳大利亚高等法院由 7 名法官组成。而英国最高法院目前由 12 名法官组成，法院可由 7 名或 9 名法官组成大分庭，或最多由全部法官组成全体合议庭。（Michal Bobek, "What Are Grand Chambers for?", *Cambridge Yearbook of European Legal Studies*, Vol. 23, 2021, p. 2.）

么设计，可能是为了使每个成员国的法律制度与文化都尽可能在分庭中得到法官的代表。在处理对欧盟法院体系有重大影响的案件中，此种大规模的分庭能够让各国的主权与利益得到形式上的平等保障，对于法院权威与自治权的维护是非常重要的。

与欧洲法院的情况类似，作为初审机构的普通法院通常由五人分庭或三人分庭进行审理。[①] 但与欧洲法院不同的是，在 2019 年 9 月 30 日的特别全体会议上，普通法院决定在 2019 年 9 月 30 日至 2022 年 8 月 31 日期间组建 10 个以五人分庭为基础构成的常设拓展分庭（Extended Composition），该分庭在一般情况下都以三人分庭的形式进行庭审，并在内部设置由不同法官组成多个三人分庭的组织模式。同时，目前在这 10 个常设拓展分庭中，第五与第十分庭的法官人数将比其他分庭多出两名。[②] 可以看出普通法院的常设分庭制度比欧洲法院更为复杂，这可能在一定程度上是因为其 54 名法官组成的司法团队过于庞大。同时普通法院也可以通过大分庭，或者是全体合议庭[③] 的形式进行庭审。[④] 在公务员法庭存续期间，普通法院作为欧盟内部司法上诉机制中的上诉机构，对公务员法庭裁决的上诉专门交给一个由 3 名法官组成的上诉分庭（Appeal Chamber）审理，该分庭由普通法院的院长和两名其他常设分庭的庭长轮流组成。[⑤]

值得注意的是，规约还赋予普通法院适用独任法官（Single Judge）制度的可能性。在欧共体理事会于 1999 年对设立初审法院的决议进行修订后，普

[①] 《欧盟法院规约》第 50 条规定："普通法院应由三名或五名法官组成分庭"；另见《欧洲法院议事规则》第 13 条第 1 款。

[②] 参见 General Court, *Formation of Chambers and assignment of Judges to Chambers*, Official Journal of the European Union C 372, 4 October 2019, pp. 3–7. 当前普通法院的分庭设置，参见 General Court, *Formation of Chambers and assignment of Judges to Chambers*, Official Journal of the European Union C 284, 25 July 2022, pp. 2–5.

[③] 《欧盟法院规约》第 50 条第 2 款。

[④] 《欧盟法院规约》第 50 条第 3 款；《普通法院议事规则》第 15 条。其中《普通法院议事规则》第 15 条第 1 款规定了大分庭的人数，和欧洲法院一样，普通法院的大分庭也由 15 人构成。

[⑤] See General Court, *Appeal Chamber*, Official Journal of the European Union C 313, 26 October 2013, p. 5; General Court, *Criteria for assigning cases to Chambers*, Official Journal of the European Union C 313, 26 October 2013, p. 4.

通法院才有了以独任法官的形式作出判决的可能。① 在该修订决定中，理事会考虑到各方的意见，认为如果考虑到案件所提出的法律或事实问题并不困难，案件重要性有限，且没有其他特殊情况，那么这些案件就适合以此独任法官的方式进行审理和裁决。由于独任法官制度仅由一名法官进行审理裁判，相比于具有多位法官的庭审模式，其判决的质量与公正性更容易受到影响。因此，《普通法院议事规则》第29条对独任法官制度的适用进行了具体规定。②

从适用范围上看，规则将独任法官制度的适用限定在固定的案件类型中③，同时还专门规定了一些独任法官制度所不适用的案件。④ 虽然这些规定未明确提及欧盟职员案件，但不论是初审法院、⑤ 公务员法庭，⑥ 还是普通法院，⑦ 都曾采用独任法官的形式对职员案件进行审理。该制度之所以可以适用于职员案件，可能是因为根据法院议事规则第29条第1款b项，独任法官可适用于自然人或法人对欧盟机构提起的相关诉讼案件，该规定在一定程度上也可类推适用于作为自然人的欧盟职员向欧盟机构提起的诉讼。

---

① See Council of the European Union, *1999/291/EC, ECSC, Euratom: Council Decision of 26 April 1999 amending Decision 88/591/ECSC, EEC, Euratom establishing a Court of First Instance of the European Communities to enable it to give decisions in cases when constituted by a single judge*, Official Journal of the European Communities L 114, 1 May 1999, pp. 52–53.

② 根据《普通法院议事规则》第29条，由三名法官组成的分庭的法官兼报告员（Judge-Rapporteur）可以作为一名法官审理和裁决该条所述的案件。

③ 这些案件类型包括：（1）对知识产权局申诉委员会（Boards of Appeal of the Office）的决定以及与知识产权制度有关的规则的适用而提起的诉讼；（2）任何自然人或法人对有关成员国或欧盟机构提起的相关废止诉讼、不作为诉讼以及损害赔偿诉讼，同时还要求这些案件只提出已被既定判例法澄清的问题，或构成寻求相同救济的一系列案件的一部分，其中一个案件已被最终裁决；（3）根据由欧盟或代表欧盟签订的合同中包含的任何仲裁条款提起的诉讼，无论该合同受公法还是私法管辖。

④ 根据《普通法院议事规则》第29条第2款，不可能将涉及普遍适用的欧盟行为的合法性问题的案件或涉及执行竞争和集中控制规则的案件、与国家提供的援助有关的案件、与贸易保护措施有关的案件或与农业市场的共同组织有关的案件委托给一名法官，但构成寻求相同救济的一系列案件中的一个已经最终裁决的案件除外。

⑤ 例如，参见 Case T-293/01, *Donatella Ineichein v Commission of the European Communities*, Judgment of the Court of First Instance (single Judge), ECLI:EU:T:2003:55, 5 March 2003; Case T-317/99, *Franz Lemaître v Commission of the European Communities*, Judgment of the Court of First Instance (single Judge), ECLI:EU:T:2000:218, 27 September 2000。作为上诉机构运用独立法官制度的案件，可参见 Case T-274/04, *Georgios Rounis v Commission of the European Communities*, Judgment of the Court of First Instance (single Judge), ECLI:EU:T:2005:442, 8 December 2005.

⑥ 例如，参见 Joined Cases F-95/11 and F-36/12, *CG v European Investment Bank (EIB)*, Judgment of the European Union Civil Service Tribunal (Single Judge), ECLI:EU:F:2014:188, 10 July 2014.

⑦ 例如，参见 Cases T-641/16 RENV and T-137/17, *Danuta Kakol v European Commission*, Judgment of the General Court (Single Judge), ECLI:EU:T:2018:958, 13 December 2018.

从适用程序上看，将案件交付给独任法官的决定，应在听取主要当事人的意见后，由最初审理该案件的分庭作出。而如果作为诉讼当事方的欧盟机构反对由独任法官审理和裁决的案件，则案件应转由法官兼报告员所属的分庭审理。① 在此可以看出，根据法律规范的规定，与提议由大分庭审理的权利类似，职员案件中的原告职员并不享有欧盟机构行政当局所享有的独任法官制度的适用反对权。② 这在一定程度上违背了双方诉讼地位平等（Equality of Arms）的司法原则。

对于公务员法庭而言，作为当时欧盟内部司法上诉机制的初审机构，由于仅负责职员案件，同时法官人数较少，公务员法庭的分庭形式更为简单且强调工作效率。不同于作为其上诉机构的普通法院，以及作为当前上诉机构的欧洲法院的分庭形式，《欧盟法院规约》的附件中虽然规定公务员法庭可由全体合议庭、五人分庭或独任法官的形式开庭，但规约的表述似乎将三人分庭作为公务员法庭裁判的主要形式。③ 法庭在实际运作中也正是如此，它设立了三个常设分庭，其中包括 2 个三人分庭和 1 个五人分庭。④ 在其存在的最后五年，除去该五个年度内未进行分配的案件，三人分庭审理的案件占案件总

---

① 《普通法院议事规则》第 29 条第 3 款。

② 事实上这种在影响法院分庭模式的权利上的不平等还可以体现在三人或五人分庭的决定上，例如《普通法院议事规则》第 28 条第 5 款规定："联合国上诉法庭庭长可在争议法庭庭长提出书面请求后七个日历日内，在必要时以案件特别复杂或重要为由，授权将案件移交争议法庭的三名法官组成的分庭审理。"

③ 规约在附件中规定："公务员法庭由三名法官组成。在其议事规则确定的某些情况下，它可以在合议庭或由五名法官或一名法官组成的法庭开庭。"（See *Consolidated version of the Treaty on European Union - Protocol (No 3) on the statute of the Court of Justice of the European Union*, Official Journal of the European Union C 115, 9 May 2008, Annex I, Art. 4 (2).）而《欧洲联盟公务员法庭议事规则》也只是为法庭设立五人分庭提供了可能性，而未进行强制要求，其第 11 条第 1 款规定："法庭应设立由三名法官组成的分庭。它可以设立一个由五名法官组成的分庭。"（European Union Civil Service Tribunal, *Rules of Procedure of the European Union Civil Service Tribunal*, Official Journal of the European Union L 206, 14 July 2014.）

④ 公务员法庭于 2005 年 11 月 30 日作出的关于分庭的构成和组成、选举分庭庭长和分配法官的决定，第一分庭与第二分庭都为三人分庭，而第三分庭为五人分庭。除公务员法庭庭长外的 6 名法官组成了公务员法庭的第一和第二分庭。第三分庭由公务员法庭庭长与第一和第二分庭的 4 名成员组成，但这两个分庭的庭长除外。（See European Union Civil Service Tribunal, *Constitution and composition of the Chambers, election of their Presidents and assignment of the Judges to Chambers*, Official Journal of the European Union C 322, 17 Dec. 2005, p. 16.）

量的 97.5%。[①]

最后，在分庭制度的实际应用上，有学者通过欧洲法院与普通法院设立至今的相关数据分析出欧盟法院对分庭制度的使用如何随着时间的推移而演变。在欧洲法院，五人分庭现在比三人分庭更常见。其全体合议庭的运用曾经非常普遍，但现在已被五人分庭和大分庭完全取代。[②] 在普通法院，三人分庭则出现得更为经常，而独任法官以及大分庭出现的次数相当少。[③]

（二）分庭制度的比较分析

不论是欧盟还是联合国，其内部司法上诉机制的各级司法机构都分别承担着不同的职能。在欧盟，欧洲法院作为上诉机构时主要负责审查法律问题，同时还需要维护欧盟法律体系的统一性与协调性。而普通法院则需要对案件事实问题与法律问题进行全面的分析。因此分庭制度的设计与应用也需要契合不同层级司法机构的需要。与联合国以及其他国际组织内部司法系统不同，欧盟内部司法上诉机制的分庭制度更为复杂且多样，包括从独任法官制度、三人分庭、五人分庭到大分庭乃至全体合议庭的分庭制度，因此它们在不同层级法院的适用中体现出的差异更加明显。欧盟法院中不同大小的分庭能够不同程度地实现司法效率与司法质量这两大类司法目标（参见图5），而这将有利于内部司法上诉机制中各司法机构不同职能的履行。

---

① 数据来自于 Court of Justice of the European Union, *Annual Report 2015: Judicial Activity*, Luxembourg: Court of Justice of the European Union & Communications Directorate Publications and Electronic Media Unit, 1 January 2016, p. 207.

② 有学者对于欧洲法院分庭的应用进行了更具体的分析，认为对于欧洲法院而言，绝大多数案件由较小的分庭决定：在"默认"的一般情况下，案件由五人分庭审理；如果案件被认为是对现有判例法的直接应用，则由三人分庭审理，而大分庭负责维护判例法的一致性并对其进行进一步发展。（参见 Michal Bobek, "The Court of Justice of the European Union", in Anthony Arnull, Damian Chalmers eds., *The Oxford handbook of European Union law*, Oxford University Press, 2017, pp. 156–157.）

③ Joshua C. Fjelstul, "How the Chamber System at the CJEU Undermines the Consistency of the Court's Application of EU Law", Forthcoming at the *Journal of Law and Courts*, p. 4, https://www.joshuafjelstul. com/Fjelstul-CJEU-chambers.pdf, last accessed on 9 Aug. 2022.

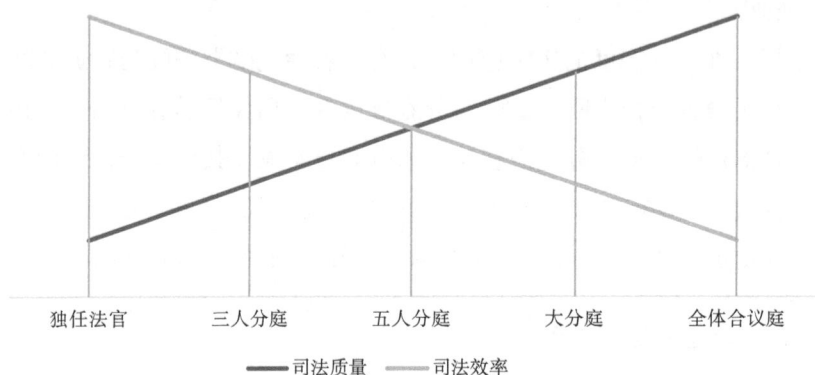

图5 不同分庭对不同司法需求的满足趋势

　　以独任法官为例，欧盟理事会之所以决定在欧盟法院中增加该分庭模式，主要因为当时法院的工作量已大大增加，为了使法院能够应对这一增加的工作量，在考虑增加法院成员人数之前，有必要用尽所有的可能性来提高初审法院目前的工作效率，而鉴于在各成员国的国家法律体系中获得的经验，在满足相应要求的情况下，通过赋予一个法官对某些案件作出裁决的管辖权，可以缓解法院的积案压力。[①] 在上述不同大小的分庭中，独任法官制度最能体现出对司法效率的强调。

　　但同时，由于只有一位法官进行庭审，这将影响到案件的司法质量。因此理事会在决议中对独任法官制度进行了相当多的限制，只有在案件较为简单的情况下才适用该分庭模式。在公务员法庭设立前，欧盟委员会与法院对新设立的法庭是否适用该制度的讨论很好地反映了该制度的优缺点，委员会认为"不应规定这种组成形式，因为新的法庭将是一个必须维护其权威的新法院"[②]，而法院则认为根据初审法院的经验，独任法官制度"在解决某类相对

[①] See Council of the European Union, *1999/291/EC, ECSC, Euratom: Council Decision of 26 April 1999 amending Decision 88/591/ECSC, EEC, Euratom establishing a Court of First Instance of the European Communities to enable it to give decisions in cases when constituted by a single judge*, Official Journal of the European Communities L 114, 1 May 1999, pp. 52–53.

[②] 这可能是考虑到独任法官的判决将在一定程度减损法庭的权威。(Commission of the European Union, *Proposal for a Council Decision establishing the European Civil Service Tribunal*, Council doc. 15105/03, 20 November 2003, p. 4.)

简单和明确的案件中是有用的",如工作人员案件。[1]

而大分庭制度则更像是与独任法官制度相对的分庭类型[2],它拥有比一般三人或五人分庭更多的法官数量,有学者认为大分庭能够加强法院对重要案件裁判的合法性,同时还能确保判例法的统一。对于前者,这是因为更多的法官参与了这一重大案件,因此需要更多的投票才能达成既定决定,这使得该决定具有更广泛的共识,从而从直观感受上可能具有更强的合法性。[3]但相比之下,法院实施此种分庭模式的原因可能更多的是基于后者。因为不同的法官可能受不同法律制度、文化的培养与影响,因此,法官的个人决定可能具有更多个人特征与思维,而经过广泛的集体讨论所形成的决定,在很大程度上将反映欧盟社会的多数意见,或者说主流观点。[4]在欧盟法院,由于法院采取严格的"一国家一法官"制度,对于那些涉及欧盟法律原则以及重大利益的案件,大分庭较多的法官人数可能还意味着在处理这些案件时,各成员国在法律代表性上的尽可能的平等。[5]这些功能注重对案件法律问题的处理,并且往往能够在重要或复杂案件中发挥积极作用。但在法官数量相当多的情况下,达成最终共识的这个过程往往需要耗费更多的时间以及组织成本。因此大分庭往往更契合上诉机构司法职能的需要。

由此可以看出,在案件审理压力更大的初审机构,其分庭制度在保证司法质量的前提下需要更加注重裁判的效率。因此,初审机构可以采用规模较小的分庭。而在上诉机构,由于其主要负责法律问题的审理,且其判决具有

---

[1] Hannes Kraemer, "The European Union Civil Service Tribunal: a new Community court examined after four years of operation", *Common Market Law Review*, Vol. 46, No. 6, December 2009, p. 1887.

[2] 事实上,欧盟法院的全体合议庭很少有出现的机会,因此本文以大分庭制度为对象进行论述,事实上二者也属于较为相似的分庭类型。

[3] 但主要根据多数人表决来决定决议合法性的观点也受到了相应的质疑,可参见 Jeremy Waldron, "Five to Four: Why Do Bare Majorities Rule on Courts?", *Yale Law Journal*, Vol. 123, No. 6, 2014, pp. 1692–1730。

[4] See Michal Bobek, "What Are Grand Chambers for?", *Cambridge Yearbook of European Legal Studies*, Vol. 23, 2021, pp. 7–8.

[5] 有学者表示,最初大分庭只有 13 名法官,大部分是分庭庭长,现在成员已经增加到 15 名,有更多非担任分庭庭长的法官成员参与。因此,可以说,大分庭的组成理由已经从"判例法的统一性"目标转向了可能更具"代表性"和"民主性"的考虑。(参见 Michal Bobek, "The Court of Justice of the European Union", in Anthony Arnull, Damian Chalmers eds., *The Oxford handbook of European Union law*, Oxford University Press, 2017, p. 157.）

终审效力，因此它需要更加注重判决的质量，采用规模较大的分庭。事实上，该规律也可从前文欧盟内部司法上诉机制的两个法院对三人分庭与五人分庭不同程度的运用上得到印证，欧洲法院更倾向于运用五人分庭，而普通法院则更青睐三人分庭。但需要注意的是，这并不意味着初审机构或上诉机构必须适用某一类法庭。相反，这些分庭制度需要结合法院司法裁判的实际需求进行合理配置。例如，目前作为欧盟内部司法上诉机制初审机构的普通法院也具有运用大分庭与全体合议庭的可能性。[1]

联合国内部司法上诉机制在适用分庭制度的整体规律上与欧盟具有相似性，但由于法官人数与案件规模的差异，联合国内部司法上诉机制在分庭制度上更像是"缩水版"的欧盟。作为其初审机构的联合国争议法庭通常由 1 名法官进行审理[2]，而上诉法庭审理的案件通常由 3 名法官组成的分庭（panel）审理。[3]同时两个法庭也都存在规模更大的分庭模式。在案件满足特定条件与程序的情况下，两个法庭可以分别由 3 名与 7 名法官组成的分庭进行审理。目前联合国内部司法上诉机制仍然处于发展阶段，其管辖权在未来很有可能进一步扩张，其法官数量也有可能增加，因此欧盟的分庭制度可以为联合国提供制度及实践经验上的参考借鉴。

与联合国相比，欧盟内部司法上诉机制体现出一些极具参考意义的优点。

首先，欧盟内部司法上诉机制在分庭模式的选择中一定程度上保障了当事方的参与性。在联合国上诉法庭，只有庭长或两名负责待审案件小组的法官认为案件涉及重大法律问题时，才可决定将案件提交全体合议庭。[4]联合国争议法庭三人分庭的组成则需要争议法庭的庭长提出申请。[5]而在欧盟内部司法上诉机制中，虽然分庭的类型往往由法院决定，但诉讼当事方或多或少也

---

[1] 但对于职员案件，作者通过欧盟法院案件搜索引擎发现，普通法院可能并未利用过这种可能性。

[2]《联合国争议法庭规约》第 10 条第 9 款前半部分规定："争议法庭审理的案件通常由一名法官审理。"

[3]《联合国上诉法庭规约》第 10 条第 1 款规定："上诉法庭审理的案件通常由三名法官组成的分庭审查，并以多数票作出裁决。"

[4]《联合国上诉法庭规约》第 10 条第 2 款规定："如果庭长或任何两名审理特定案件的法官认为该案件涉及重大法律问题，在作出判决之前的任何时间，该案件可提交整个上诉法庭审议。"

[5]《联合国争议法庭规约》第 10 条第 9 款在后半部分规定："争议法庭庭长在必要时以案件特别复杂或重要为由提出书面请求后七个日历日内，联合国上诉法庭庭长可授权将案件移交争议法庭三名法官组成的分庭审理。"

可以参与到该决定的讨论中①，甚至可以直接决定分庭的类型。② 因此，联合国内部司法上诉机制未来似乎也可以在分庭类型的选择程序中尊重当事方的意见，尤其是在初审中，这样在一定程度上能够增强法院庭审的合理性与权威性，有利于案件的解决。

其次，与欧盟各级司法机构自行决定分庭的模式不同，联合国内部司法上诉机制在分庭的选择程序上体现出一定的集权思维。联合国争议法庭三人分庭的组成需要通过争议法庭庭长向上诉法庭庭长提出书面请求，并得到上诉法庭庭长的同意。这不仅干预了争议法庭对于自身司法内部事项的自治，还增加了司法程序的复杂性。③

最后，从分庭制度的多样性看，欧盟内部司法上诉机制的两个法院都具有相当多的分庭类型。而联合国内部司法上诉机制则相对局限，例如其争议法庭在法律层面并不存在适用全体合议庭的规定，而上诉法庭则只有三人分庭和全体合议庭这两种形式，并没有五人分庭制度。④ 因此，对联合国内部司法上诉机制分庭制度进行进一步细分将有利于法庭在裁判中选择更符合案件裁判需要的分庭类型，以在整体上提高内部司法上诉机制的裁判质量与司法效率。

二、欧盟内部司法上诉机制的案件分配制度

在了解欧盟内部司法上诉机制的分庭类型以及运用后，接下来需要对法

---

① 例如《普通法院规约》第 28 条第 2 款规定："受理案件的分庭或总法院院长可在诉讼程序的任何阶段主动或应主要当事方的请求，向全体会议提议按第 1 款的规定移交案件。"该条第 4 款则规定："将案件提交法官人数较少的分庭的决定应在听取主要当事人的意见后由全体会议（plenum）作出。"

②《欧盟法院规约》第 16 条第 3 款规定："当作为诉讼一方的本联盟成员国或机构提出请求时，法院应在大分庭开庭。"

③ 联合国上诉法庭的法官认为仅争议法庭庭长就足以授权召集这样一个分庭，组织三人法庭需要征得上诉法庭庭长的同意"使程序不必要地复杂化，并使得上诉法庭庭长处于一个尴尬处境，因为争议法庭庭长会向上诉法庭庭长通知案件特别复杂性或重要性方面的情况，所以一旦出现关于这一请求所涉事项的上诉，上诉法庭庭长则可能需要进行回避"。（United Nations Internal Justice Council, *Administration of justice at the United Nations: Report of the Internal Justice Council*, A/73/218, 23 July 2018, paras. 116, 117.）

④ 但依据《联合国上诉法庭规约》第 10 条第 2 款，上诉法庭全体合议庭的法定最低人数为 5 人。

院案件分配制度进行研究，而案件分配制度也将影响法院的司法效率与司法质量，并有助于实现分庭的专业化。在这方面，虽然欧洲法院与普通法院存在较大差异，但由于两个法院都具有普遍管辖权，因此在案件分配上都有着是否以案件类型作为案件分配标准，以及如何以该标准进行案件分配的问题。

与前文法官的选任标准一样，案件分配制度涉及司法的专业化。专业化的本质从某种角度可以理解为劳动分工，亚当·斯密就曾在其著作中指出，劳动分工能够提高生产率。[1] 而在法院进行司法裁判时，专业化也能提高法院的司法效率，欧盟内部司法上诉机制的产生与形成就是一种司法专业化方式。分庭的专业化与法官的专业化是密不可分的。如同前文探讨法官专业化时所述，司法专业化能提升组织内部司法领域判决的质量、效率以及法律的统一性。[2] 更具体地说，司法专业化存在如下几个优点：首先，专业化有助于促进各个法律领域的系统发展和该领域判决之间的一致性，并进而为法律适用者带来更高的法律确定性；其次，它有利于法官积累该领域的专业知识，并使得其法律推理更加准确与合理，提高判决质量；最后，它能够提高法院的司法效率，节约司法成本。[3]

而法院分庭的专业化则要求每个分庭的法官对于某一类或几类案件的审理保持相对稳定，如今许多国际组织内部司法系统都设立了专门管辖组织职员案件的国际行政法庭，欧盟曾经也在一段时间拥有自己的公务员法庭，但该法庭在 2015 年的改革中被废除。虽然改革后的欧盟法院在案件分配制度上采取了一些专业化改革，但可以认为，司法专业化仍然是目前欧盟内部司法上诉机制需要面对的一个较为独特的问题。

（一）案件分配制度概述

在欧洲法院，案件的分配主要受院长以及法院大会的影响。依照《欧

---

[1] Adam Smith: *An Inquiry Into the Nature and Causes of the Wealth of Nations*, University Of Chicago Press, 1977.

[2] Lawrence Baum: *Specializing the Courts*, University of Chicago Press, 2011, p. 4, 32.

[3] 参见 Consultative Council of European Judges (CCJE), *Opinion (2012) No. 15 of the Consultative Council of European Judges on the Specialization of Judges adopted at the 13th plenary meeting of the CCJE*, Paris, 13 November 2012, paras. 8–13. 但也有观点认为司法专业化的积极影响有限，参见 Lawrence Baum, "Probing the Effects of Judicial Specialization", *Duke Law Journal*, Vol. 58, Iss. 7, 2009.

洲法院议事规则》，当法院收到上诉的文件后，院长应尽快指定一名法官担任案件报告员（Rapporteur），该报告员又被称为法官兼报告员（Judge-Rapporteur）。[1]法官兼报告员负责在预审的书面阶段撰写案件的初步报告，说明案件应由哪一分庭负责处理，以及案件应如何处理。案件程序的书面部分结束后，院长应确定一个日期，由法官兼报告员向法院大会提交初步报告，法院应在听取总法律顾问的意见后，决定对法官兼报告员的建议采取何种行动，其中就包括将案件分配给哪一个分庭。[2]在这个过程中，案件的分配主要由欧洲法院大会决定，同时还受到院长较强的影响。但法律并未明确提供一套专业化的案件分配标准，也未要求欧洲法院设立一套案件分配标准。

普通法院的情况却有所不同，《普通法院议事规则》并没有赋予普通法院在案件分配上与欧洲法院类似的自由度，而是规定普通法院应制定分庭之间分配案件的标准，该标准可以指定一个或多个分庭负责审理和裁决特定事项的案件，同时该标准应在《欧盟官方公报》（*Official Journal of the European Union*）上公布。起诉文件提交法院后，普通法院院长应尽快由普通法院根据第 25 条规定的标准将案件分配给分庭。[3]目前普通法院的案件分配标准由法院在 2019 年 10 月 4 日的全体会议中确定，[4]该标准只规定了两类案件的固定分配标准，其中就包括职员案件。因此与欧洲法院不同，普通法院制定了一套案件分配标准，而该标准体现出一定程度的案件分配专业化。

作为司法专业化的产物，法院先前设立的公务员法庭反而是案件分配专业化最为完善的司法机构。这不仅体现于公务员法庭为专业分庭的这一事实，还体现于法庭内部的案件分配制度也具有相当程度的专业化。从公务员法庭设立到废除，它都一直依照案件的事项标准对其进行进一步的专业化分配。具体而言，法庭将涉及招聘、评估与晋升以及终止服务的案件交由第二分庭审理，其他案件则由第一分庭审理。同时，考虑到专业化后各分庭可能对相关类型的案件过于纵向深入，与其他法庭缺乏交流，于是法庭规定一些案件，

---

[1]《欧洲法院议事规则》第 15 条第 1 款。

[2]《欧洲法院议事规则》第 59 条、第 60 条。

[3]《普通法院议事规则》第 25 条、第 26 条。

[4] General Court, *Criteria for the assignment of cases to Chambers*, Official Journal of the European Union C 372, 4 October 2019, p. 2.

无论涉及什么主题，都会定期分配给第三分庭，由公务员法庭的全体会议决定。①由于第三分庭由第一分庭和第二分庭的法官组成②，使得这一机制能够确保各庭之间必要的相互交流，并允许所有法官对所有类型的工作人员案件进行横向审理。最后，作为案件分配制度的兜底机制，"出于案件之间的联系和确保法庭内平衡与合理多样化的工作量的原因"，法庭可以对这些规则进行改变。该制度无疑是对欧盟法院案件分配制度专业化改革的一次突破性尝试，不仅构建了一个较为稳定的专业化分庭制度，还设计了相关的配套制度以避免专业化程度过深的弊端。有学者认为，"它巧妙地将内部专业化带来的提高生产力的好处与有利于高质量的整体法律文化，以及允许以最佳方式利用司法资源的灵活性的好处相结合"。虽然公务员法庭已被废除，但法庭设计的某些制度遗产在欧盟法院未来的发展中仍然值得特别关注。③

（二）案件分配制度专业化的评析

目前欧洲法院案件的分配并未明显体现司法专业化。普通法院案件分配制度的专业化程度则有所改善④，但其议事规则并未对法院制定的案件分配标准进行更为具体的限制，法院完全可能对案件的分配标准进行不受限制的变动。依照规定，普通法院院长也能够以确保"案件之间的联系，或为了确保工作量的平均分布"为由，对案件分配原则进行改变。⑤需要注意的是，与公务员法庭案件分配标准中规定的"确保法庭内平衡与合理多样化的工作量"的案件分配制度的改变理由不同，普通法院所规定的案件分配制度变动的理

① European Union Civil Service Tribunal, *Criteria for the assignment of cases to Chambers*, Official Journal of the European Union C 322, 17 December 2005, p. 17.

② See European Union Civil Service Tribunal, *Constitution and composition of the Chambers, election of their Presidents and assignment of the Judges to Chambers*, Official Journal of the European Union C 322, 17 Dec. 2005, p. 16.

③ Hannes Kraemer, "The European Union Civil Service Tribunal: a new Community court examined after four years of operation", *Common Market Law Review*, Vol. 46, No. 6, December 2009, p. 1888.

④ 作为普通法院前身的初审法院采用"轮流审理（tour de rôle）"制度，每个分庭原则上都处理所有类型的案件。（Hannes Kraemer, "The European Union Civil Service Tribunal: a new Community court examined after four years of operation", *Common Market Law Review*, Vol. 46, No. 6, December 2009, p. 1888.）

⑤ General Court, *Criteria for the assignment of cases to Chambers*, Official Journal of the European Union C 372, 4 October 2019, p. 2.

由为"确保工作量的平均分布",这一标准并未体现出价值或原则性的指引标准,因此也体现出普通法院的案件分配模式更加不稳定。

同时,法院往往将某一类型的案件分配至多个分庭,例如法院 2019 年全体会议的决议规定由四个分庭负责处理职员案件。除此之外,该标准只规定了两类案件的固定分配标准,也意味着各分庭完全有可能审理除这两类案件外的任何案件,[①] 负责审理职员案件的分庭仍需要审理其他多个类型的案件。因此,各分庭特定类型案件的审理并不集中,都具有"普遍管辖"的特征。

因此,从整体上看,欧盟法院专业化的程度并不深,在公务员法庭被废除后甚至出现了一定程度的倒退。但这种临时且不完全的专业化分庭在当前欧盟一体化程度的背景下具有合理性。

首先,从现实层面而言,成员国对法官任命权的控制使欧盟或者欧盟法院并不能决定被任命法官的专业类型,因此也不能对不同类型的案件进行分配。如果此时设立较为固定且专业化程度较深的分庭,将可能出现某一类型的案件法官人数不足或者过多的情况,影响法院的正常运转。所以,法院只能通过轻度的专业化来保有调配法官的灵活性与自由度。可以认为,欧盟内部司法上诉机制的这种极具流动性的案件分配制度在一定程度上是为了配合法官的选任制度,因此不能提出过深的专业化要求。

其次,从更深层次的角度分析,这主要是为了避免某个成员国的法律传统在任何法律领域过于突出。[②] 因为成员国都相当注重本国法律制度以及法律文化在欧盟法院的代表性,而提名本国候选人担任欧盟法官是各国实现这一目的的方式之一。但不同的法律领域对于国家利益的直接影响力不同,例如,相比于组织内部的职员案件,各国可能更希望在市场竞争、知识产权等直接

[①] 法院在 2019 年 7 月 3 日的全体会议中将分配的案件类型分为四大类,包括竞争(competition)、国家援助(state aid)、贸易保护措施(trade protection measures)案件;知识产权事务(intellectual property matters);职员案件(staff cases);以及"其他案件"(other cases)。(参见 General Court, *Criteria for the assignment of cases to Chambers*, Official Journal of the European Union C 246, 22 July 2019, p. 2.)最后一个类别包含广泛的案件类型,例如共同的外交和安全政策(限制性措施)、银行和金融争端、公共采购、获取文件以及农业政策。同时需要注意的是,只有职员案件与知识产权事务由固定的分庭审理,其他类型的案件按照在书记处登记的日期,以两个单独的轮值顺序依次分配给各分庭。

[②] Matthias Jacobs, Matthias Münder & Barbara Richter, "Subject Matter Specialization of European Union Jurisdiction in the Preliminary Rulings Procedure", *German Law Journal*, Vol. 20, Iss. 8, p. 1221.

涉及国家经济利益的重要案件中保障本国法官的影响力。因此如果进一步加深司法专业化，那么代表各成员国的法官们被固定在不同影响力的特定法律领域。这将不符合成员国对法院代表的"平均主义"要求，可能会促使成员国主张他们的法官成为某一专业分庭的一员，或者争取让他们的法官不成为某个分庭的一部分。①

最后，除了对成员国在法院代表权平等的考虑外，司法专业化自身也具有一些潜在的风险。例如，专业化可能会使法官更为保守，因为就相同问题作出决定的法官可能倾向于重复作出以前的决定；它也可能使某一领域的法官与其他领域的法律专业知识相隔离，并可能不利于他们形成对一般原则和基本权利的理解②，进而影响到欧盟法律的体系性与协调性。③ 但这些问题可能在专业程度较深时才会出现，同时通过为法官提供一定程度的专业流动性也可以弥补这些问题带来的不足，在这方面可以参考公务员法庭的制度设计。因此阻碍欧盟法院分庭专业化的最大障碍似乎是成员国的政治考虑。

（三）职员案件分配制度专业化的必要性

虽然目前欧盟法院案件分配制度的专业化程度具有合理性，但进一步的专业化可能仍然是法院未来需要重点考虑的改革方向，尤其针对欧盟职员案件这一较为特殊的领域。

根据改革后的相关数据，至少从案件的处理数量上看，法官数量的增加并没有为普通法院带来明显的司法效率提升，而未进行改革的欧洲法院也开始逐渐面临积压案件上升的压力（参见图6、图7）。欧盟法院最新一次的改革并未涉及作为内部司法上诉机构的欧洲法院，因此欧洲法院很有可能将比

---

① 参 见 Sophie Turenne, "Institutional constraints and collegiality at the Court of Justice of the European Union: A sense of belonging?", *Maastricht Journal of European and Comparative Law*, Vol. 24, 2017, pp. 571–572.

② 在此方面，前初审法院院长奥莱·杜埃在法院设立之初认为"专业化可能有用，甚至可能成为长期的必要，但不应忘记，新法院是一个法院，而不是一个行政专家机构。过于专业化有时可能使人们难以看到所有树木所处的整片森林（Too much specialization may sometimes make it difficult to see the forest for all the trees）"。（参见 Olé Dué, "The Court of First Instance", *Yearbook of European Law*, Volume 8, Issue 1, 1988, p. 10.）

③ Consultative Council of European Judges (CCJE), *Opinion (2012) No. 15 of the Consultative Council of European Judges on the Specialization of Judges adopted at the 13th plenary meeting of the CCJE (Paris, 5–6 November 2012)*, 13 November 2012, paras. 15–16.

普通法院更快遇到司法效率的瓶颈，此时如果不想重蹈普通法院经历漫长改革历程，并最终成倍地增加法官数量的覆辙，欧洲法院可参照普通法院的案件分配制度并结合自身的实际需求进行一定程度的司法专业化改革。具体到职员案件，问题则更为突出。根据普通法院对最新一次欧盟法院司法架构改革的反馈报告，法官人数的大量增加作为改革措施在一定程度上改善了诉讼程序冗长的问题，但在职员案件中却并不明显。①

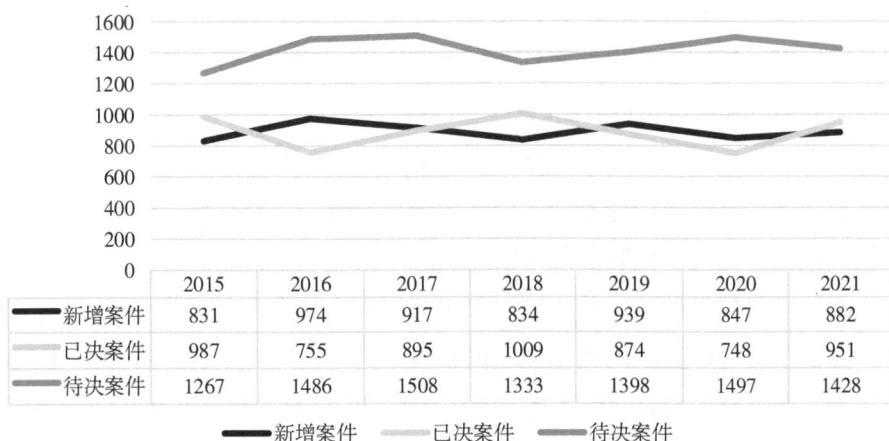

	2015	2016	2017	2018	2019	2020	2021
新增案件	831	974	917	834	939	847	882
已决案件	987	755	895	1009	874	748	951
待决案件	1267	1486	1508	1333	1398	1497	1428

——新增案件　——已决案件　——待决案件

图 6　普通法院 2015—2021 年案件数量

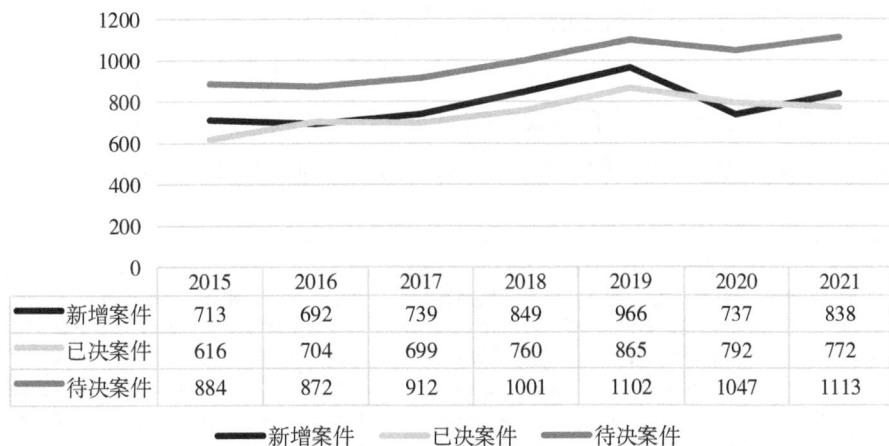

	2015	2016	2017	2018	2019	2020	2021
新增案件	713	692	739	849	966	737	838
已决案件	616	704	699	760	865	792	772
待决案件	884	872	912	1001	1102	1047	1113

——新增案件　——已决案件　——待决案件

图 7　欧洲法院 2015—2021 年案件数量

---

① See General Court, *Report provided for under Article 3(1) of Regulation 2015/2422*, Luxembourg, October 2020 p. 33.

考虑到欧盟法院在改革之后仍面临着效率问题[①]，而职员案件则较为严重，故而欧盟法院逐渐改变对分庭专业化，尤其是职员案件分庭专业化相对保守的态度可能更为可取。毕竟欧洲法院处理的大部分案件可能直接涉及国家利益，对比之下，主要涉及组织内部利益的职员案件无疑是其专业化的优先选项。考虑到欧洲法院目前有 27 名法官，而普通法院已是一个拥有 54 名法官的法院，在拥有如此数量的法官的基础上，法院却不进行深度的内部分工，这是对法院人力资源的浪费，并在一定程度上导致了案件处理效率没有明显提升。同时，过于不稳定的案件分配也还将影响到裁判的确定性与质量，也制约了欧盟内部司法上诉机制的进一步发展。

而在欧盟法院内部，有部分观点也认为分庭专业化程度的加深是可取的。因为目前欧盟法律已经包括众多的法律领域，每个法官需要对每一个领域案件做出裁决。为此，法官必须不断地熟悉一个又一个的主题，而法官们自己也觉得这是很费劲的。对某一法律领域的持久参与会产生对该领域更深的了解，并使法官能够更快处理该领域的案件。这不仅缩短了诉讼程序，具有成本效益，而且节省的时间使法官能够在其专门的法律领域从事更广泛的研究。并且当专业法官离开法官席时，还有可能积累起知识库，甚至是可以传给下一个世代的知识库。[②]早在 2013 年，普通法院的萨沙·普雷查尔法官在接受采访时就表示普通法院所创建的"事实上（de facto）"的专案分庭（specialized chambers）只是一种"'临时（ad hoc）'、暂时的专业化"，并表示自己"不认为通过建立永久性的专门分庭或类似的方式在法院中进行专业化是不明智的……必须承认，专业化也可能有某些优势"。[③]而在法院外部，欧洲议会、

[①] 欧洲律师协会理事会（Council of Bars and Law Societies of Europe，CCBE）在关于普通法院的运作评价的报告中就表示："尽管普通法院试图以最有利的方式介绍这些（裁判效率）发展，是可以理解的。我们认为，所谓的改革带来的生产力的提高（更多的法官完成了更少的案件）至少可以说是值得怀疑的，从改革支持者的雄心勃勃的期望来看，更是如此。"（Council of Bars and Law Societies of Europe, CCBE comments on the functioning of the General Court, 4 Sep. 2020, https://www.ccbe.eu/fileadmin/speciality_distribution/public/documents/PD_LUX/PDL_Position_papers/EN_PDL_20200904_CCBE-comments-on-the-functioning-of-the-General-Court.pdf.）

[②] Matthias Jacobs, Matthias Münder & Barbara Richter, "Subject Matter Specialization of European Union Jurisdiction in the Preliminary Rulings Procedure", *German Law Journal*, Vol. 20, Iss. 8, p. 1221.

[③] Nik de Boer, "Interview with Judge Sacha Prechal of the European Court of Justice: Part I: Working at the CJEU", 18 December 2013, https://europeanlawblog.eu/2013/12/18/interview-with-judge-sacha-prechal-of-the-european-court-of-justice-part-i-working-at-the-cjeu/.

欧盟理事会与委员会在 2015 年的改革中就表达了对普通法院专业化的重视，在最终确定改革的第 2015/2422 号文件的末尾，这些机构就要求欧洲法院于 2020 年提供一份改革后普通法院的运作报告，其中进一步"建立专门法庭或进行其他结构性变化"是法院需要考虑的重点之一。[①]

在进行案件分配专业化前，我们需要对不同类型案件的特征进行分析，以确定该类案件是否存在足够稳定和同质的内容，并确认该类案件是否具有明显的专业化特征，以便能够将其分配给专业分庭。对于职员案件而言，首先，如前文所述，欧盟公务员与机构之间的诉讼作为涉及组织的内部法律关系的纠纷似乎很容易与其他类别的案件区分开，职员案件聚焦于组织的内部人事争议，而其他类型的案件一般涉及欧盟与外部自然人、法人或国家的法律关系。这使得职员案件体现出很强的专业性。[②] 其次，职员案件的数量对于设立一个专业法庭或分庭也绰绰有余。再者，目前普通法院将职员案件作为唯二（另一类案件为专利案件）提供较为稳定的分配标准进行审理的案件[③]，也是其专业化较强的一种证明。最后，先前公务员法庭的成立也为该领域的专业化提供了丰富的制度与实践经验。

对于专业化的影响，职员案件中分庭专业化程度的加深有利于提升欧盟内部司法上诉机制司法效率与裁判质量。在司法效率方面，普通法院的伊雷娜·佩利卡诺娃（Irena Pelikánová）法官就曾表示公务员法庭的程序"可以根据归咎于它的案件的性质加以调整"，这使得法庭成为"欧盟体系中效率最高的司法机构"。[④] 在判决质量方面，专案法官具有相当程度的专业优势使

---

① *Regulation (EU, Euratom) 2015/2422 of the European Parliament and of the Council of 16 December 2015 amending Protocol No 3 on the Statute of the Court of Justice of the European Union*, Official Journal of the European Union L 341, 24 December 2015, p. 16.

② 有学者认为"工作人员的案件及其可能面临的典型问题与其他两个具有通案管辖权的法院有很大不同"（Graham Butler, "An Interim Post-Mortem Specialised Courts in the EU Judicial Architecture after the Civil Service Tribunal", *International Organizations Law Review*, Vol. 17, No. 3, 2020, p. 606. ），类似的观点也认为在欧盟司法机构的裁决中，公务员案件一直是一个特殊领域（Werner Feld, *The Court of the European Communities: New Dimension in International Adjudication*, Martinus Nijhoff Publishers, 1964, pp. 81–83. ）。还有学者表示公务员法被认为是"过于专业的话题"（L. Neville Brown & Francis G. Jacobs, *Brown and Jacobs: The Court of Justice of the European Communities*, Sweet and Maxwell, 3rd Edition, 1989, p. 159. ）。

③ 另一类案件为知识产权纠纷。

④ Irena Pelikánová, "The advantages of creating a specialised court", 28 April 2015, https://www.politico.eu/wp-content/uploads/2015/04/28April2015–EP–Strasbourg–specialised–courts.pdf.

其能够作出更加合理、公正的判决，并且也让法庭能够更好地对欧盟内部司法机制中形成的判例法进行完善与突破。例如，在 Landgren 案中，法庭推翻了欧共体法院对 Schertzer 案作出的结论，即对于不定期合同（contracts of an indefinite duration）的临时员工（temporary staff），单方面终止合同属于行政当局的裁量权，因此在合同终止时行政当局不必说明理由。① 但在本案中法庭通过一个由全部七名法官组成的合议庭，对诉讼当事人施加了更高的司法保护标准。② 而作为上诉机构的普通法院在上诉中维持了法庭的判决，认可了法庭提出的标准。③ 在 Q v Commission 案中，对于国际组织内部管理人员的骚扰问题，公务员法庭再次偏离了以前的职员判例法。有学者高度评价了这次审理，认为法庭的判决是"彻底的"④，所采取的做法类似于"法理上的创新（jurisprudential innovations）"⑤，虽然该案最终被普通法院驳回，但仍使公务员法庭在组织的从业人员中获得了尊重与支持。⑥

因此，欧盟法院可能仍然需要进一步专业化，而负责管辖职员案件的欧盟内部司法上诉机制仍然可以在欧盟法院未来可能的专业化改革中得到优先考虑，这可以是专业法庭的设立，也可以是专业分庭的进一步深化改革。

（四）职员案件分配制度专业化的实施

对于加深欧盟法院案件分配制度专业化的具体方式，在普通法院的报告中，作为外部顾问的德国联邦行政法院院长的克劳斯·雷纳特（Klaus

---

① *André Schertzer v European Parliament*, Case 25/68, ECLI:EU:C:1977:158, Judgment of the Court (Second Chamber) of 18 October 1977, paras. 38–40.

② 法庭认为临时员工的知情权必须得到足够的保护，以确定其合法利益是否受到尊重或损害，并评估是否适合提起司法诉讼，也使司法机关能够行使审查权，因此行政当局有义务说明其决定的理由。（*Pia Landgren v European Training Foundation (ETF)*, Case F–1/05, ECLI:EU:F:2006:112, Judgment of the Civil Service Tribunal (Full Court) of 26 October 2006, para. 63, 74.）

③ *European Training Foundation (ETF) v Pia Landgren*, Case T–404/06 P, ECLI:EU:T:2009:313, Judgment of the Court of First Instance (Appeal Chamber) of 8 September 2009.

④ Nicolas Lhoëst, "European Union Civil Service Tribunal Case-Law: How to Reconcile Judicial Review and the Human Dimension?", *Human Rights Law Journal*, Vol. 31, No.1, 2011, p. 36, 40.

⑤ Spyros A Pappas, "Case-Law of the European Union Civil Service Tribunal: Re-Starting or Continuation?", *Human Rights Law Journal*, Vol. 31, No.1, 2011, p. 52.

⑥ Graham Butler: An Interim Post-Mortem Specialised Courts in the EU Judicial Architecture after the Civil Service Tribunal, *International Organizations Law Review*, Vol. 17, No. 3, 2020, pp. 607–608.

Rennert）表示，法院其他案件类型可能也适合某种形式的专业化，这可以使负责审理职员案件的那些分庭更加聚焦于此种类型的案件。同时他在报告中还提出了一个非常有参考价值的观点，即虽然目前将某一案件类型集中于单一分庭的可能性不大，但两个分庭交替负责该类型的案件可以在最低限度确保案件代表性方面存在地域平衡，这种方式能够尽可能地保障成员国在每个案件类型中的代表权。[①]

因此，目前职员案件分配的专业化仍然有继续改善的空间。但在欧盟内部司法上诉机制未来可能的专业化改革中，仍然有几点需要注意。

首先，如前文在法官的专业化部分中所述，考虑到欧盟与其他国际组织相比具有超国家性，各成员国与组织的关系更加紧密，欧盟法院司法专业化发展更加需要注重欧盟当前的政治背景与国际关系，并应当与欧盟一体化进程相匹配，而不能一蹴而就。欧盟法院案件分配的专业化也是如此，它体现出成员国对国家主权、自身权益的政治性考量与法院的专业化改革之间此消彼长、动态平衡的微妙关系。因此欧盟内部司法上诉机制的专业化程度的加深应当与欧盟目前的发展程度相匹配，不能脱离当下国际关系的现实来奢谈过度理想主义的专业化。

其次，在欧盟司法上诉机制中，上诉机构与初审机构的专业化需求应当差异化对待，上诉机构的专业化应当允许各分庭审理的不同案件存在必要的流通性，以确保上诉机构更好地履行维护组织内部法律体系一性与一致性的职能。而在更强调司法效率的初审机构，则可采取程度更深的司法专业化措施。

最后，案件分配制度的专业化构建并非单独完成，它还需要结合法官的专业化，才能最大程度地发挥其积极作用。

第三节　欧盟内部司法上诉机制的财政与行政制度

虽然欧盟内部司法上诉机制的行政与财政制度看似与其司法活动没有直

[①] See General Court, *Report provided for under Article 3(1) of Regulation 2015/2422*, Luxembourg, October 2020 p. 45.

接联系，仅起到辅助性作用。但事实上，欧盟内部司法上诉机制的行政与财政制度是法院独立行使司法权的基础条件之一。司法独立性要求司法机构在行政和财政上都独立于政府的其他部门。[1] 在国际组织内部法治的背景下，这在大体上也要求国际组织内部司法机构的行政和财政事项独立于组织的行政机构与政治机构。正如《关于国际司法机构独立性的伯格堡原则》第 1.2 与 1.3 条所表述的：“如果法院是作为一个国际组织的机关或在其主持下设立的，法院和法官在行使其司法职能时应不受该组织的其他机关或当局的干涉。这种自由既适用于未决案件的司法程序，包括将案件分配给特定的法官，也适用于法院及其登记处的运作。法院应自由决定其内部管理的条件，包括工作人员招聘政策、信息系统和预算支出的分配”[2]，因此欧盟内部司法上诉机制应当在财政与行政事项上享有充分的自治权[3]，而不受组织其他权力部门的干扰。

一、欧盟内部司法上诉机制行政与财政制度概述

欧盟内部司法上诉机制在行政与财政制度上的独立性需要以欧盟法院的整体视角进行分析。与其他欧盟机构一样，欧盟法院享有行政和预算的自治权。在预算事项上，《欧盟运作条约》第 314 条到 319 条规定了相当复杂的预算申请流程，欧盟法院的预算先由法院自行估算、编制并向欧盟委员会提供提案，最后由欧盟理事会与欧洲议会共同决定，就法院的年度预算达成一致，欧洲议会拥有最终决定权。[4] 在这个过程中没有相关规定提前限制法院在欧盟预算中的份额，因此欧盟法院享有相当程度的自主权。而在欧盟法院的行政管理事项上，两个法院的行政、财政以及预算管理由法院各自的书记官负责，

[1] International Bar Association, *IBA Minimum Standards of Judicial Independence*, 1982, Arts. 8–10.
[2] 美国最高法院大法官奥康纳（O'Connor）也曾表达过类似观点，认为：“司法机构独立的一个基本方面是确保机构获得足够的资金。正如工资保障对法官个人的独立性是必要的一样，整体的资金问题会影响整个司法机构的工作……确保充足和无条件获取的资金……是使司法机构不受不当影响的关键步骤。”（Sandra Day O'Connor, *The Importance of Judicial Independence, remarks before the Arab Judicial Forum*, Manama, Bahrain, September, 2003.）
[3] 《关于国际司法机构独立性的伯格堡原则》第 6 条规定：“缔约国和国际组织应提供足够的资源，包括设施和人员配备水平，使法院和法官能够有效地履行其职能。”
[4] 《欧盟运作条约》第 319 条第 1 款规定：“根据理事会的建议，欧洲议会应就预算的执行向委员会进行批准。”

他们都应在法院院长的授权下开展工作。①

虽然法院当前在自身的预算与行政管理事项上已拥有较为明显的自主权，但在欧洲煤钢共同体时期，法院拥有比现在更自由的权力。当时法院的正式预算是由管理者员委员会（Commission des Présidents）决定的。②法院在委员会中有相当大的影响力，因为委员会由法院院长主持，在法院所在地开会。委员会还得到了法院工作人员的协助，法院的法国籍法官雅克·鲁埃夫由于其经济学家的职业背景，是委员会最重要的顾问。法院如何管理与运用这些资金在很大程度上属于法院的内部事务。③因此总体上可以认为，那个时候的法院能够影响、决定法院预算的通过与执行。

但随着欧盟的发展，联盟各机构之间权力的分配逐步完善，欧洲议会与欧盟理事会逐渐占据了欧盟预算的主导权，而负责向这些政治机构提供权威信息的欧洲审计院（European Court of Audit，ECA）也于1977年设立，法院在预算事项上过于自主的时代已一去不复返。因此现在法院对于其财政以及行政事项的管理权是相对的，受到非常明显的外部制约。《关于适用于欧盟总预算的财政规则》④（the Financial Rules Applicable to the General Budget of the Union）对预算的一般性法律原则以及预算的实施、执行等环节进行了规定，为欧盟法院的预算控制提供了一套问责机制。⑤对于新的预算，法院不再只是进行简单的编制与申请，它还需要证明它在前几年是如何运用欧盟的这些资金。对于法院自身而言，为了往后几年获得一份充足的预算，法院必须对

①《欧洲法院议事规则》第20条第4款;《普通法院议事规则》第35条第4款。

②《欧洲煤钢共同体条约》第78条规定，该机构包括煤钢共同体的四个主要机构的管理者，即法院院长，高级管理局（High Authority）局长以及共同体大会与理事会的主席。

③ See Christoph Krenn, "The European Court of Justice's Financial Accountability: How the European Parliament Incites and Monitors Judicial Reform through the Budgetary Process", *European Constitutional Law Review*, Vol. 13, Iss. 3, 2017, pp. 457–458.

④ European Parliament, Council of the European Union, *Regulation (EU, Euratom) 2018/1046 of the European Parliament and of the Council of 18 July 2018 on the financial rules applicable to the general budget of the Union, amending Regulations (EU) No 1296/2013, (EU) No 1301/2013, (EU) No 1303/2013, (EU) No 1304/2013, (EU) No 1309/2013, (EU) No 1316/2013, (EU) No 223/2014, (EU) No 283/2014, and Decision No 541/2014/EU and repealing Regulation (EU, Euratom) No 966/2012*, Official Journal of the European Union b L 193, 30 July 2018.

⑤ 例如在透明度方面，规则第74条第9款规定了被授权负责预算管理的工作人员应以年度活动报告的形式向其联盟机构报告其职责的履行情况，其中包含财政和管理信息，同时该报告应当在机构的网站上公开。

其内部的资金与行政活动进行合理地管理，以证明"物有所值"。在这个过程中，理事会与议会可以对法院的内部行政管理活动进行相应的监督。

正如法院行政部门的一名前成员对预算申请过程生动形象的描述，他认为法院参与了一场红白脸的戏剧（good cop – bad cop game）。欧盟理事会经常会削减法院最初的预算提案，并让法院自行决定如何调整。随后法院将对提案进行改进或加强论证，以说服拥有最终决定权的欧洲议会再次增加某些方面的预算。只有当议会对法院的预算行为整体上感到满意时，它才会支持预算的增加。

欧洲议会并不会具体要求法院如何组织管理其内部事务，但它会审查法院管理不善的情况，并就法院更广泛的行政管理问题提供政治性指导。[1] 双方努力尝试形成建设性的对话。法院尽可能地对议会的建议作出迅速和适当的反应。[2] 议会则尽量避免将预算过程变成对法院司法裁决的评估。相反，它表明自己致力于确保为法院正常运作提供充足的资金[3]，并对法院的体制发展进行严格监督。虽然议会通常作为法院良好财政状况的监护人，但可以肯定的是，议会的提议并不是都能得到法院的明确支持。[4] 二者的关系体现出当欧盟机构之间在法律框架内进行沟通时，机构之间的权力能够得到有效地协调与平衡，这将有利于组织内部法治的建设。

整体上，预算程序已被证明是一个有意义的工具，可以确保欧盟法院的财政和行政管理得到必要的指导和问责，同时还能避免其他机构对法院的司

---

[1] See Christoph Krenn, "The European Court of Justice's Financial Accountability: How the European Parliament Incites and Monitors Judicial Reform through the Budgetary Process", *European Constitutional Law Review*, Vol. 13, Iss. 3, 2017, pp. 457–459.

[2] 例如，法院在 2014 年的预算调查中表示："法院 2014 年预算的制定充分考虑了委员会（框架信函）和预算当局的两个部门（理事会和欧洲议会通过的指导方针）所施加的严格规定。"（See Court of Justice of the European Union, 2014 discharge: Questionnaire to European Court of Justice, p. 1, https://www.europarl.europa.eu/cmsdata/94579/2014%20Discharge_Reply%20to%20Questionnaire%20to%20European%20Court%20of%20Justice_EN.pdf, last accessed on 9 Aug. 2022. ）

[3] 早在 1983 年的预算报告中，议会就阻止了理事会削减法院预算数额的行为，认为预算 "仅增加 2% 甚至不足以弥补成本普遍上升所带来的令人遗憾的、实际上是自动产生的开销增长"。（参见 European Parliament, *Report drawn up on behalf of the Committee on Budgets on Section IV - Court of Justice - of the draft general budget of the European Communities for the financial year 1983*, Document 1– 781/82, 25 October 1982, p. 7. ）

[4] Christoph Krenn, "Self–Government at the Court of Justice of the European Union: A Bedrock for Institutional Success", *German Law Journal*, Vol. 19 No. 07, pp. 2029–2030.

法独立性造成损害。还有观点认为，这个过程体现出欧盟法院的预算控制已发展成一个强大的财政问责（Financial Accountability）机制，在赋予法院一定的预算自治空间的同时，还通过相应的程序与制度框定法院的权力，加强了法院的民主合法性。[①]

二 、欧盟内部司法上诉机制与联合国的比较分析

与此相对比，联合国内部司法上诉机制在这方面则有所欠缺。虽然联合国内部司法重新设计小组在建立新的内部司法系统的报告中表示，组织应保障其司法系统拥有"充足的资源"[②]，但实际情况可能大相径庭。联合国内部司法上诉机制的两个行政法庭都有自己的书记处，这些书记处负责为法庭提供行政支持。但与欧盟不同，联合国内部司法上诉机制的书记官由行政当局，而不是法庭任命。这使得联合国的书记官实际上并不对法庭的庭长负责，而是受作为联合国内部司法办公室（Office of Administration of Justice，OAJ）成员的首席书记官（Principal Registrar）的领导。

在这里有必要简单介绍一下联合国内部司法办公室。作为联合国 2009 年内部司法系统改革的成果之一，该办公室理念和任务是确保内部司法系统的机构独立性，而其职能则为"通过联合国争议法庭和联合国上诉法庭的书记处，向两法庭提供物资、技术和行政方面的支助"，这具体包括了管理或支助内部司法系统的所有职能编制和预算。[③]

联合国内部司法上诉机制在此方面的矛盾之处在于，根据相关法律文件，作为内部司法办公室管理者的执行主任（Executive Director）"应向秘书长报告办公室的工作"。[④] 虽然文件对该关系进行了限制，要求执行主任在"不妨碍

[①] See Christoph Krenn, "The European Court of Justice's Financial Accountability: How the European Parliament Incites and Monitors Judicial Reform through the Budgetary Process", *European Constitutional Law Review*, Vol. 13, Iss. 3, 2017, p. 456.

[②] See *Resolution adopted by the General Assembly on 4 April 2007*, A/RES/61/261, 30 April 2007, para. 4.

[③] United Nations Secretary-General, *Organization and terms of reference of the Office of Administration of Justice*, ST/SGB/2010/3, 7 April 2010, Art. 2.1.

[④] United Nations Secretary-General, *Organization and terms of reference of the Office of Administration of Justice*, ST/SGB/2010/3, 7 April 2010, Art. 3.1.

内部司法办公室独立性的情况下"进行工作汇报，但没有任何执行或监督机制来贯彻此要求。① 因此内部司法办公室可能更像是联合国秘书处的一个部门，执行主任则更像是秘书长的工作人员，而充满讽刺意味的是，秘书长是联合国内部司法上诉机制的主要被告。联合国争议法庭甚至直接指出"执行主任这一仆从不可能真诚善意地服务于利益相抵触的二主"。②

因此，可以认为，联合国内部司法上诉机制在财政与行政独立方面仍然任重道远。事实上这也是大部分国际组织内部司法系统面临的司法独立性挑战。③ 而欧盟内部司法上诉系统在这方面可谓成果颇丰。需要注意的是，欧盟的成功需要置于特定的国际背景与政治环境下，成员国之所以赋予欧盟法院包括财政权在内的更多自治权，需要从二战后的 1950 年前后欧洲与世界的国际关系的历史视角予以考虑。当时部分欧洲国家主张欧洲一体化，欧洲团结与联合的思想观念深入人心，所以凡是有利于该目标的做法都容易得到最大程度的尊重与支持。在当时，赋予法院更多的自治权将有利于解决组织及其机构运作中的法律争端，同时还能推动欧洲一体化法律体系的构建与维护，从根本上维护组织职能的履行。因此从煤钢共同体法院到欧盟法院，欧盟的内部司法机构拥有比联合国以及其他国际组织相应司法机构更大的财政、行

---

① 事实上执行主任的其他职能也反映出其独立性的缺乏，例如执行主任就涉及内部司法的体系性问题向秘书长提供咨询意见，编写秘书长提交大会的内部行政司法问题报告，甚至在必要时代表秘书长出席同政府间机构、国际组织和其他实体举行的内部司法问题会议。（United Nations Secretary-General, Organization and terms of reference of the Office of Administration of Justice, ST/SGB/2010/3, 7 April 2010, Arts. 3.4, 3.5.）而相关事件也可以反映出内部司法办公室在实践中大概也并不能完全代表司法机构的立场，其中最值得注意的可能是内部司法办公室对联合国上诉法庭开庭期次数量施加限制的事件。虽然根据《联合国上诉法庭规约》第 4 条，法庭开庭的次数取决于案件数量，这完全由庭长酌情决定，但内部司法办公室现在要求上诉法庭每年只开庭两期，而当时的案件数量显然需要三期开庭。（参见 Internal Justice Council, *Administration of justice at the United Nations: report of the Internal Justice Council*, A/75/145, 10 July 2020, Annex I, para. 8.）另一较为恶劣的事件为内部司法办公室官方网站上有一个不恰当的表述，称联合国争议法庭是"内部司法办公室内的一个实体"。在法官们的介入后，这一信息已被删除。但这仍然对法庭的公信力造成了严重的影响。（参见 Internal Justice Council, *Administration of justice at the United Nations: report of the Internal Justice Council*, A/72/210, 24 July 2017, Annex II, para. 28.）

② Internal Justice Council, *Administration of justice at the United Nations: report of the Internal Justice Council*, A/72/210, 24 July 2017, Annex II, para. 34.

③ 以国际劳工组织行政法庭为例，与联合国相比，在行政与财政事项上，可以认为劳工组织行政法庭没有任何有意义的法律保障。《国际劳工组织行政法庭细则》第 2 条国际劳工组织书记处的书记官由国际劳工局局长（Director-General of the International Labour Office）任命。而《国际劳工组织行政法庭规约》第 9 条第 1 款与第 2 款则分别规定"国际劳工局应与法庭协商，作出法庭运作所需的行政安排"；"法庭开庭产生的费用应由国际劳工局承担"。

政自治权可能也就不足为奇了。

虽然欧盟内部司法上诉机制自治权的产生有其独特的背景，但它所形成的程序与制度却值得其他国际组织参考借鉴。特别是欧盟并没有一直如最初对煤钢共同体法院那样赋予现在的欧盟法院在内部财政、行政管理上过于自由的权力，而是逐步构建起一套完整问责机制，以防止司法独立带来的滥用司法权的潜在风险，这也许是其他国际组织行政当局力图限制组织内部司法机构独立性的重要原因之一。从欧盟法院的发展历程看，问责制无疑是司法独立的基础条件之一。因此国际组织内部司法机构如想获得更强的独立性，仅以对抗方式从组织的其他权力机关中争取更多的自治权似乎是不够的。先通过法律制度规范自身权力的行使，以加强机构的合法性与公信力，最终使自身有能力行使更多的自治权，这对于组织的内部司法机构而言，不失为一种更为可取的方式。

第四节　欧盟内部司法上诉机制的管理模式

将欧盟内部司法上诉机制中的管理模式放在最后一部分并不意味着它最不重要，可能恰恰相反，它具有不可忽视的重要性。作为欧盟内部司法上诉机制中的司法机关，自1951年成立以来，欧盟法院发生了很大的变化。其最重大的转变发生在过去的十多年中，虽然英国不再属于欧盟的成员国，但欧盟在这段时间仍然迎来了13个新国家，使得法院需要承认另外12种官方语言。[1] 这意味着法院雇用的人员数量急剧增加[2]，并导致法院的预算从2004年的

---

[1] 例如，需要制作的翻译页数已从欧盟在2003年由15个成员国组成时的394,090页增加到2021年的1,336,551页。（See Court of Justice of the European Union, *Annual Activity Report for the Financial Year 2015: Annual Management Report (Article 74(9) of the Financial Regulation)*, Luxembourg: Court of Justice of the European Union, *Annual Activity Report for the Financial Year 2021: Annual Management Report (Article 74(9) of the Financial Regulation)*, Luxembourg: Court of Justice of the European Union & Communications Directorate Publications and Electronic Media Unit, May 2022, p. 25.）

[2] 2004年以前，当欧盟有15个成员国时，欧盟法院雇用了大约800名员工。2021年，欧盟法院雇用了2247名员工。（See Court of Justice of the European Union, *Annual Activity Report for the Financial Year 2021: Annual Management Report (Article 74(9) of the Financial Regulation)*, Luxembourg: Court of Justice of the European Union & Communications Directorate Publications and Electronic Media Unit, May 2022, p. 54.）

2.5 亿欧元急剧增加到 2016 年的 4.64 亿欧元，后者的预算比欧盟法院 2021 年的预算增加了 4.6%。欧盟法院的年度预算中约有 79% 用于与其 2247 名雇员有关的支出。[①] 由此可以看出，欧盟法院目前具有相当大的体量，因此其机制完善方向更应当注重法院内部治理质量的改革，而非继续堆砌资源，低效地增加投入。而上诉机制的管理模式的改善正是优化欧盟法院改革质量的一个基础性环节。

关于法院的内部管理，有必要先谈及相关联盟条约和《欧洲法院规约》中对"法院"（Court of Justice）一词的使用。在某些情况下，"法院"既可以用来表示由两个司法机构共同构成的司法系统，即欧盟法院，也可以用来代表欧盟的最高法院，即欧洲法院。[②] 通过对"法院"一词的解读可以发现，在一般的国际组织内部司法系统中，由于仅存在一级内部司法机构，该机构基本上可以代表整个司法系统。但欧盟却与此不同，其内部司法上诉机制具有由多级司法机构组成的司法架构，因此需要处理各级司法机构之间的权力关系，并需要制定出一套更复杂的管理模式。从"法院"一词可在欧洲法院与欧盟法院之间通用的特征还可以看出，在欧盟内部司法上诉机制的管理模式中，欧洲法院通常处于更高一级的地位，在某些特定情况下甚至完全可以与欧盟法院等同。

从整体上看，目前欧盟内部司法上诉机制管理模式的形成缺乏明确的法律依据，更多的是基于两个司法机构之间的实践所形成的惯例。但与一般的国际组织内部司法系统相比，欧盟内部司法上诉机制被赋予了更多的自治权，法院除了能够较为独立地对于司法系统的内部行政事项进行管理外，甚至还可以参与到欧盟法院自身基础性法律文件的立法过程中。在该背景下，欧盟内部司法上诉机制的管理模式在相关权力配置、行使与问责等方面产生了一系列问题。这些问题主要产生于多级司法机制中，具有一定的普遍性。从长远角度而言，对其进行分析能够为国际组织内部司法机制在审级架构上的发

---

① See Court of Justice of the European Union, "Directorate for the Budget and Financial Affairs", http://curia.europa.eu/jcms/jcms/Jo2_13983/direction–budget–et–comptabilite, (last accessed on 9 Aug. 2022).

② 参见 Alberto Alemannoand, Laurent Pech, "Thinking Justice Outside the Docket: A Critical Assessment of the Reform of the EU's Court System", *Common Market Law Review*, Vol. 54, No. 1, January 26 2017, p. 166。本节的内容主要参考了该文章。

展提供制度与实践上的经验作参考。

一、欧盟内部司法上诉机制管理模式的形成

目前欧盟内部司法上诉机制中普通法院与欧洲法院之间的管理模式主要涉及三个事项，即司法、行政以及立法。虽然《欧盟运作条约》以及《欧盟法院规约》中详细规定了两个法院之间的司法关系，但对后两个部分的处理却鲜有规定。基于管理模式在规范上的缺失，在实践中，不论是行政事项还是立法事项，欧盟内部司法上诉机制的管理模式都逐渐转变为由欧洲法院主导。

首先是对于立法事项的管理，欧洲法院参与立法过程的权力较为特殊。《里斯本条约》之后，欧盟法院被赋予参与立法的权力，新的《欧盟运作条约》第281条规定，对于《欧盟法院规约》的修订，欧洲议会和欧盟理事会按照普通立法程序行事，它们可以根据欧洲法院的要求并在与欧盟委员会协商后，或根据委员会的建议并在与法院协商后，修改法院规约。[①] 法院规约作为《欧盟运作条约》附件的第3号议定书，与其他议定书一样，是条约的组成部分。[②] 在没有《欧盟运作条约》第281条的时候，法院规约的修正只能根据《欧盟条约》第48条规定的程序才有可能进行，在该程序中法院并不能参与立法。[③] 因此《欧盟运作条约》第281条的特殊性在于它创造性地为修改法院规约提供了另一种途径，让法院也可以参与其中，并赋予其立法倡议权。《欧盟运作条约》第257条则在设立专门法院的事项上也赋予了欧洲法院类似的立法参与性权力。[④]

[①] 《欧盟运作条约》第281条的具体规定为："欧盟法院规约应在单独的议定书中规定。欧洲议会和欧盟理事会，根据普通立法程序，可以修改规约的规定。欧洲议会和理事会应根据欧洲法院的要求并在与委员会协商后采取行动，或者根据委员会的提议并在与欧洲法院协商后采取行动。"（*Consolidated version of the Treaty on the Functioning of the European Union*, Official Journal of the European Union C 326, 13 December 2007, p. 167.）

[②] 《欧盟条约》第51条。

[③] 该条规定了条约可按普通修订程序进行修订以及简化的修订程序，但修订条约的主体被限定于成员国政府、欧洲议会或欧盟委员会。

[④] 《欧盟运作条约》第257条规定，欧洲议会和欧盟理事会根据普通立法程序行事，可以设立附属于普通法院的专门法院，以审理和确定在特定领域提起的某些类别的诉讼或程序。欧洲议会和理事会应根据委员会在与法院协商后提出的建议或应法院在与委员会协商后提出的要求，通过法规采取行动。

该规定在当时看来可能是为了简单地将《欧盟法院规约》的修订程序从条约修订程序转变为立法程序。[1]但仔细分析,《欧盟运作条约》第281条给予法院参与立法的可能性,很有可能基于如下几点:一、通过了解法院的现实需求使法院规约的修订以及司法机构的设置更为合理;二、通过法院参与立法增加相关领域立法程序的专业性;三、在客观上,这似乎也使法院拥有了更多自治权,以更好地推动欧盟内部法治的建设。

但前普通法院法官富兰克林·德豪斯(Franklin Dehousse)对法院参与立法过程的合理性与合法性表示担忧,认为"平心而论,对于一个直接参与立法过程的法院来说,有时没有好的决定"。他还提到了欧洲法院时任院长的科恩·勒纳茨(Koen Lenaerts)在一次采访中的发言,科恩表示法院在《欧盟运作条约》第281条的创设中并未提出参与立法程序的要求,并且它似乎隐约地承认了这不符合法院的职能范围。[2]因此欧盟法院能否有能力合理合法地运用该权力还有待考证。同时,从欧盟法院的内部管理模式上看,这些条款往往将欧洲法院视为欧盟法院的代表机构,而普通法院对欧盟法院立法事项的参与权一般都被条约排除,或者说被忽略,并且条约以及配套的法律条款也对欧盟法院如何行使该权力没有进行更为详细的规定,导致欧洲法院在该部分的管理权力较大。

相比于立法参与权,欧盟法院的内部行政管理显得更为必要,它是法院正常运转的基础,如前文所述,欧盟法院享有行政和预算的自主权。与其他欧盟机构不同,条约很少规定与欧盟法院内部管理有关的事项。[3]在条约缺乏相应规定的情况下,与立法参与权的行使类似,欧盟法院内部行政管理权的

---

[1] Franklin Dehousse, "The Reform of the EU Courts (II): Abandoning the Management Approach by Doubling the General Court", *Egmont Institute*, Egmont Papers 83, March 2016, p. 66.

[2] 具体表述为:"作为一名欧洲宪法学教授,我想提请大家注意这样一个事实:起草《欧盟运作条约》第281条的不是法院,而是各成员国。法院从未要求过,我可以向你保证。他们把这一举措交给了法院,但同样清楚的是,我们通常不参与这样的过程。我不应该评判条约。它必须被实施。我不会以这种方式起草该条款的。尽管我们可能没有理想的条件来这样做,但这在条约中已经规定,因此我们必须发挥自己的作用。"(Franklin Dehousse, "The Reform of the EU Courts (II): Abandoning the Management Approach by Doubling the General Court", *Egmont Institute*, Egmont Papers 83, March 2016, p. 67.)

[3] 另一个例外是欧洲审计院。关于这一点,见 N. Forwood, "The Court of First Instance, its Development, and Future Role in the Legal Architecture of the European Union", in A. Arnull et al eds., *Continuity and Change in EU Law: Essays in Honour of Sir Francis Jacobs*, Oxford University Press, 2008, p. 46.

行使也体现了法院在管理模式上偏向于一个依照等级制度进行集中管理的机关，而非内部合作机关。同时，这些机构等级关系在行政管理方面的运作方式大部分都是在法律空白中进行的，《欧盟法院规约》中只有部分条款略为体现出欧洲法院与普通法院之间的等级关系。①

在欧盟法院的实际运作中，为两个法院提供行政服务的各个行政部门由欧洲法院的书记官在法院院长的授权下进行负责。② 由此可以认为，位于卢森堡的欧盟法院各行政部门都在欧洲法院书记官的控制之下，书记官在欧洲法院院长的授权下确保对所有部门的指导。③ 欧盟法院各部门的组织结构反映了欧洲法院在欧盟法院行政事务中的这种突出地位。

整体上看，欧洲法院如何行使这些关于欧盟法院整体上的管理权力通常缺乏明确指示，并存在相当多的法律空白。但欧洲法院内部的权力机关较为明确，往往可以决定欧洲法院的内部事项，并代表法院行使权力。于是随着时间的推移，这种空白被一种内部决策实践填补，即不论是条约明确规定的权力，还是未明确规定的权力，最终几乎都集中在欧洲法院大会（réunion générale），以及唯一代表整个机构的欧洲法院院长手中。《欧盟法院规约》与《欧洲法院议事规则》的一些条款也可以为欧盟法院的集权模式提供法律支持。④

因此，可以认为，自1951年机构成立以来，欧盟法院以及欧盟内部司法系统的管理模式几乎没有什么变化，欧盟内部司法上诉机制于1988年形成后

---

① 《欧盟法院规约》第52条规定："欧洲法院院长和普通法院院长应通过共同协议，决定普通法院职员和其他工作人员向法院提供服务的条件，使普通法院能够运作。"

② See Court of Justice of the European Union, "Departments", https://curia.europa.eu/jcms/jcms/Jo2_7001/en/, (last accessed on 9 Aug. 2022). 这一点也体现于两个法院的议事规则中，《普通法院议事规则》第35条规定了普通法院书记官的职责，其中第4款规定书记官在负责普通法院的行政管理、财务与账户管理的事项时，需要得到欧盟法院各部门的协助。由此可以看出，普通法院的书记官并不能领导或命令欧盟法院的各部门的工作。而同样明确书记官行政管理职责的《欧洲法院议事规则》第20条第4款则规定，书记官负责"人事管理和行政管理，负责预算的编制和执行"。

③ 但内部审计部门除外，该部门直接隶属于欧洲法院院长。

④ 对于欧洲法院大会而言，《欧洲法院议事规则》第25条规定，关于行政问题的决定，"应由法院在全体法官和总法律顾问应参加的全体会议上作出，并有投票。除非法院作出相反决定，否则书记官应在场"；对于欧洲法院院长而言，《欧洲法院议事规则》第9条规定，院长对外代表法院，并对内指导法院的司法事务。他还需要主持法院法官的大会以及法院合议庭和大分庭的聆讯和审议。最后，他确保法院各部门的正常运作。同时，《欧盟法院规约》第52条则规定，关于普通法院的人事事项需要由欧洲法院院长和普通法院院长应通过共同协议确定。最后，根据《欧盟法院规约》第12条、《欧洲法院议事规则》第20条第4款，欧盟法院雇用的所有行政机关与工作人员都在欧洲法院书记官的控制之下，该书记官在欧洲法院院长的授权下确保对所有部门进行指导。

也是如此：在行政管理、立法参与等事项上，欧洲法院的权力实际上与欧盟法院的权力存在交错与重叠。这也在本质上贯彻了作为普通法院前身的初审法院设立时的规定，即初审法院"附属于"（attach to）欧洲法院。^①结果是，欧洲法院院长作为欧洲法院的代表基本上控制着欧洲法院、普通法院以及先前存在的公务员法庭的共同事项，并且能够决定三个机构之间的资源分配。在此，他不仅是欧洲法院的院长，事实上也是整个欧盟法院的院长。^②这使得欧盟法院的管理模式逐步形成一种偏向于金字塔式的等级制而非平等主体间的合作制。

二、欧盟内部司法上诉机制当前管理模式存在的问题

对于欧盟法院的管理模式，有学者认为这可能是欧盟司法架构中最薄弱的治理环节，它可以被看作是欧盟法院最新一次架构改革期间以及过去十年中误解和摩擦的根源。在2016年欧盟法院架构的改革中，这个问题尤为凸显。问题的产生在很大程度上是因为这种由实践惯例形成的管理模式在一定程度上缺乏代表性与合法性。

首先，以法院院长为主的欧洲法院内部权力机关缺乏为欧盟法院作出行政决定的代表性。^③欧盟法院是一个包含多级法院的司法系统，欧洲法院的院长仅由欧洲法院的法官们进行选举产生^④，普通法院的56名法官与欧洲法院的11名总法律顾问都并未参与其中，但院长却可以代表欧盟法院整体作出涉及这两个机构权益分配的决定或提议。这种不成文的惯例，即欧洲法院的成员可以选举欧洲法院的院长并对欧盟法院的重大事项作出决定，而不需要与欧

---

① See Council of the European Communities, *88/591/ECSC, EEC, Euratom: Council Decision of 24 October 1988 establishing a Court of First Instance of the European Communities*, Official Journal of the European Communities L 319, 25 October 1988.

② Alberto Alemannoand, Laurent Pech, "Thinking Justice Outside the Docket: A Critical Assessment of the Reform of the EU's Court System", *Common Market Law Review*, Vol. 54, No. 1, 26 January 2017, pp. 166–167.。

③ Alberto Alemannoand, Laurent Pech, "Thinking Justice Outside the Docket: A Critical Assessment of the Reform of the EU's Court System", *Common Market Law Review*, Vol. 54, No. 1, 26 January 2017, p. 168.

④《欧洲法院议事规则》第8条规定了法院院长的选举由法院的全体法官决定："他应以无记名投票方式进行。获得法院法官一半以上的选票的法官应被选出。如果没有法官获得该多数，则应进行进一步的投票，直至获得该多数"，这一规定也排除了欧洲法院总法律顾问参与院长选举的可能。

盟法院一半以上的成员协商，使得欧洲法院的院长事实上只需要对其"选民"负责，甚至在必要的情况下可以牺牲普通法院的利益。毕竟普通法院的法官们不能影响欧洲法院院长的选任和任期长短。

并且由于欧盟法院法官的任命模式，包括院长在内欧洲法院的法官们可能缺乏对普通法院的了解。在普通法院任职超过 16 年的前法官尼古拉斯·福伍德（Nicholas Forwood）就曾表示："对某一级别的法院群体的管理，通常最好由有关法院的法官积极参与，而不是由其他级别的法院的法官参与。对于像欧洲法院这样的机构来说尤其如此，与许多国家司法系统的情况不同，前者中大多数最高级别的法官从未担任过司法金字塔中较低级别的法官。"[1]

因此，院长作出的决定与提议并不能并且在某些时候也不会代表整个机构各组成单位的立场。此种权力分配模式不排除当分配给欧盟法院有限的资源，或欧盟法院需要牺牲一部分利益时，欧洲法院和普通法院之间会出现关系紧张的状况。因此，如果欧洲法院的院长在缺乏民主性的选任程序下轻而易举地担任欧盟法院的院长，将很容易引起潜在的冲突，并导致普通法院采取激烈的对抗措施。[2] 在 2016 年确定并影响欧盟内部司法上诉机制的司法架构改革中，欧洲法院最终确定了废除欧盟公务员法庭，并成倍增加普通法院人数的方案。可以看出这次改革主要涉及普通法院的权益，但普通法院的意见和代表性在决策过程中可能并未得到充分体现。

早在 2009 年普通法院就认为建立一个专门法院可能更符合自身的需要[3]，但该方案没有得到欧洲法院的考虑。在欧洲法院提出初步的改革方案

---

[1] N. Forwood, "The Court of First Instance, its Development, and Future Role in the Legal Architecture of the European Union", in A. Arnull et al eds., *Continuity and Change in EU Law: Essays in Honour of Sir Francis Jacobs*, Oxford University Press, 2008, pp. 46–47.

[2] 有学者在博客中表示，欧洲法院的同事是选举院长的人（他每三年向他们负责），但他也是整个机构的主席，该机构也代表了普通法院的 56 名法官，并表示现阶段院长的出色个人能力掩盖了该模式的严重缺陷："可以想象现任的院长（即科恩·勒纳茨），一个天生的共识建立者，成功地在其他机构面前代表两个司法管辖区。但是，未来的院长可能不会拥有与现任院长相同的能力。如果要在未来几年避免制度上的不适，就应该认真考虑法院作为一个机构的作用"。（Daniel Sarmiento, "The reform of the General Court; unleashing the forces of change, Despite our Differences", Blog, 15 December 2015, https://despiteourdifferencesblog.wordpress.com/2015/12/15/the-reform-of-the-general-court-unleashing-the-forces-of-change/, (last accessed on 9 Aug. 2022).）

[3] Marc Jaeger, "25 years of the General Court: Looking back and forward", in V. Tomljenović, N. Bodiroga-Vukobrat, V. Butorac Malnar, I. Kunda eds., *EU Competition and State Aid Rules: Public and private Enforcement*, Springer 2017, pp. 30–31.

后，普通法院的院长马克·耶格直接越过欧洲法院向作为欧洲议会主席国的意大利表达了对该提案的强烈反对。① 随后欧洲议会的法律事务委员会（The Committee on Legal Affairs）在无视欧洲法院院长斯库里斯意愿的情况下②，邀请普通法院院长与四名法官举行会议讨论，包括前文提及的德豪斯法官在内的四位法官都对改革提出了公开的批评，其中伊雷娜·佩利卡诺娃（Irena Pelikánová）法官还提到了"条约规定的金字塔式的欧盟法院系统"。③ 这些事件在一定程度上都反映出改革过程中两个法院之间没有对改革方案达成一致，还反映出两个法院甚至没有一个稳定有效的沟通交流机制。在缺乏代表性与民主性的情况下，作为负责在欧盟法院整体范围内分配资源的机构，欧洲法院似乎无法抵制诱惑，避免给予自己与兄弟法院相比更有利的待遇。普通法院在涉及欧盟法院整体决策、资源分配中被忽略的例子还有很多。④ 这

---

① 在这封信中，耶格院长写道："有更合适、更有效和不那么繁重的方式来加强普通法院并更好更快地解决当事人的纠纷。"（参见 Duncan Robinson, "The multiplying judges of the ECJ", Brussels Blog of the Financial Times, 17 April 2015, https://www.ft.com/content/4ce57462-8656-3fd3-973e-01b33c15d-c6b (last accessed on 9 Aug. 2022).）

② 在会议之前，法律事务委员会主席帕维尔·斯沃博达（Pavel Svoboda）邀请两个法院的院长和一些法官参加会议。斯库里斯院长回信表示他接受邀请，但建议只有他和耶格院长代表法院参加会议，他表示："如果欧洲法院与普通法院其他人参与会议，我倾向于用我的现在建议的方案替代你信件中先前的任何邀请。"（See Vassilios Skouris, "President Skouris's letter of 24 April 2015 to Pavel Svoboda (President of European Parliament Committee on Legal Affairs), 24 April 2015, http://blogs.ft.com/brusselsblog/files/2015/04/Skouris-letter.pdf (last accessed on 9 Aug. 2022).）

③ 这四位法官都对改革提出了公开的批评，并反对欧洲法院提出的将普通法院法官人数翻倍的方案。他们认为，"增加普通法院的法官人数，更不用说翻倍了，是用昨天的办法解决昨天的问题"。具体到欧盟内部司法上诉机制，安东尼·迈克尔·柯林斯（Anthony Michael Collins）法官认为，公务员法庭的判决"从质量和数量的角度来看，被普遍认为是成功的"，而且它"似乎得到了工作人员、他们的代表和机构的信任"。（Henriikka Leppo, Improving The Court System Of The European Union? : The 2015 reform of the General Court in historical context and looking ahead, Lisensiaatintyö, University of Helsinki, Faculty of Law Helsingin yliopisto, Oikeustieteellinen tiedekunta Helsingfors universitet, juridiska fakulteten, 2018, pp. 52–53.）

④ 欧洲法院及其院长可以通过修改《欧洲法院规约》的建议、决定是否同意《普通法院议事规则》的修订以及其他方式来决定部门的利益分配。一个很明显的例子为工作人员的分配，普通法院作为初审机构，其工作量明显大于作为上诉机构的欧洲法院的工作量，同时普通法院的法官也比欧洲法院多一倍，显然前者的书记官应该比后者拥有更多的雇员。但根据 2016 年的相关采访，两位书记官似乎雇用了差不多数量的工作人员，即大约 50 名工作人员。类似的例子还包括：欧洲法院法官助理的报酬高于普通法院法官助理的报酬；普通法院获得研究和文件服务，需要向欧洲法院院长或书记官提出请求并获得其批准；以及在翻译服务上欧洲法院是唯一可以规定截止日期的机构。因此，作为负责在欧盟法院之间分配资源的机构与其代表，欧洲法院及法院院长似乎无法抵制诱惑，给予自己与兄弟法院相比更有利的待遇。（参见 Alberto Alemannoand, Laurent Pech: Thinking Justice Outside the Docket: A Critical Assessment of the Reform of the EU's Court System, *Common Market Law Review*, Vol. 54, No. 1, January 26 2017, p. 169.）

些都证明欧洲法院，特别是其唯一的院长，有可能在没有普通法院参与的情况下做出重要的决定，这种欧洲法院院长办公室内的权力个人化引发了欧盟法院行政决定的代表性与民主性问题。[①] 此时作出的决策与建议往往具有较为明显的利益偏向性，忽略欧盟法院整体的实际需求，可能只能产生次优的结果。

其次，欧洲法院是否有能力行使集中在其手中的关于欧盟法院立法和行政事项的权力，以及这些权力的行使是否合法，是该权力分配模式所面临的另一个问题。作为欧洲法院的权力代表，欧洲法院的院长明显是一名司法人员，他由法院的法官从他们之中选出，这些法官中的某一位在担任院长之前的主要任务是审理案件并作出司法判决，且他们的选任标准聚焦于其法律能力与司法职业道德。而由法院所有法官、总法律顾问及其书记官参与的大会也明显更偏向于司法性，缺乏行政性。在欧洲法院的权力代表可能不具备行政、立法领域专业能力的前提下，有理由怀疑法院是否有能力充分地履行它对欧盟法院的管理职责。

在立法参与方面，法院的权力以及权力行使的合法性存在相当多的争议。德豪斯法官认为《欧盟运作条约》第281条关于法院在立法参与过程中的倡议权规定"造成了权力混乱的危险，这在一个号称以分权原则为基础的体系中总会产生严重的紧张关系"。对此，他解释到，谈判是立法过程的一个组成部分，但对于一个法院而言，与成员国进行谈判的过程显然是不同寻常的。条约在赋予法院立法倡议权时，明显缺乏适当的方法指导以规制法院参与该过程。

在欧盟法院最新一次改革的过程中，欧洲法院于2015年甚至对某些政治团体进行了游说，这远超出法院的正常职责。[②] 有学者认为协商与游说都可以看作第281条的逻辑结果，毕竟该条赋予了欧盟法院建议如何改革其自身

---

① See Alberto Alemannoand, Laurent Pech: Thinking Justice Outside the Docket: A Critical Assessment of the Reform of the EU's Court System, *Common Market Law Review*, Vol. 54, No. 1, 26 January 2017, pp. 168.

② See Franklin Dehousse, "The Reform of the EU Courts (II): Abandoning the Management Approach by Doubling the General Court", *Egmont Institute*, Egmont Papers 83, March 2016, pp. 66–67.

司法架构的权力。但基本法律的规定使法院的游说具有相当程度的非正规性，并严重缺乏透明度。[①] 因此，在法律没有明确规定或限制的情况下，允许司法机关以为自己争取更多资源为目的启动立法程序的这一非正规方式，需要被谨慎对待，毕竟司法机关不适当的立法参与行为将为各个权力分立机关的利益交换提供潜在的可能，并有可能进一步损害法院的独立性与权威性，破坏组织的内部法治建设。

同时，不管是行政管理权还是立法参与权，在行使权力时欧洲法院都缺乏一个完备的监督问责制度。当权力的行使集中于欧洲法院的院长与大会时，该问题尤为突出。欧洲法院的院长需要对欧盟法院某一内部事项作出决定时，他可能需要大会进行表决，但大会往往像是一个橡皮图章，院长提出的决定在没有多少监督与讨论的情况下被迅速通过。导致该现象的部分原因可能是如下几点：一、大会需要兼顾司法职能，且其成员基本上由法律工作者构成，因此对于行政管理等事项并不熟悉；二、法院院长作出的决定往往会偏向欧洲法院的利益需求，因此作出的决议也很少违背欧洲法院成员的意愿；三、即使法官有兴趣对院长行使行政职责进行真正的监督，但当院长办公室能够影响法官之间的案件分配时[②]，法官们也没有动力这样做。

事实上，更加需要对欧洲法院权力进行监督问责的群体是普通法院的法律工作者，但欧盟法院似乎并未向普通法院提供一个明确有效的渠道来对欧洲法院的不当决定进行监督问责。当普通法院法官尝试以非正规渠道来表达法院的诉求时，在某些情况下会加剧与欧洲法院之间的紧张关系，甚至可能

[①] See Alberto Alemannoand, Laurent Pech, "Thinking Justice Outside the Docket: A Critical Assessment of the Reform of the EU's Court System", *Common Market Law Review*, Vol. 54, No. 1, 26 January 2017, pp. 146–147.

[②] 参见《欧洲法院议事规则》第 15 条。

招致法院院长的报复性惩罚。[①]

三 、对欧盟内部司法上诉机制管理模式的评价

在当前欧盟法院内部管理模式的背景下，欧洲法院在行政、立法事项上的主导权将进一步影响到两个法院之间的内部司法独立，并将影响到欧盟内部司法上诉机制的有效运作。

关于国际司法独立的《斯科普斯山国际司法独立标准》以及其他相关国际性法律文件中对司法的内部独立进行了单独规定，要求法官在决策过程中必须独立于其司法同僚与上级。[②] 事实上在欧洲范围内，欧洲委员会关于法官的独立性、效率和责任的建议中就提出："法官在作出决定时应该是独立和公正的，能够采取行动而不受任何当局，包括司法机构内部当局的任何限制、

[①] 例如，在最新一次欧盟司法架构的改革中，当普通法院越过欧洲法院向作为欧洲议会主席国表达了对欧洲法院提案的反对后，欧洲法院院长瓦西里奥斯·斯库里斯于同年（2015 年）给哈格院长的回信中愤怒地指责，他的信"严重损害了法院在未来预算谈判中的地位"，并认为他越过欧洲法院直接与成员国沟通是"不尊重机构规则"的，普通法院如果没有得到他的许可而与主席国进行沟通将违反欧盟条约。作为普通法院不遵从规范的处罚，斯库里斯院长打击了他们的痛处：减少他们的工作人员。这在一定程度上体现在 2019 年最后一批新法官到来时，普通法院将不会增加相应数量的书记官或助理。这意味着法官将不得不分享他们现有的推荐人和助理。（参见 Duncan Robinson, "The 1st rule of the ECJ's fight club……is about to be broken", Brussels Blog of the Financial Times, 27 April 2015, https://www.ft.com/content/b3979694–b42b–38b4–b1a7–dddbdb2c1878 (last accessed on 9 Aug. 2022).）有意思的是，前文反复提及并一直作为对最新一次欧盟法院架构改革最直言不讳的批评者之一的德豪斯法官，从 2003 年起就在普通法院担任法官，但在改革方案确认后，即 2016 年，离开了普通法院。与传统惯例明显不同的是，法院没有为这位即将离任的欧洲法官组织一次惯常的公开仪式，而只是安排了一次内部会议。这或许在一定程度上可以视为欧洲法院的一次蓄意报复。在其离职演讲中，德豪斯法官表示："当法官拥有过大的权力时，就比如在这里，他们的合法性只有在他们对自己施加与对他人同样的约束时才存在。没有什么比一个法官在行使行政和立法权力时认为自己是正义的更糟糕了，除了类似的情况。事实上，无论他的头衔和技术能力如何，这样的法官都是对权力分立的颠覆。"(See Alberto Alemannoand, Laurent Pech & Franklin Dehousse, "EU Judge Dehousse's Farewell Address, with a short introduction by Professors Alemanno & Pech", 19 October 2016, https://verfassungsblog.de/eu–judge–dehousses–farewell–address–with–a–short–introduction–by–professors–alemanno–pech/ (last accessed on 9 Aug. 2022).)

[②] 《斯科普斯山国际司法独立标准》第 9.1 条规定："在决策过程中，法官必须独立于其司法同僚和上级"，同时第 9.2 条规定："司法机关的任何等级组织以及任何等级或职级的差异，绝不应妨碍法官自由宣判的权利"。《世界司法独立宣言》（另称《蒙特利尔宣言》）第 2.03 条以及《新德里司法独立最低标准守则（1982 年《新德里国际律师公约》通过）》第 47 条中都存在类似的规定。（参见 *Mt. Scopus Approved Revised International Standards Of Judicial Independence, 19 March 2008; Montreal Declaration Universal Declaration on the Independence of Justice*, 10 June 1983; *The New Delhi Code of Minimum Standards of Judicial Independence*, adopted by the IBA New Delhi Convention 1982.)

不当影响、压力、威胁或直接或间接的干涉"，并在最后指出："等级制的司法组织不应损害个人的独立性"。① 学者西蒙·谢特里特（Shimon Shetreet）也曾将司法独立具体分为两个方面，即外部独立与内部独立。前者指司法机构与其他权力部门之间的关系，后者旨在保护个别法官免受来自司法机构内部，包括来自法官同僚，尤其是上级的不当压力的保障。②

在强调内部独立的司法系统中，例如在英美法院，法官是自己的领导；高层级的法官（例如上诉法院法官）对他的控制相对较少。上级法院的法官当然可以推翻下级法院法官的决定，但除此之外，这两者在法院官僚机构的日常运作中很少交叉。③ 需要注意的是，这并不是对"等级制"（Hierarchy）的否定，作为韦伯官僚主义概念中最显著的特征之一，等级制是一种现代管理模式，能够将复杂的问题分解为在集中的指挥等级下协调的可管理任务④，并使每个工作者对他的表现负责。⑤ 而司法上诉机制正是典型的等级权威结构，在该司法系统中，在司法裁判中二者分担不同的职能，且上诉机构能够推翻初审机构的判决。因此，内部司法独立并不反对司法裁判中的等级制，而是需要避免上级法院通过对司法机构整体的内部行政管理来体现等级权威，进而影响作为法院存在基础之一的司法独立。

而在欧盟法院，当资源分配的权力集中于欧洲法院时，普通法院无疑会对欧洲法院产生依赖关系，这在一定程度上可能会影响普通法院独立作出司法判决，尤其在涉及改变欧洲法院的判例法，或者与欧洲法院对某一法律观点不符时。因此，福伍德法官认为："初审法院的作用实际上将取决于欧洲法院是否愿意作出必要的决定，以使初审法院作为一个机构，能不断发展，以

---

① Council of Europe, *Judges: independence, efficiency and responsibilities--Recommendation CM/Rec(2010)12 and explanatory memorandum*, Council of Europe Publishing, , November 2011, Art. 22 (1).

② See Shimon Shetreet, "Judicial Independence: New Conceptual Dimensions and Contemporary Challenges", in Shimon Shetreet & Jules Deschenes eds., *Judicial Independence: The Contemporary Debate*, Dordrecht, the Netherlands: Martinus Nijhoff, 1985, pp. 637–638.

③ Carlo Guarnieri, Pederzoli Patrizia, *The Power of Judges: a Comparative Study of Courts and Democracy*, New York: Oxford University Press, 2002, pp. 66–67.

④ Reinhard Bendix, *Nation Building and Citizenship*, 2nd edition, Berkeley: University of California Press, 1977, pp. 135–136.

⑤ David Beetham, Bureaucracy, 2nd edition, Minneapolis: University of Minnesota Press, 1996, p. 9.

更好地应对今天和明天的挑战"。[1]

事实上根据欧盟法院自身的判例法，欧盟内部司法上诉机制中的内部独立性还有另外一层含义，欧洲法院在 Graham J. Wilson 案中认为，作为承担裁判职能的第三方机构的独立性有两方面：第一个方面是外部的，"它假定该机构受到保护，不受外部干预或压力的影响"；第二个方面是内部的，它要求法院确保诉讼的公平竞争环境，对于法院而言要求其"除了严格适用法律之外，对诉讼结果不存在任何利益"。[2] 所以，司法机关的内部独立性在更广泛的意义上还可以被解读为法院对诉讼结果的"独立"。司法机关除了不受外部因素的影响，还需要对它面前的利益保持客观中立。因此，在欧洲法院职能过于集中的情况下，如果法院不能保证法院行政部门与司法部门之间的职能分离，将可能影响法院在与自身职能相关的案件中的公正裁判。

在行政事项上，虽然欧盟法院自己负责招聘和管理员工，但在法院工作的约 2000 名职员和其他工作人员与其他欧盟机构的工作人员一样，受《官员工作人员条例》和《欧盟其他服务人员就业条件》的约束。当这些法院的职员产生工作关系纠纷时，也由法院进行管辖。因此，在涉及欧盟法院自身内部工作人员的争端案件时，由于欧洲法院大会与院长同时承担了内部行政管理与司法职能，法官在诉讼结果面前是否能保持客观中立的问题尤为突出。这是欧盟内部司法上诉机制，乃至整个国际组织内部司法机制可能需要面对的问题。欧洲人权法院在与规定"公平审判权"的《欧洲人权公约》第 6 条有关的判例法中也表达了类似的观点。[3]

---

[1] N. Forwood, "The Court of First Instance, its Development, and Future Role in the Legal Architecture of the European Union", in A. Arnull et al eds., *Continuity and Change in EU Law: Essays in Honour of Sir Francis Jacobs*, Oxford University Press, 2008, p. 47.

[2] Case C-506/04, *Graham J. Wilson v Ordre des avocats du barreau de Luxembourg(Reference for a preliminary ruling from the Court administrative)*, ECLI:EU:C:2006:587, 19 September 2006, paras. 49-52.

[3] 法院表示："行政法院的四名成员在同一案件中同时履行了咨询和司法职能。在诸如卢森堡国家行政法院这样的机构的背景下，仅仅某些人就同一决定连续履行这两种职能这一事实就足以让人怀疑该机构的结构公正性……这种怀疑本身，无论其理由多么微不足道，都足以损害有关法庭的公正性，这使得法院没有必要调查申诉的其他方面。"（The European Court of Human Rights, *Case of Procola v. Luxembourg*, Application no. 14570/89, 28 September 1995, para. 45.）

事实上，欧盟法院已遇到相关案件①，或许是法官们在裁判时对此类特殊案件的不注重，法院职员的案件并未造成引人注目的争议。但在某些案件中，法院面对针对自身职能冲突提出的质疑，似乎采取了较为回避的态度。在普通法院审理的职员上诉案件中，原告 Z 女士作为法院翻译总司的正式职员与行政部门产生了纠纷，在正式起诉前，该纠纷经过了由一名欧洲法院法官与两名总法律顾问组成的申诉委员会的审查（Complaints Committee）。在案件裁判中，普通法院回顾了上诉职员向公务员法庭提出的初审诉求，Z 女士认为申诉委员会的组成并不适当，因为《欧盟法院规约》第 4 条规定："法官不得担任任何政治或行政职务"。而普通法院表示，Z 女士认为"除法院院长外，其他法官和总法律顾问不能行使任何行政职能，特别是在申诉委员会中"的说法没有任何法律论据可以证实。普通法院结合了受质疑的欧洲法院法官在初审中引用的规范，即法院规约的第 4 条"旨在确保法官在行使其职能期间和之后的独立性，尤其是对成员国或其他欧盟机构"，认为上诉人不能从该条中推导出法官"不可能行使与机构内部管理有关的职能"，因为"法官在机构内行使内部行政职能并不损害他们的独立性，而且有可能确保机构的行政自主权"。②

但法院的观点可能片面地解释了规约第 4 条对于外部独立性的强调，却忽略了司法独立性中法官对诉讼结果保持中立的内部独立性，法官在案件中行使内部行政职能完全有可能影响司法内部独立性。在该案中，由于公务员法庭尚未废除，因此诉讼止于普通法院一级。但在当前欧盟内部司法架构中，法院职员的诉讼完全有可能被欧洲法院审查。这种情况下，欧洲法院的法官在履行司法职能时，很有可能会因其同僚参与案件行政审议而存在利害关系。事实上，该案件的诉讼结果本身就直接涉及欧盟法院的利益，因为法院既行使了内部行政管理职能，又对该职能行使产生的争议进行了司法审查，因此很难排除欧盟法院整体上的利害关系，这将严重影响法院裁判的公正性与权

---

① 例如，参见 Case T-603/16, *Zoher Brahma v Court of Justice of the European Union*, Judgment of the General Court (Third Chamber), ECLI:EU:T:2018:820, 22 November 2018; Case T-702/16 P, *José Barroso Truta and Others v Court of Justice of the European Union*, Judgment of the General Court (Appeal Chamber), ECLI:EU:T:2018:557, 18 September 2018.

② Case T-88/13 P, *Z v Court of Justice of the European Union*, Judgment of the General Court (Appeal Chamber), ECLI:EU:T:2015:393, 19 June 2015, paras. 166, 167.

威性。在个别非职员案件中，法院的这种角色定位冲突已非常明显。^①因此，欧洲议会在 2013 年通过的一项关于法院决议中就对法院的日常管理提出了意见，认为应对法院进行重组，"使法律职能和行政职能更明确地分开，从而使法官不再面临必须就其当局直接参与的行为的诉讼作出裁决的风险"。^②

因此可以认为，作为内部司法独立的一部分，不论是各级司法机构之间的相互独立，还是法院对诉讼利益的独立，都是欧盟内部司法上诉机制在设计、完善管理模式时需要注重的对象。

四、欧盟内部司法上诉机制管理模式的研究意义与完善建议

对欧盟内部司法上诉机制管理模式进行分析的意义并不仅局限于欧盟内部司法系统，对欧盟的分析与建议也对联合国内部司法上诉机制，乃至国际组织内部司法制度的设计起到一定的借鉴作用。目前联合国内部司法上诉机制没有遇到与欧盟相似的问题，很大程度上是因为联合国的内部司法仍然处于初步发展阶段，法庭的行政管理权由联合国行政当局控制^③，其司法的外部独立性建设仍然任重道远。但联合国如果想要真正获得组织的司法管辖豁免与特权，并确保组织内部工作的有效运转，那么它就必须建立一个公正高效的内部司法上诉机制，赋予其必要程度的自治权是组织内部法治建设的必经之路。其他国际司法上诉机制想要实现司法公正，维护其司法公信力，也必须要获得司法自治权以保障司法独立性，避免外部因素的干扰。在获得必要的内部司法自治权后，组织的内部司法机制需要处理司法机构不同职能的冲

---

① *Gascogne* 系列案虽然不属于职员案件，但案件凸显了欧洲法院在被要求同时扮演三种不同角色时的内在冲突：在针对欧洲法院自身的上诉中，法院是法官的管理机构、在可受理性例外中具有预算利益的行政机构，以及最终被期望对法院自身提出的上诉作出裁决的司法机构。（参见 Case C–40/12 P, *Gascogne Sack Deutschland GmbH v European Commission*, Judgment of the Court (Grand Chamber), ECLI:EU:C:2013:768, 26 November 2013; Case C–58/12 P, *Groupe Gascogne SA v European Commission*, Judgment of the Court (Grand Chamber), ECLI:EU:C:2013:770, 26 November 2013.）

② European Parliament, *European Parliament resolution of 29 April 2015 with observations forming an integral part of the decision on discharge in respect of the implementation of the general budget of the European Union for the financial year 2013, Section IV – Court of Justice*, 2014/2080(DEC), 29 April 2015, para. 10.

③《联合国上诉法庭规约》第 5 条第 1 款规定："联合国秘书长应为上诉法庭的运作做出必要的行政安排。"

突，而上诉机制还需要处理司法机构之间的管理模式，这将进一步影响到法院的内部独立性。欧盟目前所遇到的问题，例如欧盟法院拥有立法参与权是否合适，以及各级司法机构如何分配法院在行政、立法事项上的权力，在一定程度上具有普遍意义。对这些问题进行分析、解决，能够为其他国际组织内部司法机制的建设与完善提供参考方案。

首先，在代表性问题上，欧盟法院对于自身行政管理、立法参与权的行使模式应更偏向于合作制而非等级制。在涉及法院整体权益以及同时涉及两个法院的事项中，应为普通法院提供必要的协商途径，并可以由欧洲法院与普通法院共同形成、通过相应的决定。因此通过欧洲法院与普通法院的法官各选出若干名代表来组成欧盟法院大会，而不是目前的欧洲法院大会，来决定欧盟法院的相关事项也许是一种值得考虑的方式。目前的管理模式需要欧洲法院的 27 名法官以及 11 名总法律顾问参加欧洲法院大会，而欧盟法院大会可以通过选举各法院的代表来减少欧盟法院大会的组织、交流成本，同时还能增加欧盟法院决策、建议的代表性与民主性。但在该方案中，需要注意欧洲法院大会与欧盟法院大会在审议事项的划分上应有明确的规定与分工。而加强对欧盟法院实际权力机关的监督、问责机制也不失为欧盟内部司法上诉机制管理模式的一种完善方向。

其次，在合法性问题上，首先需要考虑的是法官是否有能力行使欧盟法院的相关权力，尤其是立法参与权。有学者认为法院立法参与权的处理这是一个结构性问题，并提出了两个方案：该学者认为最好的解决办法似乎是简单地废除法院在立法参与中的倡议权。法院应该能够在有限的相关领域提出立法改革的要求，但委员会将负责采纳并随后推动其成为提案的内容；其次，可以对所有来自法院的立法请求施加一些严格的程序性限制。特别是这一权限应分配于整个欧盟司法机构，而不是欧盟法院中的某一个。①

最后，需要尽可能减轻当前欧盟内部司法上诉机制的管理模式对司法机关内部独立性的影响。法院职能的重叠有可能使法官与诉讼利益产生不必要的关联，从而破坏裁判的公正性。这在欧盟法院的职员所提起的诉讼案件，

---

① Franklin Dehousse, "The Reform of the EU Courts (II): Abandoning the Management Approach by Doubling the General Court", Egmont Institute, Egmont Papers 83, March 2016, p. 67.

尤其是负责欧盟法院整体行政管理的欧洲法院审理的案件中尤为明显。问题的解决方案可以包括但不限于如下两种：第一，按照欧洲议会于 2013 年向法院提出的建议，可以将法官的法律职能与主要包括职员管理事项在内的行政职能进行更明确地区分；第二，考虑到欧盟法院职员案件的数量并不多，且涉及案件的机构范围较为局限，还可以将欧盟法院职员案件的管辖权移交至其他国际组织行政法庭。后一种方案具有一定的可行性，目前国际劳工组织行政法庭就对相当多国际组织的职员案件拥有管辖权。[①] 将案件交由不直接管理或处理该职员争议事项的法官不失为一种方案，但考虑到欧盟法院法官互为同僚关系，且此类案件一定程度上涉及法院的整体利益，因此作为法院主要成员的法官仍然与诉讼结果具有较强的利益关联性。

[①] 截至 2020 年 1 月 1 日，包括劳工组织在内的 60 个国际组织接受了劳工组织行政法庭的管辖权。(United Nations Secretary–General, *Initial review of the jurisdictional set-up of the United Nations common system: Report of the Secretary-General*, A/75/690, 15 January 2021, para. 16.)

第五章 欧盟内部司法上诉机制的上诉程序

    欧盟内部司法机制的上诉程序产生于 1988 年 10 月 24 日初审法院的设立。当时设立初审法院的理事会决议中明确规定了上诉程序[1]，这使当事方有可能通过上诉来质疑初审法院的决定。而目前关于普通法院的上诉程序的基本文件为《欧盟运作条约》，该条约第 256 条第 1 款首先规定普通法院有权审理和裁决涉及职员争端第 270 条所述的初审诉讼，在第二段则规定对普通法院根据该款作出的决定可在《欧盟法院规约》限定的范围内向欧洲法院上诉。这意味着欧盟法院必须依据法院规约对职员案件的上诉进行严格的审理。在欧盟法院的上诉机制中，上诉的目的主要是审查普通法院是否以法律上正确的方式考虑上诉人所依据的所有论点。[2] 因此，欧盟内部司法上诉机制的设立能够提高职员案件司法判决的合法性与法律保护的质量。[3]

    在国际组织为数不多的内部司法上诉机制中，联合国内部司法上诉机制于 2009 年才正式设立，与此相比，欧盟内部司法上诉机制及其上诉程序产生的时间相当早。与欧盟内部司法上诉机制的组织结构相似，其上诉程序也早已形成一套成熟的制度。由于欧盟内部司法上诉机制的上诉程序依托于欧盟法院的整体程序，且上诉程序将不可避免地与初审程序的一些要素相联系，本章将在必要时提及这些内容，但本章的主要内容将聚焦于欧盟职员案件的

---

[1] 其中第 49、50、51 条规定了向共同体法院上诉的程序，（参见 Council of the European Communities, *88/591/ECSC, EEC, Euratom: Council Decision of 24 October 1988 establishing a Court of First Instance of the European Communities*, Official Journal of the European Communities L 319, 25 October 1988. ）

[2] See Case C–202/07 P, *France Télécom SA v Commission of the European Communities*, Judgment of the Court (First Chamber), ECLI:EU:C:2009:214, 2 April 2009, para. 41.

[3] 参 见 Koenraad Lenaerts, Ignace Maselis & Kathleen Gutman, *EU Procedural Law*, Oxford University Press, 2014, p. 632.

上诉程序。

同时需要注意的是，欧盟内部司法上诉机制于 2015 年经历过一次重大改革，使得作为职员案件上诉机构的普通法院再次成为初审机构。但由于目前条约仍然规定了在普通法院之下设立专门法院的可能，《普通法院议事规则》也仍然保留了有关职员案件上诉程序的规定，加之公务员法庭审理的案件在诉讼时效内仍有可能适用先前的上诉程序，因此本章也将对普通法院作为上诉机构时的上诉程序进行论述。[①]

最后，本章很难对上诉程序进行面面俱到的论述，因此只能对欧盟内部司法上诉程序中一些重要或独特的程序、制度进行研究。这些内容对于上诉机制的运作相当重要，部分内容还使欧盟内部司法上诉机制具有不同于其他国际组织的优势。

第一节　欧盟内部司法上诉机制的上诉提起程序

上诉的提起程序可视为上诉程序的启动条件，它包括谁可以提出上诉、可以对什么内容提出上诉以及需要在什么时间段内提出上诉等有关条件。从某个角度看，这些内容也可以理解为欧盟内部司法上诉机制中上诉机构的司法管辖权范围。不同于欧盟法院系统的一般性管辖权，作为其一部分并处理欧盟职员争端的欧盟内部司法上诉机制的司法管辖权为有限管辖权（jurisdiction d'attribution），相关法律文件往往会对法院在此领域的上诉权进行限定[②]，因此，职员案件的上诉提起程序将更加具体。这些上诉的提起条件将决定欧盟内部司法上诉机制中当事方的上诉权能够得到何种程度的保障。

同时，对司法公正与司法效率动态平衡的考虑也将贯彻于内部司法上诉机制的上诉提起程序中，这是各国际组织内部司法机制普遍需要平衡的一对价值，而在增加了上诉程序的上诉机制中更需要如此。如何对上诉的提起进

---

① 根据本章论述的方便，拟将以"初审机构"与"上诉机构"分别指代在欧盟内部司法上诉机制中作为初审司法机构的公务员法庭或普通法院，以及作为上诉审司法机构的普通法院或欧洲法院。

② C. F. Amerasinghe, *Jurisdiction of Specific International Tribunals*, Martinus Nijhoff Publishers, 2009, p. 299.

行合理限制，以在充分保障当事方上诉权的前提下提升法院的司法效率，最终从根本上实现公正司法，是欧盟内部司法上诉机制需要努力实现的目标。

一、欧盟内部司法上诉机制中提出上诉的主体

从规范层面上看欧盟内部司法上诉机制中的上诉方，《欧盟法院规约》第56条第2款仅规定，对普通法院的上诉，"可由在诉讼中全部或部分败诉的任何一方提出"。通过该一般性规定，可以简单了解到欧盟内部司法上诉机制的上诉主体为参与初审案件的当事方。因此，需要通过分析职员案件初审程序的当事方来进一步确认上诉程序的主体要求。而作为涉及职员案件当事方的条约文件，《欧盟运作条约》第270条也较为简单地规定了职员案件的当事方包括欧盟与其职员（Union and its servants），并将进一步进行规范的权力赋予《欧洲联盟工作人员条例》以及《欧洲联盟其他工作人员就业条件》（Conditions of Employment of Other Servants of the European Union，简称《其他工作人员就业条件》）。① 这两份法律文件对职员案件的涉案职员以及行政当局进行了更具体的规定②，且二者有相当一部分内容类似。③ 下文将围绕这两类当事方来对欧盟内部司法上诉机制中提起上诉的主体，或者可以说对上诉机构的属人管辖权（ratione personae）进行更为深入的研究。

（一）作为上诉方的职员

对上诉职员进行定义的法律规范主要为《工作人员条例》与《其他工作人员就业条件》。根据《工作人员条例》第90条的规定，欧盟法院对欧

---

① 具体规定为："欧洲联盟法院应在联盟《工作人员条例》和《其他工作人员就业条件》规定的范围和条件下，对联盟与其职员之间的任何争端拥有管辖权"。

② 在2004年，《工作人员条例》和《其他工作人员就业条件》为正式职员和其他公务员规定的具体制度经历了一次重大改革，该次改革对职员进行了重新分类，新的结构旨在使职位与薪金更加线性化，有更多的职等，而晋升是增加职等的主要方式，因此也是增加工资的主要方式。（参见 Council of the European Union, *Council Regulation (EC, Euratom) No 723/2004 of 22 March 2004 amending the Staff Regulations of officials of the European Communities and the Conditions of Employment of other servants of the European Communities*, Official Journal of the European Union, L 124, 27 April 2004.）

③ 因此除非出现例外，如果《其他工作人员就业条件》中规定类推适用《工作人员条例》的内容，后文将以《工作人员条例》的规定进行概括。

盟以及适用该条例的任何自然人产生的争议都具有管辖权。[1] 而根据《工作人员条例》的相关规定，其适用对象主要为"欧盟职员"（officials of the Union）。[2] "欧盟职员"是指，由欧盟的任一机构的任命当局（Appointing Authority）签发文书，被任命为该机构工作人员的常设职位的任何人。[3] 根据条例，"机构"这一概念应作广义解释，基本上包括了依联盟法律文件设立的所有机构实体（bodies），即欧盟的"机构"（institutions）与"次级机构"（agencies）。[4]《其他工作人员就业条件》则适用于根据合同聘用的职员（servants）。就业条件在随后的条款中将这类职员细分为四个具体的类别[5]，他

---

[1] See Staff Regulations of Officials of the European Union, in *Consolidated text: Regulation No 31 (EEC), 11 (EAEC), laying down the Staff Regulations of Officials and the Conditions of Employment of Other Servants of the European Economic Community and the European Atomic Energy Community*, Document 01962R0031–20140501, 1 January 2022. 对于《其他工作人员雇佣条件》而言，其第 46 条则规定该文件关于诉讼方面的内容类推适用《工作人员条例》中相应的内容。（参见 Conditions of Employment of Other Servants of the European Union, in *Consolidated text: Regulation No 31 (EEC), 11 (EAEC), laying down the Staff Regulations of Officials and the Conditions of Employment of Other Servants of the European Economic Community and the European Atomic Energy Community*, Document 01962R0031–20140501, 1 January 2022.）

[2] 《工作人员条例》第 1 条规定："《工作人员条例》应适用于联盟的职员。"

[3] 参见《工作人员条例》第 1a 条第 1 款。

[4] 《工作人员条例》第 1a 条第 2 款规定："第 1 款中的这一定义也应适用于由联盟法律设立的机构实体（此后称为"次级机构"）所任命的人员，《工作人员条例》也对他们适用。除本《工作人员条例》另有规定外，本《工作人员条例》中关于"机构"的任何内容都应适用于各次级机构"。而条例的第 1b 条也对机构的概念进行了扩大。此处有必要对欧盟的内部机构设置进行一个简短的介绍。不同于其他国际组织，欧盟目前形成了一套独特并处于不断发展的机构体系，包括了不同类别、承担不同功能的实体。首先是"机构"，机构往往是基础性法律文件（如条约）建立的国际法法人，它们拥有不同的宏观性职能，这些职能一般以共同制定欧盟议程并创制与协调欧盟立法为目的，如欧洲议会、欧盟理事会以及欧盟法院都属于"机构"；其次是"次级机构"，次级机构主要为欧盟二级立法设立的法人，它们虽然只承担特定、具体的职能，但它们拥有自己的法人资格，并且无设立期限。它们的职能有助于欧盟政策的实施。如欧洲防务署（European Defence Agency）、欧洲工作安全与健康署（European Agency for Safety and Health at Work）都属于"次级机构"。（参见 European Union, "Types of institutions and bodies", https://european–union.europa.eu/institutions–law–budget/institutions–and–bodies/types–institutions–and–bodies_en, last accessed on 9 Aug. 2022.）依照其含义与职能，将第二类机构称之为"次级机构"可能较为合适。

[5] 就业条件将这类职员进一步细分为：临时职员（temporary staff）；合同职员（temporary staff）；当地职员（local staff）；特别顾问（special advisers）；以及经备案的议会助理（accredited parliamentary assistants）。（参见《其他工作人员就业条件》第 1 条。）具体而言，"临时职员"往往被列入机构当局的预算清单，这些职员往往具有欧盟公务所缺乏的具体知识和资格。"合同职员"则是 2004 年生效的《其他公务员就业条件》改革引入的新类别，这个名称容易让人产生误解，因为《其他工作人员就业条件》所规范的所有职员都是与机构存在合同关系的人员。此类职员未被分配到与有关机构有关的预算部分所附的职位列表中。"当地职员"是指根据当地惯例在欧盟以外地区从事体力或服务工作的员工；"特别顾问"指由于其特殊的资格，尽管在其他方面存在有收益的工作，但仍被雇用为机构提供协助和建议的职员；"经备案的议会助理"则是指由一名或多名议员选择并由欧洲议会以直接合同的方式聘用的人员，他们为议员职能的行使提供直接协助。（参见《其他工作人员就业条件》第 2 到 5a 条。）

们的就业关系都产生于与欧盟机构签订的合同。

综上所述，可以认为作为欧盟内部司法上诉方之一的"职员"既指共同体各机构通过任命书任命的任命型职员，又指与机构签订就业合同的聘用型职员，他们分别受机构行政当局提供的任命书与任命合同的约束。[①] 因此可以认为，欧盟对其内部司法上诉机制的职员概念进行了严格的限定，任命型与聘用型职员[②] 之外为欧盟机构提供服务的个人并不属于职员范畴。

有关争议主要集中在概念更为宽泛的聘用型职员。《其他工作人员就业条件》第 1 条规定该就业条件适用于受欧盟提供合同聘用（engage）的职员，该条并未对合同的类型进行具体限定，因此与组织存在雇佣或劳务合同，以及其他类型的合同关系的人员按照该条都可以被视为合同聘用的职员。但就业条件在随后的条款中对第 1 条规定的职员进行了排他性的规定，仅适用于四种特定的合同聘用类型。除非当事方完全符合就业条件中规定的四个类型之一，否则将不被认为是聘用型职员。例如，在 Theano Souna 案中，欧共体法院就认同了行政当局的主张，即原告并未从事《其他工作人员就业条件》所规定的相关类型的工作，而是作为自雇人员（self-employed）[③] 按机构需要为机构提供服务，因此法院不能支持原告主张的《工作人员条例》相应条款中职员所享有的权利。[④] 而在 Heinrich Maag 案中，法院直接指出原告作为自由职业者（freelance）无权享有以职员身份才能享有的司法救济权，他提出的申请不可受理。[⑤]

这种对职员概念进行严格限定的倾向并非欧盟才有，联合国内部司法上

---

① 存在明确的任用文书或任用合同是成为欧盟职员的必要条件。在 Agostino 案中，法院就表示试用期职员并不被认为是《工作人员条例》中的任命型职员，因为对职员的任命必然源自任命当局的单方面文书，其中需要说明任命生效的日期和任命的职位，而原告在试用期获得的相关文件不能被视为由主管任命的机构签发的具有正确和适当形式的任命文书。最后法院驳回了原告依据《工作人员条例》提出了诉求。（参见 Case T-40/91, *Agostino Ventura v European Parliament*, Judgment of the Court of First Instance (Fifth Chamber), ECLI:EU:T:1992:59, 10 April 1992, paras. 40–44.）

② 为方便起见，除非另有说明，"职员（official）"用于包括其他工作人员和后文所提及的根据《工作人员条例》和类似文书享有相关权利的人。

③ 自由职业者（freelance）、个体承包商（individual contractor）在定义上大体相似。

④ Case 432/85, *Theano Souna v Commission of the European Communities*, Judgment of the Court (First Chamber), ECLI:EU:C:1987:236, 20 May 1987, paras. 12–14.

⑤ Case 43/84, *Heinrich Maag v Commission of the European Communities*, Judgment of the Court (Second Chamber), ECLI:EU:C:1985:328, 11 July 1985, para. 2.

诉机制也采用了类似的态度。① 从司法效率与司法成本的角度看，考虑到欧盟法院愈发严重的积案问题以及法院相对有限的司法资源，加之此类群体和机构行政当局的联系与职员相比并不那么紧密，欧盟内部司法上诉机制对其属人管辖权进行限缩有一定的合理性。

　　但这些自雇人员也是欧盟内部的重要劳动力，本质上，他们与职员一样都为欧盟机构提供服务，尤其是考虑到某些自雇人员已与联盟机构形成较为稳定、长期的合同关系的情况。如果欧盟内部司法上诉机制不给予这些人员充分且必要的上诉权保障，在严重侵犯其权利的情况下，将可能有违《世界人权宣言》所规定的平等地保障个人诉诸司法的权利要求。② 总法律顾问戈登·斯林（Gordon Slynn）在 Theano Souna 案中提出的观点相当具有参考价值，他认为仅通过排他性的定义来框定职员范围是欠妥的，是否将某一人员视为合同聘用的职员"必须考虑到关系的实质"。如果相关人员对机构提供的服务具有连续性与规律性，并且以与受法律保障的职员同样的方式完成工作、受到同样监督，那么法院就可以将其视为《其他工作人员就业条件》中的聘用型职员。③ 这种方式能够尽可能地维护自雇人员等群体的实质利益，同时也在相当程度上避免了过于宽泛的属人管辖带来的案件压力。因此在欧盟内部司法上诉机制以及其他国际组织内部司法机构日后遇到类似问题时，戈登顾问的建议不失为一种可行的判断方式。

（二）作为上诉方的机构

　　如前文所述，依据《工作人员条例》的相关规定，职员案件初审中的被告方主要为欧盟的机构与次级机构。④ 作为诉讼被告方的机构与作为原告方的职员紧密联系并相互影响：只有当职员向其任命机构提起诉讼时，机构才

---

① 联合国对某些为组织当局提供服务但并不纳入联合国职员编制的编外职员（non-staff personnel）进行了区别对待。他们也不能主张正式职员所享有的权利，甚至还被排除在联合国内部司法上诉机制的保护范围外。（可参见 United Nations Secretary-General, *Administration of justice at the United Nations: report of the Secretary-General*, A/73/217, 23 July 2018, paras. 96–105.）

② 《世界人权宣言》第 10 条强调每一个人都有权享有"一个独立而无偏倚的法庭"的审判。

③ See Case 432/85, *Theano Souna v Commission of the European Communities*, Opinion of Mr Advocate General Sir Gordon Slynn, ECLI:EU:C:1987:101, 24 February 1987.

④ 为方便起见，除非另有说明，本章将使用"机构（institutions）"一词，以不区分地涵盖机构和次级机构等欧盟条约框架下的机构（符合《欧洲法院议事规则》第 1 条第 2 款第 a 条的规定）。

有可能进入到欧盟内部司法上诉机制中，并享有提出上诉的可能性；同时，职员只有在服务于欧盟机构并与其产生就业关系时才有可能提起诉讼并提出上诉。

判断一个机构是否属于欧盟机构的重要标准是创设该机构的法律类型。[①] 一般意义上的"机构"包括《欧盟条约》第 13 条规定的机构与《欧盟运作条约》相关条款中规定的机构，以及根据这些条约[②] 或在这些条约规定的政策或合作形式的框架内[③] 建立的其他机构。在 Vittorio Salerno and others 案中，原告认为其工作的机构属于欧共体委员会的下属行政单位，因此具有被告资格。法院则认为虽然机构与委员会在各方面都有密切联系，甚至其运作很大程度上依赖于委员会，但这些事实并不具有将其转变为委员会的行政单位的效果，因为该机构由比利时法律设立并受其管辖。[④] 因此，法院驳回了原告的诉求。

为机构提供上诉的可能性事实上相当重要。不同于初审程序，行政当局只能作为被告，在上诉程序中机构的行政当局可以主动提出上诉，因此欧盟内部司法上诉机制不仅能够维护职员的司法权利，也为机构提供了一次纠正判决错误的机会。这个过程能够促进欧盟内部司法机关与行政机关之间的沟通，加强内部司法机制的制度弹性，使法庭能够更好地处理行政当局的诉求，避免组织内部权力机关之间的激烈对抗。法庭命令与判决的执行离不开行政当局的配合与协作，因此内部司法机制为行政当局提供上诉权能加强判决的可执行性，这也间接地使职员的权利得到更有效的保障。同时法庭的权威性

---

① 如前文所提及的，机构往往是基础性法律文件（如条约）建立的国际法法人，而次级机构主要为通过欧盟二级立法设立的法人。

② 在 *X v European Central Bank* 一案中，当时的初审法院认为法院对欧洲中央银行的职员争端具有司法管辖权，因为《欧洲中央银行章程》是《马斯特里赫特条约》背景下通过的议定书的一部分，其章程中使用的法律术语必须根据其通过时有效的相关规则的总体情况来解释，并与共同体法律相一致。因此欧洲中央银行作为《欧洲共同体条约》法律体系下的机构，其职员案件应受法院管辖。（参见 Case T–333/99, *X v European Central Bank*, Judgment of the Court of First Instance (Third Chamber), ECLI:EU:T:2001:251, 18 October 2001, paras. 36–44.）

③ 在 John Mills 案中，欧共体法院在对法院管的辖权判进行确认时，对被告欧洲投资银行是否被视为共同体的一部分进行了认定。法院根据相关规定认为银行依据条约规定的政策而被赋予法律人格，因此具有被告资格。（参见 Case 110–75, *John Mills v European Investment Bank*, Judgment of the Court, 15 June 1976, paras. 5–18.）

④ See Joined cases 87, 130/77, 22/83, 9 and 10/84, *Vittorio Salerno and others v Commission of the European Communities and Council of the European Communities*, Judgment of the Court (Second Chamber), ECLI:EU:C:1985:318, 11 July 1985, paras. 39–47.

也在与行政机关非对抗式的协商、沟通中得到增强，这种司法权威是构建国际组织内部法治的权力分立所必要的。

（三）作为上诉方的其他主体

虽然欧盟内部司法上诉机制的属人管辖权在职员范围的确定中体现出较为严格的态度，且《欧盟运作条约》第270条只明确规定了欧盟法院对欧盟与其职员争议的管辖权。但对于某些特定群体的基本权利，司法机构也提供了必要的保障，以尽可能维护司法公正。这主要基于《工作人员条例》第91条第1款对条约的规定进行的合理扩张。该款表示，欧盟法院对欧盟与适用该条例的任何人所产生的任何争议都具有管辖权，其中"适用该条例的任何人"为法院在诉讼当事方的确认上提供了司法裁量的空间。欧洲法院在其判例中就指出，"适用《工作人员条例》的任何人"都可就对其产生不利影响的行为向指定机构提出申诉，并且不允许欧盟内部司法上诉机制对由职员提出的申请和由条例中提及的任何其他主体提出的申请在可受理性上进行区别对待。[①]

因此，除了职员以及机构，还有部分主体受欧盟内部司法上诉机制的保障，他们往往与机构具有利害关系，并在《工作人员条例》或《其他工作人员就业条件》中得到明确规定。但他们并非职员，因此不能享有职员在《工作人员条例》中的全部权利，而只享有这些法律文件中某些特定条款所赋予的权利。

首先是机构的前职员、职员或他们的家属。前职员与机构的争端往往涉及条例中关于职员退休、离职后的社会保障福利、养老金以及相关津贴等事项。《工作人员条例》对这些事项都有明确的规定。[②] 除此之外，《工作人员条例》还旨在规范欧盟机构与其职员之间的法律关系，通过确立一系列互惠的

---

① See Case C-417/14 RX-II, *Livio Missir Mamachi di Lusignano v European Commission*, Judgment of the Court (Fifth Chamber), ECLI:EU:T:2017:874, 10 September 2015, paras. 32-33.
②《工作人员条例》第五篇（Title V）第二章规定了社会保障福利，第三章则规定了养老金与残疾津贴；而《其他工作人员就业条件》则在第二篇第六章等章节对保险、社会保障福利以及养老退休金等内容进行了规定。

权利和义务，赋予职员的某些家庭成员可能主张的与欧盟有关的权利。① 例如，条例规定当满足特定条件时，职员或前职员的未亡配偶、受扶养子女以及家属可以领取包括遗属养恤金（survivor's pension）在内的相关津贴。② 当前任职员、职员或他们的家属与机构当局在这些方面产生争议时，应享有司法救济的权利。③ 因此他们也可以作为上诉方。值得注意的是，而在涉及未亡配偶养老金领取条件的 HK v European Commission 案中，作为上诉机构的欧洲法院还对"未亡配偶"（surviving spouse）的概念进行了澄清，该案法律问题的核心为婚姻关系与非婚姻伴侣关系（Marriage and non-marital partnership）在法律效力上的差异。法院认为非婚姻伴侣关系可被视为婚姻关系而享有相应的权利，但该关系应满足《工作人员条例》规定的法定条件。④

其次，欧盟公务员招聘（recruitment）与聘用（engagement）环节中的求职者虽然还未成为欧盟职员，但也属于提起上诉的潜在主体之一。因为《工作人员条例》对招聘或聘用的标准、程序进行了具体规定，当机构的行政当局在招聘与聘用活动中不遵循这些规定而损害求职者可能成功担任该职位的权益时，求职者可向欧盟内部司法上诉机制寻求救济。根据欧盟法院的判例法，由于法院对于职员身份的确立采取了严格的解释，在这里可对求职者的概念作广义理解，二者基本上以被任命者是否获得任命文书或任命合同为标准，相关人员在未正式成为职员前仍然可被认为是求职者。在 Harald Mische

---

① See Case C-430/97, *Jutta Johannes v Hartmut Johannes*, Judgment of the Court (First Chamber), ECLI:EU:C:1999:293, 10 June 1999, para. 16.

② 体现出这些主体的案例，可参见 *Stefano Missir Mamachi di Lusignano and Others* 案。在本案中，作为欧盟委员会驻摩洛哥拉巴特的政治外交顾问亚历山德罗·米西尔·马奇（Alessandro Missir Mamachi）与其妻子被谋杀，委员会根据《工作人员条例》向其子女支付了死亡抚恤金，并承诺其子女有权根据条例领取孤儿抚恤金以及教育津贴，但马奇先生的父亲作为马奇先生子女的监护人对委员会支付的相关赔偿的金额表示不满，同时还主张委员会支付自己和孙子孙女遭受的非物质损失。在公务员法庭作出的判决仍然不符合其要求后，原告向普通法院提出上诉。（参见 Case T-401/11 P RENV-RX, *Stefano Missir Mamachi di Lusignano and Others v European Commission*, Judgment of the General Court (Appeal Chamber), ECLI:EU:T:2017:874, 7 December 2017. ）

③ 例如在 *Claudio Necci* 案中，原告作为退休职员申请加入欧洲共同体机构的联合疾病保险计划（Joint Sickness Insurance Scheme）。在相关诉求被普通法院拒绝后，原告向欧洲法院提出上诉。（参见 Case C-202/20 P, *Claudio Necci v European Commission*, Judgment of the Court (Eighth Chamber), ECLI:EU:C:2021:385, 12 May 2021, para. 1. ）

④ See Case C-460/18 P, *HK v European Commission*, Judgment of the Court (First Chamber), ECLI:EU:C:2019:1119, 19 December 2019, paras. 68-78.

案中，公务员法庭认为任命型职员的任用必然源于任命当局的单方面行为，只有在作出这种决定之后，竞争中胜出的候选人才可以要求获得职员的法律地位，从而要求享受《工作人员条例》规定的权益。因此，如果候选人竞选成功后仅被列入合适候选人的名单，那他或她并不享有任何被任命后的职员的权利，而只是有资格被任命为职员。[①] 同样，处于试用期的试用职员由于未获得正式任命文件也不能被视为职员。[②]

再者，《工作人员条例》第 24b 条规定欧盟职员有权行使结社权（right of association）。这不仅意味着职员们有权不受阻碍地组建他们自己选择的协会，还意味着这些协会可以自由地做任何合法的事情，特别是通过行使诉讼权来更好地保护作为协会成员的职员们的利益。所以符合条例规定的工作人员协会有权对欧盟机构的决定提起诉讼[③]，并对初审决定提出上诉。根据欧盟内部司法上诉机制已确立的判例法，由协会提起的诉讼，在以下三种情况下都被认为是可受理的：一、法律条款明确赋予专业协会一些程序性权力；二、协会代表其成员的利益，而这些成员本就享有诉讼权利；三、协会的利益因机构的行为而受到影响。[④]

最后，《工作人员条例》中还规定了一种相当特殊的情况，当条例涵盖的职员死亡、意外伤害或疾病是由第三方造成时，欧盟机构依照条例履行对受害人的义务后，可代位行使受害人或其权利享有者对第三方的权利，在这之中就包括了诉讼权。[⑤] 如果造成损害的第三方对欧盟的代位权（Subrogation）提出质疑，那么第三方就有可能依照《工作人员条例》的相关规定提起诉讼，此时案件将依照《工作人员条例》第 91 条第 1 款由欧盟法院管辖。在这种情

---

① See Case F–70/05, *Harald Mische v European Commission*, Judgment of the Civil Service Tribunal (Second Chamber), ECLI:EU:F:2011:167, 29 September 2011, paras. 65–66.

② See Case T–40/91, *Agostino Ventura v European Parliament*, Judgment of the Court of First Instance (Fifth Chamber), ECLI:EU:T:1992:59, 10 April 1992, paras. 40–44.

③ See Case 175–73, *Kortner v Council of the European Communities*, Judgment of the Court, ECLI:EU:C:1974:95, October 1974, paras. 13–15.

④ See Case T–456/14, *L'association des fonctionnaires indépendants pour la défense de la fonction publique européenne (TAO-AFI) and Syndicat des fonctionnaires internationaux et européens – Section du Parlement européen (SFIE-PE) v European Parliament and Council of the European Union*, Judgment of the General Court (Eighth Chamber), ECLI:EU:T:2016:493, 15 September 2016, para. 55.

⑤《工作人员条例》第 85a 条第 1 款。

况下，第三方的主体范围可能相当广泛，包括了自然人、法人，甚至在特定条件下还可能包括国家政府。①

由此看来，在一般情况下，欧盟内部司法上诉机制中能够提起上诉的主体为其职员与机构。但在满足《工作人员条例》规定条件的特定情况下，欧盟内部司法中上诉主体的范围其实相当宽泛，对这些主体能否提起上诉的判断标准主要为他们是否依据《工作人员条例》等法律文件与欧盟机构存在权利义务上的联系。

（四）上诉方的诉讼代理制度

除了职员案件的当事方外，参与上诉程序的往往还有他们的诉讼代理人，这些代理人能够参与到欧盟内部司法上诉机制的整个司法程序中，甚至在行政申诉阶段就开始为当事方提供法律服务。他们往往代表当事方并为其起草文书、收集证据、在法庭上进行口头辩论，以及提供法律意见。因此在某种意义上，我们可以将其视为上诉主体制度的一部分。能否获得代理人充分、有效的诉讼代理，将影响到当事方在上诉过程中诉讼地位的平等（equality of arms）。在职员案件中，双方的诉讼地位的差异可能更为凸显。毕竟机构可以动用的资源更多，获得的法律服务也就更充分与优质。而职员一般不具备与诉讼程序和内部法律规范相关的法律技能，其个人资源往往也不能确保他获得充足的法律服务。因而在诉讼代理方面，职员与机构相比通常处于弱势地位，更加需要内部司法上诉机制设计相应的制度为其提供相当公平的诉讼环境。所以，有必要对欧盟内部司法上诉机制中当事方的代理制度进行探讨。

关于欧盟内部司法上诉机制中的诉讼代理人制度，在代理权的必要性方面，《欧盟法院规约》第19条规定欧盟机构和其他各方在每个案件中都必须指定代理人。对于机构方而言，规约规定联盟机构应在法院由指定的代理人（agent）代表，该代理人可由一名顾问或律师协助，对该代理人的资格和能力，规约并没有明确的限制。而对于职员方，规约则要求必须由律师代表。②

---

① 在代位权方面产生争端的案件非常少见，可参见 Case C-494/14, *European Union v Axa Belgium SA*, Judgment of the Court (Fifth Chamber), ECLI:EU:C:2015:692, 15 October 2015。在该案中被告是为第三人的保险公司。

② 《欧盟法院规约》第19条第3款规定："（除机构与成员国外的）其他当事人必须由律师代表。"

这意味着在职员案件中，职员只能由律师进行代理。

可能是为了确保代理人能够充分履行职责以保障职员的权益，规约第19条第5款明确赋予了律师相应的权利，表示"这些代理人、顾问和律师在法院出庭时，应根据《程序规则》规定的条件，享有独立履行职责所需的权利和豁免"。而这些特权、豁免以及司法机构提供的便利都是为了正确、顺利地进行诉讼而授予代理人的。[①] 该条的第4款对律师的资格也提出了相应的限制，要求"只有被授权在欧洲经济区协定成员国或另一缔约国的法院执业的律师才能在（欧盟）法院代表或协助任一当事方"。该条第7款则扩大了代理人的被选择范围，规定"大学教师是法律赋予其出庭权的成员国的国民，在法院享有与本条赋予律师的相同权利"。同时，各级司法机构的议事规则都赋予法庭将代理人排除在诉讼程序之外的权力，以监督、规范代理人对其权利的行使。[②]

虽然法院规约对律师提出的高素质要求更有利于维护职员的权益，但也意味着欧盟内部司法上诉机制中律师的代理费用通常不会太低。[③] 对此，各级司法机构的议事规则都对职员提供了一套较为完备与严格的法律援助（legal aid）制度。[④] 获得法律援助的基本前提是职员由于其经济状况而无法完全或部分支付诉讼费用[⑤]，申请人需要提供能够评估其财务状况的所有信息和证明文

---

① 参见《欧洲法院议事规则》第 44 条第 1 款;《普通法院议事规则》第 54 条第 1 款;《公务员法庭议事规则》第 33 条第 1 款。

② 代理人、顾问或律师在法庭上的行为不符合法庭的尊严或适当司法的要求，或者该代理人、顾问或律师正在行使他的权利用于授权以外的目的时，在经过一定的讨论程序后，法庭可以随时将代理人、顾问或律师排除在诉讼之外。如果代理人、顾问或律师被排除在诉讼程序之外，则诉讼程序应暂停一段期限，以便相关方可以指定另一名代理人、顾问或律师。（参见《欧洲法院议事规则》第 46 条;《普通法院议事规则》第 55 条;《公务员法庭议事规则》第 34 条。）

③ 例如，在 De Nicola 案中，虽然法院认为被告机构律师"220 欧元的小时费率反映了在此类案件中向有经验的律师支付的合理报酬"，虽然案件的文件相当多，给律师带来较大的工作量，但法院也认为案件程序并不困难，主要涉及评估报告的合法性和不提拔申请人的决定，以及所谓的心理骚扰的存在。（参见 Case F–55/08 DEP, *Carlo De Nicola v European Investment Bank*, Order of the Civil Service Tribunal(full court), ECLI:EU:F:2011:155, 27 September 2011, paras. 46–47.）虽然这只是个别案件，但至少可以或多或少反映出在职员案件中律师费用是职员方需要深思熟虑的一个项目。

④ 参见《欧洲法院议事规则》第 116 到 118 条;《普通法院议事规则》第 146 到 150 条;《公务员法庭议事规则》第 110 到 114 条。

⑤ 参见《普通法院议事规则》第 146 条第 1 款。

件。^①对财务状况的评估应综合考虑收入、资金、家庭情况等客观因素。^②具体到法律援助中的律师代理，在法律援助的申请被法院接受，申请人指定的律师也同意代理的情况下，申请人能够获得律师代理。^③即便法律援助的申请未得到批准，职员也可以在诉讼中请求机构支付包括律师费在内的相关费用。^④这些制度在一定程度上缓解了职员因诉讼代理费用过多而对他行使诉诸司法权造成的不利影响。

值得一提的是，欧盟内部司法上诉机制诉讼代理制度的形成并非一蹴而就。在 1978 年欧共体理事会提议为职员案件建立专门的争端解决机制时，诉讼代理制度并未受到如今这种程度的重视。当时的改革方案倾向于设立一个类似劳工法庭的 "欧洲共同体行政法庭"（Administrative Tribunal of the European Communities）。该行政法庭之所以类似于劳工法庭，是因为在法官的选任上，理事会建议由欧盟各机构与各机构的工作人员委员会各自推荐一名法官以及一名候补法官组成，这间接允许了法官具有偏向性。在该制度中，由于法官可以在案件中对属于其任命方阵营的当事人提供法律帮助，诉讼代理变得不那么重要，因此法庭可以不强制当事方指定代理人。许多欧盟成员国的劳工法庭就是这样运作的。^⑤但不论是目前的欧洲法院、普通法院，还是先前设立的公务员法庭，对于职员案件的审理都倾向于采取行政法院模式，该模式要求法官客观中立，避免偏向任何一方当事人。此时法官很难介入案件以帮助没有确定正确论点的当事人，需要由当事人的律师来为当事人寻找正确的论据。^⑥所以，当前欧盟内部司法上诉机制强制要求诉讼双方指定其代

---

① 参见《欧洲法院议事规则》第 115 条第 2 款。

② 参见《公务员法庭议事规则》第 110 条第 1 款。

③ 参见《普通法院议事规则》第 148 条第 4、5 款；《公务员法庭议事规则》第 112 条第 3 款。在 AV 案中，原告职员就曾获得法院的法律援助。（参见 Case T–701/16 P, *European Commission v AV*, Judgment of the General Court (Appeal Chamber), ECLI:EU:T:2018:276, 17 May 2018, para. 2.）

④ 后文将详细论述。

⑤ See Julian Currall, "Particularities of the procedure before the Civil Service Tribunal", *ERA Forum: Journal of the Academy of European Law*, 2012, p. 664.

⑥ Council of the European Communities, *Proposal for a Council Regulation (Euratom, ECSC, EEC) amending the Staff Regulations of officials and Conditions of Employment of other servants of the European Communities and establishing an Administrative Tribunal of the European Communities (Presented to the Council by the Commission on 4 August 1978)*, Official Journal of the European Communities C 225, 22 September 1978, p. 9.

理人也就不足为奇了。

　　欧盟内部司法上诉机制在诉讼代理人方面与联合国存在相当大的差异。在联合国，两个法庭的法庭规约都未对代理人制度进行具体规定，规约也并不强制要求组织的职员由律师代理。虽然联合国专门为其职员设置了一个法律援助机构，即法律援助办公室（Unit and Office of Staff Legal Assistance，OSLA），但该办公室只能为职员提供诉讼代理人，而不能提供支付诉讼费用等形式的法律援助，并且办公室提供的代理人大多是作为志愿者的组织职员或前职员，故而并不能为职员方提供充分、有效的代理服务。实践中，职员除了由外部律师代理，在大部分案件中，都由作为志愿者的组织职员或前职员代理，甚至是自我进行辩护。令人担忧的是，自我辩护的情况在联合国内部司法的上诉案件中所占的比例比初审案件还高。①

　　相比于联合国内部司法上诉机制，至少从制度上，欧盟内部司法上诉机制能够较好地保障当事方尤其是职员方的诉讼代理权，其诉讼代理人制度以及法律援助制度都值得联合国提供思路。事实上，加强诉讼代理制度可能不仅有利于职员权益的维护，还有利于提高法官的审案效率。毕竟一个不具备法律知识与技能的个人可能对法律的审理流程、诉讼要求处于一个茫然无知的状态。此类人群在法庭上频繁出现时，如果没有法律职业者的专业性帮助，恐怕将对案件的审理进度产生消极影响。

二、欧盟内部司法上诉机制中提起上诉的内容

　　在上诉的提起程序中，上诉的内容也是一个重要方面。上诉的内容一般体现于当事方向上诉机构提交的上诉申请中。② 上诉申请总体上包括几个部分：首先，申请中应提供关于上诉的一些基本信息；其次，申请应当包括上诉的诉求（form of order sought）；最后，申请还应包括上诉方的法律抗辩（pleas in

---

① 在2020年，联合国内部司法上诉机制中，职员自我辩护在上诉案件中的占比达42.77%，而在初审案件中为32%。（参见 United Nations Secretary-General, *Administration of justice at the United Nations: report of the Secretary-General*, A/76/99, 25 June 2021, paras. 18, 28.）

② 《欧洲法院程序规则》第167条规定，上诉应向欧洲法院或普通法院书记处提出申请。而《普通法院规约》第193条则规定，上诉应向普通法院登记处或公务员法庭登记处提出申请（在公务员法庭废除后只能向普通法院提出上诉申请）。

law）以及其所依据的法律论据（legal arguments）^①，二者可视为上诉申请中的法律论证。对于上诉申请的基本信息，法院的议事规则已进行了较为详细与明确的规定^②，且该部分的内容较为简单，所以可探讨的余地较少。因此，本部分将主要论述上诉申请的诉求及其法律论证。

（一）欧盟内部司法上诉机制中的上诉诉求

1. 上诉诉求的基本内容

法院的议事规则对上诉诉求进行了初步规定，即上诉必须寻求全部或部分撤销（set aside）职员案件中初审机构的裁决。^③ 因此可以肯定，上诉诉求的基本内容应为撤销初审机构的裁决，而不是对初审裁决内容进行修改，或提出与初审裁决不相关的其他诉求。

关于对裁决的内容进行修改的申请，内部司法中存在上诉人将上诉程序与裁决内容的修改程序混淆的现象。《欧洲法院规约》第 44 条第 1 款规定："只有在发现具有决定性因素的事实，并且在作出判决时法院和要求改判的一方不知情的情况下，才能向法院提出修改判决的申请"。这体现出对裁决内容进行的修改往往涉及事实问题。但上诉机构主要负责审理法律问题，因此原则上，当事方必须向认定事实的司法机构提出修改申请。普通法院就曾驳回上诉职员请求修改公务员法庭判决的申请。^④

与初审裁决不相关的其他申请则包括对初审的诉讼标的进行改变。法院的议事规则规定了上诉不得改变初审阶段的诉讼标的。^⑤ 在 Raimund Vidrányi 案中，法院就引用了该规定，认为职员在上诉中提出的诉讼请求不可受理，因

---

① 参见《欧洲法院议事规则》第 168 条，《普通法院议事规则》第 164 条。

② 在上诉的开头一般需要规定：上诉人的姓名和地址；上诉人的代理人或律师的姓名和身份；被上诉的普通法院判决的识别信息（判决类型、法院组成、案件的日期和编号），以及在普通法院审理的当事方姓名；普通法院的决定送达上诉人的日期；服务地址和／或通过传真或其他技术通讯方式提供服务的协议。（参见 Koenraad Lenaerts, Ignace Maselis & Kathleen Gutman: *EU Procedural Law*, Oxford University Press, 2014, p. 863.）

③ 《欧洲法院程序规则》第 169 条，《普通法院议事规则》第 195 条。

④ 在该案中，上诉职员认为初审判决因相关事实的改变而需要进行修改，但普通法院认为法院对该上诉请求没有管辖权，因为"根据《公务员法庭程序规则》第 119 条，只有法庭才有管辖权审理修改判决的申请"。（参见 Case T–526/08 P, *European Commission v Guido Strack*, Judgment of the General Court (Appeal Chamber), ECLI:EU:T:2010:506, 9 December 2010, para. 64.）

⑤ 参见《欧洲法院议事规则》第 170 条第 1 款、《普通法院议事规则》第 196 条第 1 款。

为他向初审机构起诉时的请求是撤销欧共体委员会拒绝承认其职业性疾病的决定，而其上诉诉求则是要求委员会赔偿上诉人据称因其违反考虑其利益的义务而遭受的损失 [①]，这改变了初审的诉讼标的。

可以认为，与上诉的主体标准相似，欧盟内部司法上诉机制对上诉诉求的内容要求也能对上诉机构的管辖范围产生重要影响，并在很大程度上与上诉机构的属事管辖权（ratione materiale）相联系。相比于初审机构，上诉机构的裁决具有终局性与法律约束力。因此，欧盟内部司法上诉机制中上诉诉求的受理范围，将在很大程度上影响欧盟内部司法上诉机制中上诉权的保障程度及其司法救济的效果。

2. 上诉诉求的具体内容

虽然上诉机构的议事规则已明确规定了欧盟内部司法上诉机制中上诉诉求的基本内容，但具仍有许多概念或要素值得深入分析，其中一个较为关键的部分为请求撤销的具体内容，或者说上诉针对的具体对象。

从规范层面看，《欧盟运作条约》第 256 条第 2 款规定："普通法院根据本款作出的裁决（decisions）仅可在《规约》规定的条件和范围内就法律问题向法院上诉"。[②] 而条约第 257 条第 3 款则规定了对公务员法庭的上诉在诉求内容上的要求，该要求与以普通法院作为初审机构时的要求类似。仅从条约可以看出，在欧盟内部司法上诉机制中，条约从两个层次对上诉诉求的对象进行了具体限定：首先，上诉的诉求需要针对初审司法机构的裁决；其次，从更深层次的角度看，上诉的诉求需要针对初审司法机构判决中的法律问题。对诉求内容更加详细的要求则由欧盟法院规约与各级司法机构的议事规则进行规定。在具体实践中，上诉机构还利用司法裁量权对这些规定进行了更为合理与灵活的变通。

进一步对上诉诉求的具体内容进行剖析，法律问题中一般还包括对于机构行为的处理。在职员争端案件中，法院在裁判时往往需要对机构行政当局

[①] 参见 Case C–283/90 P, *Raimund Vidrányi v Commission of the European Communities*, Judgment of the Court, ECLI:EU:C:1991:361, 1 October 1991, paras. 9–10。在当时该条在法院议事规则的第 113 条。

[②] 决定包括了司法机构的判决与命令。

行为的合法性进行判定，而这也是职员方上诉诉求的主要对象。① 但上诉机构对行政行为行使司法管辖权的范围，法律也并未进行详尽规定，相关内容更多地源于上诉机构的司法实践。

（1）上诉诉求需要针对初审机构的裁决

在职员案件中，上诉方提起上诉时必须针对初审机构的判决，而不是针对双方就业争端中行政当局作出的有争议的行政裁决。② 初审机构的裁决涉及相当多的事项，根据法院规约的规定，从裁决的形式上看，欧盟内部司法上诉机制中的上诉所针对的初审裁决可分为如下几类：初审机构的最终裁决；仅部分处理实质性问题的裁决；以及处理关于缺乏能力或不予受理诉求的处理程序问题的裁决。③ 而从裁决所针对的申请类型上看，规约第 57 条还规定上诉可以对初审机构针对当事方的介入申请作出的裁决提出。④ 初审机构对临时救济（interim relief）申请的裁决也可以作为上诉的对象。⑤ 最后，法院规约第58 条第 2 款则规定任何人都不得只就关于诉讼费用的数额或指定被命令支付费用的裁决提出上诉。因此，如果上诉中提出的主要诉求均被驳回，任何对初审机构关于费用的裁决提出质疑的诉求也都必须根据规约第 58 条以不可受理为由驳回。⑥

《欧洲法院议事规则》第 169 条第 1 款与《普通法院议事规则》第 195 条

---

① 《工作人员条例》第 91 条第 1 款规定了法院应当对《工作人员条例》第 90（2）条意义上规定的对当事方产生不利影响的行为的合法性争端具有管辖权。

② 参 见 Case C–462/10 P, *Evropaïki Dynamiki - Proigmena Systimata Tilepikoinonion Pliroforikis kai Tilematikis AE v EEA*, Order of the Court (Seventh Chamber), ECLI:EU:C:2012:14, 13 January 2012, paras. 36–37. 在该案中欧洲法院表示上诉人对其在普通法院诉讼所针对的行政决定提出质疑，而非普通法院的判决，因此不可受理。

③ 参见《欧盟法院规约》第 56 条第 1 款及其附件一第 9 条第 1 款

④ 参见《欧盟法院规约》第 57 条。而关于职员案件中对初审机构驳回介入申请决定的上诉，可参见 Case T–213/11 P (I), *Collège des représentants du personnel de la European Investment Bank and Others v Eberhard Bömcke*, Order of the President of the General Court, ECLI:EU:T:2011:397, 15 July 2011.

⑤ 参见《欧盟运作条约》第 278 条与第 279 条。在 BP 案中，上诉人就对包括公务员法庭实施临时救济程序的费用支付决定提出了上诉。（参见 Case T–658/13 P, *BP v European Union Agency for Fundamental Rights (FRA)*, Judgment of the General Court (Appeal Chamber), ECLI:EU:T:2015:356, 3 June 2015, paras. 76–78.）欧盟法院各级司法机构的议事规则中都对上诉中当事方关于临时救济措施的申请进行了规定，相关规定一般都参照适用一审的要求。（参见《欧洲法院议事规则》第 160 条、第 190 条;《普通法院议事规则》第 156 条、第 213 条。）

⑥ See Case C–396/93 P, *Helmut Henrichs v Commission of the European Communities*, Judgment of the Court (Fifth Chamber), ECLI:EU:C:1995:280, 14 September 1995, paras. 65–66.

第 1 款对上诉诉求中涉及的初审裁决的内容提出了更具体的要求，即在欧盟内部司法上诉机制中，上诉应寻求全部或部分撤销职员案件初审机构裁决的执行部分。因此上诉不仅必须寻求撤销职员案件中初审机构的裁决，还应针对被质疑裁决的执行部分（operative part），而不是该裁决的说理或依据部分（grounds of the judgment）。[①] 在 XH 案中，上诉职员在初审中希望通过提出一些论点来质疑欧盟委员会在晋升程序中的行为，但作为初审机构的普通法院表示这些论点不可受理。于是上诉人要求欧洲法院撤销普通法院的判决中普通法院提出的该部分的内容。对此，总法律顾问皮特鲁泽拉（G. Pitruzzella）强调："必须牢记，根据《程序规则》第 169 条，上诉应寻求撤销普通法院在该裁决执行部分中的裁决。该条款概括了适用于上诉的基本原则……因此，上诉人原则上无权对上诉中的判决依据提出质疑。"[②]

法院之所以如此规定，原因之一是认为，仅对裁决依据的更改提出上诉并不能为上诉人在上诉过程中争取到能够保障其合法权益的优势条件[③]，对于更换初审判决理由的诉求也是如此。[④] 同时，将上诉内容限定于判决的执行部分，或许在一定程度上也能减少上诉机构的审理任务，提高其司法效率。

对前述第一个原因进行反推，如果对裁决的说理部分提出质疑能够维护上诉人的利益，那么上诉机构在上诉中就应当受理该诉求，否则将可能对上诉人诉诸司法权的保障造成影响，并损害欧盟内部司法上诉机制的公正性。

---

① See Case C-378/16 P, *Inclusion Alliance for Europe GEIE v European Commission*, Judgment of the Court (Third Chamber), ECLI:EU:C:2020:575, 16 July 2020, para. 57.

② See Case C-399/20 P, *XH v European Commission*, Order of the Court (Seventh Chamber), ECLI:EU:C:2021:205, 16 March 2021, para. 4.

③ 在 DD 案中普通法院认为公务员法庭支持上诉人在一审中提出的废除这些决定的申请不可能对判决的执行部分产生任何影响，也不可能为上诉人争取到任何利益，因此没有必要审查上诉人针对这方面提出的相关诉求。（参见 Case T-742/15 P, *DD v European Union Agency for Fundamental Rights (FRA)*, Judgment of the General Court (Appeal Chamber), ECLI:EU:T:2017:528, 19 July 2017, para. 36.）另可参见 Case C-329/09 P, *Iride SpA, formerly Azienda Mediterranea Gas e Acqua SpA v European Commission*, Judgment of the Court (Sixth Chamber), ECLI:EU:C:2011:859, 21 December 2011。

④ 参见 Case C-439/11 P, *Ziegler SA v European Commission*, Judgment of the Court (Third Chamber), ECLI:EU:C:2013:513, 11 July 2013, para. 42 et seq.。该案并非职员案件，但其对上诉程序的观点具有普遍性。需要注意的是，对初审裁决说理部分的替换请求仅构成上诉人法律抗辩的一部分，而非上诉诉求的一部分时，上诉是可以受理的。欧洲法院在同一判决第 42 段中也认为："为使替换判决依据的请求能够被受理，上诉人必须在提及诉讼方面存在的利益……如果替换依据的请求相当于申请人诉求中的一项抗辩时，就可能是这种情况。"

虽然这种情况可能并不常见。

因此在实践中，上诉机构可能并不总是严格执行法律的规定，而是根据案情来决定是否承认质疑初审裁判说理部分的上诉请求。例如，当初审裁决的说理部分与上诉申请中提出的诉求紧密联系，以至于影响职员的权益时，上诉对初审说理部分的质疑即可被承认。在 Lafili 案中，上诉职员对初审裁判的说理部分提出的质疑得到普通法院的受理。这是因为在初审中该职员向公务员法庭提出了三项诉求，但法庭只支持其第一项诉求，对第二与第三项诉求采取了默示驳回的方式，因此，初审判决的执行部分并未明确说明法庭对于后两项诉求的驳回。但上诉人正是针对后两项诉求提起上诉，初审对他后两项诉求的驳回必须从初审判决的说理部分推导出来。所以，普通法院认为"上诉判决的理由中唯一能够证明一审部分驳回上诉人要求的内容，是与上诉人在公务员法庭的诉讼中提出的实质性抗辩有关的部分……该上诉必须被认定为可受理并根据案情进行审查"。① 这为之后上诉职员在遇到类似问题时如何应对提供了颇具价值的指导，并体现出欧盟内部司法上诉机制通过司法裁量权在司法效率与司法公正之间保持的微妙平衡。

（2）上诉诉求需要针对初审裁决的法律问题

除了需要针对初审机构的裁决及其执行部分提出外，《欧盟运作条约》第256 条还将上诉针对的内容限定于裁决中的法律问题，不论初审机构裁决的类型如何。② 事实上条约第 257 条第 3 款则也规定了对公务员法庭裁决的上诉在上诉对象上的要求，条约规定："专门法院作出的裁决可能仅适用于就法律问题提出上诉的权利，或者在设立专门法院的条例中有规定时，也可以就事实问题向普通法院提出上诉"。因此在先前的职员案件中，存在就初审裁决的事实问题提出上诉的可能。但正如欧盟理事会在设立欧盟公务员法庭的决议中所表示的："对司法小组关于法律问题的裁决可向初审法院提出上诉，其条件

---

① See Case T–485/08 P, *Paul Lafili v European Commission*, Judgment of the General Court (Appeal Chamber), ECLI:EU:T:2010:274, 2 July 2010, paras. 45–53.

② 因此不论是法院判决，还是前文提及的法院对临时救济以及第三人介入的决定，对这些决定的上诉仅限于法律要点。（参见 Case C–148/96 P(R), *Anthony Goldstein v Commission of the European Communities*, Order of the President of the Court, ECLI:EU:C:1996:307, 11 July 1996, para. 22，该案虽不属于职员上诉案件，但该观点可类推适用于职员案件的上诉程序中。）

与对初审法院的裁决向法院提出的上诉相同"。[1] 最终立法机构将对公务员法庭
裁决的上诉也限定于法律问题。[2] 不论是条约、法院规约还是各法院的议事规
则，有相当多法律文件都或多或少规定了上诉应针对法律问题，这在一定程
度上体现出欧盟法院与立法机关尽可能避免上诉机构审查事实问题的立法目
的。[3] 故而在欧盟内部司法上诉机制中，上诉机构的职能似乎被基本限制在法
律问题的审理上。

　　将上诉机构的职能聚焦于法律问题的审理使得上诉机制中各级司法机构
的职能分工更加明确，并体现出欧盟内部司法上诉机制对司法公正与司法效
率的追求。最开始设立初审法院时，欧共体理事会就表示，为了"保持共同
体法律秩序中司法审查的质量和有效性，有必要使法院能够将其活动集中在
确保对共同体法律进行统一解释的基本任务上"。因此，设立一个初审机构
负责"仔细审查复杂事实的行为"[4]，将有利于减少上诉机构在调查案件事实
时需要投入的大量时间与精力，确保将上诉机构的司法任务聚焦于初审裁决
的合法性审查。上诉机构貌似也认同自身在欧盟内部司法上诉机制中的这一
定位，并将它贯彻到上诉案件的审理中。在涉及职员子女减税津贴的 Georg
Schwedler 上诉案中，总法律顾问特索罗（Tesauro）就表示："对初审法院判
决提出上诉的理由受到限制的原因是众所周知的……（欧共体）法院作为司法
体系内的最高法院运作，其职权范围内的事项仅限于法律问题，因此它可以
纠正任何可能使被上诉裁决无效的法律错误；它的任务是排除法律实施或应
用过程中损害共同体法律秩序一致性的任何不协调的可能。"[5]

[1] See Council of the European Union, *Council Decision of 2 November 2004 establishing the European Union Civil Service Tribunal, Official Journal of the European Union*, Official Journal of the European Union L 333, 9 November 2004, p. 7.

[2]《欧盟法院规约》附件一第 11 条第 1 款前半段规定："向普通法院的上诉应限于法律问题"。

[3] Naômé Caroline, *Appeals Before the Court of Justice of the European Union*, Oxford University Press, 24 August 2018, p. 83.

[4] See Council of the European Communities, *88/591/ECSC, EEC, Euratom: Council Decision of 24 October 1988 establishing a Court of First Instance of the European Communities*, Official Journal of the European Communities L 319, 25 October 1988.

[5] 他还认为："建立初审法院的目的是保持共同体法律体系内司法保护的质量和有效性，并使法院能够专注于其主要任务，即确保对共同体法律的统一解释，同时也有必要确保法院在上诉时没有被迫重新审查原讼法庭已经确立的事实。"（参见 Case C-132/90 P, *Georg Schwedler v European Parliament*, Opinion of Mr Advocate General Tesauro, ECLI:EU:C:1991:288, 3 July 1991, para. 2.）

《欧盟法院规约》第 58 条第 1 款以及规约附件一第 11 条第 1 款对法律问题的审理进行了进一步限定，认为上诉理由中的法律问题应当涉及如下几个方面：初审机构没有管辖权；违反了司法审理程序并损害了当事方的利益；以及违反了欧盟法律[①]。

虽然法律已规定得相当细致，但在司法实践中，当事方如何正确地提出上诉、上诉机构如何无误地执行这些规定，仍然有许多需要注意的地方，尤其是对事实与法律问题的区分。前初审法院院长奥莱·杜埃（Ole Due）认为，对于共同体法院而言，"很难在法律与事实之间画出一条界限"。[②]有相当多的判例展现了上诉机构在受理过程中如何对法律问题与事实问题进行区分。在这些案例中，上诉机构并非完全拘泥于规范的字面含义，而是运用司法裁量权对上诉的法律问题进行了更为细致与灵活的接受，并合理地兼顾到司法效率与司法公正。

首先，法院认为如果初审裁决对事实问题的法律性质与法律后果进行了确定，那么它就有权审查初审机构对这些事实问题进行的法律定性。在 Augusto Brazzelli Lualdi 案中，欧共体委员会在上诉诉求中认为作为初审机构的初审法院在其拖欠报酬的时间认定上存在错误，导致法院错误地判定了赔偿数额。而职员方则认为关于时间的认定是事实评估，欧共体法院没有管辖权。欧共体法院则将初审机构对案件事实的确定与评估，与对事实的法律性质与法律后果的定性进行了区分，表示对于后者，法院有权行使管辖。[③]

由此可以看出，任何关于事实与法律问题的讨论不是绝对分离的，事实问题中也可能包含法律要素，对二者的分析过程往往更加精细。相比于只对

---

① 以"违反欧盟法律"为由提出上诉的规定，源于修订前的法院规约规定的：以"违反共同体法律"为由提出上诉。在确定最终版本前，法院前后尝试了多种表达方式：在 1986 年法院工作文件中为"违反条约或有关其适用的任何法律规则。事实错误不应构成上诉理由"；在 1987 年 9 月 25 日法院的正式提案中为"未能适当适用共同体法律"；特设委员会最初决定的提案为"原讼法庭对共同体法律的不正确解释或适用"；最终的版本则为"违反共同体法律（infringement of Community law）"。此种表示方式一直保持至今只作了略微调整，即"违反欧盟法律（infringement of Union law）"。（参见 E. Van Ginderachter, "Le Tribunal de première instance des Communautés européennes: un nouveau-né prodige?", *Cahiers de droit européen*, 1989, p. 93. 转引自 Naômé Caroline, *Appeals Before the Court of Justice of the European Union*, Oxford University Press, 24 August 2018, p. 83.）

② Olé Dué, "The Court of First Instance", *Yearbook of European Law*, Volume 8, Issue 1, 1988, p. 3.

③ Case C-136/92 P, *Commission of the European Communities v Augusto Brazzelli Lualdi and others*, Judgment of the Court, ECLI:EU:C:1994:211, 1 June 1994, paras. 45-50.

事实与法律问题进行简单的区分，上诉机构在某些特殊情况下还应避免混淆事实或法律问题中的事实要素和法律要素。例如在职员的纪律处分案件中，相称性原则（proportionality）与事实问题相联系，但欧盟法院认为，如果对纪律处罚相称性问题的审查可以不对初审机构对处罚事实得出的调查和评估结果进行质疑，那么相称性问题就可被视为一个法律问题，上诉机构在上诉中能够对其进行审查。此时上诉机构应主要审查相称性问题的法律要素，即初审机构在多大程度上以合法的方式考虑了《工作人员条例》规定的相应标准，以及确定初审机构是否对上诉人提出的关于评估所实施的纪律处罚相称性的论点作出了回应。①

其次，欧盟内部司法的上诉机构在法律的规定之外形成了自己的判例法。②即便事实与法律问题可被明确区分，如果上诉方能够证明向初审机构提交的证据被歪曲，或从上诉机构收到的文件中看出法院的调查结果存在严重不准确的地方，那么上诉机构就对事实问题具有管辖权。上诉机构在这种情况下之所以受理事实问题，可能是因为此类事实问题的错误明显侵犯了上诉人的合法权益，并且错误的纠正并不复杂。

（3）上诉诉求主要涉及机构的行为

上诉需要针对初审判决中存在的法律问题，而在职员争端案件中，这些法律问题可能直接或间接地从根本上涉及行政当局的行为（act）。由于欧盟法院认为职员与机构的就业关系并不偏向于平等的合同关系，而主要为基于《工作人员条例》等法律文件的法定关系③，或者说公法关系。因此就业关系往

---

① See Case T–17/08 P, *Marta Andreasen v European Commission*, Judgment of the General Court (Appeal Chamber), ECLI:EU:T:2010:374, 9 September 2010, paras. 93–94.

② 参见 Case T–452/09 P, *Eckehard Rosenbaum v European Commission*, Order of the General Court (Appeal Chamber), ECLI:EU:T:2011:295, 21 June 2011, para. 41; Case T–126/11 P, *Luigi Marcuccio v European Commission*, Order of the General Court (Appeal Chamber), ECLI:EU:T:2012:115, 8 March 2012, para. 41。欧洲法院在判决中表示："对事实的评估并不构成一个法律问题，因此可由法院进行审查，但在一审法院引用的证据被歪曲的情况下除外……这种虚假陈述必须从档案中的文件中看出来，而没有必要对事实和证据进行重新评估"。(参见 Case C–57/06 P, *Elisabetta Righini v Commission of the European Communities*, Order of the Court (Seventh Chamber), ECLI:EU:C:2007:65, 26 January 2007, para. 33.)

③ See eg., Case T–104/14 P, *European Commission v Marco Verile and Anduela Gjergji*, Judgment of the General Court (Appeal Chamber), ECLI:EU:T:2015:776, 13 October 2015, para. 94; Case 28–74, *Fabrizio Gillet v Commission of the European Communities*, Judgment of the Court (Second Chamber), ECLI:EU:C:1975:46, 19 March 1975, para. 1.

往需要由行政当局依法作出相应的行为进行调整，这也是绝大多数职员案件争端的源头。甚至可以认为，《工作人员条例》第 90 条和第 91 条规定申诉和诉讼的直接目的就是确保法院对任命当局可能影响欧盟职员法律地位的作为和不作为进行审查。[①] 从管辖权的角度看，可以认为对机构行为的受理范围属于上诉机制属事管辖权的一部分。在法律规范未明确规定之处，上诉机构如何运用司法裁量权对管辖范围进行确定具有相当大的影响力，并将在很大程度上决定其对职员权利的保障程度。同时，由于欧盟法院的整体地位与国家的行政法院相似，法院还需要处理组织外自然人、法人与机构之间的行政关系，因此欧盟内部司法上诉机制在此方面形成的判例对这些案件具有借鉴作用。需要注意的是，初审机构对机构行为的司法管辖范围将对上诉机构产生重要影响，二者在此方面的管辖权联系也很难完全分开讨论，因此后文将对相关内容进行必要的讨论。

关于欧盟内部司法上诉机制对机构行为的管辖范围，条约与法院规约中并没有明确规定[②]，具体内容主要集中于《工作人员条例》。《工作人员条例》第 90 条第 1 款规定，在对争议行为提起诉讼前，职员可向任命当局提出请求，要求其作出相关决定，如果在规定期限内任命当局未作出裁决则构成拒绝请求的默示决定，或者说不作为。而根据《工作人员条例》第 90 条第 2 款，职员基于条例所形成的就业关系，对于任何对他产生不利影响的不合法行为都可以提起诉讼。可被提起诉讼的机构行为包括：一般性行为（measure

---

① Case 129–75, *Lydia Hirschberg, née Nemirovsky, v Commission of the European Communities*, Judgment of the Court (Second Chamber), ECLI:EU:C:1976:113, 14 July 1976, para. 17.

② 《欧盟运作条约》第 270 条仅规定："欧盟法院对欧盟与其职员之间的任何争议在《工作人员条例》和《欧盟其他职员就业条件》规定的范围和条件下具有管辖权。"而目前的法院规约对于职员案件的管辖范围并没有过多涉及，而在前规约涉及公务员法庭相关事项的附件一第 1 条中，规定了"欧洲联盟公务员法庭（以下简称"公务员法庭"）应对《欧洲联盟运作条约》第 270 条中提及的欧盟所有机构或次级机构与其职员之间的争端行使初审管辖权，这些争端的管辖权已授予欧洲联盟法院。"（参见 *Consolidated version of the Treaty on European Union - Protocol (No 3) on the statute of the Court of Justice of the European Union*, Official Journal of the European Union C 115, 9 May 2008.）

of a general nature）①；影响特定人的作为与不作为行为。② 虽然该款对可被提起诉讼的行政行为进行了一个较为宽泛的解释，但欧盟内部司法上诉机制在司法实践中往往会进一步解释，并增加相应的限制条件。虽然在这些判例中，有部分并非上诉案件，或上诉程序，但它们所体现的标准与理论具有普遍性，因此在符合条件的情况下也可类推适用于上诉机构，

根据《工作人员条例》第 90 条第 2 款，对职员产生"不利影响"（adversely affect）应作为决定机构的行为是否能够上诉的必要条件。但根据既定的判例法，上诉机构适用这一条件的标准可能采取了较为严格的态度。对此，作为上诉机构的普通法院在职员案件中就曾作出过解释，认为只有产生直接和立即影响上诉人利益的具有约束性法律效力的行为，以有条件的方式改变其法律状况，才能成为上诉请求中的对象。③ 具体而言，对职员产生"不利影响"的适用标准可分为如下几点。

第一，这要求机构的行为需要具有产生约束力的法律效果。在 Mercedes Alvarez Moreno 上诉案中，法院表示虽然行政当局向职员发出的信件中包含的规范可以推导出上诉职员将可能不符合相关职位的招聘条件，但行政当局在信件中并未将上诉职员的资质条件适用于招聘条件，而只是仅笼统地对规范进行解读，因此信件内容并不具有法律约束力。④ 而仅涉及机构内部关系的

---

① 例如，在 Muireann Noonan 上诉案中，欧共体委员会发布了一项行政通知，涉及职员招聘竞争中候选人的资格标准，原告对于该通知提出质疑，而被告认为原告的诉求不可受理。总法律顾问莱热（Léger）在该案中认为，该竞争通知是一个来自欧共体机构的一般的、非个人的行为，是针对所有潜在候选人的，它可以成为个人在其公布后三个月内提出的撤销诉讼的对象。但他也强调了此类诉讼的局限性，认为申请人必须按照条约的要求，表明该行为对他有不利影响，并直接和具体与他产生联系。并且该一般性行为不会被普遍性废除。它将被宣布为不适用，因为它已被应用于个别决定中。该裁决仅在当事方之间有效，并不对该条约本身的存在产生争议。（参见 Case C-448/93 P, *Commission of the European Communities v Muireann Noonan*, Opinion of Mr Advocate General Léger, ECLI:EU:C:1995:7, 17 January 1995, paras. 15–20, 44.）而作为上诉机构的欧共体法院在该案中也表示原告可以针对行政通知的非法性或拒绝让职员参加竞赛的决定提出质疑。（Case C-448/93 P, *Commission of the European Communities v Muireann Noonan*, Judgment of the Court (Fifth Chamber), ECLI:EU:C:1995:264, 11 August 1995.）

②《工作人员条例》第 90 条第 2 款。

③ Cases T-197/11 P and T-198/11 P, *European Commission and Guido Strack v Guido Strack and European Commission, Judgment of the General Court (Appeal Chamber)*, ECLI:EU:T:2012:690, 13 December 2012, para. 179.

④ 法院认为只有相关行为通过使有关人员的法律地位发生重大变化而直接和单独影响他们的利益，才可被视为对他们产生不利影响。（参见 Case C-373/04 P, *European Commission v Mercedes Alvarez Moreno*, ECLI:EU:C:2006:11, 10 January 2006, paras. 42–45.）

行为，例如与内部组织事项有关的问题，在不影响职员的法律地位的情况下，一般并不被认为具有诉讼利益。[①] 在 Andrew Macrae Moat 案中，法院认为机构反映职员意见的内部投票由于具有非正式性，并不能对原告职员施加参与义务，因此不属于对其产生不利影响的行为。[②] 同时，纯粹的确认措施也不被认为具有法律约束力，即便所确认的行为对职员产生不利影响，确认措施本身如果不包含与先前行为有关的新立场，那么就不能对职员的法律地位产生任何影响。[③]

第二，这还要求行为能够影响上诉人的个人利益。行为如果没有对相对人的法律状况造成任何损害，就不能构成上诉诉求的内容。而欧盟法院将行为对个人利益的影响方式进行了进一步限制。首先，这种影响必须是直接的（directly）。在 Bernhard Schloh 案中，法院认为虽然机构有遵循相关规定并符合公共利益的义务，但在上诉中，职员只能提出与他个人利益直接相关的诉求，而无权为法律或机构的利益行事。[④] 因此，对上诉人的利益产生间接影响的行为并不能作为上诉的内容。其次，行为对职员的影响还应当是立即的（immediately）。在 Vassiliki Stroghili 案中，上诉职员提出了几个论点以证明

[①] Case 129–75, *Lydia Hirschberg, née Nemirovsky, v Commission of the European Communities*, Judgment of the Court (Second Chamber), ECLI:EU:C:1976:113, 14 July 1976, para. 18.

[②] 在该案中，共同体委员会在内部举行了一次无记名投票，让委员会的职员就对调整其薪酬的方法提出的妥协方案进行投票，上诉职员对这一行为提出了上诉。法院则认为委员会组织的公民投票仅仅是一项内部措施，任何人都没有义务参与该投票，因此投票行为对职员并没有产生约束力。由于该措施不可能对申请人的法律地位产生任何直接和即时的影响，法院驳回了上诉人提出的上诉。（参见 See Case C–32/92 P, *Andrew Macrae Moat v Commission of the European Communities*, Order of the Court (Sixth Chamber), ECLI:EU:C:1992:496, 3 December 1992, paras. 1–2.）类似的案件还有 *Annie Herremans* 案。在该案中，法院认为将一名职员从同一就业地点的一栋大楼迁往另一栋楼，构成与服务内部组织有关的一项措施，因为它既不影响有关人员根据《工作人员条例》享有的权利，也不影响其个人利益，因此不会改变他在法律上的地位。因此，要求废除这种措施的申请显然是不可接受的。法院还具体分析了对职员实质的影响，认为从同一城市内的一座建筑物搬迁到另一栋建筑物，不能等同于将职员从一个工作地点迁往另一个工作地点，后种搬迁可能对有关职员的个人和家庭情况产生影响，可能对他产生不利影响。（参见 Case T–47/90, *Annie Herremans v Commission of the European Communities*, Order of the Court of First Instance (Fifth Chamber), ECLI:EU:T:1991:34, paras. 20–26.）

[③] See Case T–358/03, *Siegfried Krahl v European Commission*, Order of the General Court (Third Chamber), ECLI:EU:T:2005:301, 7 September 2005, para. 47; Case T–647/16, *Laure Camerin v European Parliament*, Order of the General Court (Second Chamber), ECLI:EU:T:2017:373, 1 June 2017, para. 40.

[④] See Case 85/82, *Bernhard Schloh v Council of the European Communities*, Judgment of the Court (First Chamber), ECLI:EU:C:1983:179, ECLI:EU:C:1983:179, 30 June 1983, paras. 13–14.

其与行政当局的任命行为有利益关联，其中一点为行政当局的任命行为具有非法性，影响到她晋升该职位的机会。但法院表示该职员并没有参加最终产生任命行为的职位竞争，并且她在任命行为作出时并不具备晋升资格。因此这是一种未来的和假设的利益①，并不符合即时性要求。②在对涉及机构根据普通立法程序作出的普遍性行为提出上诉中，法院还认为对此类行为提出诉讼应满足直接和与个人相关（individual concern）的条件。③

最后一点，法院在严格限制可上诉的行为时也具有灵活调整性，强调对利益关联的判断不能过于恪守形式上的要求。作为上诉机构的普通法院就表示："根据判例法，将一项措施归类为对申请人产生不利影响的行为，并不取决于其形式或名称，而是取决于其内容"。④因此，对于行为对当事人是否有不利影响有必要探求其实质⑤，根据客观标准进行评估，如该行为的内容，并酌情考虑到通过该行为的背景以及行为机构的权力。⑥例如，以相对非正式的方式作出的行为也可能对职员产生不利影响，并受上诉机构管辖。在 Kurt-Wolfgang Braun-Neumann 案中，机构方辩称向职员发出的信函不具有正式性，

---

① 在 *C. Fabbro and others* 案中，法院也表示，行政当局只是说明行政当局打算未来在工作人员条例相关条款所述阶段考虑语文部门官员的职位申请问题，这种对未来意图的简单声明不能对官员产生权利和义务，从而改变其法律地位。（参见 Joined cases 269 and 292/84, *C. Fabbro and others v Commission of the European Communities*, Judgment of the Court (Sixth Chamber), ECLI:EU:C:1986:396, 21 October 1986, para. 1）

② 在该案中，原告职员提起诉讼，要求撤销审计院秘书通过的关于任命另一职员的决定，该职员得到了晋升。原告并表示晋升职员未能证明有足够的能力被任命，在被告和晋升职员对原告职员的利益关联性提出质疑后，原告提出了三个论点，除正文所述的论点外，另外两个为：一、上诉人认为作为一名职员，她有利益确保各机构有合格的官员提供服务；二、她希望确保机构翻译部门的正常运作和工作氛围不因一个不称职者的存在而受到干扰。对于这两个理由，法院认为缺少了利益关联的直接性。（参见 Case 204/85, *Vassiliki Stroghili v Court of Auditors of the European Communities*, Judgment of the Court (First Chamber), ECLI:EU:C:1987:21, 21 January 1987, paras. 5–12.）

③ See Case T–456/14, *L'association des fonctionnaires indépendants pour la défense de la fonction publique européenne (TAO-AFI) and Syndicat des fonctionnaires internationaux et européens – Section du Parlement européen (SFIE-PE) v European Parliament and Council of the European Union*, Judgment of the General Court (Eighth Chamber), ECLI:EU:T:2016:493, 15 September 2016, para. 53.

④ Case T–308/19, *Arnaldo Lucaccioni v European Commission*, Order of the General Court (Fourth Chamber), ECLI:EU:T:2020:207, 13 May 2020, para. 45.

⑤ Case C–147/96, *Kingdom of the Netherlands v Commission of the European Communities*, Judgment of the Court (Fifth Chamber), ECLI:EU:C:2000:335, ECLI:EU:C:2000:335, 22 June 2000, para. 27.

⑥ Joined Cases C–593/15 P and C–594/15 P, *Slovak Republic v European Commission*, Judgment of the Court (Fourth Chamber), ECLI:EU:C:2017:800, 25 October 2017, para. 47.

因此不属于对职员产生不利影响的行为，但上诉机构认为这需要根据信函的实际内容来判断。[①] 在 Petrus Kerstens 案中，普通法院则表示如果机构的行为或决定是分几个阶段制定的，那么原则上只有那些在该程序结束时最终确定机构立场的措施才具有可质疑性，而非那些旨在为最终决定提供准备的中间措施。[②]

同时，上诉机构认为，判断有争议的行为是否真的对申请人产生不利影响，不能抽象地对其进行评估，而必须根据申请人的个人情况进行具体评估[③]，常用的方式是将争议行为做出后当事方职员的法律状况与假设争议行为没有作出时当事方的法律状况进行具体对比。例如，在 Eva Vega Rodríguez 案中，初审法院表示在不存在具有争议的行政行为，而原告职员能够做到最好的情况下[④]，如果职位竞选的结果仍然没有变化，那么就能证明上诉人与该行为没有利益关联。[⑤]

整体上看，一方面，欧盟内部司法上诉机制在对行为的上诉管辖上体现出较为严格的受理标准，通过司法判例在法律规定之外形成了一套较为具体的评判规范，以防止不具有权益保障必要性的案件进入诉讼程序。另一方面，

---

① Case T–306/08 P, *Kurt-Wolfgang Braun-Neumann v European Parliament*, Order of the Court of First Instance (Appeal Chamber), ECLI:EU:T:2009:6, 15 January 2009, para. 32.

② 参见 Case T–757/17, *Petrus Kerstens v European Commission*, Order of the General Court (First Chamber), ECLI:EU:T:2018:391, 26 June 2018, para. 26。但这种情况并不绝对，如前文所述，是否对职员造成不利影响主要看行为的实质内容，并结合行为作出的背景。在该案中，法院认为某些纯粹的准备性措施也可能对官员产生不利影响，因为它们可能影响随后的可质疑行为的内容，所以可以对其提出上诉，但这些措施不能成为独立上诉的对象，必须在针对该行为的上诉中提出质疑。（参见 Case T–127/14 P, *Alvaro Sesma Merino v Office for Harmonisation in the Internal Market (Trade Marks and Designs)*, Judgment of the General Court (Appeal Chamber), ECLI:EU:T:2015:927, 3 December 2015, para. 24.）类似的案件还有 Orlando Lopes 案。如前文所述，涉及内部组织的行为往往不被法院认为是影响职员利益的行为，但在该案中，法院也进行了区别对待，认为较为简单的内部组织措施一般不受司法审查，但该行为如果能够影响职员的法律与物质状态则需要接受审查。（参见 Case T–26/96, *Orlando Lopes v Court of Justice of the European Communities*, Order of the Court of First Instance (Second Chamber), ECLI:EU:T:1996:157, 5 October 1996, para. 35.）

③ See Case T–328/15 P, *Geoffroy Alsteens v European Commission*, Judgment of the General Court (Appeal Chamber), ECLI:EU:T:2016:671, 23 November 2016, para. 115.

④ 即她正确地回答了有争议的问题。

⑤ See Joined Cases T–285/02 and T–395/02, *Eva Vega Rodríguez v European Commission*, Judgment of the General Court (Second Chamber), ECLI:EU:T:2004:324, 9 November 2004, paras. 25–26. 而此种方法也体现于 *Vassiliki Stroghili* 案。（参见 Case 204/85, Vassiliki Stroghili v Court of Auditors of the European Communities, Judgment of the Court (First Chamber), ECLI:EU:C:1987:21, 21 January 1987, paras. 10–11.）

上诉机构又对职员方的司法权利提供了充分且合理的保护。相比于行为的外在与形式，上诉机构更注重对行为实质影响的探求，从根本上以是否对上诉人的法律地位及其合法权益造成影响为本质标准。这体现出法院在司法裁判中对司法效率与司法正义的考虑。而对司法效率与司法正义的平衡与协调也是一直贯穿着上诉程序的重要主题，在后文也将被反复提及。

同时，从欧盟内部司法上诉机制的大量判例、命令以及意见中也可以看出，在职员争端案件的解决中，任何司法技巧与标准的适用都不是绝对的，而可能会出现特定情况下的例外。因此，司法机构往往需要避免公式化司法，尽可能地以职员案件所体现出的法律价值与法律原则为指导，努力实现公正司法。

（二）提起上诉的法律论证

为证明上诉申请的可受理性，上诉除了必须准确指出上诉人要求撤销的判决中有争议的部分，还应提供支持上诉诉求的具体法律论据，来证明这一要求的合法性与可行性，否则上诉或有关上诉理由将被裁定为不可受理。[1]《欧洲法院议事规则》第169条第2款与《普通法院议事规则》第195条第2款对于上诉的法律论证部分也提出了相应的要求，即上诉申请中法律上的抗辩和所依据的法律论据应准确地确定初审机构裁决中存在争议的地方。因此，如果上诉申请中没有具体地提出使被上诉裁决无效的法律错误以及相应的法律论据，则不符合这一要求。

而这一规定在法院的司法实践中又被具体细分为两项标准。

首先，上诉申请中的法律抗辩和法律论据应准确地确定初审裁决中存在争议的问题，这要求上诉方不能提出模糊和笼统的观点以及证据。[2]法院在非职业争端的案件中对运用这一标准的原因进行了解释，表示那些上诉中提出

---

[1] See Joined Cases C–116/21 P to C–118/21 P and C–138/21 P, *European Commission and Council of the European Union v VW and Others*, Judgment of the Court (Third Chamber), ECLI:EU:C:2022:557, 14 July 2022, para. 43.

[2] See Case C–259/20 P, *João Miguel Barata v European Parliament*, Order of the Court (Sixth Chamber), ECLI:EU:C:2020:994, 3 December 2020, para. 83. 在该案中，法院表示："上诉人在第六个上诉理由的第三部分提出的论点只有模糊和笼统的断言，无法让人理解普通法院认为议会为拒绝上诉人的申诉的决定提供了充分理由的决定在法律上有什么错误。因此，该第三部分不符合形式上的要求，必须以明显不可受理而被搁置。"

的法律抗辩和法律论证，如果笼统而不精确，并且没有准确地确定被上诉的判决的理由中那些有争议的点，那么就不能成为使法院能够在可审查的领域行使其职能并进行合法性审查的法律评估对象。①

其次，上诉所提出的法律抗辩与法律论据不能简单地重复当事方在初审机构中援引的相同内容。在 Marie-Claude Girardot 案中，法院就认为上诉职员没有准确表明上诉人试图搁置的判决中有争议的要素，甚至没有具体指出据称使上诉判决无效的法律错误的论点，而只是重复或再现提交给初审法院的法律抗辩和论点，包括那些建立在初审法院明确拒绝的事实之上的抗辩。这种上诉实际上不过是要求重新审查提交给初审法院的申请，而法院没有管辖权进行这种审查。②

这种重复初审观点与论证的上诉诉求在一定程度上具有滥诉倾向，将可能浪费欧盟内部司法上诉机制宝贵的司法资源。但法院也认为该标准并不绝对适用，上诉人为了质疑初审机构对欧盟法律的解释或适用，在上诉程序中可能需要重新审查初审的法律要点，在这个过程中，上诉人可能进一步将需要引用初审中的抗辩与论据。如果上诉人不能通过这种方式借助一审中已经使用的抗辩和论据为基础进行上诉，那么上诉程序将被剥夺部分意义。③因此可以看出，上诉申请的论证中能否运用一审的抗辩和论据，主要还是看上诉人运用这些内容的目的。

再者，上诉机构还认为上诉申请中不能提出初审裁决内容之外的法律抗辩。有学者认为，1994 年的 Brazzelli Lualdi 上诉案确立了上诉机构的该规

---

① See Case C–28/13 P, *Gabi Thesing and Bloomberg Finance LP v European Central Bank (ECB)*, Order of the Court (Fifth Chamber), ECLI:EU:C:2014:230, 6 February 2014, paras. 25–28.

② 法院最后表示上诉职员"通过这次交叉上诉，不是要找出据称使一审法院在上诉判决中的推理无效的法律错误，而是通过（i）重复她在一审中依据的论点和（ii）提出所谓的新证据。她试图质疑法院在该判决中为确定损害赔偿范围而对事实进行的评估，但她既没有指控这些事实被歪曲，也没有提出丝毫的法律论据来证明为什么一审法院对其论点的评估在法律上是错误的。因此，吉拉尔多特（Girardot）女士只是要求重新审查被上诉的判决而已。"（参见 Case C–348/06 P, *European Commission v Marie-Claude Girardot, Judgment of the Court (Third Chamber)*, ECLI:EU:C:2008:107, 21 February 2008, paras. 87–92.）

③ See Case T–105/08 P, *Kris Van Neyghem v European Commission*, Order of the General Court (Appeal Chamber), ECLI:EU:T:2008:402, 24 September 2008, para. 29. 在该案中，普通法院表示："如果上诉人声称公务员法庭根据案卷中的文件做出了严重不准确的结论，或者扭曲了提交给它的证据，那么上诉人可以依靠与被上诉判决中的事实认定及其评估有关的申诉。"

则。^①在该案中，法院认为在诉讼过程中不得提出新的法律抗辩，除非它是基于在诉讼过程中发现的法律或事实事项。如果允许一方向上诉机构首次提出其在初审程序中没有提出的法律抗辩，就等于使得上诉机构超出案件初审的管辖范围而对这些内容进行审理，这也意味着允许部分申请的内容不经过初审而直接通过上诉审查被赋予终局效力。因此，在上诉中，法院的管辖权仅限于审查对初审机构所争论的法律结论。^②事实上，这些内容在法院的议事规则中关于初审起诉的规定中有所体现，且欧洲法院与普通法院在例外情况的处理上存在差异。^③但两个法院议事规则中关于初审中提出新抗辩的规定的某些共同点，可以在上诉程序中提供参考，例如，在不影响法院就法律上新的抗辩的可受理性作出裁决的情况下，上诉机构可与当事方进行交流。^④

这些对上诉申请中法律抗辩和法律论据所提出的要求，在一定程度上基于法院对司法效率与司法秩序稳定性的维护的考虑，并在整体上体现出欧盟内部司法上诉机制对初审机构与上诉机构司法职能分工的强调，将上诉机构的职能聚焦于对初审机构裁决的法律审查上，而不是代位履行初审机构对案件进行全面审理的职责。但上诉机制的这一倾向并非绝对，在拒绝受理可能严重损害当事方的正当权益时，例如诉讼过程中发现的法律或事实事项时，上诉机构则可能对当事人提出的相关法律抗辩及其论据进行审理。

三、提起上诉的其他相关问题

（一）上诉提起程序的特殊形式

除了由初审当事方的其中一方提出上诉外，欧盟内部司法上诉机制还规

---

① See Naômé Caroline, Appeals Before the Court of Justice of the European Union, Oxford University Press, 24 August 2018, p. 29.

② See Case C–136/92 P, *Commission of the European Communities v Augusto Brazzelli Lualdi and others*, Judgment of the Court, ECLI:EU:C:1994:211, 1 June 1994, paras. 57–59.

③ 普通法院相比于欧洲法院多出一款规定，即"任何新的法律抗辩应在第二次交换诉状时提出，并确定为新的法律抗辩。如果在第二次交换诉状后或在决定不批准第二次交换诉状后才知道有理由提出新的法律或事实事项，有关的主要当事方应在知道这些事项后立即提出新的法律抗辩。"（参见《普通法院议事规则》第84条第2款。）

④ 参见《欧洲法院议事规则》第127条第2款；《普通法院议事规则》第84条第3款。

定了两种特殊的上诉形式。

首先是上诉程序中的第三方介入（intervention）。《欧洲法院议事规则》第 190 条与《普通法院议事规则》第 213 条中规定了其初审介入条件与程序的规定除了申请介入的时效部分①，都同样适用于上诉审理。②

而在上诉中介入的提起程序上，《欧盟法院规约》第 56 条第 2、3 条中规定了介入程序，表示除成员国和联盟机构之外的介入者只有在普通法院的裁决直接影响到他们的情况下才可以提出这种上诉。③ 因此在职员案件中，适用《工作人员条例》的相关主体都有权提起介入。但机构与其他主体的介入条件存在明显差异，依照规约的规定，机构的介入并不需要证明初审裁决对其存在影响，而其他主体则需要证明初审裁决对他们有直接的影响。该规定旨在确保法院不会因与争议没有直接关系的各方提起的上诉而承担责任。法院规约中对机构与职员在介入申请方面的区别对待，在一定程度上体现了双方诉讼地位的不平等。但在实际中，该制度很少被应用。④

其次是上诉程序中的交叉上诉（cross-appeals），是除上诉方外的各方用来提交论点的诉讼方式之一，他们通过这些论点对被上诉的裁决的部分内容提出异议，而这些问题在主要的上诉中没有得到解决，因此交叉上诉程序与

---

① 在各司法机构的初审程序中，介入申请必须在诉讼文件通知公布后六周内提交，而在上诉程序中则为通知公布后的一个月内提出。（参见《欧洲法院议事规则》第 190 条第 2 款；《普通法院规约》第 213 条第 2 款。）

② 因此，首先，上诉的介入程序也应限于全部或部分支持主要当事方之一所寻求的观点。它不得赋予其与主要当事方相同的程序性权利，特别是不得产生要求举行聆讯的任何权利；其次，介入应附属于主要程序，如果由于主要当事人中止或退出诉讼程序或主要当事人之间的协议，或申请被宣布不予受理而导致案件从普通法院的登记册中删除，则介入将失去目的；最后，介入者必须接受他在介入时所发现案件的案件情况。（参见《欧洲法院议事规则》第 129 条；《普通法院议事规则》第 142 条。）而更加具体的程序可参见《欧洲法院议事规则》第四章与《普通法院议事规则》第十四章。

③ 参见《欧盟法院规约》第 56 条第 2 款。其第 3 款则规定："除与联盟及其职员之间的争端有关的案件外，没有介入普通法院诉讼的成员国和联盟机构也可以提出上诉。这些成员国和机构应处于与在一审中参加诉讼的成员国或机构相同的地位。"因此在除公务员案件的其他案件中，成员国与机构甚至可以在不参与一审程序的情况下直接提出上诉，该规定可能是为了在某些较为特殊的案件中更直接与有效地保障成员国与欧盟整体的利益，但将欧盟职员案件排除在该程序外，可能意味着其与其他类型的案件相比对于成员国的直接影响较小，而主要注重组织内部的运作，因此具有特殊性。这为职员案件专业化的加深提供了支持。

④ 尤其在职员案件中，作者在欧洲法律文件搜索引擎 EUR-Lex 中搜索相关的关键词，只有一个案件中存在上诉的介入，且该案件为欧洲中央银行提出上诉，欧盟委员会介入上诉。（参见 Case T-787/14 P, *European Central Bank v Maria Concetta Cerafogli*, Judgment of the General Court (Appeal Chamber), ECLI:EU:T:2016:633, 27 October 2016.）

上诉程序具有一定的相似性。需要注意的是，交叉上诉不同于对主要上诉的答辩，有权提交上诉答辩的任何一方均可提请交叉上诉，但交叉上诉必须在独立于答辩的文件中提出[①]，因此，交叉上诉可能与初审做出的裁决有关，该裁决与主要上诉中争议的裁决内容不同。[②]《欧洲法院议事规则》与《普通法院议事规则》都规定了交叉上诉的内容。[③]

（二）提出上诉的时间限制

欧盟内部司法上诉机制上诉提起程序有固定的时间限制，对于上诉时间的确定属于上诉机构的属时管辖权（ratione temporis）。当事方必须在收到初审裁决通知后的两个月内提出上诉。[④] 而关于通知的日期的确定，要考虑到各级法院议事规则中关于文件送达的规定[⑤]，并结合关于时限计算的规则。[⑥] 上诉期限从当事方收到裁决的文书或在初审机构所在地的邮局寄出挂号信后开始计算[⑦]，而挂号信将被视为收件人在寄出后的第十天收到。除通常情况下的上诉时效外，对初审机构拒绝介入申请的裁决的上诉必须在收到驳回申请的裁决通知后两周内提出。[⑧] 交叉上诉必须在送达上诉被申请人后两个月，即在对

[①]《欧洲法院议事规则》第 176 条;《普通法院议事规则》第 202 条。

[②] 在 *Geoffroy Alsteens* 案中，普通法院认为："作为初步意见，应当指出，由于委员会关于撤销上诉命令的主张所依据的理由是上诉人在上诉中已经依据的理由，因此，根据《议事规则》第 143（2）条的含义，这不是交叉上诉，因为适用该条款的前提是，在答辩书中提出的撤销请求是基于与上诉中不同的理由。"（See Case T‑373/13 P, *Geoffroy Alsteens v European Commission*, Judgment of the General Court (Appeal Chamber), ECLI:EU:T:2014:114, 12 March 2014, para. 28.）

[③] 交叉上诉必须包含提出交叉上诉的一方的名称和地址；该方送达上诉的日期；所依据的法律抗辩和法律论据；以及所寻求的法院决定的形式。（参见《欧洲法院议事规则》第 177 条;《普通法院议事规则》第 203 条。）更详细的内容，参见《欧洲法院议事规则》与《普通法院议事规则》第五篇的第三、四、五、六章。

[④] 参见《欧盟法院规约》第 56 条第 1 款。

[⑤]《普通法院议事规则》第 57 与《公务员法庭议事规则》第 36 条规定了服务方式（methods of service）或者说文件送达（Service of documents）方式。同时《普通法院议事规则》第 77 条与《公务员法庭议事规则》第 51 条对送达日期进行了相应的补充。

[⑥] 参见《普通法院议事规则》第 58 条与《公务员法庭议事规则》第 37 条。

[⑦] See Case C‑7/99 P, *Franco Campoli v Commission of the European Communities*, Order of the Court, ECLI:EU:C:1999:227, 30 April 1999, paras. 5–7. 在该案中法院表示："从关于共同体司法管辖权和这些法院的程序的判例法中可以清楚地看出，通知或送达行为的日期是收到该行为的日期。因此，提出上诉的时间开始计算的时间点是收到有争议的判决或命令的通知的日期。"

[⑧] 参见《欧盟法院规约》第 57 条以及附件一第 10 条。

上诉提出答复的期限内。①

而根据司法机构的议事规则②，提出上诉程序的时间限制可因距离（distance）而延长固定的 10 天③，当程序性时限过期时，应统一增加 10 天的长程顺延期。④即便当事方与法院通过电子方式交流也可适用该规则。⑤这一规定最初规定于欧洲法院。对于这一规定，欧洲法院可能出于对时间效率的考虑，在议事规则的历次改革中都尝试对其进行变动。在 2000 年 11 月 28 日对《欧洲法院程序规则》进行的修正中，欧洲法院认为，时限的延长是为了补偿邮政部门所需的时间，这取决于成员国与法院的实际距离。然而在讨论期间，成员国坚持认为，应维持固定的 10 天标准，以这种方式来确定延长时间能够让当事方更加充分的准备上诉材料。因此，最终，时限的延长仍然为固定的 10 天。⑥

对于上诉时效规范的适用，作为上诉机构的普通法院认为这属于一个公共政策问题，相关规范设立的目的是确保法律状态的明确性与确定性，并避免在司法中出现任何歧视或任意对待，因此应由欧盟法院主动核实该时限是否得到遵守。⑦但法院也认为在适用时效规范时不应影响欧盟内部司法上诉机制必要的司法公正。欧洲人权法院曾在案件中表示，包含上诉的诉诸司法的权利不是绝对的，可能会根据机构、个人的需要和资源而产生潜在限制。然

---

① 参见《欧洲法院议事规则》第 180 条，《普通法院议事规则》第 205 条。

② 参见《欧洲法院议事规则》第 51 条、《普通法院议事规则》第 60 条以及《公务员法庭议事规则》第 38 条。《欧盟法院规约》第 45 条第 1 款规定："基于距离考虑的宽限期应由程序规则确定"。

③ 在 *Eberhard Bömcke* 案中，上诉人认为上诉的一般时限与因距离而延长的时限相区别，属于两种不同的时限，但法院表示因距离而延长的时限"不应被视为与程序期限不同的期限，而应视为后者的简单延伸"。（See Case T–213/11 P (I), *Collège des représentants du personnel de la European Investment Bank and Others v Eberhard Bömcke*, Order of the President of the General Court, ECLI:EU:T:2011:397, 15 July 2011, paras. 8–11.）

④ See Case T–39/14 P, *Joaquim Paulo Gomes Moreira v European Centre for Disease Prevention and Control (ECDC)*, Order of the General Court (Appeal Chamber), ECLI:EU:T:2014:684, 7 July 2014, para. 5.

⑤ 参见 Case C–176/13 P, *Council of the European Union v Bank Mellat*, Judgment of the Court (Fifth Chamber), ECLI:EU:C:2016:96, 18 February 2016, paras. 39–40. 在本案中，欧洲法院认为"即使理事会以电子方式与法院沟通，《议事规则》第 51 条仍适用于本案。据此，已在规定期限内提出上诉，应当驳回不予受理的异议。"

⑥ See Naômé Caroline, *Appeals Before the Court of Justice of the European Union*, Oxford University Press, 24 August 2018, pp. 197–198.

⑦ See Case T–39/14 P, *Joaquim Paulo Gomes Moreira v European Centre for Disease Prevention and Control (ECDC)*, Order of the General Court (Appeal Chamber), ECLI:EU:T:2014:684, 7 July 2014, para. 6.

而，这种限制不应以某种方式或某种程度限制个人诉诸司法的权利，以至于损害到权利的实质。① 这一观点也得到了上诉机构的认同。②

欧盟内部司法上诉机制在上诉时效中对司法公正的具体维护可体现于上诉机构对意外事件与不可抗力的适用范围的确定。在违反上诉时效之后，上诉人可以以意外事件与不可抗力为由提出抗辩。《欧盟法院规约》第45条第2款规定："如果有关一方证明存在不可预见的情事（unforeseeable circumstances）（即例外事件）或不可抗力（force majeure），则不应因时限到期而损害其权利。"上诉机构在适用这一制度时采取了较为严格的态度，认为意外事件或不可抗力的概念，要求出现申请人无法控制的异常困难，而且还要求即使他已经尽了一切应有的努力，结果的发生基本上也是不可避免的。在此基础之上，上诉机构进一步提出了两个具体要求：首先，这些抗辩都有一个客观要素，即当事人遇到了与其无关的外在非正常情况；其次，还有一个主观要素，即当事人有义务采取适当的措施，而不做过多的牺牲来防范非正常情况可能产生的后果。特别是，当事方必须认真注意其所启动的上诉程序的进展，尤其注意在遵守规定的时限方面要表现出真诚勤勉义务。③ 因此，整体上可以认为，假定存在不取决于上诉人意愿的不同寻常的困难，并且即使他已经履行了所有的注意义务，这些困难似乎也是不可避免的④，那么他就可以适用意外事件与不可抗力。

第二节　欧盟内部司法上诉机制的上诉准备程序

按照《欧盟法院规约》第59条，在一般情况下，如果对初审机构的裁决提出上诉，上诉程序中应包括书面部分和口头部分。这两个部分是上诉机构

---

① *EctHR, Khalfaoui v. France*, App. No. 34791/97, 14 December 1999, paras. 35–36.

② Case T–213/11 P (I), *Collège des représentants du personnel de la European Investment Bank and Others v Eberhard Bömcke*, Order of the President of the General Court, ECLI:EU:T:2011:397, 15 July 2011, paras. 8–11, para. 21.

③ See Case T–234/11 P, *Oscar Orlando Arango Jaramillo and Others v European Investment Bank (EIB)*, Judgment of the General Court (Appeal Chamber), ECLI:EU:T:2012:311, 19 June 2012, para. 51.

④ See Case T–130/13 P, *Stephanie Honnefelder v European Commission*, Order of the General Court (Appeal Chamber), ECLI:EU:T:2013:276, 28 May 2013, para. 18.

获得案件事实的主要途径，能够对法官的案件审议产生重要影响。因此本节将以书面与口头两部分为主来论述当事方提出上诉后，欧盟内部司法上诉机制的上诉准备程序。同时，也将提及法院准备程序中的其他程序。[①]

一、上诉准备程序的书面部分

欧盟内部司法上诉机制上诉准备程序的书面部分（written）与初审类似。上诉机构在书面部分需要审理的文件在一般情况下包括如下三种：上诉的申请与答辩[②]，以及一审案件的卷宗。[③] 这些文件通常由上诉机构的书记处进行处理。对于上诉方的上诉申请，书记处将进行一次例行检查，并在必要时要求上诉方对上诉申请进行调整。在对上诉申请的内容进行初步审理后[④]，书记处充当法院与外部世界之间，以及法院内部法官分庭与各行政部门之间的中间人，将把上诉申请发给各方主体[⑤]，并依照议事规则的规定在《欧盟官方公报》上发布通知。[⑥] 在这个过程中，上诉的相关程序性问题由法院院长裁决。书记处将就此类问题向案件指定的法官兼报告员、总法律顾问和法院院长发出说明，院长将在听取法官兼报告员和总法律顾问的意见后作出裁决。而在案件被分配给法院的一个常设分庭进行判决后，程序性的裁决将由该常设分庭的庭长按照同样的程序作出。

在书面部分结束后，法官兼报告员随后将通过收到的被翻译为法院工作

---

① 这一节的内容将主要参考 Naômé Caroline: *Appeals Before the Court of Justice of the European Union*, Oxford University Press, 24 August 2018, Chapter 11.

② 参见《欧洲法院议事规则》第 167 条第 1 款、第 172 条，《普通法院议事规则》第 193 条第 1 款、第 198。

③ 参见《欧洲法院议事规则》第 167 条第 2 款，《普通法院议事规则》第 193 条第 2 款。也有学者认为程序的书面部分原则上限于两份文件：上诉和答辩。（参见 Koenraad Lenaerts: Ignace Maselis & Kathleen Gutman, *EU Procedural Law*, Oxford University Press, 2014, p. 862.）

④ 关于上诉申请的受理标准参见上一节。

⑤ 在目前的欧洲法院，这包括了：法院院长，他需要为案件指定一名法官兼报告员（参见《欧洲法院议事规则》第 15 条第 1 款）；首席法律顾问，他需要为案件指定一名法律顾问（《欧洲法院议事规则》第 16 条第 1 款）；多语种总局（Directorate-General for Multilingualism），将申请翻译为法院工作语言，并在必要时翻译为案件的必要语言；以及在一定情况下，提交至文献与研究局（Research and Documentation Directorate）。文献与研究局的职能包括起草研究说明，主要是关于成员国国家法律体系中为解决特定法律问题而采取的方法。

⑥ 参见《欧洲法院议事规则》第 21 条。

语言的程序性文件编写初步报告（preliminary report），并提交至法院大会，以便能够就处理案件时应采取的步骤作出裁决。根据《欧洲法院议事规则》第 59 条第 2 款，初步报告应载有关于是否应采取特定的程序安排措施、调查措施或酌情要求移送法院或法庭作出说明的建议，以及关于应将案件分配给哪个分庭的建议。报告中还可能载有法官兼报告员关于是否免于聆讯与是否免于法律顾问提出的建议，随后案件将由相关分庭进行审议。值得注意的是，该报告属于不公开文件，不构成书记官处所持案件档案的一部分，这在一定程度上也体现出欧盟法院的保密审议制度，由于法官选任受成员国的重要影响，出于对法官司法独立性保障的考虑，法院在裁决中往往不公开法官的个人观点，而初步报告中法官兼报告员往往会在相关建议中体现出个人观点，甚至可能建议要求当事方将诉状的重点放在某些问题上。所以这可能是该文件不公开的重要原因之一。

考虑到司法效率与程序经济，法院在上诉审理中还形成了一套较为高效的案件筛选制度。在 1999 年，法院和初审法院曾提议在不影响共同体司法结构的前提下，对某些类别的上诉进行过滤。① 在其关于欧盟司法系统的讨论文件中，他们设想过，如果负责审理此类案件的机构间分庭的设立建议被接受，那么在职员案件中提出上诉需要事先获得授权。② 但该建议并未在职员案件中得到实施，目前职员案件可能的筛选机制主要依靠《欧盟法院议事规则》第181 条与《普通法院议事规则》第 208 条中的相关规定。依照这些规定，如果职员案件的上诉明显不可受理或毫无根据，在大会上陈述该案件的过程可能会更简单。例如，欧洲法院的议事规则规定，如果上诉或交叉上诉的全部或部分明显不可受理或明显没有根据，法院可随时根据法官兼报告员的建议并

---

① See Council of the European Union, *IGC 2000: Contribution by the Court of Justice and the Court of First Instance to the Intergovernmental Conference: note from Court of Justice, to Intergovernmental Conference*, CONFER/VAR 3964/00, 28 February 2000, p. 3.

② 在相关的报告中具体指出："为了更好地利用初审法院的资源，并限制向法院提出的上诉，有人建议，在将共同体与其职员之间的争端提交初审法院之前，应强制将其提交给一个具有司法权力的申诉委员会（board of appeal），以裁定此类争端。正如欧盟委员会设立的工作组所建议的那样，该委员会应具有司法性质，以便为有关职员提供必要的程序保障。这将使人们有可能对就一审法院的判决向法院提出上诉的权利附加限制，实际上是二审判决。"（See Council of the European Union, *IGC 2000: Contribution by the Court of Justice and the Court of First Instance to the Intergovernmental Conference: note from Court of Justice, to Intergovernmental Conference*, CONFER/VAR 3964/00, 28 February 2000., p. 6.）

在听取总法律顾问的意见后，以合理的命令裁决驳回全部或部分上诉或交叉上诉。[①]这是一项宣布上诉明显不可受理或明显没有根据的命令，在一般情况下，它完整地体现了总法律顾问的立场，并以相对简易的理由获得通过，因此该命令的作出基本上是依靠总法律顾问的立场。[②]对这一简化程序的适用是在法院的内部工作部门对职员案件进行筛选后裁决的。

而这一程序的效果是将报告所涉及的部分起草工作从法官兼报告员转移到总法律顾问。该制度的设计充分利用了法院的人力资源，并对各职位的职能进行了合理配置，缓解了法官兼报告员的工作压力，并增加了总法律顾问的司法参与度，使其承担更多职能，尤其考虑到在《尼斯条约》对《欧洲法院规约》进行修订后，并非每个案件都需要总法律顾问的参与。从另一个角度看，这也使案件的筛选程序进一步前置化，避免那些明显不满足要求的上诉申请进入司法裁判阶段。由于普通法院并没有常设总法律顾问，因此在普通法院作为职员案件的上诉机构的情况下，书面部分一般主要由书记处以及法官兼报告员负责。[③]

可以看出，欧盟内部司法上诉机制上诉准备程序的书面部分形成了一套较为完善且详细的书面处理流程，来为法院的上诉审理提供充分的准备与参考。这不仅可以减轻法官裁判的压力，也能够让案件得到更加全面的分析，有利于法院公正司法。虽然欧盟法院作为具有普遍管辖权的司法机关，可能更加强调裁判的准备工作来缓解司法压力，使得欧盟内部司法上诉机制也从中获益。但仅从制度层面看，目前联合国上诉法庭以及争议法庭在书面程序的设置与信息公开的规范上都较为不足，而欧盟在书面部分的程序设计以及书记处的职能安排上相当规范与成熟，因此其上诉审理的书面部分仍然值得联合国内部司法上诉机制参考借鉴。

---

① 参见《欧盟法院议事规则》第 181 条，《普通法院议事规则》第 208 条。

② See eg., Case C-453/17 P, *Laure Camerin v European Parliament*, Order of the Court (Ninth Chamber), *ECLI:EU:C:2017:922, 30 November 2017; Case C-717/20 P, Marina Karpeta-Kovalyova v European Commission*, Order of the Court (Eighth Chamber), ECLI:EU:C:2021:542, 6 July 2021.

③ 参见《普通法院议事规则》第五章，只有在案件存在复杂或困难的法律、事实问题时，才可指定临时的总法律顾问。此时相应的书面程序与欧洲法院类似。

二、上诉准备程序的口头部分

《欧盟法院规约》第 59 条与附件一第 12 条明确规定了上诉程序应当包括书面部分与口头部分（oral part）。但相比于书面部分，上诉的口头部分可能更为特殊。因为欧盟内部司法的上诉与初审相比在口头部分聆讯（hearing）的应用上存在明显差别，后者对于聆讯的举行可以认为是司空见惯，而前者则并不经常举行聆讯。通过聆讯启用条款的设立、修订历程可以看出，从一开始，上诉就被设想为一种可以根据书面程序处理的诉讼模式，并且这种设想在欧盟法院发展的过程中愈发明确。

首先是目前作为职员案件上诉机构的欧洲法院。[①] 在设立初审法院时，欧共体理事会就在其决议中规定："如果对初审法院的裁决提出上诉，（共同体）法院的程序应包括书面部分和口头部分。根据《议事规则》规定的条件，法院在听取了总法律顾问和当事方的意见后，可以不进行口头程序。"[②] 而这一规定随后也于 1991 年正式被规定在作为上诉机构的共同体法院的议事规则中，并作出了一些调整："法院可根据法官兼报告员的报告并在听取总法律顾问和各方意见后，裁决取消口头程序，除非一方以书面程序不能使其充分保障自己权利的观点为由提出异议"。[③] 而在 2000 年，该条款又经历了一次修改，将其后半部分的内容变为："除非一方当事人提交申请，说明他希望举行聆讯的理由。申请应在书面程序结束通知当事人之日起一个月内提交。院长可能会延长这一期限"。[④] 目前法院所适用的内容来自 2012 年《欧洲法院议事规则》的第 76 条第 2 款，该款体现出上诉中聆讯的启用方式逐渐变得具体与严格，同时条款也赋予了欧洲法院更大的裁量权，以裁决是否启用聆讯程序，该款

① 该观点的下述内容主要参考 Naômé Caroline, *Appeals Before the Court of Justice of the European Union*, Oxford University Press, 24 August 2018, pp. 238–239.

② See Council of the European Communities, *88/591/ECSC, EEC, Euratom: Council Decision of 24 October 1988 establishing a Court of First Instance of the European Communities*, Official Journal of the European Communities L 319, 25 October 1988.

③ See *Consolidated version of the Rules of Procedure of the Court of Justice*, Official Journal of the European Union C 177, 2 July 1991, Art. 120(1).

④ See Court of Justice of the European Communities, *Amendments to the Rules of Procedure of the Court of Justice*, Official Journal of the European Communities L 122, 24 May 2000.

规定"如果法院在分析书面程序部分期间提出的书面诉状或意见后，如果认为有足够的信息可以作出裁决，可以裁决不举行聆讯会"。[①] 法院的实务指南（practice directions）也对当事方申请口头聆讯进行更加详细的规定，认为对于口头程序的启用仅提供一般性的理由陈述是不够的，例如仅提及案件的重要性或法院将裁决的问题的重要性。[②]

而在公务员法庭存在的那段时期，初审的相关规定似乎更能体现出欧盟法院将职员案件视为处理起来较为简单的案件，在初审阶段公务员法庭可以在各方的同意下不经过口头程序而进行判决。[③] 这在一定程度上体现出欧盟法院曾允许在职员案件中建立一套更精简、迅速的审理程序。而普通法院上诉程序中关于启用口头聆讯的规定与欧洲法院类似，都赋予法院裁量权，使法院在满足特定条件的情况下单方面裁决是否启用聆讯。但二者也存在一些不同的表述，《普通法院议事规则》还规定，法院即便裁决不进行口头审理，也可能随后裁决启用口头程序。因此相比之下，普通法院的规定更加体现出灵活性。

而如果上诉机构裁决举行聆讯，聆讯程序在正常情况下包括三个阶段：口头陈述、法院成员的提问、答复。[④]

上诉准备阶段口头程序较小的启用可能性并非欧盟内部司法上诉机制独有的特征。事实上在联合国内部司法上诉机制中，联合国上诉法庭也拥有启

---

① 参见《欧洲法院议事规则》第 76 条第 2 款。

② 该段具体规定为："如果这些当事方或有关人员认为必须对案件安排聆讯，那么无论如何，他们有责任在收到程序的书面部分结束的通知后，立即写信通知法院，说明他们希望由法院聆讯的确切理由。该理由不能与书面诉状或意见相混淆，不得超过三页，必须基于聆讯对有关当事人的益处的真实评估，并且必须指出该当事人认为有必要在聆讯上更充分地发展或反驳的文件内容或论点。仅仅提供一般性的理由说明是不够的，例如提到案件的重要性或有待法院裁决的问题。"（参见 *Practice Directions to Parties Concerning Cases Brought Before the Court*, Official Journal of the European Union LI 42, 14 February 2020, para. 53.）

③ 参见《公务员法庭议事规则》第 59 条第 2 款。

④ See *Practice Directions to Parties Concerning Cases Brought Before the Court*, Official Journal of the European Union LI 42, 14 February 2020.

用聆讯的裁决权①，并且法庭也很少运用该权力。②在判例中，上诉法庭曾以上诉机制的司法职能分工理论为支撑来拒绝上诉人所提出的聆讯请求，认为它并"不是调查事实的适当平台"，并指出作为初审机构的争议法庭"并非花架子（dress-rehearsal）"。③

仅从口头程序本身来看，该程序对于欧盟内部司法上诉机制是相当重要，甚至应该是不可或缺的。通过口头程序，法院能够直接、高效地获取原告及其证人以及被告的代表和证人的意见，特别是在经常涉及职员与其上司或同事之间的工作关系，和有时涉及他们口头作出的承诺或声明的案件中，以及在原告职员强烈认为口头聆讯将非常有助于确定相关事实和阐明所涉问题的情况下。④在1973年国际法院关于Fasla职员案件的咨询意见中，法官安德烈·格罗斯（André Gros）就认为"取消口头程序损害了法庭成员获取信息的权利。不愿意为相关职员打开口头辩论的大门，导致该程序不仅对显然不介意的行政部门关闭，而且对法官也关闭。长时间的书面交流产生的效果非常有限"。⑤虽然该观点主要针对初审程序，但也具有一定的参考价值。整体上看，在国际组织内部司法机构乃至绝大多数司法机构中，口头程序在一定程度上可以被认为是不可或缺的。因此，有观点认为："在上诉一级，口头聆讯也是正当程序的一个重要部分，取消口头聆讯应该是例外，而不是常态"。⑥

---

① 参见《联合国上诉法庭规约》第8条第3款。而《联合国上诉法庭议事规则》第18条第1款进行了更具体的规定："审理案件的法官可以根据当事方的书面申请或主动举行口头聆讯，如果这种聆讯有助于迅速和公平地处理案件。"（*Rules of Procedure of the United Nations Appeals Tribunal*, As adopted by the General Assembly in resolution resolution 76/242 on 24 December 2021, Article 18 (1).）

② 联合国内部司法理事会的统计显示："上诉法庭2012年春季会议有37起案件，其中只有1起被列为需举行口头聆讯，尽管有7起案件提出了这样的要求，另有30起案件是由上诉法庭决定是否举行口头聆讯"。（参见 Internal Justice Council, *Administration of justice at the United Nations: report of the Internal Justice Council*, A/67/98, 18 June 2012, para. 32.）而截至2015年，该次数也仅为20次。（Secretary-General of United Nations, *Report of the Interim Independent Assessment Panel on the system of administration of justice at the United Nations*, A/71/62/Rev.1, 15 April 2016, para. 195.）

③ United Nations Appeals Tribunal, *Leboeuf et al. v. Secretary-General of the United Nations*, 2011-UNAT-185, 21 October 2011, para. 17.

④ See Abdelaziz Megzari, *The Internal Justice of the United Nations*, Koninklijke Brill NV, 2015, p.235.

⑤ See *Application for Review of Judgment No. 158 of the United Nations Administrative Tribunal*, Advisory Opinion, ICJ Reports 1973, p. 262.

⑥ Louise Otis & Eric H. Reiter, "The Reform of the United Nations Administration of Justice System: The United Nations Appeals Tribunal after One Year", *The law and Practice of International Courts and Tribunals*, 2011, p. 412.

但该观点可能忽略了上诉机制中的司法职能分工需要，上诉程序对于口头程序启用的非常态化在一定程度上是为了贯彻上诉机制各级司法机构之间的职能分工，并使上诉机构能更好地将司法资源集中于对法律问题的审理上，以更好地实现司法公正。这也是当时欧洲共同体裁决设立初审法院的主要目的。① 在目前的欧盟内部司法上诉机制中，作为上诉机构的欧洲法院并非唯一司法机构，它需要与作为初审机构的普通法院共同发挥内部司法系统的司法职能。因此在关于上诉机制的研究中，需要避免以孤立视角看待上诉机构的思维模式，这种思维模式通常将由单一机构组成的司法系统的评估标准或改革模式适用于上诉机制。

从司法职能分工的角度分析，在欧盟内部司法上诉机制中，上诉机构的职能主要为对法律问题的审理，对于可能涉及事实处理的口头程序应当尽可能交由初审机构处理，二者相互配合，各自明确承担不同的司法职能。因此，上诉准备程序中口头聆讯的应用不能"喧宾夺主"，而应当以初审机构为重心，在口头部分的聆讯需要处理事实问题时，主要交由初审机构处理。② 但在上诉机构认为合适的情况下，可以不举行聆讯。

关于上诉机构在何种情况下可以进行聆讯，或者说何种情况下可以处理事实问题的具体标准可参照《联合国上诉法庭规约》。③ 该规约规定，如果案件的主要事实内容在初审阶段已确立，而上诉机构只需要对其进行补充，且进行聆讯符合司法利益，也符合高效迅速地了结诉讼程序的需要，那么上诉

---

① 共同体理事会表示，为了"保持共同体法律秩序中司法审查的质量和有效性，有必要使法院能够将其活动集中在确保对共同体法律进行统一解释的基本任务上"等目的，将"将审理和决定某些经常需要审查复杂事实的诉讼或程序的案件管辖权移交给初审法院"。(See Council of the European Communities, *88/591/ECSC, EEC, Euratom: Council Decision of 24 October 1988 establishing a Court of First Instance of the European Communities*, Official Journal of the European Communities L 319, 25 October 1988.)

② 联合国上诉法庭曾在案件中表达了该观点，认为"如果上诉法庭'确定有必要进一步查明事实'，则有权将案件发回争议法庭，以便进一步查明事实。"(United Nations Appeals Tribunal, *Leboeuf et al. v. Secretary-General of the United Nations*, 2011–UNAT–185, 21 October 2011, para. 17.)

③ 在这方面，《联合国上诉法庭规约》第 2 条第 5 款提供了一个较为合适的标准来判断上诉机构是否应当举行聆讯，即"在特殊情况下，且如果上诉法庭断定事实可依据包括书面证词在内的书面证据加以确立，则上诉法庭可受理此类补充证据，如果这样做符合司法利益，符合高效迅速了结诉讼程序的需要。如果情况并非如此，或如果上诉法庭断定，没有口头证词或其他非书面证据，就无法作出判决，那么上诉法庭应将案件发回争议法庭重审。"

机构就可以进行聆讯。① 同时，我们还可以认为，如果上诉机构主要目的是为了更好地处理法律问题以实现必要的司法公正，那么它也可以选择启用聆讯。整体上看，在此种分工标准下，欧盟内部司法上诉机制，或者说国际组织内部司法上诉机制聆讯权保障程度的评估应当以初审机构为主。因此，对于此类制度的完善更应当注重对初审程序中聆讯质量的保障，以充分保障职员诉诸司法的权利，而不是将该任务转移至上诉机构，要求它"越俎代庖"。

三 、上诉准备程序的取证措施

（一）取证措施的规范分析

在职员案件的审理中，取证措施也相当重要。根据相关规范的规定，欧盟内部司法上诉机制主要可以采取两种方式来获取证据，即组织程序措施（measures of organization of procedure）与调查措施（measures of inquiry）。根据上诉机构的判例，组织程序措施的目的是确保有效地进行书面和口头程序并为取证提供便利。② 在程序组织措施中当事方可以相互交流，对已有事实与法律事项提出问题并进行答辩。③ 采取调查措施的目的则是证明一方当事人为支持其法律诉求而声称的事实的真实性。调查措施通过命令来执行，具有约束力。④ 而对于二者的区别，有学者认为，在获取证据方面，组织程序措施需要双方同意，当事人只是被邀请提供一份文件或回答一个问题，但没有义务这样做。与此相对，调查措施对被调查方具有约束力，被调查方必须遵守它。

---

① 有学者认为，从许多方面来看，将聆讯的举行留给法院酌情处理的做法也许是最好的解决办法。除了法庭文化的要求外，强制性或更频繁的聆讯并没有什么特别的优点。国际行政法庭肯定是成熟和谨慎的，可以行使聆讯举行的裁量权，以促进高效和经济的司法利益的方式举行聆讯。（参见 C. F. Amerasinghe, "Reflections on the Internal Judicial Systems of International Organizations", in Olufemi Elias ed., *The Development and Effectiveness of International Administrative Law*, Martinus Nijhoff Publishers, 2012, p. 52.）窃以为该种处理方式与缘由适用于国际组织内部司法的上诉机构更为合适。

② See Case T–560/08 P, *European Commission v Stefan Meierhofer*, Judgment of the General Court (Appeal Chamber), ECLI:EU:T:2010:192, 12 May 2010, para. 64.

③ 参见《欧洲法院议事规则》第 61、62 条，《普通法院议事规则》第 89 条。

④ See Case T–175/97, *Bernard Bareyt and Others v Commission of the European Communities*, Judgment of the Court of First Instance (Second Chamber), ECLI:EU:T:2000:259, 8 November 2000, para. 90.）

唯一的补救措施是以后在对判决的上诉中质疑它。① 因此本部分的内容将主要聚焦于具有约束力的组织措施。

上诉准备程序的取证措施涉及各方之间以及各方与欧盟法院之间复杂的相互作用②，并与证明责任紧密联系。经典的举证责任分配，即每一方都要证明其主张或辩护所依据的事实，也适用于欧盟法律。③ 但在职员案件中，当事方之间的诉讼地位有着先天性的巨大差异。由于行政机关的行为一般都被推定合法，因此对于行为违法的证明责任需要由职员承担④，而职员方所需要的证明机构行为违法的证据往往被行政当局掌握，依照常理，作为被告方的机构可能不会轻易配合原告职员进行调查取证，提供不利于自己的证据材料。⑤因此，欧盟内部司法上诉机制在调查措施方面的执行制度将影响职员方能否获得平等的诉讼地位，而这可以认为是公正司法的重要组成部分。

具体到欧盟内部司法的上诉程序中，事实上，司法职能分工的观点在调查措施的执行制度上表现得更为突出。如果说可能会涉及事实处理的口头聆讯在上诉机构并不多常见，那么主要处理事实问题的调查措施则基本上不被上诉机构应用。

尽管《欧洲法院议事规则》与《普通法院议事规则》没有明确排除在上诉程序中适用关于调查措施的程序规则，且《普通法院议事规制》中规定了关于调查措施的具体内容，但两个法院的议事规则在与上诉程序有关部分都

① See Julian Currall, "Particularities of the procedure before the Civil Service Tribunal", *ERA Forum: Journal of the Academy of European Law*, 2012, p. 659.

② Koenraad Lenaerts, Ignace Maselis & Kathleen Gutman: *EU Procedural Law*, Oxford University Press, 2014, p. 765. 本小节的内容主要参考该书的相关内容。

③ 欧盟法院承认举证责任自然是由质疑行政决议有效性的人承担，因为行政决议享有合法性的推定。因此，法院认为，原告不能捕风捉影，提出无端的指控，然后要求法院进行调查，要求被告披露可能或不可能证明该指控为真实的材料。为了维护正常的举证规则，除非请求调查的一方至少提供了一些可信的迹象，表明指控的事实可能存在，法院将不会下令进行调查。（参见 Case T-34/92, *UK Ltd and New Holland Ford Ltd v Commission of the European Communities*, Judgment of the Court of First Instance (Second Chamber), ECLI:EU:T:1994:258, 27 October 1994, para. 27. ）

④ See Case T-157/99, *Helga Griesel v Council of the European Union*, Judgment of the Court of First Instance (single Judge), ECLI:EU:T:2000:192, 13 July 2000, para. 25;

⑤ 被告组织当局掌握着与案件裁决有关的所有文件和信息，但原告可能被拒绝接触这些文件，如果没有合适的方式来获取这些内容，原告只能听从案件被告或法庭的摆布，双方当事人法律地位的平等原则将受到严重损害。（参见 Rishi Gulati, "An International Administrative Procedural Law of Fair Trial: Reality or Rhetoric?", *Max Planck Yearbook of United Nations*, 2017, Vol. 21, No.1, p. 264. ）

并未提及调查措施的适用。

而在司法实践中，上诉机构曾表达过不会命令采取这种措施的观点。欧洲法院在判决中曾指出，调查措施的确会超出上诉的职能范围，因为上诉机构的职能仅限于法律问题，并且在上诉中一般以初审机构认定的事实为依据，调查措施必然会导致法院对事实问题作出裁决。同时上诉机构还认为一般只有在初审判决被撤销的情况下，它才能对被上诉判决之外的案件本身作出裁判。① 但在上诉机构选择自己作出终审裁决的部分职员案件中，上诉机构认为如果初审机构的判决被撤销，在上诉的情况下，上诉机构自身才可以对该事项作出最终判决。② 而允许上诉机构自身作出判决的情况则包括了上诉机构对上诉诉求的审查，不需要对案件采取任何进一步的组织程序或调查措施。③ 所以，可以认为，在欧盟内部司法上诉机制中，上诉机构更偏向于将应用取证措施的这一职能交由初审机构负责。

但值得注意的是，联合国上诉法庭的规约明确规定了上诉法庭在上诉程序中进行事实调查的权力。这在一定程度上与上诉机构的职能定位相冲突④，

① 法院在其他类型案件中表达了这种观点，但在一般情况下也应适用于职员案件。其具体观点为："关于法院本身应命令出示专员（Commissioners）的工作日志和其他类似文件的主张，只需指出，在上诉程序中不得命令采取这种调查措施，其目的是审查初审法院通过的裁决的合法性，而且仅限于法律问题"，对于在上诉程序中不采取调查措施的原因，法院认为："首先，调查措施必然会导致法院对事实问题作出决定。其次，上诉只涉及被上诉的决定，只有在该判决被撤销的情况下，法院才能根据《欧洲共同体法院规约》第54条第1款（现《欧洲法院规约》第61条第1款）的规定，自行对该案作出决定。"（See Case C-198/99 P, *Empresa Nacional Siderúrgica SA (Ensidesa) v Commission of the European Communities*, Judgment of the Court (Fifth Chamber), ECLI:EU:C:2003:530, 2 October 2003, paras. 30-32.）类似的观点另可参见 Case C-199/92 P, *Hüls AG v Commission of the European Communities*, Judgment of the Court (Sixth Chamber), ECLI:EU:C:1999:358, 8 July 1999, paras. 90-92。

② See eg., Case C-198/07 P, *Donal Gordon v European Commission*, Judgment of the Court (Fourth Chamber), ECLI:EU:C:2008:761, 22 December 2008, para. 64; Case C-202/20 P, *Claudio Necci v European Commission*, Judgment of the Court (Eighth Chamber), ECLI:EU:C:2021:385, 12 May 2021, para. 74; Case C-570/18 P, *HF v European Parliament*, Judgment of the Court (Second Chamber), ECLI:EU:C:2020:490, 25 June 2020, para. 71.

③ See eg., Case C-116/21 P (Joined Cases C-116/21 P, C-117/21 P, C-118/21 P, C-138/21 P, C-139/21 P), *European Commission and Council of the European Union v VW and Others*, Judgment of the Court (Third Chamber), ECLI:EU:C:2022:557, 14 July 2022, paras. 133-134; Case C-119/19 P and C-126/19 P, *European Commission and Council of the European Union v Francisco Carreras Sequeros and Others, Judgment of the Court (Grand Chamber)*, ECLI:EU:C:2020:676, 8 September 2020, para. 130.

④ 上诉法庭认为自己不是事实调查的合适平台。（参见 United Nations Appeals Tribunal, *Leboeuf et al. v. Secretary-General of the United Nations*, 2011-UNAT-185, 21 October 2011, para. 17.）

也与规约中的相关规定相冲突，因为《联合国上诉法庭规约》第2条第4款第2项规定："如果断定需要进一步的事实结论，则将案件发回争议法庭重审，以便补充事实结论"。但规约的后续规定对这一权力进行了补充与限制，认为上诉机构事实调查权的应用更多地属于一种例外情况，主要事实内容依据包括书面证词在内的书面证据可以大致确立，上诉法庭的调查只需起到补充作用，并且法庭这么做的原因主要是出于对司法效率与程序经济的考虑。①此种例外的处理模式较为合理，在欧盟法院目前面对积案压力的背景下，值得欧盟内部司法上诉机制吸收借鉴。

因此，结合联合国上诉法庭的有益经验，考虑到相关规定并未排除上诉机构应用取证措施的可能性，上诉仍有可能在准备程序中采取取证措施。我们可依照此种推测，以欧盟内部司法上诉机制的整体视角，通过普通法院以及公务员法庭初审程序中的相关规定对未来欧盟内部司法上诉机构可能的取证措施进行分析。

在规范层面，根据《普通法院议事规则》的规定，普通法院可应用的调查措施包括：（1）各方当事人亲自出庭；（2）要求提供信息和出示文件；（3）要求出示在与拒绝的合法性有关的诉讼中被机构拒绝访问的文件的请求；（4）口头证言；（5）委托专家提供报告；（6）对相关地点或事物进行检查。②而根据《公务员法庭议事规则》③，不同于普通法院可以针对当事方本身，公务员法庭在提供信息和出示文件的措施上只提及第三方，而针对当事方的调查措施需要与组织程序措施相联系。

而在具体应用的规定上，普通法院应以命令的形式规定其认为适当的调查措施，列出需要证明的事实。对于后三项调查措施裁决的作出，法院应当听取各方意见。而对于第二项措施，只有在该措施针对的当事方没有遵守以

---

① 《联合国上诉法庭规约》第2条第5款规定："在特殊情况下，且如果上诉法庭断定事实可依据包括书面证词在内的书面证据加以确立，则上诉法庭可受理此类补充证据，如果这样做符合司法利益，符合高效迅速了结诉讼程序的需要。如果情况并非如此，或如果上诉法庭断定，没有口头证词或其他非书面证据，就无法作出判决，则上诉法庭应将案件发回争议法庭重审。"

② 参见《普通法院议事规则》第89条。

③ 参见《公务员法庭议事规则》第70条。公务员法庭议事规则并没有规定《普通法院议事规则》的第（2）、（3）项内容，而是另外规定了"要求第三方提供信息与详情"、"要求第三方提供与案件有关的文件或任何证据项目"、"如果该当事人拒绝遵守为此目的采取的组织程序措施的话，要求一方当事人出示与案件有关的文件或任何证据"这三项措施。

前为此目的而采取的组织程序措施，或者有关当事方明确要求，并且对为何需要以调查措施命令的形式采取该措施进行了解释时，才可以命令实施。① 仅从议事规则的相关规定可以看出，欧盟内部司法上诉机制具有较为丰富的调查措施方式，同时当事方在措施的应用方面也具有一定程度的建议权与参与权。

与此相比，联合国内部司法上诉机制在调查措施方面并没有进行系统的规定，且明确提及的措施较少，仅从其上诉法庭规约中可以看出法庭可以要求出示文件或其他此类证据，并可以裁决上诉人或任何其他人是否需要亲自出席口头讼诉以及达到这一目的适当途径。② 同时虽然在实践中原告职员可以申请法庭采取调查措施，但规约中并未明确赋予当事方这种权利。因此可以看出，与联合国相比，欧盟内部司法上诉机制在调查措施制度设计方面更为全面、系统，有利于增强内部司法机构行使调查权的规范性与合法性。

（二）取证措施的实践分析

如上文所述，考虑到相关规定并未排除上诉机构应用取证措施的可能性，上诉仍有可能在准备程序中采取取证措施，所以有必要通过对普通法院以及公务员法庭的相关判例实践为上诉机构提供参考。同时，在这些司法判例中，也包括上诉机构对初审取证措施命令的判决，尤其是其中上诉机构关于取证措施效力的判决，这使得对此部分的内容进行研究显得更加必要。

而在实践层面，虽然欧盟内部上诉司法机关在判例中推定行政行为具有合法性，且对原告职员的证明责任提出了较为严格的要求③，但面对双方在调查措施方面法律地位的巨大差异，上诉机构与初审机构都曾考虑到职员方当事人在证明必要事实的能力方面的实质性不平等，并依此进行调整，以减轻

---

① 参见《普通法院议事规则》第92条第1、2、3款。而公务员法庭在调查措施的具体应用上则规定，各方均可提议采用或修改调查措施，准确说明其主题事项和采用或修改的理由。在采取这些措施之前，应听取其他当事方的意见。同时如果程序情况需要，法院应当要求当事人就以下措施提出意见：各方当事人亲自出庭；要求第三方提供信息与详情；要求第三方提供与案件有关的文件或任何证据项目；要求一方当事人出示与案件有关的文件或任何证据。

② 参见《联合国上诉法庭规约》第8条。

③ 在该案中，法院表示："判例法规定，首先，行政行为被推定为合法，其次，举证责任原则上由声称该行为非法的人承担，因此，申请人至少要提供足够准确、客观和一致的信息，以证实支持其主张的事实的真实性或可能性。"（参见 Case T–119/17 RENV, *Ruben Alba Aguilera and Others v European External Action Service*, Judgment of the General Court (Fourth Chamber), ECLI:EU:T:2021:254, 12 May 2021, para. 105.）

职员方的证明责任。[1] 而立法者也考虑到某些特殊情况，规定不必履行举证责任的行政当局可能仍有义务公布只有其才能获得的信息，以便使其相对人能够获得必要的证据。这在《工作人员条例》第 1d 条第 5 款中体现得尤为明显，该条规定，如果本《工作人员条例》所涵盖的人员因未适用平等待遇原则而认为自己受到冤屈，并提出可以推定存在直接或间接歧视的事实，则应由该机构证明没有违反平等待遇原则。

在初审机构对行政机关采取调查措施时，其中一个较为突出的问题为如何处理行政当局以保密义务为由拒绝出示相关文件。在 Meierhofer 案中，公务员法庭就曾面对过这种困境。[2] 但《普通法院议事规则》中已具体规定了此种情况的处理方式：当一方通知法院它无法遵守组织程序措施中针对某些文件的出示要求时，如果某些所要求的文件是机密文件，法院可以依据另一当事

---

[1] 这种传统在职员案件中一直都存在。例如，在作为最早一批职员案件之一的 *Miranda Mirossevich* 案中，被告机构认为原告明显不能胜任工作，并以其在试用期的相关工作成果的质量做为证据。法院认为，原告在试用期内被要求进行的翻译数量非常有限，这构成了支持原告试用期没有进行规律性工作说法的有力推定。在这种情况下，应该由被告来反驳这一推定。而具有说服力的证据是提供申请人在合适条件下所作的翻译，表明她显然没有能力从事高级主管部门的工作，但被告却没有举出这些证据，因此，必须认为原告的试用期没有正常进行。（参见 Case 10/55, *Miranda Mirossevich v High Authority of the European Coal and Steel Community*, Judgment of the Court, ECLI:EU:C:1956:14, 12 December 1956, p. 343.）而在 *Danilo Di Bernardo* 案中，原告在某一职位的公开竞选中落选，因此他请求负责职位公开竞争的遴选委员会对不将他列入有关公开竞争的成功候选人名单的决定进行审查，而作为被告方的欧盟委员会在上诉中认为原告职员提交的这种非具体的审查请求，使遴选委员会需要为每个部分提供详细的解释，其效果是将证明候选人存在竞争通知所要求的专业经验的责任转移给委员会。而竞争通知则明确规定由候选人承担这一举证责任。但法院表示："任何行政行为的理由说明必须以清晰明确的方式披露采取有关行为的欧盟机构所遵循的推理，以使有关人员能够确定该行为的理由，并使主管法院能够行使其审查权"，因此原告审查有关行政决定的请求并不需要遵循说明理由的义务。（参见 Case C–114/19 P, *European Commission v Danilo Di Bernardo*, Judgment of the Court (First Chamber), ECLI:EU:C:2020:457, 11 June 2020, paras. 39–41.）

[2] 主要的问题在于当时的《公务员法庭议事规则》中没有关于如何处理机构以保密协议为由拒绝出示文件的明确规定。在该案中，就业竞争中落选的原告职员请求遴选委员会具体解释他在该考试中提出的每个问题所获得的分数，公务员法庭也在程序安排措施阶段向委员会发出要求公布相应内容的信函，而委员会以《工作人员条例》附件三第 6 条的保密规定为由，拒绝了公务员法庭的请求，法庭认为委员会表示了它没有义务提供此类信息和文件，无论法庭是否通过组织程序措施或通过调查措施要求提供这些信息和文件。最终，公务员法庭别无选择，只能以委员会违反说明理由的义务为由撤销了相关行为。随后的上诉中，虽然普通法院撤销了公务员法庭的判决，并发回重审，但普通法院认为普通法院的议事规则中规定了在调查措施中如何处理机构保密文件，尽管普通法院的议事规则与公务员法庭的议事规则存在差异，后者仍然有权通过类推等方式遵循普通法院所遵循的相同程序。（参见 Case F–74/07, *Stefan Meierhofer v European Commission*, Judgment of the Civil Service Tribunal (First Chamber), ECLI:EU:F:2008:127, 14 October 2008; Case T–560/08 P, *European Commission v Stefan Meierhofer*, Judgment of the General Court (Appeal Chamber), ECLI:EU:T:2010:192, 12 May 2010.）

方提供的法律与事实事项，通过调查措施命令该方出示所要求的文件，但在该审查阶段法院不得将该文件的内容向该另一当事方通报，除非考虑到对有效司法保护权（right to effective judicial protection）进行保障的需要，而不得不向另一方披露。[①] 当然，上诉机构与初审机构也都对行政机关的保密义务予以尊重，在调查权的行使上进行了严格的限定。[②]

而在欧洲法院的 Danilo Di Bernardo 上诉案中，前总法律顾问皮卡梅（Priit Pikamäe）还表达了自己对机构引用保密事由的看法，认为保密义务并不意味着相关内容完全不公开。皮卡梅引用了欧盟法院的相关判例，认为遴选委员会程序的保密性并不排除将客观的遴选标准传达给候选人[③]，本案中该客观标准是与候选人专业经验有关的要求。即便行政当局需要履行保密义务，也应当遵循基本的透明度保障[④]，而必要的公开也有助于职员理解行政行为的作出，"这种做法丝毫不涉及举证责任倒置，而是旨在确保行政行为有效"。[⑤]

但需要注意的是，上诉机构自己也承认，无论是《欧盟法院规约》还是《公务员法庭议事规则》，甚至《普通法院议事规则》或《欧洲法院议事规

---

① 议事规则规定，普通法院应将这种保密性与有效司法保护权有关的要求，特别是遵守对抗原则相权衡（adversarial principle）。在权衡后，法院可决定提请另一主要当事方注意机密信息或材料，必要时以作出具体承诺为前提予以披露，也可决定不传达此类信息或材料，并通过合理的命令明确说明使另一主要当事方能够尽最大可能发表意见的程序，包括命令提供信息或材料的非保密版本或非保密摘要，其中包含其基本内容。（参见《普通法院议事规则》第63条。）

② 在初审法院的 *Fiatagri* 案中，初审法院认为，在没有任何证据质疑机构决定的有效性的情况下，共同体机构行为所享有的有效性推定必须适用于本案的该决定。而由于申请人未能提供可能反驳该推定的最轻微证据，因此法院不宜下令要求采取调查措施。（参见 Case T-34/92, *Fiatagri UK Ltd and New Holland Ford Ltd v Commission of the European Communities*, Judgment of the Court of First Instance (Second Chamber), ECLI:EU:T:1994:258, 27 October 1994, para. 27.）同时，上诉机构也认为在获取保密文件之前必须用尽所有可用的方式，以获取有关文件的出示。法院在适当的情况下考虑这种机密性质，并在需要时采取适当措施保护它。（参见 Case T-560/08 P, *European Commission v Stefan Meierhofer*, Judgment of the General Court (Appeal Chamber), ECLI:EU:T:2010:192, 12 May 2010, paras. 74, 76.）

③ See Case C-254/95 P, *European Parliament v Angelo Innamorati*, Judgment of the Court (Third Chamber), ECLI:EU:C:1996:276, Judgment of the Court (Third Chamber), 4 July 1996, para. 27.

④ 关于机构透明度在职员遴选程序中的重要性，可参见 Jaime Rodriguez Medal, "Transparency in the staff selection procedure of the EU institutions : comments on the Pachtitis case", *European Journal of Legal Studies*, Vol. 7, No. 1, 2014.

⑤ Case C-114/19 P, *European Commission v Danilo Di Bernardo, Opinion of Advocate General Pikamäe*, ECLI:EU:C:2020:22, 22 January 2020, paras. 72-73.

则》，都没有规定强加在拒绝遵守此类命令的情况下的制裁。[1] 这似乎也是国际组织内部司法机构，乃至许多国际司法机构的一个薄弱环节，即缺乏强制执行措施。这方面的问题在联合国内部司法上诉机制的案件中也曾出现，甚至导致法庭与行政机关之间产生了激烈的冲突[2]，对法庭的司法权威与独立性造成了严重破坏。而对于行政当局可能的不配合行为，欧盟法院在相关上诉案件中表示："对拒绝的唯一可能反应是法院在结案裁决中从这种拒绝中得出适当的推论"[3]，这意味着如果文件足够重要，拒绝出示文件的一方就有可能被推定具有不利事实，进而增加被宣判败诉的风险。事实上，这也是联合国上诉法庭提供的解决方案。[4]

但可以认为，上诉机制的设立也是增加司法机关调查措施命令可执行性

---

① Case T-560/08 P, *European Commission v Stefan Meierhofer*, Judgment of the General Court (Appeal Chamber), ECLI:EU:T:2010:192, 12 May 2010, para. 73.

② *Bertucci* 案可能是联合国新内部司法系统成立以来遇到的最严峻的考验之一。在本案的一审中，原告申请查阅与助理秘书长任命有关的某些文件。被告拒绝向法庭提供这些文件，认为这些文件是"机密的，以特权为由免于披露"。同时还进一步提出了一个极具争议性的论点，即任命助理秘书长"相当于国家元首任命内阁级官员的权力，并在与外交和国际事务有关的事项上做出决定和达成协议"（参见 *Bertucci v. Secretary-General of the United Nations*, (Translated from French) Judgment No. 2011-UNAT-121, 11 March 2011. ）。而争议法庭在关于出示文件的第 40 号命令中驳斥了该观点，认为依照《联合国宪章》规定，秘书长和任何工作人员一样，并不享有特殊的政治地位（参见 *Bertucci v. Secretary-General of the United Nations*, UNDT Order No. 40 (NY/2010), 3 March 2010, para. 6. ）。在法庭出示文件的命令被拒绝后，作为合议庭成员之一的亚当斯（Michael Adams）法官表示："不服从法庭的命令无疑是蔑视法庭。是否如此描述并不重要（Whether it is so described matters not ）。故意不服从的决定是对法庭的管辖权及其承担大会所制定的《规约》赋予它职责的权力的直接攻击。"（参见 *Bertucci v. Secretary-General of the United Nations*, UNDT Order 42 (NY/2010), 8 March 2010, para. 4. ）作为题外话，2010 年 3 月 29 日，大会第 64/553 号决定将包括亚当斯法官在内的三名审案法官的任期从 2010 年 7 月 1 日起再延长一年，以继续处理旧系统的积压案件。不久之后，在 2010 年 4 月 *Bertucci* 案这一事件的高潮中，亚当斯法官表示，他"因个人原因"无法接受第二个任期。两年后，鉴于亚当斯法官的杰出品质，组织的职员们于 2012 年 5 月提名他为新的内部司法理事会成员，以填补"工作人员提名的杰出的外部法学家"的职位。然而，秘书长认为，由于亚当斯先生在 2009 年 7 月 1 日至 2010 年 6 月 30 日期间担任争议法庭法官，以秘书长的观点，任命他为理事会成员将违反争议法庭规约第 4 条第 6 款的规定，即"争议法庭法官在其任期结束后五年内没有资格获得联合国内部的任何任命，但另一司法职位除外"。（参见 Abdelaziz Megzari, *The Internal Justice of the United Nations*, Koninklijke Brill NV, 2015, note 874. ）

③ See Case T-560/08 P, *European Commission v Stefan Meierhofer*, Judgment of the General Court (Appeal Chamber), ECLI:EU:T:2010:192, 12 May 2010, para. 73.

④ 在 *Bertucci* 案的上诉案件中，上诉法庭认为，如果行政当局仍然拒绝配合，"法庭有权在其最终判决中根据该拒绝行为得出适当的结论。在这些结论的基础上，法庭可以根据情况认定，由于行政当局的拒绝，无论其裁量权的范围如何，都必须被视为接受另一方当事人对事实的指控。"（*Bertucci v. Secretary-General of the United Nations*, (Translated from French) Judgment No. 2011-UNAT-121, 11 March 2011, paras. 2-3. ）

的一种重要途径。"即便法律被仔细地遵循，过程被公正、恰当地引导，还是有可能达到错误的结果"。[①] 不同于一审终审，上诉机制不仅维护职员的司法权利，也为行政当局提供一次纠正的机会。在这个过程中也能够促进行政机关与司法机关的沟通，对调查措施的相关争议部分进行再次处理 [②]，使司法机构能够更好地处理行政当局的诉求以求提供一个更为合适的争端解决方案，避免权力机关之间的激烈对抗。而司法机构的执行力也在与行政机关非对抗式的协商、沟通中得到增强。

第三节　欧盟内部司法上诉机制的上诉裁决

一、欧盟内部司法上诉机制的上诉裁决程序

在欧洲法院，书面程序结束时，法院可在行政会议上根据对法官兼报告人的初步报告的审议，并在听取总法律顾问的意见后，将任何职员案件分配给由五名或三名法官组成的分庭或大分庭。[③] 而在普通法院，职员案件立即分配给专门负责职员案件的几个常设分庭 [④]，并一般交由三名法官组成的分庭审理。在案件的法律难度、重要性或特殊情况需要时，可将案件提交给全体开庭的普通法院、大分庭或由不同数量的法官组成的分庭。[⑤] 在公务员法庭存在的那段时期，普通法院专门设有一个上诉分庭负责处理公务员法庭的上诉案件。[⑥]

[①]（美）约翰·罗尔斯：《正义论》，何怀宏、何包钢、廖申白译，中国社会科学出版社 1988 年版，第 81 页。

[②] 例如，在联合国内部司法上诉机制的 Calvani 案中，上诉法庭认为如果争议法庭错误地命令行政当局出示一份"非实质性、不存在或根据本组织有关规定被视为机密的"文件，那么对这一命令行政当局可以进行上诉。（Calvani v. Secretary-General of the United Nations, 2010–UNAT–032, 30 Mar 2010, para. 9.）

[③] 参见《欧洲法院议事规则》第 59 条、第 60 条。

[④] 职员案件由第一、四、七、八分庭负责。（参见 General Court, Criteria for the assignment of cases to Chambers, Official Journal of the European Union C 372, 4 October 2019, p. 2.）

[⑤] General Court, Criteria for the assignment of cases to Chambers, Official Journal of the European Union C 246, 22 July 2019, p. 2.

[⑥] See General Court, Appeal Chamber, Official Journal of the European Union C 313, 26 October 2013, p. 5.

法官们对案件的具体审理是秘密进行的。[①] 法官在该过程中不会得到口译员的协助，也没有其他工作人员的协助。评议是在法官兼报告人起草的判决书草案的基础上进行的。大多数法官根据在最后讨论后得出的结论对初审法院的裁定做出裁决。[②]

对于每个案件，法院只发布一项判决或命令，该判决或命令代表了参与有关案件的所有法官的集体裁决。不同于联合国内部司法上诉机制，可由个别法官发表异议或赞同意见[③]，在欧盟内部司法上诉机制中，即使是对最终通过的裁决投反对票的法官也会在判决书上签字。[④] 判决书中需要提供事实摘要、裁决作出的依据以及判决的执行部分，包括关于费用的裁决。[⑤] 同时法院的裁决应当在《欧盟官方公报》上公布。[⑥]

二、欧盟内部司法上诉机制的上诉裁决内容

（一）驳回上诉

上诉申请通过以后，上诉也仍然有可能被驳回。对于欧洲法院而言，在分庭的审议中，如果发现上诉没有充分的依据，将会驳回上诉。在这种情况下，欧洲法院可以认为普通法院判决的执行部分在法律上是正确的，但不对普通法院裁决中推理部分的"合法性"发表意见，而直接根据与普通法院提出的理由不同的法律理由驳回上诉。在这种情况下，上诉中提出的抗辩也将

---

① 参见《欧盟法院规约》第 35 条、《欧洲法院议事规则》第 32 条第 1 款。在举行聆讯时，只有参加聆讯的法官，以及在相关情况下负责审议该案件的助理报告员（Assistant Rapporteur）。（参见《欧洲法院议事规则》第 32 条第 2 款。）参加审议的每一位法官必须说明他的意见和理由。（参见《欧洲法院议事规则》第 32 条第 3 款。）

② ECJ Rules of Procedure, Art. 32(4).

③ See *Rules of procedure of the United Nations Appeals Tribunal*, adopted in resolution 76/242 on 24 December 2021, January 2022, Art. 19(3).

④ 相关内容，可参见 Josef Azizi, "Unveiling the EU Courts' Internal Decision-Making Process: A Case for Dissenting Opinions?", *ERA Forum*, Vol. 12, No. 1, 2011.

⑤ 参见《欧洲法院议事规则》第 87 条，《普通法院议事规则》第 117 条。

⑥ 参见《欧洲法院议事规则》第 92 条，《普通法院议事规则》第 122 条。

不被考虑。[1]

同时，即便当事方的抗辩理由充分，也并不意味着被上诉的裁决要被撤销。在对抗辩进行审议之后，法院可能会发现，一审中法律推理或者说判决理由上的错误并没有影响到上述判决执行部分的有效性。在这种情况下，法院不会撤销普通法院的裁决，而是在其判决中通过列举"正确"的理由来替代初审裁决中的理由，并驳回上诉。[2]

（二）初审判决被撤销并发回重审

《欧盟法院规约》中规定，如果上诉理由充分，上诉机构应撤销初审机构的裁决。在撤销相关裁决后，可以将案件发回初审机构重新审议，并且初审机构应受法院关于法律问题的裁决的约束。[3]而发回重审的条件为上诉机构无法就诉讼的实质内容做出裁决，案件尚未完全裁决，需要对事实作出其他调查结果，或者必须重新审视已经做出的裁决。

初审机构在审理发回重审的案件时需要遵循其议事规则中的相关规定，原有的诉讼程序将被恢复，同时，除非是基于在诉讼过程中发现的法律或事实问题，否则新的抗辩将不被接受。[4]如果普通法院必须对这些新要素作出裁决，它必须邀请当事方就此提出意见。[5]

---

① See Case C-32/92 P, *Andrew Macrae Moat v Commission of the European Communities*, Order of the Court (Sixth Chamber), ECLI:EU:C:1992:496, 3 December 1992, paras. 11-12.

② 例如，在 *Jean Lestelle* 案中，初审法院将职员养恤金计划的缴款义务建立在错误的法律基础上，但该义务仍然体现于其他规则中，因此欧洲法院表示："在这方面，应该强调的是，如果一审法院的判决理由显示违反了欧共体法律，但执行部分在其他法律基础上似乎有充分的理由，则必须驳回上诉。"（参见 Case C-30/91 P, *Jean Lestelle v Commission of the European Communities*, Judgment of the Court , ECLI:EU:C:1992:252, 9 June 1992, para. 57.）同时，法院还表示如果初审法院的法律错误出现在其他法律依据上，并且不会使其判决无效，则上诉法院可以对其进行理由替换，法院可以考虑到一审法院所确定的事实。（参见 Case T-556/14 P, *Victor Navarro v European Commission*, Judgment of the General Court (Appeal Chamber), ECLI:EU:T:2015:368, 9 June 2015, para. 33.）

③ 参见《欧盟法院规约》第 61 条第 1、2 款。

④ 参见《普通法院议事规则》第 215 条至第 219 条，《公务员法庭议事规则》第 128 条至 131 条。

⑤ 这在其他类型的案件中有所体现，参见 Case T-92/11 RENV, *Jørgen Andersen v European Commission*, Judgment of the General Court (Third Chamber), ECLI:EU:T:2017:14, 18 January 2017, para. 45。

（三）上诉机构作出最终判决

在条件允许的情况下，上诉机构可以自己对案件做出最终判决。[①] 而在此类判决中，如果职员方全部或部分胜诉，上诉机构将可以确定相应的救济措施（remedies）。正如法谚所言：有损害必有救济（There cannot be a wrong without a remedy）。有学者就曾表示"一个法律体系的效力在很大程度上取决于其司法机构可运用的补救措施的性质"[②]，这也是欧盟组织内部司法上诉机制最为核心的部分之一。

1. 欧盟法院救济措施的类别

虽然相关条约、法院规约、议事规则以及《工作人员条例》[③] 中都没有规定上诉机构在职员案件可提供的救济措施，但关于职员上诉案件的救济措施仍然可以通过条约中关于欧盟内自然人、法人就欧盟机构向欧盟法院提出直接诉讼（direct actions）的相应规定[④]，以及职员案件的司法判例进行类推。《欧盟运作条约》中关于自然人与法人对欧盟的直接诉讼按照诉讼的目的进行了分类，包括：废止诉讼、不作为诉讼、确认违法诉讼以及损害赔偿诉讼。而这些诉讼一定程度上以原告所寻求的救济措施为分类标准，并在一定程度上也可适用于欧盟职员案件。因此，与这些诉讼相关的规定可以对欧盟内部司法上诉机制的救济措施制度产生重要影响。

首先是废止诉讼（action for annulment）与不作为诉讼（action for a failure to act），事实上二者代表了同一补救措施的两个方面，即处理欧盟机构采取非

---

① 参见《欧盟法院规约》第 61 条第 1 款。

② See C. F. Amerasinghe, "International Administrative Tribunals", in Cesare P. R. Romano, Karen J. Alter, and Yuval Shany eds., *The Oxford Handbook of International Adjudication*, Oxford University Press, 2018, p. 331.

③ 条例仅在第 91 条规定了欧盟法院对于机构行为的合法性审查。

④ 通过直接诉讼，私人申请人（private applicant）能够直接向联盟司法机构挑战联盟行为的合法性。（参见 Albertina Albors-Llorens, "Judicial protection before the Court of Justice of the European Union", in Catherine Barnard and Steve Peers eds., *European Union Law (3rd edn)*, Oxford University Press, 2020。本小节主要参考该文的内容。）而欧盟职员诉讼与此类诉讼极为相似，职员与其他外部自然人、法人一样都是私主体，且针对的对象都包括欧盟机构的行为，只是欧盟职员案件所针对的多为机构内部行为，而后者则针对的是欧盟机构的外部行为。

法行为或在根据欧盟法律有义务采取行动时没有采取行动的情况。① 因此，不作为诉讼在一定层面上可以视为对机构"不作为"行为的废止。《欧盟运作条约》第 264 条第 1 款对法院针对废止诉讼的处理进行了规定，认为"如果诉讼有充分依据，欧盟法院应宣布有关行为无效"，而对于不作为的处理，条约第 266 条第 1 款则规定："其行为被宣布为无效或其不作为被宣布为违反条约的机构、机关、办事处或实体，应被要求采取必要措施，遵守欧洲联盟法院的判决"。

其次，确认违法诉讼（plea of illegality）则规定于《欧盟运作条约》第 277 条②，虽然它是直接提交给法院的，但它更像是附属于其他直接诉讼的一个附带审查机制。它允许已经向法院提起直接诉讼的申请人提出欧盟一般行为的非法性，并构成废止诉讼的基础。③

最后是损害赔偿诉讼（action for damages），《欧盟运作条约》第 268 条与第 340 条相关条款对其进行了规定④，它涵盖了申请人因联盟机构的非法行为而遭受损害或损失的情况。这是一个独立的诉讼，其目的是为了获得损害赔偿。⑤

2. 欧盟内部司法上诉程序中的救济措施

整体而言，由于确认违法诉讼附属于其他诉讼类别，而不作为诉讼也可被视为废止诉讼的另一面，因此可以认为与具体救济措施相联系的诉讼类别主要有两类，即废止诉讼与损害赔偿诉讼。而这两类诉讼及其相应的救济措

---

① 《欧盟运作条约》第 263 条第 3 款规定："任何自然人或法人可在第 1 和第 2 款规定的条件下，对针对该人或与他们个人直接有关的行为，以及对与他们直接有关但不需要执行措施的管理性行为（regulatory act）提起诉讼。"

② 该条后半部分规定："何一方在涉及欧盟机构、团体、办公室或机构通过的普遍适用的行为的诉讼中，仍可根据第 263 条第 2 款，以便在欧盟法院援引该行为的不可适用性。"

③ See Albertina Albors-Llorens, "Judicial protection before the Court of Justice of the European Union", in Catherine Barnard and Steve Peers eds., *European Union Law (3rd ed.)*, Oxford University Press, 2020, p. 313.

④ 《欧盟运作条约》第 268 条规定："欧盟法院对与第 340 条第 2 和第 3 款规定的损害赔偿有关的争议具有管辖权"，《欧盟运作条约》第 340 条第 2 款则规定："在非合同责任的情况下，联盟应根据成员国法律共同的一般原则，赔偿其机构或其雇员在履行职责时造成的任何损害。"

⑤ Albertina Albors-Llorens, "Judicial protection before the Court of Justice of the European Union", in Catherine Barnard and Steve Peers eds., *European Union Law (3rd edn)*, Oxford University Press, 2020, p. 314.

施也体现于欧盟内部司法上诉机制的判决中，条约的相关内容甚至得到了法院的直接适用。[①] 但职员案件本质上与其他自然人、法人的直接诉讼案件仍然存在差异，且《欧盟运作条约》的规定也并不具体，因此仍然需要欧盟内部司法上诉机制在实践运作中通过上诉判决做进一步的阐述，而这一过程往往体现出司法机关对自身裁量权的限制与对行政机关权力的尊重，同时也对于基本的司法公正进行了保障。

（1）废止诉讼

对于废止诉讼，上诉机构认为职员案件中的废止诉讼也拥有《欧盟运作条约》相关规定所具有的法律约束力，但也认为司法机关并不能对行政当局行使条约中没有赋予法院的司法权力。在 Francisco Carreras Sequeros and Others 上诉案中，理事会认为普通法院就遵守初审判决的方式向委员会发出了指示，从而超越了其管辖权。而欧洲法院则表示，首先，"必须回顾，当普通法院废除一个机构的行为时，根据《欧盟运作条约》第 266 条，该机构必须采取必要措施，遵守普通法院的判决"。[②] 但法院紧接着也承认了司法机关管辖权的局限性，认为条约"没有规定有关机构为遵守这一规定而采取的措施的性质，这意味着应由该机构来确定这些措施"。因此可以认为，司法机关不能取代行政当局，以裁决其可采取的具体措施。[③] 此外法院还认为对于条约中关于废除诉讼的救济，相应的机构只需采取必要措施，以遵守废除其行为的判决。[④]

---

① 在 C 案中，法院对于原告职员的赔偿判决就引用了《欧盟运作条约》中关于废止诉讼的规定，认为："作出被废止行为的机构违反了《欧盟运作条约》第 266 条，如果它没有采取最轻微的措施来遵守废止该行为的判决，甚至没有为此目的对申请人采取任何步骤，以探讨解决的可能性，那么它就违反了职责，从而要承担责任。如果废止判决的执行有特殊困难，考虑职员福利的责任要求它尽快通知申请人，并与他进行对话，以实现对其损害的公平赔偿。"（Case T-166/04, *C v Commission of the European Communities*, Judgment of the Court of First Instance (Third Chamber), ECLI:EU:T:2007:24, 31 January 2007, paras. 49, 52.）

② See Case C-119/19 P and C-126/19 P, *European Commission and Council of the European Union v Francisco Carreras Sequeros and Others*, Judgment of the Court (Grand Chamber), ECLI:EU:C:2020:676, 8 September 2020, para. 56.

③ See Case F-104/08, *Angel Angelidis v European Parliament*, Judgment of the Civil Service Tribunal (Second Chamber), ECLI:EU:F:2010:23, 15 April 2010, paras. 41-42.

④ See Case C-119/19 P and C-126/19 P, *European Commission and Council of the European Union v Francisco Carreras Sequeros and Others*, Judgment of the Court (Grand Chamber), ECLI:EU:C:2020:676, 8 September 2020, para. 57.

而对于废止措施应达到的救济效果，普通法院在相关职员案件中引用了欧洲法院的相关判例，认为如果其宣布一项行为无效，则具有将该行为从法律秩序中追溯消除的效果，同时如果被废止的行为已经实施，废止其效力原则上要求重新确立申请人在实施该行为之前所处的法律状况。但法院随后又说明了相应的例外情况，表示如果恢复被废止的行为之前的情况涉及废止违法行为做出后的行为，并且与第三方相关，则需要特别考虑到所作出的非法行为的性质与服务利益，只有在似乎并不过分的情况下，才会以撤销作为处理方式。这是因为第三方的法律地位可能已经引起了他们的合法期望，法院在作为非法行为受害者的职员方恢复其权利的利益和第三方的利益之间，需要通过比例原则与保护合法期望原则进行平衡。[①]

事实上关于废止措施的执行还存在其他例外情况，例如《欧盟运作条约》中就规定，如果法院认为有必要，应说明它所宣布无效的行为的哪些效力应被视为不变的（definitive）。[②]在相关职员案件中，欧洲法院就利用了这种例外处理方式，引用了该条款并表示为了避免欧盟职员薪酬制度的不连续性影响判决的执行，本应被废止的相关条款的效力一直维持到欧洲联盟理事会为确保遵守本判决而通过的新条例生效为止。[③]

（2）损害赔偿诉讼

而对于损害赔偿诉讼而言，在其法律依据的确认上，作为上诉机构的普通法院认为职员与他现在或曾经受雇的机构之间的争端，以及有关损害赔偿的争端，如果是由有关人员与该机构之间的就业关系引起的，则属于《欧洲共同体条约》第179条（目前《欧盟运作条约》第270条）和《工作人员条例》第90和91条的范围，而不属于条约第235和288条（即目前《欧盟运

---

① 参见 Case T–10/02, *Marie-Claude Girardot v European Commission*, Judgment of the General Court (First Chamber), ECLI:EU:T:2004:94, 31 March 2004, paras. 84–86。虽然该案并非上诉案件，但其内容具有普遍适用性，因此在一定程度上也可适用于上诉机构。

② 参见《欧盟运作条约》第264条第2款。

③ 参见 Case C–40/10, *European Commission v Council of the European Union*, Judgment of the Court (Third Chamber), ECLI:EU:C:2010:713, 24 November 2010, paras. 94–96。该案涉及欧盟公务员法，但原告并非职员，因此以欧洲法院作为初审机构。但在当时一般的职员案件中，欧洲法院为审查机构，负责审查上诉案件，因此该观点完全可适用于上诉机构。

作条约》第 268 条与 340 条）中关于非合同责任损害赔偿诉讼的范围。① 这具体体现为职员案件中的赔偿诉讼必须遵守特殊的规则，与任何其他个人不同，联盟的职员与他所属的机构有一种涉及具体对等权利和义务平衡的就业关系，这反映在机构对其职员具有照顾义务（duty of care）。因此，当作为雇主行事时，欧盟要承担更多的责任。这表现为在欧盟职员诉讼中，机构有义务弥补其作为雇主所犯下的任何非法行为对其职员造成的损害，而作为相对方的职员没有必要像其他个人一样，确定机构的非合同责任，表明机构存在"足够严重的违反行为"或机构"明显和严重无视"其自由裁量权的限制。②

而对于赔偿的具体标准，整体上看，欧洲法院认为司法机构在这方面具有较大的裁量权。这在 Girardot 上诉案中得到明确阐述，法院表示司法机构在财务性质的纠纷中拥有无限的管辖权。根据这一管辖权，考虑到案件的所有情况，它有权在必要时命令被告对其不法行为所造成的损害进行赔偿，并以公平和善意（ex aequo et bono）的标准评估所遭受的损害。当法院确定存在损害时，只有它有权在索赔范围内并在遵守说明理由的义务的前提下，裁决如何以及在何种程度上对损害进行赔偿。③

但欧洲法院同时也承认对于某些损害赔偿请求的数额进行准确的量化，即使不是不可能，也是非常困难的。在该案中这一困难体现于对原告职员失去被招聘到该机构中某一职位的机会而遭受的损失进行量化。面对欧盟委员会上诉中提出的质疑，即初审机构计算的机会损失的程度是假设的，它本身不能被视为实际或确定的，法院表示："这一因素并不重要，因为大家都认为吉拉尔多夫人（Girardot，原告职员）因失去被招聘的机会而遭受的损失是实际的和确定的，而且普通法院对采用何种方法来量化这一损失有一定的判断

---

① See Case T–239/09 P, *Luigi Marcuccio v European Commission*, Order of the General Court (Appeal Chamber), ECLI:EU:T:2011:138, 4 April 2011, para. 32. 而在该案中，共同体法院也曾表示只有当有关损害植根于约束或捆绑有关人员的机构的雇佣关系时，职员与他所属的机构之间的损害赔偿诉讼才属于《欧盟运作条约》第 270 条的范围。（参见 Case 9–75, *Martin Meyer-Burckhardt v Commission of the European Communities*, Judgment of the Court (First Chamber), ECLI:EU:C:1975:131, 22 October 1975, para. 7.）

② 参见 Case F–89/11, *Charles Dieter Goetz v European Union Committee of the Regions*, Judgment of the European Union Civil Service Tribunal (Second Chamber), ECLI:EU:F:2013:83, 19 June 2013, para. 98. 虽然该案并非上诉案件，但其内容具有普遍适用性，因此在一定程度上也可适用于上诉机构。

③ See Case C–348/06 P, *European Commission v Marie-Claude Girardot*, Judgment of the Court (Third Chamber), ECLI:EU:C:2008:107, 21 February 2008, paras. 58–59.

空间"，加之委员会也没有对初审机构在这个问题上的司法裁量权行使提出任何有根据的质疑，因此法院驳回了其上诉。①

而在欧盟内部司法上诉机制中，关于废止诉讼与损害赔偿诉讼的关系，欧洲法院认为虽然废止诉讼和损害赔偿诉讼是不同类型的诉讼，但在职员和机构之间的争端方面，《工作人员条例》第 90 条和第 91 条对它们可能引起的行政和司法程序没有作出区分。同时，鉴于不同类型诉讼的独立性，职员方可以自由地选择一个或另一个，或两者一起提出。② 在废止诉讼与损害赔偿诉讼之间存在直接联系的情况下，后者可作为废止诉讼的附属请求予以受理。③但如果损害赔偿请求与废止请求一起提交，法院认定废止请求不可受理，且两个请求密切相关，则损害赔偿请求也不可受理。司法机构可以在不犯法律错误和不违反其陈述理由的义务的情况下，只限于宣布损害赔偿要求不可受理，理由与撤销请求相同。④

3. 欧盟内部司法上诉程序中救济措施的比较分析

通过上述分析可以看出，虽然欧盟内部司法上诉机制中并没有专门关于职员案件司法救济措施的相关规定，但法院通过某些概括性规范以及司法判决形成了一套针对欧盟职员的司法救济措施标准与体系。且由于这套体系的形成更多的依靠法院的司法裁量权，因此在一定程度上更能贴合职员争端解决的实际需求，并或多或少的排除了行政当局潜在的干预途径。

而联合国内部司法上诉机制在此方面与欧盟存在较大差异。其两个法庭的法庭规约中都对法院的救济措施进行了较为详细的规定⑤，但这些规定更像是对于法庭相应权力的制约而非规范。在作为上诉机构的联合国上诉法庭，

---

① See Case C–348/06 P, *European Commission v Marie-Claude Girardot*, Judgment of the Court (Third Chamber), ECLI:EU:C:2008:107, 21 February 2008, paras. 60–80.

② 参见 Case 9–75, *Martin Meyer-Burckhardt v Commission of the European Communities*, Judgment of the Court (First Chamber), ECLI:EU:C:1975:131, 22 October 1975, para. 10–11. 该案为一审终审，但作出判决的欧洲法院为欧盟法院之后的上诉机构，因此该观点一定程度上也适用于现在作为上诉机构的欧洲法院。

③ 并且该损害赔偿诉讼的提出不需要经历诉讼程序之前的行政程序。（参见 Case T–595/11 P, *A v European Commission*, Judgment of the General Court (Appeal Chamber), ECLI:EU:T:2012:694, 13 December 2012, para. 113.）

④ See Case T–642/11 P, *Harald Mische v European Parliament*, Order of the General Court (Appeal Chamber), ECLI:EU:T:2012:397, 4 September 2012, para. 51.

⑤ 参见《联合国上诉法庭规约》第 9 条，《联合国争议法庭规约》第 10 条。

其规约第 9 条也赋予法庭与欧盟大体相同的两种补救方式，即废止措施与赔偿措施。但规约还通过一系列规定严格限定了上诉法庭可采用的补救措施：对于涉及任用、晋升或终止任用的案件，规约将具体履行判决义务或替代赔偿的选择权给予行政当局；法庭对于赔偿金额的设置通常不得超过申请人两年的基本薪金；法庭不得判给惩戒性或惩罚性赔偿；判给赔偿金需要提供有力的证据。①

　　而在这些规定中存在较大争议的主要为两点。首先，联合国内部司法上诉机制对于赔偿数额进行了严格的限定，即通常不得超过申请人两年净基薪，该措施的存在有其历史因素。在联合国前行政法庭（United Nations Administrative Tribunal）存在时期，法庭曾判决行政当局赔偿过一笔巨额赔偿金②，在一定程度上导致秘书长提议大会对前联合国行政法庭规约进行第一次修订，以限制法庭在金额赔偿方面的裁量权。③因此规约对法庭的赔偿数额确定权进行限制有一定的合理性。但有学者表示这使得上诉法庭对于赔偿的判给过于谨慎与保守④，加上规约也并没有为法庭提供例外情况的参考，使得此规定可能不利于职员权益的充分保障。可以认为，欧盟法院在上诉案件中提出的公平和善意的损害赔偿标准是联合国上诉法庭值得借鉴的一个基本原则，它可以用来指导法庭进行赔偿数额的确认，在必要的情况下应超出通常数额的限制，以维护司法公正。

---

① 《上诉法庭规约》第 9 条规定："一、上诉法庭仅可下令采取下列一个或两个步骤：（一）撤销有争议的行政决定或具体履约，但如果有争议的行政决定涉及任用、晋升或终止任用，上诉法庭还应设定一定数额的赔偿金，答辩人可选择支付赔偿金，作为根据命令撤销有争议的行政决定或具体履约的替代办法，但须符合本款第（二）项的规定；（二）为有证据支持的损害支付赔偿金，数额通常不超过申请人两年的基本薪金。但在特殊情况下，上诉法庭可命令支付更高金额的赔偿，并应提出裁决理由。二、上诉法庭如断定某一当事方明显滥用上诉程序，可裁定由该当事方支付费用。三、上诉法庭不得裁定对损害作出惩戒性或惩罚性赔偿。"

② 在案件中，前行政法庭判给了七项共计 122500 美元的巨额赔偿金。以 2013 年的美元价值，这笔数额相当于现在的 1,068,000 美元。（参见 Abdelaziz Megzari: *The Internal Justice of the United Nations*, Koninklijke Brill NV, 2015. p. 192.）

③ 在提交给大会的人事政策报告中，秘书长提议最好有一个合理的限制，即在终止或解雇的情况下最多判给两年的净工资，以作为可能判给的赔偿金标准。（*Report of the Secretary-General on Personnel Policy*, A/2533, 2 November 1953, paras. 82, 84.）

④ 上诉法庭在成立初就对于赔偿的判给较为谨慎合理，尤其是对于超过规约法定的两年基本薪金等值赔偿数额。在 2009 年至 2013 年争议法庭作出的 19 个高于法定标准赔偿金的判决中，上诉法庭只完全维持了 3 项判决。（Abdelaziz Megzari, *The Internal Justice of the United Nations*, Koninklijke Brill NV, 2015. p. 497.）

　　而另一个问题则是在涉及职员任用、晋升或终止任用的案件中救济措施选择权的归属。虽然欧盟内部司法上诉机制在废止措施与赔偿措施内容的确认中会尽可能尊重行政当局的必要权益，但是否采取这两种方式则主要取决于职员方的申请以及后续司法机构在判决中的确认。而《联合国上诉法庭规约》则直接赋予行政当局在职员任用、晋升或终止任用的案件中救济措施的选择权。该项规定也存在一定的合理性。虽然最开始秘书长的提议也是基于先前的巨额赔款，因此提议可以通过恢复职员的权利以替代赔偿。[1] 但事实上随着规约在赔偿金额上进行了严格的限制，加之职员任用、晋升或终止任用案件中复职或重新组织就业竞争的成本较高，且复职后职员与行政当局的关系可能会存在潜在的矛盾，进而影响组织内部的工作环境。因此，在大多数情况下，损害赔偿是一个"便宜得多"的选择。[2] 这导致规约的相应规定失去实际意义，行政机关在此类案件中很难去选择具体执行损害赔偿。而这也严重影响了对职员权益的必要保障。[3]

　　可以看出在职员案件救济措施的标准与确认上，不论是欧盟还是联合国，其司法机关都需要合理谨慎地运用其司法裁量权，以在救济措施中找到一个恰到好处的平衡点，不仅能够维护基本的司法公正，给予原告职员以充分的权利保障，从某个角度看，更重要的是尽可能考虑到行政当局的利益。与司法机关为调查属实而作出的措施命令相似，对于司法判决，目前国际组织内部司法中也缺乏一个具有强制约束力的执行机制。但仍然有相当多的因素可以增强国际组织内部司法系统的执行力，除了组织为了避免由于严重损害职员基本的诉诸司法权，而导致组织在内部人事管理事项上失去特权与豁免[4]，

---

① United Nations Secretary–General, *Report of the Secretary-General on Personnel Policy*, A/2533, 2 November 1953, para. 83.

② See Louise Otis & Eric H. Reiter, "The Reform of the United Nations Administration of Justice System: The United Nations Appeals Tribunal after One Year", *The law and Practice of International Courts and Tribunals*, 2011, p. 419.

③ 联合国内部司法设计小组在筹备设立新的内部司法系统时就曾表示："一个不能保证给予适当补偿或采取其他适当补救办法的体制存在着重大缺陷。更重要的是，一个不具备最后确定权利和适当补救办法权力的体制不符合法制。"（参见 Redesign Panel on the United Nations System of Administration of Justice, *Report of the Redesign Panel on the United Nations System of Administration of Justice*, A/61/205, 28 July 2006, para. 70.）

④ 参见 *Waite and Kennedy v. Germany*, European Court of Human Rights, Judgment of 18 February 1999。

以及需要通过有效解决组织职员的就业争端以保障组织内部职能的正常运转，尊重司法权并维护组织的内部法治[①]等考虑因素外，上诉机制也是一个增强司法机关权威及其执行力的重要因素。

司法机关在裁判时对行政机关权益的考虑是影响其判决执行力的核心要素之一，尤其在职员案件中，案件争议的焦点一般情况下为行政当局对职员所实施的不合法行为，无论是废止措施还是损害赔偿措施都需要行政机关的协作与配合。在某些存在复杂事实、法律问题的案件中，法院寻找一个恰到好处的利益平衡点是相当困难的，更何况"即便法律被仔细地遵循，过程被公正、恰当地引导，还是有可能得出错误的结果"。[②]因此上诉机制的出现能够为行政当局提供一次纠正司法机关裁决的机会，并能够促进行政机关与司法机关的深入沟通，交换彼此的观点。这大大增强了组织内部司法机制的承担并弥补司法错误的能力，使司法机构能够更好地处理行政当局的诉求，以提供一个更为合适的争端解决方案，避免权力机关之间的激烈对抗。而司法机构的权威性也在与行政机关非对抗式的协商、沟通中得到增强。并且在目前国际组织内部司法系统中存在上诉机制的欧盟与联合国，其上诉机制设立的主要裁决性力量都包括了组织的行政机关[③]，因此，很难不认为国际组织内部司法上诉机制的出现能够加强司法机关的执行力。

（四）上诉中的费用分配制度

上诉裁决除了对当事方关于案件争议的上诉请求作出裁判外，往往还会

---

① 欧洲法院曾表示："正如《欧盟条约》第2条所表明的那样，欧盟是建立在平等和法治的价值观之上的。旨在确保遵守欧盟法律规定的有效司法审查的存在，是法治存在的内在要求。"（参见 Case C-14/19 P, *European Union Satellite Centre v KF*, Judgment of the Court (Second Chamber), ECLI:EU:C:2020:492, 25 June 2020, para. 58.）

②（美）约翰·罗尔斯：《正义论》，何怀宏、何包钢、廖申白译，中国社会科学出版社1988年版，第81页。

③ 例如初审法院由共同体理事会通过决议设立。（参见 Council of the European Communities, 88/591/ECSC, EEC, Euratom: Council Decision of 24 October 1988 establishing a Court of First Instance of the European Communities, Official Journal of the European Communities L 319, 25 October 1988.）而联合国行政当局在没有明确规定的情况下曾主动通过大会请求国际法院提供咨询意见（参见 *Advisory Opinion: Effect of Awards of Compensation Made by the United Nations Administrative Tribunal*, International Court of Justice, 13 July 1954, p. 56.），在该案中，法院认为大会在《联合国行政法庭规约》没有规定复审的途径，由此才推动了大会对前法庭规约关于国际法院复审的第11条的修订。

处理初审案件所产生的费用[1]，上诉机构自己作出的最终判决或命令中往往也会对费用的分配作出裁决。[2]虽然诉讼费用并不能单独作为上诉的主要内容，且与案件争端的关联性并不大，但在欧盟内部司法上诉机制整体的运作中，它发挥着相当重要的作用，能够直接影响当事方的诉讼意愿。但从另一个角度看，司法效力与程序救济又要求当事方不应提起不必要的诉讼。

首先，需要对可分配费用的范围进行判断。根据欧盟内部司法上诉机构的议事规则，诉讼中司法机构产生的审理费用一般应当免费。[3]事实上在大部分国际组织内部司法系统中，诉讼的基本费用和每个案件的程序支出一般也都由设立法庭的国际组织承担。[4]在欧盟法院，可进行分配的费用主要包括在作证时应付给证人和专家的款项，以及当事人为诉讼程序所必需的费用，特别是旅行和生活费用以及代理人、顾问或律师的报酬。[5]而《公务员法庭议事规则》还增加了一项费用，即法庭根据相关条款发布调查委托书所产生的费用。而在上诉中，上诉机构作出最终判决时，需要裁决的费用包括初审的费用以及上诉的费用。[6]

而在过去欧盟处理的职员案件中也是如此。自1959年以来，根据法院的议事规则，欧盟机构与其公务员之间的案件费用分配制度都较为特殊，根据该规则，机构方在任何情况下都必须承担自己的费用。因此与欧盟其他类型

---

[1] 因此本部分也将介绍初审机构的费用分配制度。

[2] 参见《欧洲法院议事规则》第137条，《普通法院议事规则》第87条第1款。

[3] 在大多数国际组织内部司法系统中，诉诸司法通常不需要支付申请费或以此为目的的押金等开销。（参见Gerhard Ullrich: *The Law of the International Civil Service--Institutional Law and Practice in International Organisations*, Duncker & Humblot Press, 2018, p. 464.）但也存在例外情况。在欧洲法院，如果一方当事人导致欧洲法院产生可避免的费用，法院可在听取总法律顾问的意见后，命令该方当事人退还费用。而在普通法院一方当事人导致普通法院产生可避免的费用，特别是在诉讼明显滥用程序的情况下，普通法院可以命令该方当事人退还费用。同时两个法院都规定了如果复印或翻译工作是应一方当事人的要求进行的，在书记长认为费用过高的情况下，应由该方当事人按照规定的书记处收费标准支付。最后，普通法院还规定了一项例外，即如果一再不遵守本规则或第二百二十四条所述的惯例规则的规范化要求，经书记长要求，普通法院对其进行必要处理所涉及的费用应由有规定的书记处收费标准支付。（参见《欧洲法院议事规则》第143条，《普通法院议事规则》第139条。）

[4] See Gerhard Ullrich: *The Law of the International Civil Service--Institutional Law and Practice in International Organisations*, Duncker & Humblot Press, 2018, p. 464.

[5] 参见《欧洲法院议事规则》第144条，《普通法院议事规则》第140条。

[6] 如果将案件移交初审机构，初审机构决定的费用还包括移交程序的费用。

案件的"败诉方承担费用"的一般规则不同，败诉的公务员不被法院命令支付机构的费用。[1] 而在公务员法庭成立后，这一规则有所改变，根据欧盟理事会设立公务员法庭的第 2004/752 号决议，公务员法庭受《欧盟法院规约》附件一的约束，而其第 7 条第 5 款规定："公务员法庭应就案件的费用作出裁决。在不违反《程序规则》具体规定的情况下，如果法庭作出裁决，应命令败诉方支付费用。"[2] 这在整个国际组织内部司法系统中都相当罕见。[3]

改革后的费用规则在一定程度上可以促使潜在的诉讼申请人在提起诉讼之前至少进行一次大概的成本效益评估，从而减少滥诉情况。[4] 此外，该机制也有利于避免不必要的司法资源消耗以及诉讼过程中的开支，能够节约组织在内部司法中的投入。同时，在职员案件中过于严格地适用"败诉方承担费用"的规则，将有可能严重打击职员通过司法程序维护其权益的积极性，即便相关职员可能存在较大的胜诉可能性。

但欧盟法院也考虑到职员方与行政当局之间财务能力以及资源的差异，以及本就高昂的费用[5] 都将在客观上造成阻碍职员们诉诸司法的效果。因此，包括上诉机构在内的各级司法机构的议事规则中也规定了一些具有变通性的条款，以使法院在费用分配事项上具有较为灵活的司法裁量权。例如在特殊情况下，如果公平需要，司法机构可以决定，败诉的一方除了承担自己的费

---

[1] See Inga Jablonskaitė-Martinaitienė & Natalija Točickienė, "Procedure before the European Union Civil Service Tribunal: Specific aspects", *International Comparative Jurisprudence*, September 2016, p. 49.

[2] See See Council of the European Union, *Council Decision of 2 November 2004 establishing the European Union Civil Service Tribunal, Official Journal of the European Union*, Official Journal of the European Union L 333, 9 November 2004.

[3] 联合国内部司法上诉机制并未规定该制度，法庭一般情况下并不能在判决中判给诉讼费用，仅在《联合国上诉法庭规约》第 9 条第 2 款以及《联合国争议法庭规约》第 10 条第 6 款中规定的"法庭确定一当事方明显滥用法庭程序"时，才可裁定该当事方支付费用。

[4] 这种滥诉倾向在上诉中可能更为突出，因为双方都可提起上诉。在联合国的某一案件中，被告直接指出："行政当局就联合国争议法庭对工作人员作出的每项赔偿判决都向上诉法庭提出上诉，显示了滥用程序的模式，这浪费了组织的时间、金钱和资源。"（参见 *Wu v. Secretary-General of the United Nations*, Judgment No. 2010-UNAT-042, 1 July 2010, para. 25.）

[5] 在公务员法庭的初审阶段，在不考虑申请价值的情况下，败诉的申请人可能需要向公务员法庭的诉讼平均支付 6000 至 10000 欧元。（参见 Inga Jablonskaitė-Martinaitienė & Natalija Točickienė, "Procedure before the European Union Civil Service Tribunal: Specific aspects", *International Comparative Jurisprudence*, September 2016, pp. 48-49.）

用外，只需支付另一方的部分费用，或者甚至不需要命令他支付任何费用[①]，或者，可以命令一方当事人，即使是胜诉，也要支付部分或全部费用，如果该当事人的行为，包括提起诉讼前的行为，似乎是合理的，特别是如果他使对方当事人产生了司法机构认为是不合理或无理取闹（vexatious）的费用。[②]这些规定可以减少职员基于败诉风险而对费用的顾虑，在极大程度上弥补当事方之间不平等的诉讼资源，维护职员方诉诸司法的权利。

　　而具体到上诉费用，上诉机构的议事规则对其关于上诉费用的处理进行了特别规定。两个法院的议事规则中都规定，如果上诉不是由初审参与人提出的，则不得命令他在上诉程序中支付费用，除非他参加了法院的书面或口头诉讼部分。如果初审参与人参加了诉讼程序，上诉机构可以决定他承担自己的费用。[③]但在普通法院审理的职员上诉案件中，如果由机构提起上诉，即使胜诉，机构也需要承担自己的费用。[④]与此相对，欧洲法院在上诉程序中并未对于职员案件的费用分配进行区别对待，因此不论是职员还是机构，如果胜诉方在诉状中申请了费用，那么在一般情况下应由败诉方支付费用。[⑤]

　　从整个国际组织内部司法层面看，欧盟关于职员案件的费用制度相当具有开创性，考虑到大部分组织内部司法机构都面临着积案压力[⑥]，并且司法资源往往都相对有限[⑦]，欧盟内部司法上诉机制中败诉方支付费用制度极具参考

---

① 参见《普通法院议事规则》第 135 条第 1 款，《公务员法庭议事规则》第 102 条第 1 款。

② 参见《欧洲法院议事规则》第 139 条，《普通法院议事规则》第 135 条第 2 款，《公务员法庭议事规则》第 102 条第 2 款

③ 参见《欧洲法院议事规则》第 184 条第 4 款，《普通法院议事规则》第 211 条第 5 款

④ 如果由机构提出上诉，并且不存在不合理或无理取闹的费用的情况，则应由机构应自行承担费用。（参见《普通法院议事规则》第 211 条第 3 款。）

⑤ 参见《欧洲法院议事规则》第 184 条第 1 款。

⑥ 以联合国为例，向联合国上诉法庭提交的上诉数量一直在以非同寻常的速度增加。在 2021 年，法庭平均每月受理 12 起上诉案件。按照这一趋势，在该年度上诉法庭将会收到 144 起案件。如果上诉法庭在今后几期庭审中保持当前的平均案件处理量（每期为时两周处理大约 30 至 35 起上诉），到今年年底，将会积压至少 150 起待决案件。与 2020 年底相比，待决案件数量增加 50% 以上。过去两年，积压案件本身在以惊人的速度增长，2019 至 2020 年，积压案件几乎翻了一番，2021 年仍在增长。（参见 Internal Justice Council, *Administration of justice at the United Nations: report of the Internal Justice Council*, A/76/124, 8 July 2021, Annex I, para. 8.）

⑦ 仍然以联合国为例，虽然联合国上诉法庭曾反映法官的工资到自 2009 年已经有 13 年没有变化，但上诉法庭还是对组织给予了理解，并尽可能的节省法庭开支。（参见 Internal Justice Council, *Administration of justice at the United Nations: report of the Internal Justice Council*, A/76/124, 8 July 2021, Annex I, para. 14.）

价值，特别考虑到其为维护必要的司法公正而规定了一系列的配套制度，给予司法机构裁量权以结合案件实际情况对诉讼费用进行合理分配，避免败诉方支付费用的制度妨碍职员正当行使其诉诸司法的权利。从国际组织内部司法建设的角度，这也能节约组织整体的财政预算，并减少行政当局因职员滥诉而造成的不必要的司法开支，以缓和司法机关与组织行政当局、决策机关在资源投入方面的矛盾。[①]

---

① 联合国大会的行政与预算问题咨询委员会曾表示："将确保尊重工作人员权利和义务并促进问责制的司法制度制度化是可取的；但培养诉讼文化不是。"（参见 Advisory Committee on Administrative and Budgetary Questions, *Administration of justice at the United Nations: Report of the Advisory Committee on Administrative and Budgetary Questions*, A/65/557, 4 November 2010, para. 6. ）

第六章 欧盟内部司法上诉机制的法律适用

第一节 欧盟内部司法上诉机制法律适用的性质与意义

一、国际组织内部司法的法律适用

国际司法机构的法律适用在其司法裁判中是一个相当重要的环节。这一点从其他国际司法机构章程性文件的起草中便可窥知一二。在《国际法院规约》的起草历程中，大多数国家认为不可能迫使各国将其争端提交给一个没有明确适用法律的法院。据起草委员会的美国成员以利·胡根（Elihu Root）称，"让一个政府同意自己在一个以自身对司法原则的主观概念为基础的法院面前被提审，是不可想象的。"[1] 因此，《国际法院规约》的第38条各款明确列出了国际法的适用渊源，并对这些渊源的法律效力进行了一定程度的区分。[2]

法律适用的重要性对欧盟内部司法上诉机制而言也不容忽视。在绝大多数国际组织，其内部司法机构在解决国际组织与其职员之间的就业纠纷时，

---

① Advisory Committee of Jurists of League of Nations, *Procès-verbaux of the proceedings of the Committee, June 16th-July 24th, 1920, with Annexes*, Van LangenhuysenThe Hague, 1920, p. 309.

② 《国际法院规约》第38条第1款规定，适用的法律渊源包括国际公约、国际习惯、法律的一般原则，以及作为确定法律规则的辅助渊源的司法判决和最有资格的公法学家的学说。

对适用的法律往往都保持沉默。这种沉默可以体现在相关法律文件中①，也体现在这样一个事实中，即法庭在司法实践中的讨论往往缺乏对于内部司法中法律适用具有明确的系统性、体系化归纳。②欧盟内部司法上诉机制中也存在类似情况，其法院规约与议事规则中对案件的法律适用都没有明确的相关规定。

此类情况的出现可能基于如下几个原因：首先，国际组织内部司法机制解决的职员争端涉及各种不同的法律关系、法律领域，适用的法律类型、法律范围都太过庞杂。即便通过列举、概括等方式也难以穷尽所有方面，难免会挂一漏万。其次，一个国际组织内部司法机构管辖的同一组织内部的不同行政机构或不同组织的行政机构，以及不同国际组织的内部司法机构，在职员争端的处理中关于法律的适用，及其与之相关的组织文化背景、行政架构都有所不同。这些原因都增加了国际组织内部法律适用体系化与规范化的难度。

因此，不对法律适用作出明确、统一的规定，有利于内部司法机构在适用法律时根据不同的情况进行调整，以更灵活地行使司法裁量权来解决职员争端，通过多元化的法律适用充分维护职员的基本权利。至少在现阶段，过于明确的法律适用可能将减损司法规制的柔性。所以在当前的国际组织内部司法中，司法机构有时需要通过司法实践与判例形成并发展国际组织内部司法的法律适用"规则"。这些"规则"体现出的更多的是解决问题的实践需求与法官的司法智慧，而非法律事先给法官带来的先入为主的限制与约束。以上分析同样适用于欧盟内部司法上诉机制。

---

① 有部分国际组织内部司法机关的规约对于法律适用进行了规定，但这些规定往往都较为粗略与零碎化。例如《英联邦秘书处法庭规约》中明确提到了国际行政法作为法庭的法律渊源，其在第 12 条第 1 款规定："法庭应受国际行政法（international administrative law）原则的约束，这些原则应适用于排除个别成员国的国内法。"（参见 Commonwealth Governments, *The statute of the Commonwealth Secretariat Arbitral Tribunal (CSAT)*, amended on 28 May 2015, Art. 12 (1).）而《国际货币基金组织行政法庭规约》第 3 条则规定在进行裁决时，"法庭应适用基金组织的内部法（internal law），包括公认的国际行政法中有关行政行为司法审查的原则。"

② C. F. Amerasinghe, *The Law of the International Civil Service*, Vol. 1, Oxford: Clarendon Press, 1994, p. 103. 但相当多的司法机构在案件中都对特定法律依据的适用进行了论述，后文将具体阐释。

二、欧盟内部司法上诉机制中的欧盟公务员法

对国际组织内部司法机构处理组织的行政当局与职员之间就业纠纷的法律进行归类汇总，可以发现，目前这类法律并没有一个相对统一的概括性名称，它可以被称为国际组织"内部法①（Internal Law）"，而在更多时候它可能被称为"国际行政法"②，抑或是"国际公务员法"（Law of the International Civil Service，或 International Civil Service Law）。③ 这些概括性名称从国际组织

---

① 之所以采用该名称，可以认为主要是为了突出相关法律是调整国际组织内部法律秩序的法律。该名称可追溯至国际联盟行政法庭（League of Nations Administrative Tribunal，LNT）的第一个案例，即 *Di Palma Castiglione* 案。在该案中，法庭表示"必须适用国际联盟的内部法，这些法律载于一般条例或关于具体案件的决定和案文中，以及行政当局与其官员之间商定的合同性规定。"（参见 LNT Judgement, *Di Palma Castiglione*, Judgment No. 1, 1929, Part. II(A).）《国际货币基金组织行政法庭规约》第 3 条则明确指出"法庭应适用基金组织的内部法"。有学者在论述国际组织职员争端的法律时也运用了国际组织"内部法"这一称谓。（例如，参见 Rishi Gulati, *Acquired Rights In International Administrative Law*, The Max Planck Yearbook of United Nations Law, Vol. 24, 2021, p. 85.）

② 因为大多数国际组织内部司法机构都认为自身的主要职能是通过内部法律规制组织行政当局的权力，以维护组织的内部法治。因此这类法律具有行政法的特征。2017 年联合国内部司法理事会的报告就直接指出："'成熟的法律制度具备的一个特征是，最高权力机构的所有三个要素——立法部门、行政部门和司法部门——尊重权力分立'。这一要求具有挑战性，在联合国这种等级分明的组织之中尤为如此，然而，法治若要得到尊重，就必须落实这一要求"。（Internal Justice Council, *Administration of justice at the United Nations: Report of the Internal Justice Council*, A/72/210, 24 July 2017, para. 3.）欧洲法院则曾表示："正如《欧盟条约》第 2 条所表明的那样，欧盟是建立在平等和法治的价值观之上的。旨在确保遵守欧盟法律规定的有效司法审查的存在，是法治存在的内在要求。"（参见 Case C-14/19 P, *European Union Satellite Centre v KF*, Judgment of the Court (Second Chamber), ECLI:EU:C:2020:492, 25 June 2020, para. 58.）学者阿梅拉辛格表示："国际组织的内部法有时被泛称为国际行政法"。（参见 C. F. Amerasinghe, "International Administrative Tribunals", in Cesare P. R. Romano, Karen J. Alter, and Yuval Shany eds., *The Oxford Handbook of International Adjudication*, Oxford University Press, 2018, p.318.）在阿氏的其他论著中，他补充道："行政权力的行使，特别是涉及雇用关系方面，是通过运用国际行政法来控制的，而（国际组织）一般通过行政决定对其工作人员行使权力。"（C. F. Amerasinghe, *Principles of the Institutional Law of International Organizations*, 2nd revised ed., Cambridge University Press, 2005, p. 303.）还有观点认为，国际组织的职能与目标使得其可以作为国际一级的公共行政机构。（参见 Santiago Villalpando, "Managing International Civil Servants", in Sabino Cassese ed., *Research Handbook on Global Administrative Law*, Edward Elgar Publishing, 2016, p. 65.）

③ 有学者认为国际公务员法构成了一个国际组织内部法的一部分。（参见 Santiago Villalpando, "The Law of the International Civil Service", in Jacob Katz Cogan, Ian Hurd, & Ian Johnstone eds., *The Oxford Handbook of International Organization*, Oxford University Press, 2016, p. 1071.）其他以此命名的著作，可参见 C. F. Amerasinghe, *The Law of the International Civil Service*, rev. ed., Oxford: Clarendon Press, 1994.。但需要注意的是，"公务员"的概念在此应作广义理解，虽然以国际组织中以任用书与任用合同成立就业关系的正式职员为主，但也包括了其他依照国际组织工作人员条例等类似文件与组织产生法律关系的其他群体。

本位、法律性质以及适用主体三个视角对调整国际组织行政当局及其职员之间就业关系的法律进行了归纳分析，每个名称都具有其独特的观察视角以及归纳特征。因此，可以对此类法律进行描述性定义，即在国际组织内部调整组织行政当局及其职员之间就业关系，并主要具有行政法性质的法律。①

具体到欧盟，官方可能更偏向采用于"公务员法"这一名称②，即欧盟公务员法（EU civil service law）。③这是因为不论是"国际组织行政法"还是"国际组织内部法"，其内涵都更加宽泛，包括了处理职员就业关系法律之外的其他类型的法律，例如调整组织外部行政行为的法律，以及调整组织内部的采购事项的法律。

这种法律区别在欧盟尤为突出。欧盟相比于其他国际组织具有明显的特殊性，大多数其他国际组织的工作人员法的特点是有一套自成一体的规范体系，但与该组织的核心职能没有多少共同关联之处。而欧盟基于其超国家性，在广泛的政策领域被赋予了影响深远的权力，有时可以作出对自然人和法人具有约束力的行政决定。这使得欧盟存在一个能够规范组织内部行政行为与外部行政行为的欧盟行政法（EU Administrative Law），欧盟公务员法被嵌入到欧盟行政法的更大范围内。④而欧盟公务员法能够与调整欧盟外部行为的法律以及整体意义上的欧盟行政法进行双向互动。尽管最开始的《欧洲共同体

---

① 但此类法律往往具有混合性质，其中较为明显的另一法律性质即为社会法。例如，在 *Séverine Scheefer* 案中，法庭考虑到涉及劳工关系的第 1999/70 号指令及其所附的框架协议，法庭表示一项指令本身对各机构没有约束力，但这并不排除这些机构在与其官员和其他部属的关系中必须间接考虑到该指令。因此法庭认为，议会作为雇主，有必要根据其真诚合作的义务，尽可能根据框架协议的文字和目的，解释和适用《工作人员条例》的规定。（参见 Case F–105/09, *Séverine Scheefer v European Parliament*, Judgment of the Civil Service Tribunal (Third Chamber), ECLI:EU:F:2011:41, 13 April 2011, para. 54.）

② 相关的例子包括，欧盟曾设立的专门处理职员案件的司法机构被称为"欧盟公务员法庭"，而其他国际组织所设立的类似职能的司法机构往往称为"行政法庭"，如国际劳工组织行政法庭，世界银行行政法庭，而联合国在内部司法改革之前的司法机构为联合国行政法庭。同时欧盟法院的上诉判例也往往提及欧盟公务员法，可参见 Joined Cases C–517/19 P and C–518/19 P, *Maria Alvarez y Bejarano and Others v European Commission*, Judgment of the Court (Third Chamber), ECLI:EU:C:2021:240, 25 March 2021, para. 26; Case C–272/20 P, *Sebastian Veit v European Central Bank*, Judgment of the Court (Fifth Chamber), ECLI:EU:C:2021:814, 6 October 2021, para. 46。

③ 因此后文将此类法律统称为"国际公务员法"，在具体论述到欧盟的相关法律时则称为"欧盟公务员法"。

④ Hannes Kraemer, "The European Union Civil Service Tribunal: a new Community court examined after four years of operation", *Common Market Law Review*, Vol. 46, No. 6, December 2009, pp. 1873–1874.

工作人员条例》的内容相当全面与详细①，但仍需要欧盟行政法的一整套概念、原则和规则进行补充。② 但这种影响关系并不是单向的。相反，欧盟行政法的许多一般原则在工作人员法领域得到了发展或至少得到了微调，并借此得到进一步的优化与发展，例如平等待遇原则，或是保护既得权利和合法期望原则。③ 因此可以认为，以公务员法来界定规范欧盟职员与其行政当局之间就业关系的法律，相比于其他名称可能在范围上更为精确。

对于欧盟公务员法的性质，虽然该法基本上可归类于组织的内部法，但有学者认为它不只适用于内部，其影响超出了欧盟行政当局的内部行政管理范围。欧盟法院就曾表示，《工作人员条例》与《其他工作人员就业条件》作为欧盟公务员法的主要法律文件，不仅规范各机构、机关、办事处和机构及其正式职员和雇员之间的关系，还对成员国施加义务，因为它们的参与对这两套规则的适用至关重要，例如在社会福利、津贴领域就是如此。④ 欧盟公务员法的这种义务可由国家法院或欧盟委员会予以保障，故而对成员国具有约束力。⑤ 但对国家履行义务时可能造成的损害，职员个人不能运用《欧盟运作

① See Council of the European Communities, *Regulation (EEC, Euratom, ECSC) No 259/68 of the Council of 29 February 1968 laying down the Staff Regulations of Officials and the Conditions of Employment of Other Servants of the European Communities and instituting special measures temporarily applicable to officials of the Commission*, Official Journal of the European Communities L 56, 4 March 1968.

② 例如，在早期的 *Verli-Wallace* 案中，欧洲法院就将其关于既得权的判例法（Joined cases 42 and 49/59, *Aciéries du Temple (S.N.U.P.A.T.) v High Authority of the European Coal and Steel Community*, Judgment of the Court, ECLI:EU:C:1961:5, 22 March 1961.）从欧洲煤钢共同体的背景中移植到职员法。（参见 Case 159/82, *Angélique Verli-Wallace v Commission of the European Communities*, Judgment of the Court (Third Chamber), ECLI:EU:C:1983:242, 22 September 1983, para. 8.）

③ 如关于既得权，可参见 Case 15/60, *Gabriel Simon v Court of Justice of the European Communities*, Judgment of the Court, ECLI:EU:C:1961:11, 1 June 1961, p. 123；关于合法性期望，可参见 Case 289/81, *Vassilis Mavridis v European Parliament*, Judgment of the Court (Second Chamber), ECLI:EU:C:1983:142, 19 May 1983, para. 21。

④ 可参见 Case 186/85, *Commission of the European Communities v Kingdom of Belgium*, Judgment of the Court, ECLI:EU:C:1987:208, 7 May 1987. 在该案中，法院表示，根据《欧洲经济共同体条约》，《工作人员条例》和《其他工作人员就业条件》直接适用于所有成员国。因此，除了在共同体部门内产生影响外，它们还对成员国具有约束力，只要它们的合作是必要的，以使这些措施生效。而该案主要涉及共同体职员家庭津贴与成员国家庭津贴的协调配合。

⑤ 成员国对《工作人员条例》和《其他工作人员就业条件》所产生的任何义务的遵守，可由欧盟委员会对未能履行义务的行为提起相应的诉讼来确保，例如，可参见 Case 186/85, *Commission of the European Communities v Kingdom of Belgium*, Judgment of the Court, ECLI:EU:C:1987:208, 7 May 1987; Case 383/85, *Commission of the European Communities v Kingdom of Belgium*, Judgment of the Court, ECLI:EU:C:1989:356, 3 October 1989，这些案件都是由委员会提起诉讼。

条约》第 270 条中规定的方式向欧盟法院寻求救济，也不能使用条约规定的任何其他救济手段，因为此时案件的管辖权一般属于国家法院，国家法院负责确保欧盟法律体系赋予欧盟公民的权利的有效性。① 此种个人向国家法院求助的形式在一定程度上打破了国际公务员法的传统思维，即"国际组织中雇佣关系的独特性最好通过将其置于一个独特的法律体系中来强调"，在这种独特的法律体系中，法律对组织职员管理应超越民族情感和国家法律。②

考虑到欧盟内部法律对于法院的法律适用并没有明确、系统的规定，加之欧盟自身的特殊性导致与其职员相关的法律可能较为复杂。面对前述困难，欧盟内部司法中由于上诉机制的存在，使司法系统在法律适用中能够更好地协调职员与行政当局的利益，以更合理与成熟的方式适用法律。这也让欧盟内部司法上诉机制对其公务员法的理解运用在整体上体现出与其他国际组织较为不同的思维和方式，甚至在某种程度上具有超前性。

因此，有必要对欧盟内部司法上诉机制的法律适用进行探析，对其不足之处，也可通过对其他国际行政法庭的判例的研究来提供参考借鉴。同时，这还有利于国际组织法律体系，尤其是其内部法律的完善与发展。从另一角度看，欧盟内部司法上诉机制在司法过程中对法律适用范围的选择能够影响职员方主张机构行为非法性的法律依据，所以其法律适用也是影响职员权利保障程度的重要因素之一。

最后，需要提及的是，在对欧盟内部司法上诉机制的法律适用的研究中，由于上诉机构审理职员案件的数量相比于初审机构较为有限，且上诉机构主要处理较为复杂的法律问题，导致其在案件审理中对某些类型的法律的适用，以及相关法律的适用方式与适用程度还没有明确阐述。而这些内容可能在初审机构与一审终审的司法机构的判决中得到适用与阐述，但未被提起上诉或在上诉中未被质疑，并且往往在初审或一审机构随后的判决中得到援引。同时，过去作为欧盟内部司法机制一审终审机构的欧共体法院与现在为作为上诉机构的欧洲法院属于不同时间段的同一机构，所以二者在判决中的观点可

---

① See Jesús Fuentetaja, *European Union Civil Service Law*, European Parliament Directorate for Citizens' Rights and Constitutional Affairs, European Parliament Brussels, 2011, p. 10.

② See Akehurst & M. Barton: *The Law Governing Employment in International Organizations*, Cambridge University Press, 1967, p. 6.

能具有相当程度的共通性。因此，可以认为这些内容在满足一定条件的情况下能够类推适用于上诉机构。本章为了更加充分、全面地探讨欧盟内部司法上诉机制的法律适用，将引用这些判例，以便对上诉机构还未具体适用的法律类型或适用方式进行补充。

第二节　欧盟内部司法上诉机制法律适用中的法律文书

一、欧盟职员任命文件

根据《工作人员条例》以及《其他工作人员就业条件》，职员的任命文件主要包括欧盟组织的任命机构向欧盟职员签发的任命文书或签订的任命合同，这类文件往往是职员就业关系产生的必要构成要件之一[1]，也是其就业关系内容的重要载体，因此应该将其置于法律适用讨论的首要位置。但令人意外的是，不论是欧盟内部司法上诉机构司法判例，还是关于欧盟内部司法法律适用的研究文献，都很少提及职员的任命文件，有的研究文献甚至在将欧盟内部司法的法律适用进行体系化梳理时将任命文件忽略。[2]究其原因，可能为如下几点。

首先，职员任命文件的相关内容的解释可能需要与《工作人员条例》及相关法律文件联系，或直接依靠《工作人员条例》等法律文件处理。这就导致职员与机构行政当局产生的矛盾往往不是基于合同中规定的内容，或通常是合同中未明确规定的内容。因此，司法机构只能更多地依靠任命文件之外的法律依据来处理争端。例如，在 Jan Pflugradt 案中，总法律顾问菲利普·莱热（Philippe Léger）就表示："通过规定《就业条件》……构成申请人就业合同

---

[1]《工作人员条例》第 1a 条第 1 款、《其他工作人员就业条件》第 1 条在确定"职员"的定义时，分别将任命文书与合同作为确定的关键要件。

[2] See eg., Jesús Fuentetaja, *European Union Civil Service Law*, European Parliament Directorate for Citizens' Rights and Constitutional Affairs, European ParliamentBrussels, 2011; Kieran Bradley, "European Union Civil Service Law", in Herwig C. H. Hofmann, Gerard C. Rowe, and Alexander H. Türk eds., *Specialized Administrative Law of the European Union: A Sectoral Review*, Oxford University Press, 2018.

的组成部分，该合同明确规定，就业关系的条款可能会因《就业条件》的修订而变化。"①

其次，包括上诉机构在内的欧盟内部司法机构一直都将职员与机构行政部门之间的就业法律关系视为法定关系而非合同关系。在这种观点下，法院往往将《工作人员条例》即其相关文件的效力置于合同之上。在 Marco Verile and Anduela Gjergji 案中，普通法院作为上诉机构就表示："根据判例法，职员和行政部门之间的法律联系是基于《工作人员条例》，而不是基于合同"，因此属于成员国适用于合同的私法范畴的概念并不会被法院接受。② 这种观念使得合同与任命文书更像是职员与行政当局就业关系确立的依据，职员方上诉中依照文书、合同中的条款对行政行为提出的质疑可能在本质上是与《工作人员条例》的内容相冲突的，导致其诉求可能并不会得到司法机构的支持。较低的法律效力在一定程度上让任命文件在欧盟内部司法上诉机制的法律适用体系中处于一个不那么起眼的位置。

即便存在上述种种原因，不可否认的是，职员的任命文件具有相对的法律效力，是欧盟内部司法上诉机构的法律依据之一。③ 即便任命文件对相应职员事项的处理规定主要或最终适用《工作人员条例》等法律文件，法院在裁决中最开始仍然需要对任命文书或任命合同中的相应条款进行应用与解释。

---

① See Case C-409/02 P, *Jan Pflugradt v European Central Bank*, Judgment of the Court (First Chamber), ECLI:EU:C:2004:625,14 October 2004, para. 56.

② See Case T-104/14 P, *European Commission v Marco Verile and Anduela Gjergji*, Judgment of the General Court (Appeal Chamber), ECLI:EU:T:2015:776, 13 October 2015, para. 94. 在 Giuseppe Mancini 案中也存在类似观点，初审法院否定了当事方关于合同是就业关系法律依据的主张，认为"职员与行政部门之间的法律联系是法定的而不是合同的，这是既定的判例法"。（参见 Case T-508/93, *Giuseppe Mancini v Commission of the European Communities*, Judgment of the Court of First Instance (Fourth Chamber), ECLI:EU:T:1994:263, 27 October 1994, para. 42.）而在 *Isabel Clara Centeno Mediavilla and Others* 案中，欧洲法院表示："职员与行政部门之间的法律联系是基于《工作人员条例》而不是基于合同，因此立法机关可以随时更改职员的权利和义务。"（参见 Case C-443/07 P, *Isabel Clara Centeno Mediavilla and Others v Commission of the European Communities*, Judgment of the Court (Second Chamber), ECLI:EU:C:2008:767, 22 December 2008, para. 60.）

③ 虽然不明显，但欧盟法院在职员案件的裁判中也存在将任命文件作为法律依据的情况。尤其在合同职员的相关争端中，此类职员在较多事项上并不适用《工作人员条例》等文件的规定。例如，参见 Case T-404/06 P, *Fondation européenne pour la formation v Pia Landgren*, Judgment of the General Court (Appeal Chamber), ECLI:EU:T:2009:313, 8 September 2009, para. 115., 该案中，上诉机构表示："临时工作人员则受到基于与有关机构签订的雇用合同的具体条件的制约。如果合同明确规定可以单方面终止，但没有规定参照《就业条件》的有关规定说明终止理由的义务，则排除类推适用《就业条件》第 11 条中一般性规定的《工作人员条例》第 25 条。"

而在欧盟之外，相当多的国际组织行政法庭都对任命文件的效力予以肯定，在世界银行行政法庭的第一个案件中，法庭就表示合同可能是就业关系的必要条件，虽然它所规定的条件并未对职员就业关系中的所有权利和义务进行详尽说明。①

而联合国前行政法庭则对任命文件的法律效力进行了更为详细的区分，认为关于职员就业关系的要素可以分为两类，即合同事项与法定事项，在合同事项上应给予双方平等的法律地位。② 在二元视角的观点下，满足特定条件时，职员就业关系中的某些特定事项应被赋予合同性质，由职员与行政当局双方共同协商，而并非完全属于由组织方单纯主导的公法性关系，这更有利于职员的权利保障，因此值得欧盟内部司法上诉机制吸收借鉴。

二、欧盟内部司法上诉机制法律适用中的成文法

虽然法律没有进行明确的规定，但在国际组织内部司法机构决定法律适用时面对不同形式、不同效力的法律性文件，往往会在作出相当数量的司法裁判后对组织内部的成文法适用形成一个潜在的层级体系。联合国内部司法上诉机制甚至直接在判例中对此进行了描述，表示："为了确定联合国条款的含义和意图，应当与联合国内部立法的层次结构相联系。首先是《联合国宪章》，其次是大会决议、工作人员条例和细则、秘书长公报，然后是行政指示。"③ 各国际组织内部司法机关所依据内部成文法虽然在具体结构与内容上可

---

① See WBAT Judgment, *Louis de Merode, Frank Lamson-Scribner, Jr., David Gene Reese, Judith Reisman-Toof, Franco Ruberl, Nina Shapiro v. The World Bank*, Decision No. 1, 1981, para. 18.

② See *Kaplan v. The Secretary-General of the United Nations,* Judgement No. 19, 1953, para. 3. 法庭的具体表示为："在确定工作人员的法律地位时，应区分合同要素和法定要素：所有影响每个成员个人地位的合同事项——例如他的合同性质、工资、级别；所有影响组织中的国际公务员以及维护该体制正常运作需要的法定事项——例如不针对个人的一般性规则。虽然没有双方的同意，合同要素不能改变，但另一方面，法定要素总是可以通过大会制定的条例随时改变。"

③ 参见 *Hastings v. Secretary-General of the United Nations*, UNDT/2009/030, 7 October 2009, para. 18。该初审判决在上诉中也得到确认（参见 *Hastings v. Secretary-General of the United Nations*, 2011-UNAT-109, 11 March 2011.）。另可见 *Villamoran v. Secretary-General of the United Nations*, UNDT/2011/126, 12 July 2011, para. 29，法庭表示："本组织内部立法的最高层级是《联合国宪章》，其次是大会决议、工作人员条例、工作人员细则、秘书长公报和行政指示。信息通报、办公室准则、手册和备忘录处于这一等级制度的最底层，缺乏适当颁布的行政通知所赋予的法律权力。"

能或多或少与联合国存在差异，但至少在较为宽泛的层面，大体上都与联合国类似。依此，组织的内部成文法通常包括：该组织的组织性法律文件；工作人员条例和细则；决策机构的其他相关决议；以及行政当局发布的法律文件（包括公报、命令和通告）。这些法律依据的排列具有相对明确的金字塔式等级秩序，与国内法律制度较为相似。[①] 因此，本文拟采用该等级模式依次分析欧盟内部司法上诉机制适用的内部成文法。

（一）欧盟的组织条约

可以认为，欧盟的组织性条约（constituent treaty）处于欧盟内部成文法等级体系的顶端，是与欧盟公务员法相关的所有法律文件最根本的效力依据。因此，和绝大多数国际组织类似[②]，欧盟内部司法上诉机构也将其组织性条约作为法律依据之一，职员也可以依据条约提出上诉。目前，上诉机构处理职员争端时所依据的组织性条约主要为《欧盟运作条约》，以及《欧盟条约》等其他组织性条约。[③]

但与其他国际组织的组织性文件相比，《欧盟运作条约》对欧盟法院的结构与运作、欧盟机构与其职员就业争端的司法救济都进行了较为全面的规

[①] See Santiago Villalpando, "The Law of the International Civil Service", in Jacob Katz Cogan, Ian Hurd, & Ian Johnstone eds., *The Oxford Handbook of International Organization*, Oxford University Press, 2016, p. 1076. 但需要注意，国际公务员法与国内法没有直接联系，也并非任何特定国家法律的克隆（参见 C. F. Amerasinghe, "Reflections on the Internal Judicial Systems of International Organizations", in Olufemi Elias ed., *The Development and Effectiveness of International Administrative Law*, Martinus Nijhoff Publishers, 2012, pp. 45–46.），因此不能将国内公务员法的相关内容直接适用于国际组织职员的争端解决。

[②] 例如，联合国上诉法庭曾引用联合国宪章的规定，表示："《宪章》第 101 条第 3 款要求秘书长使工作人员达到正直的最高标准，他在这方面对联合国成员国负责"。（参见 *Ali Halidou v. Secretary-General of the United Nations*, 2020–UNAT–1070, 30 October 2020, para. 26.）而国际劳工组织行政法庭则曾运用联合国教育、科学及文化组织（The United Nations Educational, Scientific and Cultural Organization, UNESCO）的章程来解决其职员争端问题。（参见 LOAT Judgment, Duberg, Judgment No. 17, April 26, 1955, para. E.）

[③] 关于上诉机构对于《欧盟条约》内容的适用，可参见 Case C–119/19 P and C–126/19 P, *European Commission and Council of the European Union v Francisco Carreras Sequeros and Others*, Judgment of the Court (Grand Chamber), ECLI:EU:C:2020:676, paras. 110, 112; Case C–14/19 P, *European Union Satellite Centre v KF*, Judgment of the Court (Second Chamber), ECLI:EU:C:2020:492, 25 June 2020, paras. 58, 59, 66.

定。① 例如，《欧盟运作条约》第 270 条就明确将职员案件的管辖权赋予欧盟法院，规定："欧盟法院对欧盟与其雇员之间的任何争议在《工作人员条例》和《欧盟其他工作人员就业条件》规定的范围和条件下具有管辖权。"而《联合国宪章》则对这一问题保持沉默，导致在相关案件中，国际法院需要从其他条款以及《宪章》的目的中推导出其内部司法机制设立的法律基础。② 欧盟的组织条约较为全面、具体的规定使得其内部司法上诉机构对于组织性条约的适用可能比联合国以及其他国际组织的内部司法机构更为频繁，能够经常适用条约中关于上诉机制的不同条款。③

事实上，欧盟内部司法上诉机制不仅对条约中与职员争端直接相关的条款进行适用，也对一些涉及欧盟一般行政原则的条款以及其他条款进行适用。④ 因此，欧盟法律体系在国际组织中大体上处于一个相对成熟的阶段，存在一个一般性的欧盟行政法来对欧盟职员争端的解决进行指导。除此之外，

---

① 可参见欧洲法院的 GJ 案，在该案中法院运用了《欧盟运作条约》中相当多的条款来解决职员争端，包括涉及公务员法庭法官任命的第 257 条第 4 款（判决第 33 段）、赋予欧盟法院职员案件管辖权的第 270 条（判决第 37 段）、关于职员管理条例创制的第 336 条（判决第 34 段）等条款。(参见 Case C–221/14 P, *GJ v Court of Justice of the European Union*, Judgment of the Court (Second Chamber), ECLI:EU:C:2015:126, 26 February 2015.)

② 在 Effect of Awards 案中，国际法院表示"本组织与工作人员之间就其权利和义务发生争议是不可避免的。《宪章》中没有任何条款授权联合国的任何主要机构对这些争端作出裁决，而第一百零五条确保联合国在国家法院享有司法豁免权。法院认为，如果联合国组织不向自己的工作人员提供司法或仲裁补救办法，以解决其与工作人员之间可能出现的任何争端，则很难符合《宪章》所表达的促进个人自由和正义的目标，也不符合联合国组织为促进这一目标而不断关注的问题。"(参见 ICJ Report, *Advisory Opinion: Effect of Awards of Compensation Made by the United Nations Administrative Tribunal*, International Court of Justice, 13 July 1954.)

③ 例如，上诉机构会引用规定上诉条件的《欧盟运作条约》第 256 条（参见 Joined Cases C–116/21 P, C–117/21 P, C–118/21 P, C–138/21 P, C–139/21 P, *European Commission and Council of the European Union v VW and Others*, Judgment of the Court (Third Chamber), ECLI:EU:C:2022:557, 14 July 2022, para. 50），或是规定欧盟法院对于职员案件管辖权的条约第 270 条。(参见 Case C–14/19 P, *European Union Satellite Centre v KF*, Judgment of the Court (Second Chamber), ECLI:EU:C:2020:492, 25 June 2020, para. 76.)

④ 在 *Francisco Carreras Sequeros and Others* 案中，作为上诉机构的欧洲法院就依据了《欧盟运作条约》第 277 条认为当事方对行政机关行为的合法性质疑必须直接或间接地适用于诉讼所涉的具体问题，因此在针对个别决定的废止诉讼中，法院接受构成这些决定基础的普通适用法的规定。(参见 Case C–119/19 P and C–126/19 P, *European Commission and Council of the European Union v Francisco Carreras Sequeros and Others*, Judgment of the Court (Grand Chamber), ECLI:EU:C:2020:676, 8 September 2020, paras. 68–70.)而在其他案件中，欧洲法院还适用过规定法律行为应履行说明义务的《欧盟运作条约》第 296 条。(参见 Case C–361/20 P, *YG v European Commission*, Judgment of the Court (Seventh Chamber), ECLI:EU:C:2022:17, 13 January 2022, para, 41.)

尽管欧盟公务员法的实质内容也相对不受根据《欧盟运作条约》第三部分第十章中对劳工普遍采用的欧盟社会保障（social protection）规范的影响，但仍然有少数例外情况，如条约中关于健康方面的最低要求和安全标准。[①]

最后，还应提及《关于欧洲联盟特权和豁免议定书》（Protocol on the privileges and immunities of the European Union，PPI）。该议定书目前为《欧盟运作条约》的附件。议定书的部分条款特别提到了授予欧盟职员的某些特权和豁免权[②]，虽然这些规定并不属于严格意义上的组织内部法律，但涉及欧盟职员法律关系的处理，因此也可以认为属于上诉机构法律适用中的组织性条约。

（二）欧盟的立法性文件

虽然《欧盟运作条约》中涉及职员争端的处理，但条约一般并不对工作人员制度的实质性内容进行详细规定，而更多的只规定应用该制度的权限和程序。因此，条约需要授权组织的相应机关制定一套适用于机构与工作人员就业关系的一般规则。这些法律文件一般由欧盟的决策机关制定，可视为欧盟公务员法律体系中的"立法（legislation）"文件。

首先，需要提到的是欧盟公务员法中最为重要的法律文件之一，即《工作人员条例》。在煤钢共同体时期，《欧洲煤钢共同体条约》将制定一套适用于其与工作人员就业关系的一般规则的任务分配给由当时四个主要机构主席组成的委员会，任务的具体内容为专门确定"职员人数与工资、津贴和养老金的比例"。1956年1月28日，委员会最终通过了第一部《工作人员条例》，这标志着未来欧盟将遵循的道路。[③] 随后，以当时作为唯一立法机关（legislature）的理事会为主导，欧洲经济共同体和欧洲原子能共同体于1961

---

① 《工作人员条例》第1e条规定："在职职员应享有符合适当健康和安全标准的工作条件，至少相当于根据条约在这些领域采取的措施所适用的最低要求。"而《工作人员条例》是欧盟内部司法上诉机制的主要法律依据。

② See "Protocol (No 7) on the privileges and immunities of the European Union", *in Consolidated version of the Treaty on the Functioning of the European Union*, Official Journal of the European Union, C 202, 7 June 2016, Arts. 11–15.

③ See Jesús Fuentetaja, *European Union Civil Service Law*, European Parliament Directorate for Citizens' Rights and Constitutional Affairs, Brussels: European Parliament, 2011, p. 7.

年 12 月 18 日以第 31（EEC）、11（EAEC）号条例的形式通过了一套统一的《工作人员条例》，[①] 该条例在此后经历了 140 多次修订。[②] 其中，2007 年的《里斯本条约》对《工作人员条例》及《其他工作人员就业条件》的制定程序进行重新措辞，形成了现在的《欧盟运作条约》第 336 条。[③] 该条要求议会和理事会必须以普通的立法程序通过条例（regulation）的形式来规定欧盟工作人员的法律规则。

所以，可以认为《工作人员条例》是在组织性条约的授权下通过正式立法程序对欧盟工作人员制度进行详细规定的法律文件。由于此类文件的制定过程需要遵循组织的正式立法程序，故将此类文件称为"立法性文件"。上诉机构在处理职员案件时已直接承认了《工作人员条例》的法律约束力，并认为此类法律文件是规范职员与行政当局之间权利义务的重要依据。[④]

其次，需要注意的是，虽然《工作人员条例》适用于所有欧盟机构，但某些具有专门行政任务的欧盟机构对于职员关系的处理需要适用由欧盟理事会或欧洲议会参与制定的特殊规则。这些机构包括欧盟中央银行 [⑤]；欧盟投

[①] See Council of the European Economic Community, *EEC/EAEC Council: Regulation No 31/EEC, 11/EAEC, laying down the Staff Regulations of Officials and the Conditions of Employment of Other Servants of the European Economic Community and the European Atomic Energy Community*, Official Journal of the European Communities OJ P45, 14 June 1962.

[②] See Kieran Bradley, "European Union Civil Service Law", in Herwig C. H. Hofmann, Gerard C. Rowe, and Alexander H. Türk eds., *Specialized Administrative Law of the European Union: A Sectoral Review*, Oxford University Press, 2018, p. 560.

[③] 该条具体规定为："欧洲议会和理事会应根据普通立法程序，在与其他有关机构协商后，以条例的形式规定欧洲联盟工作人员的条例和欧洲联盟其他工作人员的就业条件。"

[④] 作为上诉机构的普通法院曾表示："《工作人员条例》本身就是一份独立的文书，其唯一目的是通过确立机构与其官员之间的互惠权利和义务来规范机构与其官员之间的法律关系。因此，《工作人员条例》在机构与其官员之间的法律关系中创造了相互权利和义务的平衡，机构或官员都不得侵犯这种平衡。这种权利和义务的平衡主要是为了维护机构与其官员之间必须存在的信任关系，以便公民可以确信委托给机构的公共利益任务得到有效执行。"（参见 Case T–80/09 P, *European Commission v Q*, Judgment of the General Court (Appeal Chamber), ECLI:EU:T:2011:347, 12 July 2011, para. 41.）

[⑤] See "Protocol (No 4) on the Statute of the European System of Central Banks and of the ECB", in *Consolidated version of the Treaty on the Functioning of the European Union*, Official Journal of the European Union, C 202, 7 June 2016.

资银行①；欧盟卫星中心（European Union Satellite Centre）②；欧盟安全研究所（European Union Institute for Security Studies）③；欧盟防务局（European Defence Agency）④；欧盟刑警组织⑤（European Police Office）和欧盟改善生活和工作条件基金会（European Foundation for the Improvement of Living and Working Conditions）。⑥ 所以上诉机构在处理这些机构的职员案件时，需要适用这些类似于工作人员条例的特殊文件。⑦

有学者认为在必要的时候，上诉机构也可诉诸《欧盟工作人员条例》，以便通过类比填补这些"特别法律"中可能出现的任何空白。⑧ 在部分案件中欧

---

① See "Protocol (No 5) on the Statute of the European Investment Bank", in *Consolidated version of the Treaty on the Functioning of the European Union, Official Journal of the European Union*, C 202, 7 June 2016.

② See Council of the European Union, *Council Decision (CFSP) 2017/824 of 15 May 2017 concerning the Staff Regulations of the European Union Satellite Centre*, Official Journal of the European Union L 123, 16 May 2017.

③ See Council of the European Union, *Council Decision (CFSP) 2016/1182 of 18 July 2016 concerning the Staff Regulations of the European Union Institute for Security Studies*, Official Journal of the European Union L 195, 20 July 2016.

④ See Council of the European Union, *Council Decision (EU) 2016/1351 of 4 August 2016 concerning the Staff Regulations of the European Defence Agency, and repealing Decision 2004/676/EC*, Official Journal of the European Union L 219, 12 August 2016.

⑤ See European Parliament, Council of the European Union, *Regulation (EU) 2016/794 of the European Parliament and of the Council of 11 May 2016 on the European Union Agency for Law Enforcement Cooperation (Europol) and replacing and repealing Council Decisions 2009/371/JHA, 2009/934/JHA, 2009/935/JHA, 2009/936/JHA and 2009/968/JHA*, Official Journal of the European Union L 135, 24 May 2016.

⑥ See European Parliament, Council of the European Union, *Council Regulation (ECSC, EEC, Euratom) No 1860/76 of 29 June 1976 laying down the Conditions of Employment of Staff of the European Foundation for the Improvement of Living and Working Conditions*, Official Journal of the European Communities L 214, 6 August 1976.

⑦ 例如，上诉机构对于《欧洲中央银行体系和欧洲中央银行章程》（Statute of the European System of Central Banks and of the ECB）的适用，可参见 Case C–409/02 P, *Jan Pflugradt v European Central Bank*, Judgment of the Court (First Chamber), ECLI:EU:C:2004:625, 14 October 2004, paras. 29, 31；对于《欧盟卫星中心工作人员条例》（Staff Regulations of the European Union Satellite Centre）的适用，可参见 Case C–14/19 P, *European Union Satellite Centre v KF*, Judgment of the Court (Second Chamber), ECLI:EU:C:2020:492, 25 June 2020, paras. 58, 63, 64.

⑧ See Jesús Fuentetaja, *European Union Civil Service Law*, European Parliament Directorate for Citizens' Rights and Constitutional Affairs, European Parliament Brussels, 2011, p. 44.

盟内部司法上诉机制的司法机构的确采用过此种司法推理方式。[①] 但根据欧洲法院的相关判决，这个过程应当相当谨慎，仍然需要尊重各机构的规范制定权，并注意到根据《欧盟工作人员条例》类比解释其他特定机构的工作人员条例时存在的局限性和风险性。在 A Oscar Orlando Arango Jaramillo and Others 上诉案中，由于《欧洲投资银行工作人员条例》（Staff Regulations of the EIB）并未明确规定银行与其职员之间的争议提起诉讼的时限，普通法院将《欧盟工作人员条例》的相应内容类推适用于欧洲投资银行的职员。该案被总法律顾问提请启动审查程序，作为复审机构的欧洲法院表示普通法院进行了错误的法律解释，欧洲法院认为如果由欧盟工作人员条例的规则类推而来三个月的期限并不是为银行职员对欧洲投资银行提起的法律诉讼所预设的，那么就不应该严格适用于银行的职员。法院还强调当法律不存在时效的明确规定时，"必须根据每个案件的具体情况进行评估"，以保障当事人在合理期限内诉诸司法的权利。[②] 因此在专门机构的工作人员条例存在法律空白的情况下，内部司法机构不能简单地通过《欧盟工作人员条例》的类似规定进行推理补充，而需要更多地考虑到案件的具体情况，并利用关于就业关系的基本权利以及法律的一般原则来解决问题。

最后，事实上除了条例，欧盟有一个重要的立法工具，即指令（directive）。虽然指令主要针对成员国而非共同体机构，但上诉机构认为，这种观点本身

[①] 在 *Michel Hautem* 案的上诉案件中，欧洲投资银行质疑了初审机构的初审法院（现为普通法院）的判决理由，认为当其员工被解雇时，不能"类推"适用《欧共体工作人员条例》中规定的规则。虽然并没有对该诉求进行实质性审理，但上诉机构在上诉中驳回了该诉求。（参见 Case C–449/99 P, *European Investment Bank v Michel Hautem*, Judgment of the Court (Sixth Chamber), ECLI:EU:C:2001:502, 2 October 2001, paras. 82, 87–89. ）初审法院在其他案件中也适用了类似的推理方式。（参见 Case T–33/99, *Elvira Méndez Pinedo v European Central Bank*, Order of the Court of First Instance (Second Chamber), ECLI:EU:T:2000:94, 30 March 2000, paras. 30–33. ）因此，至少可以认为上诉机构有采取此种方式的可能性，而这种可能性在普通法院作为上诉机构的上诉案件中得到体现，在 *Oscar Orlando Arango Jaramillo and Others* 案中，法院认为："即使《工作人员条例》第 91 条第 3 款只适用于联盟机构与其官员或雇员之间的争端，而不适用于欧洲投资银行与其雇员之间纯粹的内部争端……但它提供了一个相关的比较点，因为前者与后者的性质相似，它们都同样受到《欧盟条约》第 270 条的司法审查。"（参见 Case T–234/11 P, *Oscar Orlando Arango Jaramillo and Others v European Investment Bank (EIB)*, Judgment of the General Court (Appeal Chamber), ECLI:EU:T:2012:311, 19 June 2012, para. 26. ）

[②] See Case C–334/12 RX–II, *Oscar Orlando Arango Jaramillo and Others v European Investment Bank (EIB)*, Judgment of the Court (Fourth Chamber), ECLI:EU:C:2013:134, 28 February 2013, paras. 28–29, 40–44.

并不完全排除在机构与其职员之间的就业关系中适用指令。①在欧盟的内部司法实践中，指令在三种特定的情况下可以适用于职员案件，并对机构具有法律约束力：第一种情况为，指令的内容可以认为是直接适用于机构的基本条约规则和一般原则的具体表达；第二种情况为，某一机构在其组织自治权的范围内和《工作人员条例》的限制下，试图履行某一指令规定的具体义务，或者在普遍适用的内部措施本身明确提到欧盟决策机关根据条约规定的措施的具体事项中，指令也可能对该机构具有约束力；第三种情况为，各机构在其作为雇主的行为中，根据其真诚合作的义务，必须考虑到在欧盟一级通过的立法规定。在这方面，机构有责任尽可能地确保其内部政策与共同体层面的立法行动之间的一致性，特别是针对成员国的立法行动，因此也可能涉及相关指令。②

（三）欧盟的行政规范性文件

在欧盟内部成文法体系中，由欧盟机构制定的一些内部法律文件也被认为具有法律约束力，并处于内部法律适用体系的较低层级。虽然这些文件的效力层级较低，但在欧盟内部法律秩序的运作中发挥着不可替代的作用。毕

---

① See T–268/11 P, *Guido Strack v European Commission*, Judgment of the General Court (Appeal Chamber), ECLI:EU:T:2012:588, 8 November 2012, paras. 40–44. 关于上诉机构对于指令的适用，可参见 Case T–129/14 P, *Carlos Andres and Others v European Central Bank*, Judgment of the General Court (Appeal Chamber), ECLI:EU:T:2016:267, 4 May 2016, para. 76. 该案中，作为上诉机构的普通法院适用了第2002/14号指令，以保障职员在机构内工作的信息和咨询权。

② 该观点曾被初审机构在案件中提出。（参见 Case T–518/16, *Francisco Carreras Sequeros and Others v European Commission*, Judgment of the General Court (Fourth Chamber, Extended Composition), ECLI:EU:T:2018:873, 4 December 2018, para. 61. 类似的观点，可参见 Case F–65/07, *Laleh Aayhan and Others v European Parliament*, Judgment of the Civil Service Tribunal (Second Chamber), ECLI:EU:F:2009:43, 30 April 2009, paras. 111–119.）该案件被提起上诉，虽然欧洲法院在上诉程序中认为，没有必要笼统地裁定普通法院在上诉中确定的可针对欧盟机构依赖一项指令的三种不同情况的准确性，但其并未表现出对于该观点的反对，并且仍然在案件分析中适用了普通法院的观点，因此可以认为此类适用情形具有一定的合理性。（参见 Case C–119/19 P and C–126/19 P, *European Commission and Council of the European Union v Francisco Carreras Sequeros and Others*, Judgment of the Court (Grand Chamber), ECLI:EU:C:2020:676, 8 September 2020, paras. 87–92.）同时在 Guido Strack 案的审查程序中，欧洲法院认为应当适用于职员休假权利的第2003/88号指令，表示"从《工作人员条例》附件五第4条的一般立法背景中可以看出，根据其中的一项规定，2003/88号指令第7条关于带薪年假权利的要求正是《工作人员条例》的一个组成部分，是必须在补充的基础上适用于职员的最低要求"。（参见 Case C–579/12 RX–II, *European Commission v Guido Strack*, Judgment of the Court (Fourth Chamber), ECLI:EU:C:2013:570, 19 September 2013.）

竟以《工作人员条例》为主的欧盟条例与指令并非事无巨细，履行立法职能的相应机关不可能完全考虑到各欧盟机构之间的实际差异及其特殊需求。所以对有关事项更具体的规定一般由《工作人员条例》等文件以授权立法（delegated acts）的方式加以补充。目前授权欧盟机构进行立法的主要依据为《工作人员条例》第110条。每个机构作为基于其内部行政管理职能，可以在机构内部执行和形成二级立法（secondary legislation）。这种立法主要为行政性质，其形式为行政部门为实施、发展或适用立法性规定而制定的条款。① 因此，宜将此类文件称为"行政规范性文件"。

欧盟法院在一些判决中强调了作为雇主的每个欧盟机构拥有自治权的重要性，并拒接受那些过分强调欧盟公务员制度一致性的论点。虽然根据《阿姆斯特丹条约》②（Treaty of Amsterdam）第9条第3款规定的单一行政管理原则（principle of a single administration），联盟所有机构的所有职员都受制于单一的《工作人员条例》，但这一原则并不意味着各机构必须无差别地利用《工作人员条例》赋予它们的裁量权，相反，在管理其工作人员方面，应适用"机构自治原则（principle of the autonomy of the institutions）"。③ 上诉机构也遵循这一观点，因此在案件中经常对行政规范性文件进行适用。

1. 机构间的行政规范性文件

根据《工作人员条例》的相关规定，行政规范性文件在某些情况下由所有机构共同制定。因为职员就业关系的某些方面不仅需要统一管理，而且还需要避免职员之间因工作机构不同而出现不平等。依此，欧盟各机构通过共同制定规范或作出决议来管理欧盟职员的某些方面。此类机构间的法律文件包括了机构间协议（agreement between the institutions）与机构行政首长协商会（College of Heads of administration）的协商所形成的决议。

《工作人员条例》第110条第2款、第3款规定了机构间协议的制定要求。协议不仅需要尊重《工作人员条例》的规定，而且必须尊重各机构为确

---

① See Jesús Fuentetaja, *European Union Civil Service Law*, European Parliament Directorate for Citizens' Rights and Constitutional Affairs, European Parliament Brussels, 2011, p. 14.

② 该条约于1997年10月2日于荷兰阿姆斯特丹签署，该条约意在不同领域将某些权力从国家政府转移到欧洲议会，并针对欧盟成员国的扩张实施体制改革。

③ See Case F-46/09, *V v European Parliament*, Judgment of the Civil Service Tribunal (First Chamber), ECLI:EU:F:2011:101, 5 July 2011, para. 135.

保共同发展而追求的目标。虽然协议由欧盟委员会主导，并由机构协商共同通过且适用于各机构，但并不能被视为正式的法律文件，因为协议的制定基于《工作人员条例》的规定，其目的是对条例进行补充，并且协商的过程也并非立法权限的转移。①

而根据《工作人员条例》第 110 条第 4 款，各机构的行政部门应定期就《工作人员条例》的适用问题相互协商。为此，各机构成立了一个"行政首长协商会"（Collège des Chefs d'administration，CCA）②，将各机构的职员管理人员召集在一起。会议的目的是形成对《工作人员条例》和共同规则的解释或行政惯例（administrative practices），并随后由各机构通过制定内部指令予以实施。③

2. 机构的行政规范文件

《工作人员条例》除规定通过机构间的法律文件对其进行补充外，还规定了各机构自行制定相关的行政性法律文件的权力。

---

① See Joined Cases T–6/92 and T–52/92, *Andreas Hans Reinarz v Commission of the European Communities*, Judgment of the Court of First Instance (Appeal Chamber), ECLI:EU:T:1993:89, 26 October 1993, paras. 71–72. 上诉机构对于机构间协议的适用，可参见 Case T–58/08 P, *European Commission v Anton Pieter Roodhuijzen*, Judgment of the General Court (Appeal Chamber), ECLI:EU:T:2009:385, 5 October 2009, para. 38. 在该案中，法院适用了作为共同协议的《欧洲共同体官员疾病保险规则》（rules on sickness insurance for officials of the European Communities）。

② 欧洲各机构自成立以来，一直在机构间层面上进行合作。最初，各机构的首长在首长委员会（Commission des presidents）的组织中举行会议，首次会议的时间为 1952 年。自 1958 年以来，行政首长们在行政首长协商会的组织下开会。该协商会由欧洲联盟各机构的行政首长（总干事和负责行政和/或人力资源的主任）和他们指定的各机构的一名代表组成。每位行政首长都可以要求将某一事项列入议程，以供决定、讨论或参考。如果经过讨论，各行政首长同意以相同的方式适用行政惯例，则各行政首长将通过内部指令或向主管行政当局建议通过决定。如果某一事项涉及对《工作人员条例》或《其他工作人员就业条件》中某些条款的统一解释，协商讨论作出的决定将转化为行政首长的结论（Conclusions of the Heads of administration, Conclusions des Chefs d'administration）。然后，每个机构将通过内部指令来实施这些结论。（参见 European Commission, *REPORT FROM THE COMMISSION TO THE EUROPEAN PARLIAMENT AND THE COUNCIL on the rules adopted by the appointing authority of each institution to give effect to the Staff Regulations*, COM/2017/0632 final, 26 October 2017, pp. 26–27. ）

③ 法院对于机构行政首长协商会决议的适用，可参见 Case C–621/16 P, *European Commission v Italian Republic, European Commission v Italian Republic*, ECLI:EU:C:2019:251, 26 March 2019, para. 23. 案件争端的解决需要适用由行政首长协商会通过的一般准则。

首先是一般执行规则（general implementing provisions）。[①] 与各机构间协议通过的规则不同，一般执行规则由各机构根据《欧洲联盟条约》第 13 条第 2 款和《欧洲联盟运作条约》第 298 条承认的各机构作为雇主的自治原则来制定。[②] 各机构有权在征求其工作人员委员会（Staff Committee）和工作人员条例委员会（Staff Regulations Committee）的意见后通过一般执行规则。[③] 上诉机构认为，在《工作人员条例》第 110 条第 1 款范围内通过的一般执行规则，可规定能够作为指导行政部门行使裁量权的标准，或更充分地解释《工作人员条例》不明确的规定范围[④]，在 Nicole Petrilli 案中，上诉机构较为明确的表达了一般执行规则的效力层级，认为它不能违反《工作人员条例》规定地目的或使其完全无效。[⑤] 因此可以认为，在任何情况下，机构都不能合法地制定减损《工作人员条例》和《就业条件》的上级规定的规则。[⑥]

其次为内部指令（internal directives）。内部指令是欧盟机构通知其工作人员的决定。需要注意的是，法律顾问斯蒂克斯—哈克尔（Stix-Hackl）曾在上诉案件中认为，内部指令并不能被视为行政部门必须一直遵守的一般执行

---

① 关于上诉机构对一般执行规则的适用，可参见 *Belén Bernaldo de Quirós* 案。该案中欧洲法院对欧盟委员会于 2004 年 4 月 28 日通过的关于确定行政调查和纪律程序一般实施规定的第 C（2004）1588 号决定进行了适用。（参见 Case C-583/19 P, *Belén Bernaldo de Quirós v European Commission*, Judgment of the Court (Second Chamber), ECLI:EU:C:2021:844, 14 October 2021.）

② See Case T-580/16, *Irit Azoulay and Others v European Parliament*, Judgment of the General Court (Eighth Chamber), ECLI:EU:T:2017:291, 28 April 2017, para. 57.

③ 参见《工作人员条例》第 110 条第 1 款。

④ See Case T-160/08 P, *European Commission v Françoise Putterie-De-Beukelaer*, Judgment of the General Court (Appeal Chamber), ECLI:EU:T:2010:294, 8 July 2010, para. 99. 这种观点在初审案件中也得到体现，参见 Case F-34/14, *DP v Agency for the Cooperation of Energy Regulators (ACER)*, Judgment of the Civil Service Tribunal (Third Chamber), ECLI:EU:F:2015:82, 8 July 2015, para. 54.

⑤ 也不能违反一般法律原则，如健全管理原则、平等待遇原则和保护合法期望的原则。（参见 Case T-143/09 P, *European Commission v Nicole Petrilli*, Judgment of the General Court (Appeal Chamber), ECLI:EU:T:2010:531, 16 December 2010, para. 35.）

⑥ See Case F-124/14, *Olivier Petsch v European Commission*, Judgment of the Civil Service Tribunal (Third Chamber), ECLI:EU:F:2015:69, 30 June 2015, para. 29.

规则或法律规则。^①但可以肯定，在符合条件的情况下它应当对机构具有约束力，因此将其置于本部分予以讨论。

虽然上诉机构对于内部指令也予以适用^②，但对其具体效力与适用的讨论并不多，相应的观点部分源于初审机构。最初，人们认为存在一种模糊的"道德义务"（moral obligation），即"合理行政"（proper administration）来保障内部指令的遵循。^③但在之后的判例中，上诉机构为其法律效力提供了其他依据，认为它是"一项行政部门强加给自己的，表明所应遵循的做法的行为规则，在没有具体说明导致它这样做的原因的情况下不得偏离，否则将违反平等待遇原则（principle of equal treatment）"。^④故而，欧盟法院将内部指令的法律效力建立在平等待遇原则之上。

虽然内部指令具有约束力，构成表明机构所应遵循的做法的行为规则，但它们是"不具有法律规则地位的内部准则，而且无论如何都不能减损《工作人员条例》的强制性规定"。^⑤因此可以认为，内部指示并不是合法实施工作

---

① 具体表述为："虽然内部指令旨在适用于不确定人数的情况，但不能肯定它们因此构成技术意义上的普遍适用行为。"（参见 Case C-171/00 P, *Alain Libéros v Commission of the European Communities*, Opinion of Advocate General Stix-Hackl, ECLI:EU:C:2001:628, 22 November 2001, para. 30.）类似的观点，可参见初审机构的判决：Case 148/73, *Raymond Louwage and Marie-Thérèse Louwage, née Moriame, v Commission of the European Communities*, Judgment of the Court (First Chamber), ECLI:EU:C:1974:7, 30 January 1974.

② 在 Q 案中，作为上诉机构的普通法院适用了欧盟委员会通过的关于心理骚扰的备忘录，表示："该备忘录在措辞和形式以及内容上都具有内部指令的性质。委员会受其约束，因为它没有明确表示打算通过一项有理由和有根据的决定来背离它"。（参见 Case T-80/09 P, Case T-80/09 P, European Commission v Q, Judgment of the General Court (Appeal Chamber), ECLI:EU:T:2011:347, 12 July 2011, para. 87.）

③ 参见 Case 105/75, *Franco Giuffrida v Council of the European Communities*, Judgment of the Court (First Chamber, ECLI:EU:C:1976:128, Judgment of the Court (First Chamber), 29 September 1976, para. 17。该指令的特殊之处在于它是在与工作人员代表协商后通过的。指令规定，指令通过其在理事会举行的内部竞争应采用混合竞争的形式（资格和竞争性考试），而不应该只涉及基于资格的竞争。

④ 参见 Case T-325/09 P, *Vahan Adjemian e.a v European Commission*, Judgment of the General Court (Appeal Chamber), ECLI:EU:T:2011:506, 21 September 2011, para. 50。另可参见 Case 190/82, *Adam P.H. Blomefield v Commission of the European Communities*, Judgment of the Court (Second Chamber), ECLI:EU:C:1983:358, 1 December 1983, para. 20。

⑤ See Case T-56/89, *Brigitte Bataille and others v European Parliament*, Judgment of the Court of First Instance (Fifth Chamber), ECLI:EU:T:1990:64, 8 November 1990, para. 43.

人员管理政策最适当的工具 ①，在适用它们时必须严格遵守公务员制度的立法和行政立法。②

（四）欧盟法律外的其他成文法

1. 欧盟成员国法律

与绝大多数国际组织一样，欧盟也需要确保欧盟法律相对于成员国的必要独立性，在其内部职员的管理中尤为如此。③ 这一特征也体现于职员争端解决的法律适用上。因此，上诉机构认为，根据既定的判例法，对于没有明确提及通过成员国法律来确定其含义和范围的欧盟法律条款，通常必须给予独立的解释，必须考虑到该条款的背景和相关规则的目的。但上诉机构同时也认为，在没有明确提及适用国家法律的情况下，如果欧盟法院无法在欧盟法律或共同体法律的一般原则中找到相应的标准，使其能够通过独立解释的方式确定这种规定的含义和范围，那么欧盟法律的适用有时可能需要参考成员国的法律。④

因此可以认为，当欧盟法律本身提及成员国法律时，上诉机构应适用国家法律。但成员国法律的适用并不限于欧盟法律本身明确提到这些法律的情

---

① 可参见 Joined Cases T–331/00 and T–115/01, *Laurence Bories and Others v Commission of the European Communities*, Judgment of the Court of First Instance (Fifth Chamber), ECLI:EU:T:2003:317, 27 November 2003. 该案中初审法院认为，委员会不能为了维护自身关于研究人员新政策的决定，禁止一名临时职员担任有研究资助的职位，委员会认为持有三年期合同的人不能申请长期职位，因为他的合同性质将意味着，延长他的合同或签订一个超过三年期的新合同，将与上述决定规定的准则相反。而这是因为 "内部指令不具有立法文本的价值，只能根据《工作人员条例》和《其他公务员就业条件》规定的原则来进行法律适用，而这些规则在本问题上没有为这种禁止行为提供任何法律依据"。

② See Jesús Fuentetaja, *European Union Civil Service Law*, European Parliament Directorate for Citizens' Rights and Constitutional Affairs, European Parliament Brussels, 2011, pp. 16–18.

③ 有学者认为国际公务员法与国内法没有直接联系，也并非任何特定国家法律的克隆。（参见 C. F. Amerasinghe, "Reflections on the Internal Judicial Systems of International Organizations", in Olufemi Elias ed., *The Development and Effectiveness of International Administrative Law*, Martinus Nijhoff Publishers, 2012, pp. 45–46.）

④ See Case T–58/08 P, *Commission of the European Communities v Anton Pieter Roodhuijzen*, Judgment of the Court of First Instance (Appeal Chamber), ECLI:EU:T:2009:385, 5 October 2009, para. 70. 相关初审案件的判例也表达了此观点，认为 "即使没有明确提及，在适用联盟法律时，也可酌情参考成员国的法律，特别是在欧洲联盟法院无法在联盟法律或联盟法律的一般原则中找到允许其通过自治解释确定联盟法律的内容和范围的要素的情况下。"（参见 Case F–45/07, *Wolfgang Mandt v European Parliament*, Judgment of the Civil Service Tribunal (Full Court), ECLI:EU:F:2010:72, 1 July 2010, para. 62.）

况，法院也可以在任何适当的地方适用，特别是在没有关于相关问题的欧盟成文法律规则的情况下。在 Wolfgang Mandt 案中，初审机构对上诉机构的相关判例进行了总结①，表示与个人身份法和家庭法有关的案件尤为如此，因为欧盟的法律秩序没有关于此类事项的书面规则。法庭在该案中认为赡养协议（maintenance agreement）作为根据《工作人员条例》附件八第 27 条向离婚配偶发放遗属养恤金的条件，其有效性的确定受国家法律管辖。②

2. 其他条约

除欧盟的组织性条约外，欧盟法院在处理涉及人权领域、社会保障等领域的职员案件时，还可能会适用有关公约或宪章。例如在 Francisco Carreras Sequeros and Others 案中，作为上诉机构的欧洲法院认为案件对职员带薪年假的基本权利审理的法律背景包括了《欧洲社会宪章》（*European Social Charter*）、《工人基本社会权利共同体宪章》（*Community Charter of the Fundamental Social Rights of Workers*）以及《欧盟基本权利宪章》（*Charter of Fundamental Rights of the European Union*）中关于工人带薪休假的权利规定。③欧盟内部司法判决中较为常见的人权文件还包括《欧洲人权公约》。④

虽然欧盟及其机构并没有签订或加入绝大多数人权公约⑤，并且大部分人

---

① 在该上诉案件中，欧洲法院认为《工作人员条例》中婚姻关系概念应结合成员国的相关法律进行解读。具体而言，法院认为自 1989 年以来，越来越多的成员国除了婚姻之外，还引入了法定安排，对同性或异性伴侣之间各种形式的结合给予法律认可，并赋予这种结合某些效力。但这种法定安排在有关成员国中被视为与婚姻不同。因此，共同体的司法机构不能以这样的方式来解释《工作人员条例》，即把不同于婚姻的法律情况与婚姻同等对待。共同体立法机构的意图是只让已婚夫妇享有《工作人员条例》中规定的家庭津贴的权利。（参见 Joined cases C-122/99 P and C-125/99 P, *D and Kingdom of Sweden v Council of the European Union*, Judgment of the Court, ECLI:EU:C:2001:304, 31 May 2001, paras. 34-38.）

② See Case F-45/07, *Wolfgang Mandt v European Parliament*, Judgment of the Civil Service Tribunal (Full Court), ECLI:EU:F:2010:72, 1 July 2010, para. 63.

③ See Case C-119/19 P and C-126/19 P, *European Commission and Council of the European Union v Francisco Carreras Sequeros and Others*, Judgment of the Court (Grand Chamber), ECLI:EU:C:2020:676, 8 September 2020, paras. 1-5.

④ 可参见 Case C-274/99 P, *Bernard Connolly v European Commission*, Judgment of the Court, ECLI:EU:C:2001:127, 6 March 2001, 在该案中，法院对于《欧洲人权公约》第 10 条规定的言论自由权进行了解读与适用。

⑤ 值得注意的是，《欧盟条约》第 6 条第 1、2 款分别明确规定，欧盟承认《欧盟基本权利宪章》中规定的权利、自由和原则，同时欧盟应加入《欧洲人权公约》。这为欧盟法院处理职员案件中适用这两个文件提供了一定的法律依据。

权文件可能并不具有严格意义上的法律约束力，但法院在判例中对这些文件的影响力表示了认可。在 European Parliament v Council of the European Union 案中，被告表示，鉴于《欧盟基本权利宪章》不构成共同体法律的渊源，欧洲法院不应根据宪章审查申请。但法院驳回了此种观点，认为"基本权利是法院确保遵守的一般法律原则的一个组成部分，为此，法院从各成员国共同的宪法传统以及各成员国合作或签署的保护人权的国际文书所提供的指导方针中获得灵感"，虽然宪章不是具有法律约束力的文书，但欧洲共同体立法机关承认其重要性。①

欧盟内部司法上诉机制对于此类文件的援引、适用并不局限于一些与欧洲地区较为密切的区域性国际公约，而是呈现出结合实际需要的多元化特征。在特定的领域，司法机构往往需要通过某些具有普遍价值的公约来补充、解决欧盟职员制度的法律空白或法律争议。虽然有部分条约目前还没有被上诉机构适用，但结合上诉机构已适用的条约，似乎可以类推认为在满足特定条件的情况下，上诉机构对于这些其他司法机构适用的条约也能够进行适用。

例如，在 Sonja Hosman-Chevalier 案中，作为上诉机构的欧洲法院通过适用《维也纳外交关系公约》（*Vienna Convention on Diplomatic Relations*）与《关于国家在其对普遍性国际组织关系上的代表权的维也纳公约》（*Vienna Convention on the Representation of States in Their Relations with International Organizations of a Universal Character*）来对《工作人员条例》具体条款中的"国家"概念进行解释。② 在 European Parliament v Council of the European Union 案中，关于对职员家庭团聚的权利，欧洲议会援引了《公民权利和政治权利国际公约》第 24 条、《儿童权利公约》（*Convention on the Rights of the Child*）、《保护所有移徙工人及其家庭成员权利国际公约》（*International Convention on the Protection of the Rights of All Migrant Workers and Members of their Families*）、联合国大会通过的《儿童权利宣言》（*Declaration of the Rights of the Child*）等

---

① See Case C-540/03, *European Parliament v Council of the European Union*, Judgment of the Court (Grand Chamber), ECLI:EU:C:2006:429, 27 June 2006, paras. 34-35, 38.

② See Case C-424/05 P, *European Commission v Sonja Hosman-Chevalier*, Judgment of the Court (Third Chamber), ECLI:EU:C:2007:367, 21 June 2007, paras. 39-40.

保障儿童权益的人权文书。^①欧洲法院认同了议会的表述，认为其在先前的判例中已指出，《公民权利和政治权利国际公约》是保护人权的国际文书之一，它在适用共同体法律的一般原则时予以考虑。《儿童权利公约》也是如此，它与《公约》一样对每个成员国都有约束力。^②在 Guido Strack 案的审查程序中，欧洲法院为了厘清职员的健康和安全与工作时间之间的法律关系，援引了《世界卫生组织章程》（*Constitution of the World Health Organization*）序言中关于"安全"与"健康"的解释。^③在 Pia Landgren 案中，对于机构终止无限期合同职员雇佣关系的行为，公务员法庭表示必须考虑到国际标准的存在，该标准确定了法治所必需的最低条件，以防止不公平地解雇工人。因此法庭适用了国际劳工组织第 158 号公约关于在雇主的倡议下终止雇佣的第 4 条的规定。^④

第三节　欧盟内部司法上诉机制法律适用中的不成文法

国际组织内部法治的建设虽然需要强调法律在形式上的要求，但也不能完全忽略其实质性内容。如果国际组织不注重法治所服务的价值观或宗旨，那么组织就不可能完全理解法治的理念。只有这些价值观或宗旨得到具体的规定，国际组织才能为有争议的论点提供正确的依据，即只有实体法具有特定内容，法治才能最充分地实现。^⑤因此，可以认为，"不涉及价值或宗旨的"实证主义意义上的法律必须受到质疑。国际组织内部庞杂的成文法体系并非无源之水，在作为法律之锚的统一性渊源缺位的情况下，用纯粹的实证主义

---

① See Case C–540/03, *European Parliament v Council of the European Union*, Judgment of the Court (Grand Chamber), ECLI:EU:C:2006:429, 27 June 2006, para. 33.

② See Case C–540/03, *European Parliament v Council of the European Union*, Judgment of the Court (Grand Chamber), ECLI:EU:C:2006:429, 27 June 2006, para. 37.

③ See Case C–579/12 RX–II, *European Commission v Guido Strack*, Judgment of the Court (Fourth Chamber), ECLI:EU:C:2013:570, 19 September 2013, para. 44.

④ See Case F–1/05, *Pia Landgren v European Training Foundation (ETF)*, Judgment of the Civil Service Tribunal (Full Court), ECLI:EU:F:2006:112, 26 October 2006, para. 69.

⑤ Jr. Richard H. Fallon, " 'The Rule of Law' as a Concept in Constitutional Discourse", *Columbia Law Review*, Vol. 97, No. 1, 1997, p. 54.

概念来理解、运用国际层面的法律是有问题的。[1]

因此，欧盟内部司法上诉机制在法律适用中不仅适用公务员制度相关领域的成文法，还通过法律原则与判例为欧盟公务员法注入必要的法律价值，防止法律为欧盟机构任意专断的行政决策打开大门。[2] 通过法律原则与判例，法院能够更好地处理职员争端、维护上诉人的权益，并为欧盟法律秩序注入基本价值与目的，以推动欧盟内部法治建设。这些原则或判例可以被认为是欧盟公务员法的重要组成部分。

同时，考虑到包括欧盟在内的各个国际组织的内部成文法永远无法涵盖，或者说解决就业关系存在的所有问题。[3] 具有抽象、指导意义的原则或判例也能够更好地指导欧盟内部上诉司法机构处理、应对不断变化的新的职员争端。

一、法律原则

在国际组织内部司法的法律适用中，构成最大挑战的、在国际行政法庭的判例法中被提及最多的，无疑是法律的一般原则。[4] 对其进行的质疑往往基于实证主义，因为原则可以发挥动态的作用，并倾向于在某种程度上摆脱国际组织内部法律秩序的严格限制。在国际组织中，这可以体现为法律原则在国际组织内部法律秩序中较为不受限制，在适用方式与程度上存在着很大的模糊性。对于原则的青睐往往是基于政策导向以及自然法学说的观点，这些观点认为原则允许将一些道德、政治或其他内容传输到法律中，使其应用更加灵活化和文明化。[5] 同时，从另一个角度看，原则的适当运用反而可能

---

[1] See Niamh Kinchin, *Administrative justice in the UN*, Edward Elgar, 2018, pp. 37–38.

[2] 有学者表示："虽然具有正常运作的法律秩序的社会将主要围绕一套稳定、确定的规则组织起来，但稳定和确定性本身并不是道德美德。合法性取决于注入规则的价值观，而邪恶可能会因为得到明确表达并通过稳定的法律秩序强制执行而变得更糟。"（参见 David Dyzenhaus, "The Legitimacy of Legality", *The University of Toronto Law Journal*, Vol. 46, No. 1, 1996, p. 139.）

[3] See Santiago Villalpando, "The Law of the International Civil Service", in Jacob Katz Cogan, Ian Hurd, & Ian Johnstone eds., *The Oxford Handbook of International Organization*, Oxford University Press, 2016, p. 1082.

[4] See Santiago Villalpando, "The Law of the International Civil Service", in Jacob Katz Cogan, Ian Hurd, & Ian Johnstone eds., *The Oxford Handbook of International Organization*, Oxford University Press, 2016, p. 1082.

[5] See Robert Kolb, *Good Faith in International Law*, Hart Publishing, 2017, p. 3.

规范内部司法机构权力的行使，毕竟如果没有原则，内部司法机关的裁量权将更加自由。《国际货币基金组织行政法庭规约》的评注（Commentary on the Statute）就认为："提及公认的国际行政法原则是为了限制法庭的权力，明确指出法庭适用的审查标准不应超出其他法庭适用的标准"。[1]

从规范层面看，虽然法律原则是《国际法院规约》第38条第1款所列举的国际法渊源之一，但原则在绝大多数国际组织内部司法机构的规约中都没有得到明确承认[2]，在《欧盟法院规约》以及各级司法机构的议事规则中也是如此。但有学者认为，《欧盟运作条约》第340条的规定，即"在非合同责任的情况下，联盟应根据成员国法律共同的一般原则，赔偿其机构或其雇员在履行职责时造成的任何损害"，在一定程度上推动了法律原则在欧盟法律体系内的应用。

从司法实践看，在欧盟内部司法上诉机制中，上诉机构对于法律原则适用的正当性并不存在较大争议。相比于其他国际组织，欧盟法院对原则的适用较为频繁，并形成了一套专门针对公务员制度的基本法律原则。总法律顾问罗默（Roemer）曾在职员案件中发表意见，认为恪守《工作人员条例》所依据的基本原则以及适用于国家公务员法的一般原则，将能够填补《工作人员条例》中的空白。[3] 在没有适用的具体规则的情况下，法院应遵守这些原则。[4] 值得注意的是，似乎是因为欧盟职员争端领域对成员国利益影响的间接性，法院在此类案件中对法律原则的适用往往更敢于创新，因此欧盟行政法的许多原则都是由欧盟法院在该领域的判例中首先制定的，然后才被更普遍地应用于欧盟外部行政管理的相应领域。[5] 这些原则的适用方式部分体现于初

---

[1] International Monetary Fund, *Commentary on the Statute of the International Monetary Fund Administrative Tribuna*, 2020, Art. III(second sentence).

[2] 但也有例外，《国际货币基金组织行政法庭规约》第3条规定，在对申诉进行裁决时，"法庭应适用基金组织的内部法律，包括公认的国际行政法中有关行政行为司法审查的原则。"

[3] See Joined cases 27–64 and 30–64, *Fulvio Fonzi v Commission of the EAEC*, Fulvio Fonzi v Commission of the EAEC, ECLI:EU:C:1965:56, 16 June 1965.

[4] See Jesús Fuentetaja, *European Union Civil Service Law*, European Parliament Directorate for Citizens' Rights and Constitutional Affairs, European Parliament Brussels, 2011, p. 18.

[5] See Kieran Bradley, "European Union Civil Service Law", in Herwig C. H. Hofmann, Gerard C. Rowe, and Alexander H. Türk eds., *Specialized Administrative Law of the European Union: A Sectoral Review*, Oxford University Press, 2018, p. 562.

审案件的判决，但在一定程度上也可适用或补充适用于上诉机构。

具体到欧盟公务员法，可以认为内部上诉司法机构可适用的原则包括但不限于如下几个。

首先是平等原则（principle of equality），或者说非歧视原则（principle of non-discrimination）。平等原则可体现为职员的待遇平等原则（principle of equal treatment）。作为上诉机构的欧洲法院曾表示："公认的是，在通过适用规则时，特别是在共同体公务员领域，共同体立法机构有义务遵守平等待遇的一般原则"，如果两种不同的情况得到相同的处理，将违反平等原则。[①] 而另一个较为常见的表现方式为性别平等[②]，在就业问题上的男女平等待遇原则（principle of equal treatment for men and women），以及禁止任何基于性别的直接或间接歧视原则（principle of the prohibition of any direct or indirect discrimination on grounds of sex），构成了基本权利的一部分，欧盟法院必须根据条约确保这些权利的遵守。[③] 而在该原则的具体应用上，普通法院认为如果区别对待的行为以客观合理的标准为依据，并且区别对待的目的符合比例原则，那么该行为不构成对平等待遇原则的违反。[④]

其次是保护合法期望原则（principle of the protection of legitimate expectation）。要求保护合法期望的权利是欧盟法律的基本原则之一，根据上诉机构的判例，该原则适用于任何发现自己处于这样一种情况的个人，即欧盟行政当局通过向他提供来自授权和可靠来源的准确、无条件和一致的保证，使他产生了有

[①] 参见 Case C–496/08 P, *Pilar Angé Serrano and Others v European Parliament*, Judgment of the Court (Second Chamber), ECLI:EU:C:2010:116, 4 March 2010, paras. 100–101。而初审机构则表示："同一雇主的雇员如果从事同等价值的工作，就有权获得相同的报酬，这是一般平等原则的具体体现，遵守这一原则是法庭的任务。此外，这一权利在《经济、社会及文化权利国际公约》第 7 条和国际劳工组织第 111 号公约中也有规定。"（参见 Case F–36/05, *Gudrun Schulze v European Commission*, Judgment of the Civil Service Tribunal (Second Chamber), ECLI:EU:F:2010:115, 30 September 2010, para. 74.）

[②] 上诉机构对于男女平等原则的具体适用，可参见 Case C–93/19 P, *European External Action Service v Chantal Hebberecht*, Judgment of the Court (Fourth Chamber), ECLI:EU:C:2020:946, 19 November 2020, para. 38.

[③] See Case T–45/90, *Alicia Speybrouck v European Parliament*, Judgment of the Court of First Instance (Fifth Chamber), ECLI:EU:T:1992:7, 28 January 1992, para. 47.

[④] See Case T–11/03, *Elizabeth Afari v European Central Bank*, Judgment of the General Court (First Chamber), ECLI:EU:T:2004:77, 16 March 2004, para. 65.

依据的期望。① 同时初审机构还将该原则的适用进一步细分为三个条件：首先，行政当局必须向有关当事方提供来自授权和可靠来源的准确、无条件和一致的保证；其次，这些保证必须是能够在其对象的心中产生合法期望的保证；最后，所提供的保证必须符合《工作人员条例》的规定和一般性适用规则，或者至少，对于一个合理和尽义务的职员来说，根据他所掌握的信息和他进行必要检查的能力，在这之中任何违法行为必须是明显的。②

法律确定性原则（principle of legal certainty）也是欧盟法律体系的一部分③，它要求行政当局每项具有法律效力的措施必须准确与清楚，必须提请当事人注意，以使其能够准确确定该措施产生和持续保持（comes into being and starts）法律效力的时间，特别是在立法提供的质疑该措施的补救制度方面。④ 同时，初审机构还将该原则与合法性原则（principles of legality）结合，对行政当局的行政行为进行了更加具体、严格的限制，初审法院认为职员们在人事问题上受到行政当局广泛裁量权的制约，而行政当局有责任考虑到他们的利益，这点只在有限的范围内得到平衡。更重要的是，在行使这种广泛的裁量权时，行政当局采取的对职员产生不利影响并涉及其个人法律地位的任何具体措施都必须至少有一个足够准确和清晰的法律依据。此外，只有无条件地尊重并体现出法律确定性原则，即任何欧盟机构在管理其工作人员时必须遵守的合法性和法律确定性原则，才能保证行政当局在行使这种广泛的裁量权时可能对职员采取的具体措施的范围具有必要的可预测性和透明度。⑤

最后为善政原则（principle of good administration）。该原则是从规范机构

---

① See Case C-566/14 P, *Jean-Charles Marchiani v European Parliament*, Judgment of the Court (Grand Chamber), ECLI:EU:C:2016:437, 14 June 2016, para. 77. 初审机构也持有相同观点，可参见 Case T-237/00, *Patrick Reynolds v European Parliament*, Judgment of the Court of First Instance (Third Chamber), ECLI:EU:T:2005:437, 8 December 2005, para. 139.

② Case F-82/09, *Michel Nolin v European Commission*, Judgment of the Civil Service Tribunal (Third Chamber), ECLI:EU:F:2010:154, 1 December 2010, para. 74.

③ 关于上诉机构对于该原则的适用，可参见 Case T-734/15 P, *European Commission v FE*, Judgment of the General Court (Appeal Chamber), ECLI:EU:T:2017:612, 15 September 2017, para. 85–87.

④ Joined cases T-18/89 and T-24/89, *Harissios Tagaras v Court of Justice of the European Communities*, Judgment of the Court of First Instance (Fourth Chamber), ECLI:EU:T:1991:8, 7 February 1991, para.40.

⑤ See Case T-435/04, *Manuel Simões Dos Santos v Office for Harmonization in the Internal Market (Trade Marks and Designs) (OHIM)*, Judgment of the Court of First Instance (Third Chamber), ECLI:EU:T:2007:50, 14 February 2007, para. 143.

行为的所有规则中推导出的，并对机构的行为施加一定程度的限制，以便在尊重被管理人的权利、促进欧盟的统一性和整个欧盟体系的持续顺利运行之间取得平衡。①

在规范层面，上诉机构认为《欧盟基本权利宪章》第 41 条规定了职员"获得善政的权利"（right to good administration），该权利的具体内容为：第一，在采取任何可能对其产生不利影响的个人措施之前，每个人都有发表意见的权利；第二，在尊重保密和专业及商业秘密的合法利益的情况下，每个人都有查阅其档案的权利；第三，行政部门有义务为其决定提供理由。② 在该原则的适用上，欧盟法院要求行政部门在决定职员的情况时，有义务考虑到所有可能影响其决定的因素③，因此，违反该原则有可能导致有争议的决定被撤销。④ 同时，公务员法庭也对善政原则的适用进行了必要的平衡，认为这一原则并不赋予个人以权利，除非它构成一项具体权利的表达。但这并不意味着基于违反该原则而提出的抗辩或部分抗辩不可受理，其结果是为支持该抗辩或部分抗辩而提出的论点的审查不被通过。因为只有在对这些论点的是非曲直进行审查时，才有可能确定行政部门是否违反了表达良好行政原则的具体权利。⑤

二、司法判例

关于欧盟内部司法上诉机制中的判例，虽然这么说可能较为笼统，但毫无疑问，在欧盟公务员法的司法判决中，上诉机构对于司法裁判的适用已是

---

① See Jesús Fuentetaja, *European Union Civil Service Law*, European Parliament Directorate for Citizens' Rights and Constitutional Affairs, European Parliament Brussels, 2011, p. 25.

② See Case C-14/19 P, *European Union Satellite Centre v KF*, Judgment of the Court (Second Chamber), ECLI:EU:C:2020:492, 25 June 2020, para. 116.

③ 初审机构认为行政当局不仅要考虑到服务部门的利益（interests of the service），还要考虑到有关职员的利益。（参见 Case T-471/04, *Georgios Karatzoglou v European Agency for Reconstruction (AER)*, Judgment of the Court of First Instance (First Chamber), ECLI:EU:T:2008:540, 2 December 2008, para. 56.）

④ See Case F-107/05, *Gergely Toth v European Commission*, Judgment of the Civil Service Tribunal (Second Chamber), ECLI:EU:F:2010:118, 30 September 2010, para. 85.

⑤ See Case F-87/08, *Gisela Schuerings v European Training Foundation (ETF)*, Judgment of the Civil Service Tribunal (Second Chamber), ECLI:EU:F:2010:159, 9 December 2010, para. 39.

一个明显的现实。从法院对职员事项作出的第一个判决到现在，欧盟法院已经形成了一套全面而系统的判例法。因此在对欧盟内部司法上诉机制的法律适用进行评估时，不能忽视这一重要法律依据。①

在很多情况下，欧盟内部司法上诉机制在某一案件中所体现出的对欧盟公务员法的发展、创新之处将被法院在后续司法裁判中得到引用，并以此延续形成判例法。而职员案件区别于其他类型案件，对于成员国利益的影响更为间接，使得"公务员制度中的争端可能先于一般的争端而发展为新的规则"。② 这导致职员争端领域的判例不仅能够不断完善欧盟公务员法的法律体系，还能成为形成欧盟司法一般解决方案的肥沃温床，为其他案件的处理提供丰富的判例参考。法院在职员案件中所形成的关于个人基本权利保障的判例就是如此。例如，法院于 1972 年 6 月 7 日在 Sabbatini-Bertoni 案中首次提出了性别平等概念③，并推动了《工作人员条例》在此方面进行改革。随后法院在 1978 年涉及初步裁决（preliminary ruling）的 Gabrielle Defrenne 案中援引了 Sabbatini-Bertoni 案的观点，将性别平等确立为欧盟法律一项个人基本权利。④

需要注意的是，职员案件与其他类型案件判例之间的影响是双向的，并共同推动欧盟法律体系一般性原则、规范的发展。因此，法院在处理职员争端时在适当的时候也经常引用其他类型判例中的观点。例如，前述的 Gabrielle Defrenne 案虽然属于初步裁决案件而非职员案件，但其对性别平等

---

① 参见 Jesús Fuentetaja, *European Union Civil Service Law*, European Parliament Directorate for Citizens' Rights and Constitutional Affairs, European Parliament Brussels, 2011, p. 26。关于司法判例的有关论述，主要参见该文章的部分内容。

② See Case 20–71, *Luisa Sabbatini, née Bertoni, v European Parliament*, Judgment of the Court (Second Chamber), ECLI:EU:C:1972:48, 7 June 1972.

③ Judgments of 7 June 1972 in Case 20/71, *Luisa Sabbatini, née Bertoni*, v European Parliament (ECR 1972, p. 345) and of 7 June 1972 in Case 32/71, *Monique Chollet, née Bauduin, v Commission of the European Communities* (ECR 1972, p. 363).

④ See Case 149/77, *Gabrielle Defrenne v Société anonyme belge de navigation aérienne Sabena*, Judgment of the Court, ECLI:EU:C:1978:130, 15 June 1978, para. 27–29. 同时，*Sabbatini-Bertoni* 案由于其司法价值，在后续具有类似争端的职员案件中也被反复适用。（例如，参见 Joined cases 15 to 33, 52, 53, 57 to 109, 116, 117, 123, 132 and 135 to 137–73, *Roswitha Schots, née Kortner, and others v Council and Commission of the European Communities and the European Parliament*, ECLI:EU:C:1974:16, 21 February 1974, para. 25; Case T–45/90, *Alicia Speybrouck v European Parliament*, Judgment of the Court of First Instance (Fifth Chamber), ECLI:EU:T:1992:7, 28 January 1992, para. 48.）

权利的确认，使得该案在相关的职员判决中得到引用。①

　　内部司法上诉机构除适用包括职员判例以及其他判例在内的欧盟法院判例外，还适用了欧盟法院外的判例，即欧洲人权法院的相关判例。② 关于适用欧洲人权法院判例的原因，总法律顾问皮卡梅（Pikamäe）在 UZ 案的上诉案件中进行了较为清晰的阐述，他认为："各项条约和《欧盟法院规约》为超国家层面的独立司法活动提供了基础，使得法院可以完全公正地处理提交给它的案件。如果这些规范没有以适当方式对于某些程序性问题的处理作出具体规定，法院往往可以从欧洲人权法院的判例法中得到启发，因为该法院是负责解释《欧洲人权公约》的国际司法机构，反映了各成员国共同的宪法传统"，毕竟"众所周知，欧洲人权法院的案例法是欧盟内部解释这些一般原则的权威来源。"③

---

① See eg., Case T–181/01, *Chantal Hectors v European Parliament, Judgment of the Court of First Instance (Fifth Chamber)*, ECLI:EU:T:2003:13, 23 January 2003, para. 117; Case F–125/15, *HB v European Commission*, Judgment of the Civil Service Tribunal (Second Chamber), ECLI:EU:F:2016:164, 21 July 2016, para. 75.

② See Case C–831/18 P, *European Commission v RQ*, Judgment of the Court (Fourth Chamber), ECLI:EU:C:2020:481, 18 June 2020, para. 110.

③ Case C–894/19 P, *European Parliament v UZ*, Opinion of Advocate General Pikamäe, Judgment of the Court (Second Chamber), ECLI:EU:C:2021:497, 17 June 2021, para. 59.

结　论

虽然目前欧盟内部司法上诉机制处于发展阶段，且仍然有许多需要完善的地方，但该机制相比于其他国际组织已相当成熟，形成了一套丰富的制度体系，并对欧盟内部秩序的正常运转发挥了重要的作用。通过前文对欧盟内部司法上诉机制的设立依据、司法架构、内部组织、上诉程序以及法律适用等内容进行的较为详细的分析论证，似乎可以初步得出如下四个结论。

结论一：欧盟内部司法上诉机制使欧盟职员的权益保障更加充分。

国际组织内部司法机构发展至今，始终绕不开人权保障这个重要的主题。国际组织对于其职员权利的司法保障义务源于成员国的权力让渡。作为权力让渡的影响之一，组织能够享有相应的特权与豁免，其中就包括国家对于组织职员与行政当局权益争端的管辖权豁免。但组织享有特权与豁免的事实并不免除组织相应的义务，其在获得权力的同时也需要承担原本由成员国所需要承担的为此类职员提供司法保障的义务。①

这类义务往往可以在国际组织的基本文件中找到。早在 1954 年，国际法院就在 Effect of Awards 案中表示，如果联合国组织不向其职员提供司法救济以解决职员争端，则很难符合其《宪章》中促进个人自由和正义的明确目

---

① 在这里有必要回顾总法律顾问皮卡梅（Pikamäe）在欧盟职员的上诉案件中的观点："条约赋予了它（欧盟）一些权力，这些权力唤起了它拥有的成员国所固有的一系列特征"，这包括了《欧洲联盟条约》序言中提到的对"人的不可侵犯和不可剥夺的权利、自由、民主、平等和法治"的普遍价值观的承认，而"从不同的角度来看，可以说保证这些原则和价值观是向欧盟转移权力的必要条件"。（Case C-894/19 P, *European Parliament v UZ*, Opinion of Advocate General Pikamäe, Judgment of the Court (Second Chamber), ECLI:EU:C:2021:497, 17 June 2021, paras. 55, 56.）

的。① 欧盟也可进行类似的推论，甚至更为直接。《欧盟条约》第 6 条第 1 款规定，欧盟承认 2000 年 12 月 7 日《欧盟基本权利宪章》中规定的权利、自由和原则，该宪章与条约具有相同的法律价值，同时，该条第 2 款还规定，欧盟应加入《欧洲人权公约》。因此，对于职员个人权利的保障一直是欧盟内部司法需要履行的重要义务。在上诉案件 Koldo Gorostiaga Atxalandabaso 案中，法院就表示："获得公平审判的权利主要来自《欧洲保护人权和基本自由公约》第 6（1）条。这构成了欧盟根据第 6（2）条尊重的基本权利。这种权利必然意味着每个人都可以求助于独立和公正的法庭。"②

上诉机制的设立使得欧盟对于职员权利的保障更加充分。在欧共体理事会设立司法上诉机制的决议中，立法机关就将加强对于个人权益的司法保护作为设立初审法院根本目的之一。③ 具体到职员案件，则要求欧盟内部司法上诉机制对欧盟职员的权益进行充分保障。

上诉机制实现该目标最为直接的体现，是它为职员提供了对初审判决进行重新裁判的可能性。④ 这使得案件得到公正处理的可能性大大增加，在没有上诉权保障的情况下，下级法院有时可以任意行事。⑤ 在职员案件中，由于职员与机构之间在人力、财务等方面的巨大差异，再加上机构的行为一般都被推定合法，行为违法的证明责任需要由职员承担，导致在案件诉讼中双方的诉讼地位往往不那么平等。所以，职员案件的司法审理可能更容易作出对职员不利的判决。此时，为其在程序上提供纠错的司法途径显得尤为重要。

同时，上诉机制还通过上诉机构与初审机构之间的职能分工提高了案件

---

① See ICJ Reports, *Effect of Awards of Compensation Made by the United Nations Administrative Tribunal*, Advisory Opinion, 1954, p. 14.

② Case C–308/07 P, *Koldo Gorostiaga Atxalandabaso v European Parliament*, Judgment of the Court (First Chamber), ECLI:EU:C:2009:103, 19 February 2009, para. 41–42.

③ See Council of the European Communities, *88/591/ECSC, EEC, Euratom: Council Decision of 24 October 1988 establishing a Court of First Instance of the European Communities*, Official Journal of the European Communities L 319, 25 October 1988.

④ See Richard Nobles & David Schiff, "The Right to Appeal and Workable Systems of Justice", *The Modern Law Review*, Vol.65, No.5, 2002, pp. 678–679.

⑤ See Rishi Gulati, "The Internal Dispute Resolution Regime of the United Nations––Has the Creation of the United Nations Dispute Tribunal and United Nations Appeals Tribunal Remedied the Flaws of the United Nations Administrative Tribunal?", in A. von Bogdandy and R. Wolfrum eds., *Max Planck Yearbook of United Nations Law*, Volume 15, 2011, p. 506, note 67.

的判决质量。建立上诉机制的另一个目的为保持欧盟法律体系内司法保护的质量和有效性，并使上诉机构能够专注于其作为法律体系中最高法院的主要任务，即纠正任何可能使被上诉的判决无效的法律错误，排除任何可能减损欧盟法律秩序一致性的法律问题。① 从前文所引用的各类职员上诉案件可以看出，欧盟内部司法机制中关于司法管辖权、诉讼程序以及规范适用的法律问题，往往能够通过上诉机构得到更合适的处理。可以看出，上诉机制还能通过实质上裁判质量的提高进一步维护职员的法律权利。

因此，不论是程序层面还是实质层面，上诉机制都能为职员的权益提供更加充分、全面的司法保障。

结论二：欧盟内部司法上诉机制能够更好地推动欧盟内部法治建设。

欧盟内部司法上诉机制除为组织职员权利的保障提供司法救济外，还有一个相当重要的目的，即维护欧盟的内部法治，这主要涉及职员案中作为另一当事方的机构当局。欧盟是一个"基于法治的联盟"②，只要法律秩序赋予其行政机构权力，使机构能够影响自然人和法人的法律地位，就有必要使这些权力的行使受到限制，以保障这些人的合法利益。③ 而这一限制的重要内容包括了司法机构的审查。欧盟内部司法上诉机构在判决中曾表示："欧盟是建立在平等和法治的价值观之上的。旨在确保遵守欧盟法律规定的有效司法审查的存在，是法治存在的内在要求"。因此，欧盟的司法系统是一个完整的法律救济以及法律程序系统，旨在确保对欧盟各机构的行为的合法性进行审查。④

① See Case C–132/90 P, *Georg Schwedler v European Parliament*, Opinion of Mr Advocate General Tesauro, ECLI:EU:C:1991:288, 3 July 1991, para. 2.

② 参见 Case C–336/09 P, *Republic of Poland v European Commission*, Judgment of the Court (Grand Chamber), ECLI:EU:C:2012:386, 26 June 2012, para. 36.。判决的具体表述为："欧盟是一个基于法治的联盟，其机构须接受审查，以确定其行为是否符合条约和法律的一般原则。"虽然该判决不属于职员案件，但其表述的内容具有普通性与抽象性，因此在一定程度上也可适用于职员案件。

③ Case C–894/19 P, *European Parliament v UZ*, Opinion of Advocate General Pikamäe, Judgment of the Court (Second Chamber), ECLI:EU:C:2021:497, 17 June 2021, paras. 65–66.

④ See Case C–14/19 P, *European Union Satellite Centre v KF*, Judgment of the Court (Second Chamber), ECLI:EU:C:2020:492, 25 June 2020, paras. 58, 60.

与一审终审的司法机制不同，上诉机制通过设立上诉机构，并赋予其法律审理的职能，使组织的内部司法系统对于行政行为合法性审查的能力得到进一步加强，因此能够更好地推动欧盟内部法治建设。

除此之外，欧盟内部上诉机制的设立还能有效协调组织内部法治中司法机关与行政机关的关系。正如曾作为上诉机构的普通法院所承认的，欧盟法律并未明确规定行政当局在违反法院命令后的制裁措施。[①] 但不论是案件的审理，还是判决的执行，都离不开行政当局的配合与协作。因此如何处理好与行政当局的关系，是组织内部司法机关必须要考虑的一个问题。

根据权利平等原则，如果一方当事人有上诉权，只要满足相关条件，其他当事方也必须有这种权利。[②] 上诉机构正是通过给予行政当局上诉的可能性来更好的处理其与行政机关的关系。这是因为初审判决有时也存在让行政当局不满意，或对行政当局不公的情况，因此欧盟内部司法系统不仅需要维护职员的司法权利，也需要为行政当局提供一次纠正初审判决的机会。在这个过程中，上诉机构能够通过司法程序更好地听取行政当局的观点，并进一步处理行政当局的诉求，避免了权力机关之间的激烈对抗。同时，司法机关的权威性也在与行政机关非对抗式的协商、沟通中得到增强。这种司法权威是构建组织内部法治的权力分立所必要的。

结论三：欧盟内部司法上诉机制是利益、价值的协调与平衡机制。

在论述欧盟内部司法上诉机制的过程中，可以发现，虽然上诉机构主要负责处理职员与行政当局之间的法律纠纷，但在这个过程中却还需要处理与司法审查存在直接或间接联系的多方利益关系。

首先，作为职员案件的当事方，对职员与行政当局关系的处理是欧盟内司法上诉机制首要的考虑对象；其次，出于组织内部法治建设的要求，欧盟

---

① See Case T–560/08 P, *European Commission v Stefan Meierhofer*, Judgment of the General Court (Appeal Chamber), ECLI:EU:T:2010:192, 12 May 2010, para. 73.

② 参见 Case C–150/17 P, *European Union v Kendrion NV*, Judgment of the Court (First Chamber), Opinion of Advocate General Wahl, ECLI:EU:C:2018:612, 25 July 2018, para. 26。该案并非职员案件，但其观点具有一般适用性。

内部司法上诉机制在案件审理的过程中需要对行政行为的合法性进行审查，这使得上诉机构还需要处理司法机构与行政当局之间的关系；再者，欧盟内部司法上诉机制目前是一个拥有两级司法机构的机制，因此上诉机构还需要处理与初审机构之间的关系；最后，欧盟内部司法上诉机制从最宏观的视角而言，还需要在诸如法官的选任等某些方面处理与各成员国的权力分配关系。

与此同时，欧盟内部司法上诉机制还需要处理不同价值的冲突，其中较为核心的一对价值为公正与效率，此外司法独立性与司法问责制也是上诉机制经常需要处理的一对价值。由于两级司法架构的存在，使得上诉机制不同于具有单个司法机构的一审终审机制，它需要处理更为复杂的价值冲突，因此在对其司法制度及诉讼程序进行设计与完善时更加需要注重对于不同价值之间的协调与平衡。

这些价值也与上述各类主体关系的处理错综交融。例如，在处理职员与行政当局的关系时，上诉机构基于公正司法，可能需要给予职员充分与全面的上诉权保障，但处于案件积压的现实考虑，也会对职员的上诉权进行限制。而上诉机构在处理与组织行政当局以及成员国之间的关系时，应保障自身必要的独立性，但同时也应当对独立性加强带来的过于封闭的权力进行制约，此时就需要考虑问责制度的设计。

目前欧盟内部司法上诉机制对于这些关系的处理虽然不能达到一个完全平衡的状态，但也体现出相对的动态平衡。其中一个显著的特征是在上诉机制中，几乎可以认为不存在某一方或某一价值占绝对主导优势的制度或者标准，更多情况下是各主体与价值之间的兼顾与共存。

较为典型的一个例子为上诉机构在上诉管辖中对上诉诉求中行政行为受理范围的处理。一方面，法院体现出较为严格的受理审查方式，通过司法判例在法律规定之外形成了一套较为具体的评判标准，以防止不具有必要保障意义的案件进入诉讼程序。但在另一方面，上诉机构又对职员方的司法权利提供了充分且合理的保障，并不强调标准的形式性，即行为的外观，而更注重对行为实质影响的探求。[1]

---

[1] See Case T–308/19, *Arnaldo Lucaccioni v European Commission*, Order of the General Court (Fourth Chamber), ECLI:EU:T:2020:207, 13 May 2020, para. 45.

另一个例子则是上诉机构的司法审议模式。部分出于司法问责以及主权平等的考虑，法院的法官本质上由成员国选任，因此欧盟内部司法上诉机制在此方面的司法权受到较为严格的监督与制约，甚至在一定程度上影响到其司法独立性。因此，欧盟法院采用了较为独特的审议保密制度，法院所有的判决，从成立至今，都是以法院的名义作出的，没有一项判决包括单独的同意或反对意见。法院似乎是通过牺牲合理程度上的司法透明度来实现司法独立性，这使得法院与成员国的关系得到相对平衡，同时司法问责制与司法独立性也得以协调。

事实上，对于不同利益、价值处理的动态平衡在欧盟内部司法上诉机制中并不难见到，前文各章关于上诉机制司法架构、内部组织、上诉程序以及法律适用的研究中经常会体现出此类"平衡的艺术"。因此，可以认为欧盟内部司法上诉机制是欧盟内部法律秩序中利益、价值的协调与平衡机制。

结论四：欧盟内部司法上诉机制是国际司法机制的重要创举。

在国际性司法机制中，欧盟内部司法上诉机制可以认为是具有开创性的较早的上诉机制。早在1978年，欧共体委员会就曾尝试为职员案件设立一个专门司法机构，并提交了一份关于"建立欧洲共同体行政法庭"的理事会条例提案，提案的内容相当详细，在这之中赋予欧共体法院对行政法庭的上诉管辖权。[①] 该方案虽然最终未能通过，但反映出欧盟内部司法上诉机制在较早的时候就初具雏形。在1988年10月24日，理事会成功通过了设立初审法院的第88/591号决定[②]，其中授予初审法院审理和裁决有关欧盟职员争端的司法管辖权。而同领域的国际组织内部司法机制中，只有联合国于2009年完成内部司法改革，建立了一个正式的内部司法上诉机制。所以可以认为，欧盟在

---

① See Council of the European Communities, *Proposal for a Council Regulation (Euratom, ECSC, EEC) amending the Staff Regulations of officials and Conditions of Employment of other servants of the European Communities and establishing an Administrative Tribunal of the European Communities (Presented to the Council by the Commission on 4 August 1978)*, Official Journal of the European Communities C 225, 22 September 1978, pp. 8–9.

② See Council of the European Communities, *88/591/ECSC, EEC, Euratom: Council Decision of 24 October 1988 establishing a Court of First Instance of the European Communities*, Official Journal of the European Communities L 319, 25 October 1988.

国际组织内部司法中已是一个相当成熟的上诉机制，甚至具有很大的超前性，大部分国际组织内部司法机构还未发展到欧盟的这一阶段。欧盟内部司法上诉机制的组织结构、上诉程序，乃至关于职员争端的司法判例都体现出许多独特的创新，例如能够缓解组织资源紧缺与积案压力的诉讼失败方支付费用的制度等。这些创新能够为目前国际组织内部司法中遇到的普遍性问题提供一套经历实践考验的有益方案，因此值得联合国上诉法庭、争议法庭，以及其他国际组织行政法庭参考借鉴。

除此之外，在整个国际司法领域中，除国际刑事法院（International Criminal Court）、欧洲人权法院等司法机构外，国际法院、国际海洋法法庭（International Tribunal for the Law of the Sea，ITLOS）等大部分机构的司法程序中通常不包含正式上诉的可能性。[①] 依此可以发现，具有上诉机制的司法机构在国际法领域是屈指可数的。

所以，欧盟内部司法上诉机制的出现显得难能可贵。尤其考虑到欧盟内部司法上诉机制的定位更偏向于行政法院，使得该上诉机制与其他上诉机制相比显得尤为不同，对上诉程序适用的司法领域进行了创新性的开拓。该机制的重要性还可以体现在诸多其他方面，例如，它构成了确保国际组织有效运作的一个重要工具，是组织及其职员独立性要求的直接必然结果。同时，目前关于全球治理以及透明度、合法性、法律程序审查、法治、问责制等概念的辩论，可以通过对内部司法上诉机制的研究而得到丰富。[②] 因此，欧盟内部司法上诉机制也为国际司法机构的发展提供了独特的范本与先例，对国际司法机制的理论完善、制度设计以及实践运作提供了有益的探索。最后，通过本书的分析研究，我们可以认为欧盟内部司法上诉机制是国际司法机制的重要创举。

---

① 《国际刑事法院罗马规约》第 81 条规定，对于国际刑事法院审判庭的决定，被告和检察官都可以向上诉庭提出上诉。而《欧洲人权公约》第 43 条规定，欧洲人权法院的大分庭可以审理由一方在分庭作出决定后的三个月内提交的案件，如果其判定该案件提出了一个具有普遍重要性的或涉及《欧洲人权公约》的解释与适用的"严重问题"。根据《关于争端解决规则与程序的谅解》（Understanding on Rules and Procedures Governing the Settlement of Disputes，DSU），世贸组织的上诉机构（Appellate Body of the World Trade Organization，WTOAB）可以审理针对专家小组报告中的法律问题的上诉。（参见 Understanding on Rules and Procedures Governing the Settlement of Disputes, in *The Uruguay Round agreements*, 1994, Annex 2, Art. 17.）

② See Santiago Villalpando, "The Law of the International Civil Service", in Jacob Katz Cogan, Ian Hurd, & Ian Johnstone eds., *The Oxford Handbook of International Organization*, Oxford University Press, 2016, p. 1084.

参考文献

一 外文参考文献

（一）论文

［1］A. C. Johnston: Judicial Reform and the Treaty of Nice, *Common Market Law Review*, Vol. 38, No. 3, 2022.

［2］Elisabetta Silvestri: The Pros and Cons of Judicial Specialization, in Xandra Kramer, Alexandre Biard, Jos Hoevenaars & Erlis Themeli eds., *New Pathways to Civil Justice in Europe Challenges of Access to Justice*, Cham: Springer, 2021.

［3］Joshua C. Fjelstul: How the Chamber System at the CJEU Undermines the Consistency of the Court's Application of EU Law, *Journal of Law and Courts*, 2021, https://www.joshuafjelstul.com/Fjelstul−CJEU−chambers.pdf.

［4］Kieran Bradley: Appointment and Dis−Appointment at the CJEU: Part I – The FV/ Simpson Litigation, *The Law & Practice of International Courts and Tribunals*, Vol. 20, 2021.

［5］Michal Bobek: What Are Grand Chambers for?, *Cambridge Yearbook of European Legal Studies*, Vol. 23, 2021.

［6］Michal Parizek& Matthew D Stephen: The long march through the institutions: Emerging powers and the staffing of international organizations, *Cooperation and Conflict*, 2021.

[7] Albertina Albors-Llorens: Judicial protection before the Court of Justice of the European Union, in Catherine Barnard and Steve Peers eds., *European Union Law* (3rd ed.), Oxford University Press, 2020.

[8] Charles N. Brower & Massimo Lando: Judges ad hoc of the International Court of Justice, *Leiden Journal of International Law*, Vol. 33, No. 2, 2020.

[9] Graham Butler: An Interim Post-Mortem Specialised Courts in the EU Judicial Architecture after the Civil Service Tribunal, *International Organizations Law Review*, Vol. 17, No. 3, 2020.

[10] Iana Kulinich: Some remarks on the legal institution of the Advocate General, *European Integration Studies*, Volume16, Number 1, 2020.

[11] Martti Koskenniemi & Ville Kari: Sovereign Equality, in Jorge E. Viñuales ed., *The UN Friendly Relations Declaration at 50: An Assessment of the Fundamental Principles of International Law*, Cambridge University Press, September 2020.

[12] Rishi Gulati: Acquired Rights in International Administrative Law, *Max Planck yearbook of United Nations law*, Vol. 24, 2020.

[13] Matthias Jacobs, Matthias Münder & Barbara Richter: Subject Matter Specialization of European Union Jurisdiction in the Preliminary Rulings Procedure, *German Law Journal*, Vol. 20, Iss. 8, 2019.

[14] Noam Zamir & Peretz Segal: Appeal in International Arbitration—an efficient and affordable arbitral appeal mechanism, Arbitration International, Vol. 35, 2019.

[15] Arnull Anthony: The Court of Justice Then, Now and Tomorrow, in Derlén, M and Lindholm, J eds., *The Court of Justice of the European Union*, Multidisciplinary Perspectives. Hart Publishing, 2018.

[16] C. F. Amerasinghe: International Administrative Tribunals, in Cesare P. R. Romano, Karen J. Alter, and Yuval Shany eds., *The Oxford Handbook of International Adjudication*, Oxford University Press, 2018.

[17] Christoph Krenn: Self-Government at the Court of Justice of the European Union: A Bedrock for Institutional Success, *German Law Journal*, Vol. 19, No. 07, 2018

[18] Henriikka Leppo, *Improving The Court System of The European Union?: The 2015 reform of the General Court in historical context and looking ahead,*

University of Helsinki, Faculty of Law, Licentiate Thesis in EU Law, June 2018.

[19] Kieran Bradley: European Union Civil Service Law, in Herwig C. H. Hofmann, Gerard C. Rowe, and Alexander H. Türk ed., *Specialized Administrative Law of the European Union: A Sectoral Review*, Oxford University Press, 2018.

[20] Takis Tridimas: The Court of Justice of the European Union, in R. Schütze and T. Tridimas eds., *Oxford Principles of European Union Law: Volume 1: The European Union Legal Order*, Oxford University Press, 2018.

[21] Anastasia Eriksson, Mingzhu Li, Omar Shalaby, Alberto Alemanno & Paige Morrow, "Transparent Selection of Judges for EU Courts: Complaint to the European Ombudsman", *HEC Paris Research Paper No. LAW-2017-1239*, 21 November 2017.

[22] Andres Sarmiento Lamus & Walter Arévalo Ramírez, "Non-appearance before the International Court of Justice and the Role and Function of Judges ad hoc", *The Law & Practice of International Courts and Tribunals*, Vol. 16, Iss. 3, 2017

[23] Alberto Alemannoand Laurent Pech: Thinking Justice Outside the Docket: A Critical Assessment of the Reform of the EU's Court System, *Common Market Law Review*, Vol. 54, No. 1, 26 January 2017.

[24] Christoph Krenn: The European Court of Justice's Financial Accountability: How the European Parliament Incites and Monitors Judicial Reform through the Budgetary Process", *European Constitutional Law Review*, Vol. 13, Iss. 3, 2017.

[25] Dražen Petrović: Longest-Existing International Administrative Tribunal: History, Main Characteristics and Current Challenges, in Dražen Petrović, ed., *90 Years of Contribution of the Administrative Tribunal of the International Labour Organization to the Creation of International Civil Service Law*, Geneva: ILO Publication, 2017.

[26] Jeffrey L. Dunoff & Mark A. Pollackp: The Judicial Trilemma, *The American Society of International Law*, Vol. 111, 2017.

[27] Laurence Fauth: Due Process and Equality of Arms in the Internal Appeal: New Developments from Judgments 3586 and 3688, in Dražen Petrović, ed., *90 Years of Contribution of the Administrative Tribunal of the International Labour Organization to the Creation of International Civil Service Law*, Geneva: ILO

Publication, 2017.

[28] Marc Jaeger: 25 years of the General Court: Looking back and forward, in V. Tomljenović, N. Bodiroga–Vukobrat, V. Butorac Malnar, I. Kunda eds., *EU Competition and State Aid Rules: Public and private Enforcement*, Springer, 2017.

[29] Michal Bobek: The Court of Justice of the European Union, in Anthony Arnull, Damian Chalmers eds., *The Oxford handbook of European Union law*, Oxford University Press, 2017.

[30] Rishi Gulati: An International Administrative Procedural Law of Fair Trial: Reality or Rhetoric?, *Max Planck Yearbook of United Nations Law Online*, Vol. 21, No.1, 2017.

[31] Sophie Turenne: Institutional constraints and collegiality at the Court of Justice of the European Union: A sense of belonging?, *Maastricht Journal of European and Comparative Law*, Vol. 24, 2017.

[32] Urška Šadl & Suvi Sankari: The Elusive Influence of the Advocate General on the Court of Justice: The Case of European Citizenship, *Yearbook of European Law*, Vol. 36, No. 1, 2017.

[33] Zoltán Szente: Conceptualising the principle of effective legal protection in administrative law, in Zoltán Szente & Konrad Lachmayer eds., *The principle of effective legal protection in administrative law: a European comparison*, Routledge, 2017.

[34] Angela Huyue Zhang: The Faceless Court, *University of Pennsylvania Journal of International Law*, Vol. 38, Iss. 1, 2016.

[35] Carlos Arrebola, Ana Júlia Maurício & Héctor Jiménez Portilla: An Econometric Analysis of the Influence of the Advocate General on the Court of Justice of the European Union, *Cambridge International Law Journal*, Vol. 5 No. 1, 2016.

[36] Chiara Giorgetti: International adjudicative bodies, in Jacob Katz Cogan, Ian Hurd, & Ian Johnstone eds., *The Oxford Handbook of International Organization*, Oxford University Press, 2016.

[37] Franklin Dehousse, "The Reform of the EU Courts (II): Abandoning the Management Approach by Doubling the General Court", *Egmont Institute*, Egmont Papers 83, March 2016.

[38] Inga Jablonskaitė−Martinaitienė & Natalija Točickienė: Procedure before the European Union Civil Service Tribunal: Specific aspects, *International Comparative Jurisprudence*, September 2016.

[39] Leonardo Pierdominici: *Mimetic Evolution. New Comparative Perspectives on the Court of Justice of the European Union in its Federal Judicial Architecture*, Doctor of Laws Thesis, European University Institute, 29 February 2016.

[40] Memooda Ebrahim−Carstens: Gender Representation on the Tribunals of the United Nations Internal Justice System: A Response to Nienke Grossman, *AJIL* Unbound, Vol. 110, 2016.

[41] Peter L. Lindseth: Supranational Organizations, in Jacob Katz Cogan, Ian Hurd, & Ian Johnstone eds., *The Oxford Handbook of International Organization*, Oxford University Press, 2016.

[42] Peter S. Poland: Appellate Remedy: The Ancient Precedents of a Modern Right, *The Journal of Appellate Practice and Process*, Vol. 17, Iss.1, 2016.

[43] Santiago Villalpando: Managing international civil servants, in Sabino Cassese ed., *Research Handbook on Global Administrative Law*, Edward Elgar Publishing, 2016.

[44] Santiago Villalpando: The law of the international civil service, in Jacob Katz Cogan, Ian Hurd, & Ian Johnstone eds., *The Oxford Handbook of International Organization*, Oxford University Press, 2016.

[45] Georges Vandersanden: The Real Test–How to Contribute to a Better Justice The Experience of the Civil Service Tribunal, in Michal Bobek ed., *Selecting Europe's Judges: A Critical Review of the Appointment Procedures to the European Courts*, Oxford University Press, 2015.

[46] Haris Tagaras: Comparative Law and the European Union Civil Service Tribunal, in Mads Andenas & Duncan Fairgrieve eds., *Courts and Comparative Law*, Oxford University Press, 2015.

[47] Michal Bobek: Epilogue: Searching for the European Hercules, in Michal Bobek ed., *Selecting Europe's Judges: A Critical Review of the Appointment Procedures to the European Courts*, Oxford University Press, 2015.

[48] Henri de Waele: Not Quite the Bed that Procrustes Built: Dissecting the System

for Selecting Judges at the Court of Justice of the European Union, in Michal Bobek ed., *Selecting Europe's Judges: A Critical Review of the Appointment Procedures to the European Courts*, Oxford University Press, 2015.

[49] Michal Bobek: Prologue: The Changing Nature of Selection Procedures to the European Courts, in Michal Bobek ed., *Selecting Europe's Judges: A Critical Review of the Appointment Procedures to the European Courts*, Oxford University Press, 2015.

[50] Stéphanie Cartier & Cristina Hoss: The Role of Registries and Legal Secretariats in International Judicial Institutions, in P. R. Romano, Karen J. Alter & Yuval Shany eds., *The Oxford Handbook of International Adjudication,* Oxford University Press, 2015.

[51] Jaime Rodriguez Medal: Transparency in the staff selection procedure of the EU institutions : comments on the Pachtitis case, *European Journal of Legal Studies*, Vol. 7, No. 1, 2014.

[52] Jeremy Waldron: Five to Four: Why Do Bare Majorities Rule on Courts?, *Yale Law Journal*, Vol. 123, No. 6, 2014.

[53] Marijn Van Der Sluis, Tomáš Dumbrovský & Bilyana Petkova: Judicial Appointments: The Article 255 TFEU Advisory Panel and Selection Procedures in the Member States, *Common Market Law Review*, Vol. 51, Iss. 2, 2014.

[54] Jean−Marc Sauvé: Le rôle du comité 255 dans la sélection du juge de l' Union, in Rosas, Levits and Bots eds., *The Court of Justice and the construction of Europe: Analyses and perspectives on sixty years of case-law*, Asser Press, 2013.

[55] Antonin Cohen: Ten Majestic Figures in Long Amaranth Robes: The Formation of the Court of Justice of the European Communities, in A. Vauchez and B. de Witte eds., *Lawyering Europe*, Hart Publishing, 2013.

[56] Heike Gramckow & Barry Walsh: Developing Specialized Court Services: International Experiences and Lessons Learned, *Justice and Development Working Paper Series*, The World Bank, 2013.

[57] Jeffrey L. Dunoff: Is Sovereign Equality Obsolete? Understanding Twenty−First Century International Organizations, in Janne Elisabeth Nijman and Wouter G Werner eds., *Netherlands Yearbook of International Law 2012: Legal Equality*

and the International Rule of Law - Essays in Honour of P.H. Kooijmans, The Netherlands: T.M.C. Asser Press, 2013.

[58] Olufemi Elias & Melissa Thomas: Administrative Tribunals of International Organizations, in Chiara Giorgetti ed., *The Rules, Practice and Jurisprudence of International Courts and Tribunals*, Leiden: Martinus Nijhoff, 2013.

[59] Roger J. Goebel: Supranational? Federal? Intergovernmental? The Governmental Structure of the European Union After the Treaty of Lisbon Structure of the European Union After the Treaty of Lisbon, *Columbia Journal of European Law*, Vol. 20, 2013.

[60] Ditlev Tamm: The History of the Court of Justice of the European Union Since its Origin, in Y. Bot, in A. Rosas and E. Levits eds., *The Court of Justice and the Construction of Europe: Analyses and Perspectives on Sixty Years of Case Law*. T.M.C. Asser Press 2013.

[61] Stan Keillor: Should Minnesota Recognize a State Constitutional Right to a Criminal Appeal?, *Hamline Law Review*, Vol. 36, No. 3, 2013.

[62] Albertina Albors−Llorens: Securing Trust in the Court of Justice of the EU: the Influence of the Advocates General, *The Cambridge Yearbook of European Legal Studies*, Vol. 14, 2012.

[63] C. F. Amerasinghe: Reflections on the Internal Judicial Systems of International Organizations, in Olufemi Elias ed., *The Development and Effectiveness of International Administrative Law*, Martinus Nijhoff Publishers, 2012.

[64] Julian Currall: Particularities of the procedure before the Civil Service Tribunal, *ERA Forum*, 2012.

[65] Laure Clément−Wilz: The Advocate General: A Key Actor of the Court of Justice of the European Union, *Cambridge Yearbook of European Legal Studies*, Vol. 14, 2012.

[66] Michal Bobek, "A Fourth in the Court: Why Are There Advocates General in the Court of Justice?" , *Cambridge Yearbook of European Legal Studies*, Vol. 14, 2012.

[67] Waltraud Hakenberg: The European Union Civil Service Tribunal: A Three−tier Structure, in Olufemi Elias ed., *The Development and Effectiveness of*

International Administrative Law, Martinus Nijhoff Publishers, 2012.

[68] Augustin Gordillo: Access to Justice, Legal Certainty and Economic Rationality, in Gordon Anthony, Jean−Bernard Auby, John Morison & Tom Zwart eds., *Values in global administrative law*, Oxford (UK) & Portland, Oregon (USA), Hart, 2011.

[69] Josef Azizi: Unveiling the EU Courts' Internal Decision−Making Process: A Case for Dissenting Opinions?, *ERA Forum*, Vol. 12, No. 1, 2011.

[70] Jesús Fuentetaja, European Union Civil Service Law, European Parliament Directorate for Citizens' Rights and Constitutional Affairs, Brussels: European Parliament, 2011.

[71] Louise Otis & Eric H. Reiter: The Reform of the United Nations Administration of Justice System: The United Nations Appeals Tribunal after One Year, *The law and Practice of International Courts and Tribunals*, 2011.

[72] L. Sevón: The Procedure for Selection of Members of the Civil Service Tribunal: A Pioneer Experience, *Human Right Law Journal*, Vol. 31, No. 1, 2011.

[73] Nicolas Lhoëst: European Union Civil Service Tribunal Case−Law: How to Reconcile Judicial Review and the Human Dimension?, *Human Rights Law Journal*, Vol. 31, No.1, 2011.

[74] Rishi Gulati, The Internal Dispute Resolution Regime of the United Nations−−Has the Creation of the United Nations Dispute Tribunal and United Nations Appeals Tribunal Remedied the Flaws of the United Nations Administrative Tribunal?, in A. von Bogdandy and R. Wolfrum eds., *Max Planck Yearbook of United Nations Law*, Volume 15, 2011.

[75] Spyros A. Pappas, "Case−Law of the European Union Civil Service Tribunal: Re−Starting or Continuation?", *Human Rights Law Journal*, Vol. 31, No.1, 2011.

[76] Giuseppe Dari−Mattiacci, Nuno Garoupa & Fernando Gomez−Pomar: State Liability, *European Review of Private Law*, Vol. 18, No. 4, 2010.

[77] Lord Woolf: Foreword, in R Mackenzie, K Malleson, P Martin, and P Sands eds., *Selecting International Judges: Principles, Process and Politics*, Oxford University Press, 2010.

［78］René Barents: The Court of Justice after the Treaty of Lisbon, *Common Market Law Review*, Vol. 47, 2010.

［79］Hannes Kraemer: The European Union Civil Service Tribunal: a new Community court examined after four years of operation, *Common Market Law Review*, Vol. 46, No. 6, December 2009.

［80］Lawrence Baum: Probing the Effects of Judicial Specialization, *Duke Law Journal*, Vol. 58, Iss. 7, 2009.

［81］Markus B. Zimmer: Overview Of Specialized Courts, *International Journal For Court Administration*, August 2009.

［82］Phyllis Hwang: Reform of the Administration of Justice System at the United Nations, *The Law and Practice of International Courts and Tribunals*, Vol. 8, 2009.

［83］Vlad Perju: Reason and Authority in the European Court of Justice, *Virginia journal of international law*, Vol. 49, No. 2, 2009.

［84］Anne Boerger−De Smedt: La Cour de Justice dans les negociations du traite de Paris instituant la CECA, *Journal of European Integration History*, Vol. 14, No. 2, 2008.

［85］Benedict Kingsbury & Richard B. Stewart: Legitimacy and Accountability in Global Regulatory Governance: The Emerging Global Administrative Law and the Design and Operation of Administrative Tribunals of International Organizations, in Papanikolaou ed., United Nations Administrative Tribunal Conference, *International Administrative Tribunals in a Changing World*, London: Esperia Publication LTD, 2008.

［86］Erik Voeten: The Impartiality of International Judges: Evidence from the European Court of Human Rights, *American Political Science Review*, Vol. 102, No. 4, 2008.

［87］N. Forwood: The Court of First Instance, its Development, and Future Role in the Legal Architecture of the European Union, in A. Arnull et al eds., *Continuity and Change in EU Law: Essays in Honour of Sir Francis Jacobs*, Oxford University Press, 2008.

［88］Paul Mahoney: The International Judiciary – Independence and Accountability,

The Law and Practice of International Courts and Tribunals, Vol. 7, No. 3, 2008.

[89] S. Battini: Political Fragmentation and Administrative Integration: the Role of the International Civil Service, in Papanikolaou ed., United Nations Administrative Tribunal Conference, *International Administrative Tribunals in a Changing World*, London: Esperia Publication LTD, 2008.

[90] S. Chesterman: An International Rule of Law?, *American Journal of Comparative Law*, Vol. 56, 2008.

[91] Wayne Martin, *Rule of Law: The Challenges of a Changing World Judicial Appointments and Judicial Independence*, Law Council of Australia Conference, 31 August 2007.

[92] L. Azoulai: Le principe de bonne administration, in J.–B. Auby and J. Dutheil de la Rochère eds., *Droit Administratif Européenne*, Bruylant, 2007.

[93] Coulon: Les mutations du Tribunal de premiere instance sous la presidence de Bo Vesterdorf: La continuite dans le changement, in Baudenbacher, Gulmannn, Lenaerts, Coulon andBarbier de la Serre eds., *Liber amicorum en l'honneur de Bo Vesterdorf*, Brussels, 2007.

[94] Francesco Francioni: The Rights of Access to Justice under Customary Law, in Francesco Francioni ed., *Access to Justice as a Human Right*, Oxford University Press, 2007.

[95] K. Malleson: Introduction, in K. Malleson, Peter H. Russell eds., *Appointing Judges in an Age of Judicial Power: Critical Perspectives from Around the World*, University of Toronto Press, 2007.

[96] Cyril Ritter: A New Look at the Role and Impact of Advocates–General – Collectively and Individually, *Columbia Journal of European Law*, Vol. 12, No. 3, 2006.

[97] Hazel Cameron: Establishment of the European Union Civil Service Tribunal, *The Law and practice of international courts and tribunals*, Vol. 5, August 2006.

[98] Kanninen: Le Tribunal de la fonction publique de l'UE–la première juridiction spécialisée dans le système juridictionnel de l'Union européenne, in Johansson, Wahl and Bernitz eds., *Liber Amicorum in honour of Sven Norberg*, Brussels, 2006.

[99] M. Andenas, D. Fairgrieve: Judicial Independence and Accountability: National Traditions and International Standards, in G. Canivet, M. Andenas, D. Fairgrieve eds., Independence, *Accountability and the Judiciary*, British Institute of International and Comparative Law, 2006.

[100] Ad Geelhoed: The expanding jurisdiction of the EU court of justice, in D. Curtin, A.E. Kellerman, and S. Blockmans eds., *The EU Constitution: the best way forward?*, T.M.C. Aseer Press, 2005.

[101] D. Woodhouse: Judges and the Lord Chancellor in the Changing United Kingdom Constitution: Independence and Accountability, *Public Law Review*, Vol. 16, No. 3, 2005.

[102] Iain Scobbie: Une Heresie en Matiere Judiciaire'? The Role of the Judge ad hoc in the International Court, *The Law & Practice of International Courts and Tribunals*, Vol. 4, No. 3, 2005.

[103] Ruth W. Grant & Robert O. Keohane: Accountability and Abuses of Power in World Politics, *American Political Science Review*, Vol. 99, No. 1, 2005.

[104] Julia Laffranque: Dissenting Opinion in the European Court of Justice —Estonia's Possible Contribution to the Democratisation of the European Union Judicial System, *Juridical International*, Vol. 9, 2004.

[105] P. Mathijsen: Le début: la Cour CECA, in M. Lagrange ed., *La Cour de justice des Communautés européennes 1952–2002: Bilan et perspectives*, Bruylant, 2004.

[106] Karin Oellers−Frahm: Der institutionelle Rahmen: Status, Ausstattung und Personalhoheit internationaler Gerichte: der IGH, der Internationale Strafgerichtshof und das Jugoslawien−Tribunal im Vergleich, *Europäische Grundrechte-Zeitschrift Europaische Grundrechte Zeitschrift*, Vol. 30, 2003.

[107] J. H. H. Weiler: Epilogue: The Judicial Après Nice, in Gráinne de Búrca & J. H. H. Weiler eds., *The European Court of Justice*, Oxford University Press, 2002.

[108] Richard Nobles & David Schiff: The Right to Appeal and Workable Systems of Justice, The Modern Law Review, Vol.65, No. 5, September 2002.

[109] Sally J. Kenney: Beyond Principals and Agents: Seeing Courts as Organizations by Comparing Référendaires at the European Court of Justice and Law Clerks at

the U.S. Supreme Court, *Comparative Political Studies*, Vol. 33, No. 5, 2000.

［110］Richard H. Fallon, Jr.: "The Rule of Law" as a Concept in Constitutional Discourse, *Columbia Law Review*, Vol. 97, No. 1, 1997.

［111］David Dyzenhaus: The Legitimacy of Legality, *The University of Toronto Law Journal*, Vol. 46, No. 1, 1996.

［112］Michael Singer: Jurisdictional Immunity of International Organizations: Human Rights and Functional Necessity Concerns, *Virginia Journal of International Law*, Vol. 36, No. 1, 1995.

［113］David T Keeling & G Federico Mancini: Democracy and the European Court of Justice, *Modern Law Review*, Vol. 57, No. 2, 1994.

［114］R. MacDonald: Access to Justice and Law Reform, *Windsor Yearbook of Access to Justice*, 1990.

［115］Eric Van Ginderachter: Le tribunal de première instance des communautés européennes : un nouveau-né prodige?, *Cahiers de droit européen*, Vol. 25, 1989.

［116］Gordon Slynn, "Court of First Instance of the European Communities", *Northwestern journal of international law and business*, Winter 1989.

［117］Y. Galmot: Le Tribunal de premiere instance des Communautés européennes, *Revue française de droit administratif*, 1989.

［118］118. Ruzié David: Jurisprudence du Tribunal administratif de l' Organisation internationale du Travail, *Annuaire français de droit international*, Volume 35, 1989.

［119］R. Joliet and W. Vogel: Le Tribunal de premiere instance des Communautés européennes, *Revue du Marché commun*, 1989.

［120］Tom Kennedy: The essential minimum: the establishment of the Court of First Instance, *European law review*, Vol. 14, No. 1, 1989.

［121］Kirsten Borgsmidt: The Advocate General at the European Court of Justice: A comparative study, *European Law Review*, Vol. 13, 1988.

［122］Olé Dué: The Court of First Instance, *Yearbook of European Law*, Vol. 8, Iss. 1, 1988.

［123］A. Tizzano: La Cour de justice et l'Acte unique européen, in F Capotorti ed., *Du*

droit international au droit de l'intégration, Liber Amicorum Pierre Pescatore,
Baden- Baden, Nomos, 1987.

[124]U. Everling: Die Errichtung eines Gerichts erster Instanz der Europäischen
Gemeinschaften, in J Schwarze ed., *Fortentwicklung des Rechtsschutzes in der
Europäischen Gemeinschaft,* Baden-Baden, Nomos, 1987.

[125]Shimon Shetreet: Judicial Independence: New Conceptual Dimensions and
Contemporary Challenges, in Shimon Shetreet & Jules Deschenes eds., *Judicial
Independence: The Contemporary Debate,* Dordrecht, the Netherlands: Martinus
Nijhoff, 1985.

[126]A. A. Dashwood: The Advocate General in the Court of Justice of the European
Communities, *Legal Studies,* Vol. 2, No. 2, 1982

[127]Thomas G. Weiss: International Bureaucracy: The Myth and Reality of the
International Civil Service, *International Affairs (Royal Institute of International
Affairs 1944-),* Vol. 58, No. 2, Spring, 1982.

[128]Aristide Theodorides: The Concept of Law in Ancient Egypt, in JR Harris ed.,
The Legacy of Egypt, Oxford: Clarendon Press, 1971.

[129]Il Ro Suh: Voting Behavior of National Judges in International Courts, *American
Journal of International Law,* Vol. 63, 1969.

[130]Anik Antoine: La cour de justice de la C.E.C.A. et la Cour Internationale de
Justice: étude critique de la cour de justice de la C.E.C.A., *Revue générale de
droit international public,* Nr. 2, 1953.

[131]Hans Kelsen: The Principle of Sovereign Equality of States as a Basis for
International Organization, *The Yale Law Journal,* Vol. 53, No. 2, 1944.

[132]Lester B. Orfield: History of Criminal Appeal in England, *Missouri Law Review,*
Vol. 1, Iss. 4, 1936.

（二）著作

[1]John Bell & François Lichère: *Contemporary French administrative law,*
Cambridge University Press, 2022.

[2]Amal Clooney & Philippa Webb: *The right to a fair trial in international law,*
Oxford University Press, 2021.

［3］Lorenzo Gasbarri: *The Concept of an International Organization in International Law*, Oxford University Press, 2021.

［4］Paul J du Plessis, J A Borkowski: *Borkowski's Textbook on Roman Law*, 6th ed., Oxford University Press, 2020.

［5］Sabino Cassese: *Advanced Introduction to Global Administrative Law*, Edward Elgar Publishing, 2021.

［6］Dražan Djukić: *The Right to Appeal in International Criminal Law: Human Rights Benchmarks, Practice and Appraisal*, Martinus Nijhoff Publishers, 2019.

［7］Manuel Kellerbauer, Marcus Klamert & Jonathan Tomkin: *The EU Treaties and the Charter of Fundamental Rights: A Commentary*, United Kingdom: Oxford University Press, 2019.

［8］Gerhard Ullrich: *The Law of the International Civil Service--Institutional Law and Practice in International Organisations*, Duncker & Humblot Press, 2018.

［9］Henry G. Schermers & Niels M. *Blokker: International Institutional Law: unity within diversity*, 6th ed. , Martinus Nijhoff Publishers, 2018.

［10］Naômé Caroline: *Appeals Before the Court of Justice of the European Union*, Oxford University Press, 2018.

［11］Niamh Kinchin: *Administrative justice in the UN*, Published by Edward Elgar, 2018.

［12］Malcolm N. Shaw: *International Law*, 8th ed. , Cambridge University Press, 2017.

［13］Pierre Schmitt: *Access to Justice and International Organizations: The Case of Individual Victims of Human Rights Violations*, Edward Elgar Publishing, 2017.

［14］Robert Kolb: *Good Faith in International Law*, Hart Publishing, 2017.

［15］Abdelaziz Megzari: *The Internal Justice of the United Nations*, Koninklijke Brill NV, 2015.

［16］Michal Bobek ed.: Selecting Europe's Judges: A Critical Review of the Appointment Procedures to the European Courts, Oxford University Press, 2015.

［17］Helmut Buss, Thomas Fitschen, Thomas Laker, Christian Rohde and Santiago Villalpando: *Handbook on the Internal Justice System at the United Nations*, New York: United Nations Publications, 2014.

［18］Koenraad Lenaerts, Ignace Maselis, Kathleen Gutman & Janek Tomasz Nowak:

EU procedural law, Oxford University Press, 2014.

[19]B. Wägenbaur: *Court of Justice of the European Union. Commentary on the Statute and Rules of Procedure*, CH Beck, 2013.

[20]Lawrence Baum: *Specializing the Courts*, University of Chicago Press, 2011.

[21]Peter Cane: *Administrative Law*, Oxford University Press, 2011.

[22]Richard Ward, LL.B., Amanda Wragg: *Walker & Walker's English legal system*, Oxford University Press, 2011.

[23]Ed Bates, *The Evolution of the European Convention on Human Rights: From its Inception to the Creation of a Permanent Court of Human Rights*, Oxford University Press, 2010.

[24]Bryan A. Garner ed.: *Black's Law Dictionary*, 9th Edition, West Pub., 2009.

[25]C. F. Amerasinghe: *Jurisdiction of Specific International Tribunals*, Martinus Nijhoff Publishers, 2009.

[26]John H Langbein, Renée Lettow Lerner, Bruce P Smith: *History of the common law: the development of Anglo-American legal institutions*, Wolters Kluwer, 2009.

[27]Jakob Th Möller, Alfred M De Zayas, United Nations. Human Rights Committee: *United Nations Human Rights Committee case law 1977-2008: a handbook*, Kehl: N.P. Engel Verlag, 2009.

[28]Joseph W. Dellapenna, Joyeeta Gupta: *The Evolution of the Law and Politics of Water*, Springer Dordrecht, 2009.

[29]Charles William Fornara: *Archaic times to the end of the Peloponnesian War*, Cambridge University Press, 2007.

[30]Anthony Arnull: *The European Union and its Courts of Justice*. 2nd edition. Oxford University Press 2006.

[31]C. F. Amerasinghe: *Principles of the Institutional Law of International Organizations*, 2nd revised ed., Cambridge University Press, 2005.

[32]Manfred Nowak: *U.N. Covenant on Civil and Political Rights: CCPR commentary*, 2nd revised edition, Kehl (Germany): N.P. Engel, 2005.

[33]Stefan Trechsel: *Human rights in criminal proceedings*, Oxford University Press, 2005.

[34]Andrea Coomber: *Judicial Independence: Law and Practice of Appointments to*

the European Court of Human Rights, London: Interights, 2003.

[35] Jutta Limbach, Pedro Cruz Villalón, Roger Errera et al.: Judicial independence: Law and Practice of Appointments to the European Court of Human Rights, London : Interights, 2003.

[36] Carlo Guarnieri, Pederzoli Patrizia: The Power of Judges: a Comparative Study of Courts and Democracy, New York: Oxford University Press, 2002.

[37] Karel Wellens: Remedies against international organisations, Cambridge University Press, 2002.

[38] Russ VerSteeg: Law in Ancient Egypt, Carolina Academic Press, 2002.

[39] Russ VerSteeg: Law in the Ancient World, Carolina Academic Press, 2002.

[40] Schermers and Waelbroeck: Judicial Protection in the European Union, 6th ed, Kluwer, 2001.

[41] L. Neville Brown and Tom Kennedy: The Court of Justice of the European Communities, 5th edition. Sweet and Maxwell, 2000.

[42] Russ VerSteeg: Early Mesopotamian Law, Carolina Academic Press, 2000.

[43] Renaud Dehousse: The European Court of Justice: The Politics of Judicial Integration, Basingstoke, Hampshire Macmillan, 1998.

[44] Connie Peck, Roy S. Lee: Increasing the effectiveness of the International Court of Justice, The Hague, Nijhoff, 1997.

[45] C. F. Amerasinghe: The Law of the International Civil Service / 1, 2., rev. ed, Oxford : Clarendon Press, 1994.

[46] L. Neville Brown & Francis G. Jacobs: The Court of Justice of the European Communities, Sweet and Maxwell, Third Edition, 1989.

[47] Michael Gagarin: Early Greek law, University of California Press, 1989.

[48] Douglas M MacDowell: The Law in Classical Athens, NY Cornell Univ. Press, 1986.

[49] Eduardo. J. Couture, ed.: Vocabulario Jurídico, Depalma, Buenos Aires, 1983.

[50] Martin Shapiro: Courts: A Comparative and Political Analysis, University of Chicago Press, 1981.

[51] Gaetano Arangio-Ruiz: The UN Declaration on Friendly Relations and the System of Sources of International Law, Sijthoff & Noordhoff, 1979.

[52] Adam Smith: *An Inquiry Into the Nature and Causes of the Wealth of Nations*, University of Chicago Press, 1977.

[53] Herbert F Jolowicz, Barry Nicholas: *Historical introduction to the study of Roman Law*, 3d ed., Cambridge University Press, 1972.

[54] G. Langrod: *The International Civil Service Its Origins, Its Nature, Its Evolution*, Leyden: A. W. Sythoff, 1968.

[55] Akehurst & M. Barton: *The Law Governing Employment in International Organizations*, Cambridge University Press, 1967.

[56] Voir N. Rainaud: *Le commissaire du Gouvernement près le Conseil d'Etat*, éd. LGDJ, 1996.

[57] Nicola Catalano: *Manuel de droit des Communautés européennes*, Paris: Dalloz et Sirey, 1965.

[58] Werner Feld: *The Court of the European Communities: New Dimension in International Adjudication*, Martinus Nijhoff Publishers, 1964.

[59] Hans–Ulrich Bächle: *Die Rechtsstellung der Richter am Gerichtshof der Europäischen Gemeinschaften*, Berlin Duncker & Humblot, 1961.

[60] Louis Delvaux: *La Cour de justice de la Communauté européenne du charbon et de l'acier : exposé sommaire des principes*, Paris: Librairie générale de droit et de jurisprudence, 1956.

[61] Donald Graham Valentine: *The Court of Justice of the European Coal and Steel Community*, The Hague: M. Nijhoff, 1955.

[62] Henry L. Mason: *The European Coal and Steel Community, Experiment in Supranationalism*, The Hague, 1955.

[63] Raymond Leslie Buell: *International Relations*, H. Holt, 1929.

[64] Eugène Borel: *Les problèmes actuels dans le domaine du développement de la justice internationale: conférence donnée à la Société suisse de droit international*, Zürich Leipzig: Orell Füssli, 1928.

[65] Advisory Committee of Jurists of League of Nations: *Procès-verbaux of the proceedings of the Committee, June 16th-July 24th, 1920, with Annexes*, Van Langenhuysen The Hague, 1920.

（三）官方文件

欧盟官方文件

［1］Panel provided for by Article 255 of the Treaty on the Functioning of the European Union, *Seventh Activity Report*, Luxembourg: Publications Office of the European Union, 25 February 2022.

［2］General Court, *Formation of Chambers and assignment of Judges to Chambers*, Official Journal of the European Union C 284, 25 July 2022.

［3］Conferences of Representatives of the Governments of the Member States, *Decision of the representatives of the Member States appointing Judges to the General Court*, Doc. 10364/22, 13 July 2022.

［4］Court of Justice of the European Union, *Annual Activity Report for the Financial Year 2021: Annual Management Report (Article 74(9) of the Financial Regulation)*, Luxembourg: Court of Justice of the European Union & Communications Directorate Publications and Electronic Media Unit, May 2022.

［5］Court of Justice of the European Union, *Annual Report 2021: Judicial Activity*, Luxembourg: Court of Justice of the European Union & Communications Directorate Publications and Electronic Media Unit, March 2022.

［6］Court of Justice of the European Union, *Annual Report 2020: Judicial Activity*, Luxembourg: Court of Justice of the European Union & Communications Directorate Publications and Electronic Media Unit, February 2021.

［7］Staff Regulations of Officials of the European Union, in Consolidated text: *Regulation No 31 (EEC), 11 (EAEC), laying down the Staff Regulations of Officials and the Conditions of Employment of Other Servants of the European Economic Community and the European Atomic Energy Community*, Document 01962R0031−20140501, 1 January 2022.

［8］Conditions of Employment of Other Servants of the European Union, in *Consolidated text: Regulation No 31 (EEC), 11 (EAEC), laying down the Staff Regulations of Officials and the Conditions of Employment of Other Servants of the European Economic Community and the European Atomic Energy Community*, Document 01962R0031−20140501, 1 January 2022.

［9］Court of Justice, *Assignment of Judges to Chambers*, Official Journal of the European Union C 513, 20 December 2021.

［10］Court of Justice, *Code of conduct for Members and former Members of the Court of Justice of the European Union*, Official Journal of the European Union C 397, 30 September 2021.

［11］General Court, *Report provided for under Article 3(1) of Regulation 2015/2422*, Luxembourg, October 2020.

［12］Council of Bars and Law Societies of Europe (CCBE), *CCBE comments on the functioning of the General Court*, 4 September 2020, https://www.ccbe.eu/fileadmin/speciality_distribution/public/documents/PD_LUX/PDL_Position_papers/EN_PDL_20200904_CCBE-comments-on-the-functioning-of-the-General-Court.pdf.

［13］*Practice Directions to Parties Concerning Cases Brought Before the Court*, Official Journal of the European Union LI 42, 14 February 2020.

［14］General Court, *Formation of Chambers and assignment of Judges to Chambers*, Official Journal of the European Union C 372, 4 October 2019.

［15］General Court, *Criteria for the assignment of cases to Chambers*, Official Journal of the European Union C 372, 4 October 2019.

［16］General Court, *Criteria for the assignment of cases to Chambers*, Official Journal of the European Union C 246, 22 July 2019.

［17］Court of Justice of the European Union, *Annual Activity Report for the Financial Year 2018: Annual Management Report (Article 74(9) of the Financial Regulation)*, Luxembourg: Court of Justice of the European Union & Communications Directorate Publications and Electronic Media Unit, May 2019.

［18］European Parliament, Council of the European Union, *Regulation (EU, Euratom) 2018/1046 of the European Parliament and of the Council of 18 July 2018 on the financial rules applicable to the general budget of the Union, amending Regulations (EU) No 1296/2013, (EU) No 1301/2013, (EU) No 1303/2013, (EU) No 1304/2013, (EU) No 1309/2013, (EU) No 1316/2013, (EU) No 223/2014, (EU) No 283/2014, and Decision No 541/2014/EU and repealing Regulation (EU, Euratom) No 966/2012*, Official Journal of the European Union b L 193, 30 July

2018.

[19] European Commission, *REPORT FROM THE COMMISSION TO THE EUROPEAN PARLIAMENT AND THE COUNCIL on the rules adopted by the appointing authority of each institution to give effect to the Staff Regulations*, COM/2017/0632 final, 26 October 2017.

[20] European Court of Auditors, *Special Report: Performance review of case management at the Court of Justice of the European Union (pursuant to Article 287(4), second subparagraph, TFEU)*, ECA Special Report, No. 14/2017, 26 September 2017.

[21] Council of the European Union, *Council Decision (CFSP) 2017/824 of 15 May 2017 concerning the Staff Regulations of the European Union Satellite Centre*, Official Journal of the European Union L 123, 16 May 2017.

[22] Court of Justice of the European Union, *Annual Report 2016: Judicial Activity*, Luxembourg: Court of Justice of the European Union & Communications Directorate Publications and Electronic Media Unit, 1 January 2017.

[23] Council of the European Union, *Council Decision (EU) 2016/1351 of 4 August 2016 concerning the Staff Regulations of the European Defence Agency, and repealing Decision 2004/676/EC*, Official Journal of the European Union L 219, 12 August 2016.

[24] Council of the European Union, *Council Decision (CFSP) 2016/1182 of 18 July 2016 concerning the Staff Regulations of the European Union Institute for Security Studies*, Official Journal of the European Union L 195, 20 July 2016.

[25] *Consolidated version of the Treaty on the Functioning of the European Union*, Official Journal of the European Union C 202, 7 June 2016.

[26] Protocol (No 4) on the Statute of the European System of Central Banks and of the ECB, in *Consolidated version of the Treaty on the Functioning of the European Union*, Official Journal of the European Union C 202, 7 June 2016.

[27] Protocol (No 5) on the Statute of the European Investment Bank, in *Consolidated version of the Treaty on the Functioning of the European Union*, Official Journal of the European Union C 202, 7 June 2016.

[28] Protocol (No 7) on the privileges and immunities of the European Union, in

Consolidated version of the Treaty on the Functioning of the European Union, Official Journal of the European Union C 202, 7 June 2016.

[29] European Parliament, Council of the European Union, *Regulation (EU) 2016/794 of the European Parliament and of the Council of 11 May 2016 on the European Union Agency for Law Enforcement Cooperation (Europol) and replacing and repealing Council Decisions 2009/371/JHA, 2009/934/JHA, 2009/935/JHA, 2009/936/JHA and 2009/968/JHA*, Official Journal of the European Union L 135, 24 May 2016.

[30] Court of Justice of the European Union, *Annual Activity Report for the Financial Year 2015: Annual Management Report (Article 74(9) of the Financial Regulation)*, Luxembourg: Court of Justice of the European Union & Communications Directorate Publications and Electronic Media Unit, April 2016.

[31] Council of the European Union, *Council Decision (EU, Euratom) 2016/454 of 22 March 2016 appointing three Judges to the European Union Civil Service Tribunal*, Official Journal of the European Union L 79, 30 March 2016.

[32] Court of Justice of the European Union, *Annual Report 2015: Judicial Activity*, Luxembourg: Court of Justice of the European Union & Communications Directorate Publications and Electronic Media Unit, 1 January 2016.

[33] European Parliament, Council of the European Union, *Regulation (EU, Euratom) 2015/2422 of the European Parliament and of the Council of 16 December 2015 amending Protocol No 3 on the Statute of the Court of Justice of the European Union*, Official Journal of the European Union L 341, 24 December 2015.

[34] European Commission, *Opinion of the Commission pursuant to Article 294(7)(c) of the TFEU, on the European Parliament's amendments to the Council's position on the proposal for a Regulation of the European parliament and of the Council amending Protocol No 3 on the Statute of the Court of Justice of the European Union*, COM(2015) 569 final, 12 November 2015.

[35] European Parliament, *Court of Justice of the European Union: number of judges at the General Court ***II, European Parliament legislative resolution of 28 October 2015 on the Council position at first reading with a view to the adoption of a regulation of the European Parliament and of the Council amending Protocol*

No 3 on the Statute of the Court of Justice of the European Union (09375/1/2015 – C8-0166/2015 – 2011/0901B(COD)), P8_TA(2015)0377, 28 October 2015.

[36] Committee on Legal Affairs Rapporteur: António Marinho e Pinto, *Explanatory statement in European Parliament, Recommendation for Second Reading on the Council position at first reading with a view to the adoption of a regulation of the European Parliament and of the Council amending Protocol No 3 on the Statute of the Court of Justice of the European Union (09375/1/2015–C8-0166/2015–2011/0901B(COD))*, European Parliament, A8–0296/2015, 14 October 2015.

[37] Council of the European Union, *Statement of Council's reasons: Position (EU) No 11/2015 of the Council at first reading with the view to the adoption of a Regulation of the European Parliament and of the Council amending Protocol No 3 on the Statute of the CJEU*, Official Journal of the European Union C 239, 21 July 2015.

[38] Council of the European Union, *Position (EU) No 11/2015 of the Council at first reading with a view to the adoption of a Regulation of the European Parliament and of the Council amending Protocol No 3 on the Statute of the Court of Justice of the European Union*, Official Journal of the European Union C 239/14, 23 June 2015.

[39] Council of the European Union, *Draft Position of the Council at first reading with a view to the adoption of a Regulation of the European Parliament and of the Council amending Protocol No 3 on the Statute of the Court of Justice of the European Union (first reading): note from General Secretariat of the Council*, Council doc. 10043/15, ADD 1, 19 June 2015.

[40] Council of the European Union, *Draft Position of the Council at first reading with a view to the adoption of a Regulation of the European Parliament and the Council amending Protocol No 3 on the Statute of the Court of Justice of the European Union (first reading): note from General Secretariat of the Council*, Council doc. 10043/15, 19 June 2015.

[41] European Parliament, *European Parliament resolution of 29 April 2015 with observations forming an integral part of the decision on discharge in respect of*

the implementation of the general budget of the European Union for the financial year 2013, Section IV – Court of Justice, 2014/2080(DEC), 29 April 2015.

[42] Council of the European Union, *Reform of the General Court – A letter from March 2015 by the rapporteur of the European Parliament, Mr. Marinho e Pinto, to the Presidency, and the Presidency's reply of 22 April 2015*, Council doc. 8484/15, 29 April 2015.

[43] General Court, *Rules of procedure of the General Court*, Official Journal of the European Union L 105, 23 April 2015.

[44] House of Commons, European Scrutiny Committee, *Increasing the number of judges at the General Court*, 37th Report HC 219 xxxvi (2014–15), 18 March 2015.

[45] Court of Justice of the European Union, *Annual Report 2014: Judicial Activity*, Luxembourg: Publications Office of the European Union, 1 January 2015.

[46] Council of the European Union, *Reform of the General Court of the European Union - Way forward:note from Presidency, to Coreper (Part II)*, Council doc. 16576/14, 8 December 2014

[47] Council of the European Union,, *Response of the Court of Justice to the Presidency's invitation to present new proposals on the procedures for increasing the number of Judges at the General Court of the European Union: note from Mr V. Skouris, President of the European Court of Justice, to Ambassador Stefano Sannino, Chairman of Coreper*, Council doc. 14448/1/14, 20 November 2014.

[48] European Union Civil Service Tribunal, *Rules of Procedure of the European Union Civil Service Tribunal*, Official Journal of the European Union L 206, 14 July 2014.

[49] Court of Justice of the European Union, *Annual Report 2013: Judicial Activity*, Luxembourg: Publications Office of the European Union, 1 January 2014.

[50] Court of Justice of the European Union, *2014 discharge: Questionnaire to European Court of Justice*, 1 January 2014, https://www.europarl.europa.eu/cmsdata/94579/2014%20Discharge_Reply%20to%20Questionnaire%20to%20European%20Court%20of%20Justice_EN.pdf.

[51] Council of the European Union, *Reform of the General Court of the EU - Method*

of appointment of additional Judge: letter from Mr Vassilios SKOURIS, President of the Court of Justice of the EU, to Mr Dimitris KOURKOULAS, State Secretary for Foreign Affairs, Athens, Council doc.18107/13, 20 December 2013.

[52] Council of the European Union, *European Union Civil Service Tribunal – Partial renewal of the Members of the Civil Service Tribunal: Letter from M. S. Van Raepenbusch, President of the European Civil Service Tribunal to Mr L.A. Linkevičius, President of the Council of the European Union*, Council doc. 16903/13, 26 November 2013.

[53] General Court, *Appeal Chamber*, Official Journal of the European Union C 313, 26 October 2013.

[54] General Court, *Criteria for assigning cases to Chambers*, Official Journal of the European Union C 313, 26 October 2013.

[55] Committee on Legal Affairs of European Parliament, *Report on the draft regulation of the European Parliament and of the Council amending the Protocol on the Statute of the Court of Justice of the European Union by increasing the number of Judges at the General Court*, A7−0252/2013, 10 July 2013.

[56] Council of the European Union, *Council Decision of 25 June 2013 increasing the number of Advocates-General of the Court of Justice of the European Union*, Official Journal of the European Union L 179, 29 June 2013.

[57] Council of the European Union, *Council Decision increasing the number of Advocates-General of the Court of Justice of the European Union - Draft Joint Statement by the Council and the representatives of the member states meeting within the Council on the number of Advocates-General*, 7013/13 ADD 1 REV 1, 14 June 2013.

[58] Court of Justice of the European Union, *Annual report 2012: Synopsis of the work of the Court of Justice and of the Court of First Instance of the European Communities*, Luxembourg: Publications Office of the European Union, 1 January 2013.

[59] Council of the European Union, *Press release, 3210th Council Meeting, General Affairs*, Brussels, Council doc. 17439/12, 11 December 2012

[60] Consultative Council of European Judges (CCJE), *Opinion (2012) No. 15 of*

the Consultative Council of European Judges on the Specialization of Judges adopted at the 13th plenary meeting of the CCJE (Paris, 5–6 November 2012), CCJE(2012)4, Paris, 13 November 2012.

[61] Committee on Legal Affairs of European Parliament, *Report on the draft regulation of the European Parliament and of the Council amending the Protocol on the Statute of the Court of Justice of the European Union and Annex I thereto*, A7-0185/2012, 5 June 2012.

[62] *Act concerning the conditions of accession of the Republic of Croatia and the adjustments to the Treaty on European Union, the Treaty on the Functioning of the European Union and the Treaty establishing the European Atomic Energy Community*, Official Journal of the European Union, L 112, 24 April 2012.

[63] Court of Justice of the European Union, *Annual report 2011: Synopsis of the work of the Court of Justice and of the Court of First Instance of the European Communities*, Luxembourg: Publications Office of the European Union, 1 January 2012.

[64] European Commission, *Commission Opinion of 30 September 2011 on the requests for the amendment of the Statute of the CJEU, presented by the Court*, COM(2011) 596 final, 30 September 2011.

[65] Council of the European Union, *Draft amendments to the Statute of the Court of Justice of the European Union and to Annex I thereto: note from Mr V. SKOURIS, President of the Court of Justice of the European Union, to Mr J. MARTONYI*, Council doc. 8787/11, 7 April 2011.

[66] Council of the European Union, *CJEU President, Draft Amendments to the Statute of the Court of Justice of the European Union and to Annex I thereto, enclosed in Letter to the President of the European Parliament and to the President of the Council of the EU*, Interinstitutional file: 2011/0901 (COD), 28 March 2011.

[67] Court of Justice of the European Union, *Annual Report 2010: Judicial Activity*, Luxembourg: Publications Office of the European Union, 1 January 2011.

[68] Court of Justice of the European Union, *List of former Members of the Court of Justice (Judges, Advocates General and Registrars) since its constitution*, 22 October 2010.

[69] Council of the European Union, *Operating Rules of the Panel Provided for in Article 255 of the Treaty on the Functioning of the European Union*, Official Journal of the European Union L 50, 27 February 2010.

[70] Council of Europe, *Reforming the European Convention on Human Rights: A compilation of publications and documents relevant to the ongoing reform of the ECHR*, Strasbourg: Council of Europe Publishing, April 2009.

[71] Council of the European Union, *Council Decision of 18 December 2008 appointing the members of the committee provided for in Article 3(3) of Annex I to the Protocol on the Statute of the Court of Justice*, Official Journal of the European Union L 24/11, 28 January 2009.

[72] *Consolidated version of the Treaty on European Union - Protocol (No 3) on the statute of the Court of Justice of the European Union*, Official Journal of the European Union C 115, 9 May 2008.

[73] *Treaty of Lisbon amending the Treaty on European Union and the Treaty establishing the European Community*, Official Journal of the European Union C 306, 17 December 2007.

[74] *Consolidated version of the Treaty on the Functioning of the European Union*, Official Journal of the European Union, C 326, 13 December 2007.

[75] The European Union Civil Service Tribunal, *Rules of Procedure of the European Union Civil Service Tribunal of 25 July 2007*, Official Journal of the European Union, L 225/1, 29 August 2007.

[76] Council of the European Union, *Draft rules of procedure of the Civil Service Tribunal of the European Union*, Council doc. 17010/06, 3 January 2007.

[77] European Union Civil Service Tribunal, *Criteria for the assignment of cases to Chambers*, Official Journal of the European Union C 322, 17 December 2005.

[78] Court of Justice of the European Union, *Decision of the President of the Court of Justice recording that the European Union Civil Service Tribunal has been constituted in accordance with law*, Official Journal of the European Union L 325, 12 December 2005.

[79] Council of the European Union, *Council Decision of 18 January 2005: concerning the conditions and arrangements governing the submission and processing of*

applications for appointment as a judge of the European Union Civil Service Tribunal, Official Journal of the European Union L 50/7, 23 February 2005.

[80] Council of the European Union, *Council Decision of 18 January 2005 appointing members of the Committee provided for in Article 3(3) of Annex I to the Protocol on the Statute of the Court of Justice*, Official Journal of the European Union L 50/9, 23 January 2005.

[81] Court of Justice of the European Union, *Annual report 2004: Synopsis of the work of the Court of Justice and of the Court of First Instance of the European Communities*, Luxembourg: Office for Official Publications of the European Communities, 21 January 2005.

[82] Council of the European Union, *Council Decision of 18 January 2005 concerning the operating rules of the committee provided for in Article 3(3) of Annex I to the Protocol on the Statute of the Court of Justice*, Official Journal of the European Union L 21, 18 January 2005.

[83] *Treaty establishing a Constitution for Europe*, Official Journal of the European Union C 310, 16 December 2004.

[84] Committee of Ministers of the Council of Europe, *Recommendation Rec(2004)20 of the Committee of Ministers to member states on judicial review of administrative acts*, 15 December 2004.

[85] Council of the European Union, *Council Decision of 2 November 2004 establishing the European Union Civil Service Tribunal*, Official Journal of the European Union L 333, 9 November 2004.

[86] Council of the European Union, *Council Regulation (EC, Euratom) No 723/2004 of 22 March 2004 amending the Staff Regulations of officials of the European Communities and the Conditions of Employment of other servants of the European Communities*, Official Journal of the European Union L 124, 27 April 2004.

[87] Council of the European Union, *Council of the European Union, Proposal for a Council Decision establishing the European Civil Service Tribunal – Opinion of the Court of Justice: note from Mr V. SKOURIS, President of the Court of Justice, to Mr Bertie AHERN, President of the Council*, Council doc. 6143/04, 12 February 2004.

[88] Council of the European Union, *Proposal for a Council Decision establishing the European Civil Service Tribunal: note from Secretary-General of the European Commission, signed by Ms Patricia BUGNOT, Director, to Mr Javier SOLANA, Secretary-General/High Representative*, Council doc. 15105/03, 20 November 2003.

[89] Commission of the European Communities, *Proposal for a Council Decision establishing a European Civil Service Tribunal*, COM(2003) 705 final, 19 November 2003.

[90] Secretariat of the European Convention, *Final report of the discussion circle on the Court of Justice: report from Chairman of the discussion circle on the Court of Justice, to Members of the Convention*, CONV 636/03, CERCLE I 13, Brussels, 25 March 2003.

[91] *Treaty of Nice amending the Treaty on European Union, the Treaties establishing the European Communities and certain related acts, signed at Nice, 26 February 2001*, Official Journal of the European Communities C 80/1, 10 March 2001.

[92] Court of Justice of the European Communities, *Amendments to the Rules of Procedure of the Court of Justice*, Official Journal of the European Communities L 122, 24 May 2000.

[93] European Parliament, *Guide to the obligations of officials and other servants of the European Parliament (Code of conduct)*, Official Journal of the European Communities C 97, 5 April 2000.

[94] Commission of the European Communities, *Reform of the Community courts: Additional Commission contribution to the Intergovernmental Conference on institutional reform*, COM(2000) 109 final, Brussels, 1 March 2000.

[95] Council of the European Union, *IGC 2000: Contribution by the Court of Justice and the Court of First Instance to the Intergovernmental Conference: note from Court of Justice, to Intergovernmental Conference*, CONFER/VAR 3964/00, 28 February 2000.

[96] Working Party on the Future of the European Court of Justice, *Report by the working party on the future of the European communities' court system ("The Due report")*, January 2000.

[97] Council of the European Union, *L'avenir du système juridictionnel de l'Union européenne - Document de réflexion de la Cour de justice et du Tribunal de première instance*, Council doc. 8208/99, 11 May 1999.

[98] Council of the European Union, *Proposals submitted by the Court of Justice and the Court of First Instance with regard to the new intellectual property cases & Note on the effect of intellectual property cases on the budgetary requests for the year 2000: letter from Mr G.C. Rodríguez Inglesias, President of the Court of Justice of the European Communities, to Mr Joseph FISCHER, President of the Council of the European Communities*, Council doc. 8198/99, 10 May 1999.

[99] Council of the European Union, *1999/291/EC, ECSC, Euratom: Council Decision of 26 April 1999 amending Decision 88/591/ECSC, EEC, Euratom establishing a Court of First Instance of the European Communities to enable it to give decisions in cases when constituted by a single judge*, Official Journal of the European Communities L 114, 1 May 1999.

[100] Court of Justice of the European Communities, *Report of the ECJ on certain aspects of the application of the Treaty on European Union*, Luxembourg, May 1995.

[101] *Joint Declaration on Article 31 of the Decision adjusting the instruments concerning the accession of the new Member States to the European Union*, Official Journal of the European Communities L 1, 1 January 1995.

[102] Council of the European Communities, *Council Decision 94/149/ECSC, EC, of 7 March 1994 amending Decision 93/350/Euratom, ECSC, EEC amending Decision 88/591/ECSC, EEC, Euratom establishing a Court of First Instance of the European Communities*, Official Journal of the European Communities L 66, 10 March 1994.

[103] Council of the European Communities, *Council Decision 93/350/Euratom, ECSC, EEC of 8 June 1993 amending Council Decision 88/591/ECSC, EEC, Euratom establishing a Court of First Instance of the European Communities*, Official Journal of the European Communities L 144, 16 June 1993.

[104] *Treaty establishing the European Community*, Official Journal C 224, 31 August 1992.

[105] Court of Justice of the European Communities, *Consolidated version of the Rules of Procedure of the Court of Justice*, Official Journal of the European Union C 177, 2 July 1991.

[106] Council of the European Communities, *CORRIGENDUM TO:#88/591/ECSC, EEC, Euratom: Council Decision of 24 October 1988 establishing a Court of First Instance of the European Communities*, Official Journal of the European Communities, L 241/4, 17 August 1989.

[107] Council of the European Communities, *Council Decision 88/ 591/ ECSC, EEC, Euratom of 24 October 1988 establishing a Court of First Instance of the European Communities*, Official Journal of the European Communities L 319/1, 25 November 1988.

[108] Court of Justice of the European Communities, *Synopsis of the work of the Court of Justice of the European Communities in 1986 and 1987 and record of formal sittings in 1986 and 1987*, Luxembourg: Office for Official Publications of the European Communities, 1988.

[109] *Single European Act*, Official Journal of the European Communities, L 169, Vol. 30, 29 June 1987.

[110] European Parliament, *Report drawn up on behalf of the Committee on Budgets on Section IV - Court of Justice - of the draft general budget of the European Communities for the financial year 1983*, Document 1− 781/82, 25 October 1982.

[111] Council of the European Communities, *Council Decision of 30 March 1981 increasing the number of Judges at the Court of Justice (81/208/Euratom, ECSC, EEC)*, Official Journal of the European Communities L 100, 11 April 1981.

[112] Court of Justice of the European Communities, *Synopsis of the work of the Court of Justice of the European Communities in 1980*, Luxembourg: Office for Official Publications of the European Communities, 1981.

[113] *Act concerning the conditions of accession of the Hellenic Republic and the adjustments to the Treaties*, Official Journal of the European Communities L 291, 19 November 1979.

[114] Council of the European Communities, *Proposal for a Council Regulation (Euratom, ECSC, EEC) amending the Staff Regulations of officials and*

Conditions of Employment of other servants of the European Communities and establishing an Administrative Tribunal of the European Communities (Presented to the Council by the Commission on 4 August 1978), Official Journal of the European Communities C 225, 22 September 1978.

[115] Council of the European Communities, *Council Regulation (ECSC, EEC, Euratom) No 1860/76 of 29 June 1976 laying down the Conditions of Employment of Staff of the European Foundation for the Improvement of Living and Working Conditions*, Official Journal of the European Communities L 214, 6 August 1976.

[116] Court of Justice of the European Communities, *Synopsis of the work of the Court of Justice of the European Communities in 1973*, Luxembourg: Office for Official Publications of the European Communities, 1974.

[117] Council of the European Communities, *Decision of the representatives of the governments of the Member States of the European Communities of 1 January 1973 appointing Judges and an Advocate-General to the Court of Justice*, Official Journal of the European Communities L 2, 1 January 1973.

[118] Council of the European Communities, *Council Decision of 1 January 1973 increasing the number of Advocates-General*, Official Journal of the European Communities L 2, 1 January 1973.

[119] Court of Justice of the European Communities, *Synopsis of the work of the Court of Justice of the European Communities in 1972*, Luxembourg: Office for Official Publications of the European Communities, 1973.

[120] *Documents concerning the accession to the European Communities of the Kingdom of Denmark, Ireland, the Kingdom of Norway and the United Kingdom of Great Britain and Northern Ireland*, Official Journal of the European Communities L 73, 27 March 1972.

[121] Court of Justice of the European Communities, *Review of cases heard by the Court of Justice of the European Communities in 1970*, Luxembourg: Office for Official Publications of the European Communities, 1971.

[122] Council of the European Communities, *Regulation (EEC, Euratom, ECSC) No 259/68 of the Council of 29 February 1968 laying down the Staff Regulations of*

Officials and the Conditions of Employment of Other Servants of the European Communities and instituting special measures temporarily applicable to officials of the Commission, Official Journal of the European Communities L 56, 4 March 1968.

[123] Official Journal of the European Communities P 45, 14 June 1962.

[124] Council of the European Economic Community, *EEC/EAEC Council: Regulation No 31/EEC, 11/EAEC, laying down the Staff Regulations of Officials and the Conditions of Employment of Other Servants of the European Economic Community and the European Atomic Energy Community*, Official Journal of the European Communities OJ P 45, 14 June 1962.

[125] *Treaty establishing the European Economic Community*, 25 March 1957.

[126] *Treaty establishing the European Coal and Steel Community (ECSC Treaty)*, Paris, 18 April 1951.

联合国官方文件

[1] *Rules of procedure of the United Nations Appeals Tribunal*, adopted in resolution 76/242 on 24 December 2021, January 2022.

[2] *Rules of Procedure of the United Nations Appeals Tribunal*, As adopted by the General Assembly in resolution resolution 76/242 on 24 December 2021.

[3] United Nations Secretary-General, *Report of the Secretary-General: Composition of the Secretariat*, A/76/570, 29 November 2021.

[4] Internal Justice Council, *Administration of justice at the United Nations: report of the Internal Justice Council*, A/76/124, 8 July 2021.

[5] United Nations Secretary-General, *Administration of justice at the United Nations: report of the Secretary-General*, A/76/99, 25 June 2021.

[6] United Nations Secretary-General, *Initial review of the jurisdictional set-up of the United Nations common system: Report of the Secretary-General*, A/75/690, 15 January 2021.

[7] United Nations General Assembly, *Administration of justice at the United Nations: resolution / adopted by the General Assembly*, A/RES/75/248, 7 January 2021.

[8] United Nations Secretary-General, *Secretary-General's bulletin: Staff Regulations*

and Rules of the United Nations, ST/SGB/2018/1/Rev.1, 1 January 2021.

［9］United Nations Secretary-General, *Report of the Secretary-General: Composition of the Secretariat*, UN Doc. A/75/591, 9 November 2020.

［10］Internal Justice Council, *Administration of justice at the United Nations: report of the Internal Justice Council*, A/75/154, 10 July 2020.

［11］*Statute of the United Nations Dispute Tribunal*, amended by resolution 73/276, 22 December 2018.

［12］Internal Justice Council, *Administration of justice at the United Nations: report of the Internal Justice Council*, A/73/218, 23 July 2018.

［13］United Nations Secretary-General, *Administration of justice at the United Nations: report of the Secretary-General*, A/73/217, 23 July 2018.

［14］Internal Justice Council, *Administration of justice at the United Nations: report of the Internal Justice Council*, A/72/210, 24 July 2017.

［15］*Statute of the United Nations Appeal Tribunal*, adopted by resolution 76/242, 23 December 2016.

［16］United Nations Internal Justice Council, *Administration of justice at the United Nations: report of the Internal Justice Council*, Doc. A/71/158, 15 July 2016.

［17］Joint Inspection Unit (JIU), *Use of non-staff personnel and related contractual modalities in the United Nations system organizations: Note by the Secretary-General*, A/70/685, 26 January 2016.

［18］Secretary-General of United Nations, *Report of the Interim Independent Assessment Panel on the system of administration of justice at the United Nations*, A/71/62/Rev.1, 15 April 2016.

［19］United Nations General Assembly, *Resolution adopted by the General Assembly on 14 December 2015: 70/112. Administration of justice at the United Nations*, A/RES/70/112, 31 December 2015.

［20］Internal Justice Council, *Appointment of judges of the United Nations Appeals Tribunal and of the United Nations Dispute Tribunal: report of the Internal Justice Council*, A/70/190, 14 August 2015.

［21］United Nations General Assembly, *Declaration of the High-level Meeting of the General Assembly on the Rule of Law at the National and International Levels*, A/67/L.1, 19 September 2012.

［22］Internal Justice Council, *Administration of justice at the United Nations: report of the Internal Justice Council*, A/67/98, 18 June 2012.

［23］United Nations General Assembly, *Resolution adopted by the General Assembly on 9 December 2011: 66/106. Code of conduct for the judges of the United Nations Dispute Tribunal and the United Nations Appeals Tribunal*, A/RES/66/106, 13 January 2012.

［24］Advisory Committee on Administrative and Budgetary Questions, *Administration of justice at the United Nations: report of the Advisory Committee on Administrative and Budgetary Questions*, A/65/557, 4 November 2010.

［25］Internal Justice Council, *Administration of justice at the United Nations: report of the Internal Justice Council*, A/65/304, 16 August 2010.

［26］United Nations Secretariat—General, *Secretary-General's Bulletin: Organization and terms of reference of the Office of Administration of Justice*, ST/SGB/2010/3, 7 April 2010.

［27］*Rules of Procedure of the United Nations Dispute Tribunal*, Approved by the General Assembly in resolution 64/119, 16 December 2009.

［28］General Assembly, Official Records, A/63/PV.76 and A/63/PV.77, 31 March 2009.

［29］United Nations General Assembly, *Administration of justice at the United Nations: resolution/adopted by the General Assembly*, A/RES/63/253, 17 Mar. 2009.

［30］United Nations Secretary—General, *Guidance Note of the Secretary-General on Democracy*, 2009.

［31］United Nations Secretary—General, *Guidance Note of the Secretary-General: United Nations Approach to Rule of Law Assistance*, 14 April 2008.

［32］United Nations General Assembly, *Administration of justice at the United Nations: resolution/ adopted by the General Assembly*, A/RES/62/228, 6 February 2008.

［33］United Nations General Assembly, *Administration of justice at the United Nations: resolution / adopted by the General Assembly*, A/RES/61/261, 30 April 2007.

［34］Redesign Panel on the United Nations System of Administration of Justice, *Report of the Redesign Panel on the United Nations system of administration of justice*,

A/61/205, 28 July 2006.

[35] United Nations Security Council, *The rule of law and transitional justice in conflict and post-conflict societies: Report of the Secretary-General*, S/2004/616, 23 August 2004.

[36] United Nations Secretary–General, *Note by the Secretary-General: Report of the Joint Inspection Unit on Reform of the Administration of Justice in the United Nations System: Options for Higher Recourse Instances*, A/57/441, 27 September 2002.

[37] Fatih Bouayad–Agha & Homero L. Hernández, *Reform of the administration of justice in the United Nations system: Options for higher recourse instances*, JIU/REP/2002/5, Geneva: United Nations, June 2002.

[38] United Nations Secretary–General, *Report of the Joint Inspection Unit on the administration of justice at the United Nations: Note by the Secretary-General*, A/55/57/Add.1, 16 August 2000.

[39] United Nations Secretary–General, *Reform of the internal system of justice in the United Nations Secretariat: note by the Secretary-General, Addendum*, A/C.5/50/2/Add.1, 17 November 1995.

[40] United Nations Secretary–General, *Views of the staff representatives of the United Nations Secretariat, Note by the Secretary-General*, A/C.5/46/21, 23 October 1991.

[41] Joint Inspection Unit, *Joint Inspection Unit Personnel Questions: Administration of justice in the United Nations: Note by the Secretary-General*, A/41/640, 23 September 1986.

[42] Joint Inspection Unit, *Report of the Joint Inspection Unit*, A/41/34, 9 September 1986.

[43] Advisory Committee on Administrative and Budgetary Questions, *First Report on the Programme Budget for the Biennium 1986–1987, General Assembly Official Records: Fortieth Session*, Supplement No. 7 (A/40/7), New York: United Nations, 12 August 1985.

[44] Federation of International Civil Servants' Associations (FICSA), *Studies and Policies No. 4 - Recourse Procedures in the Organizations of the United Nations System*, Geneva, 1977.

[45] United Nations General Assembly, 20th session, official records, 5th Committee, 1102nd meeting, Tuesday, 30 November 1965, New York.

[46] United Nations General Assembly, 14th session, official records, A/C.3/SR.965, 23 November 1959.

[47] United Nations General Assembly, 14th session, official records, A/C.3/SR.963, 20 November 1959.

[48] United Nations General Assembly, 14th session, official records, A/C.3/SR.961, 19 November 1959.

[49] United Nations Secretary–General, *Report of the Secretary-General: Composition of the Secretariat*, A/C.5/689, 7 December 1956.

[50] *Statute of the United Nations Administrative Tribunal*, by resolution 957 (X), 8 November 1955.

[51] United Nations Secretary–General, *Report of the Secretary-General on Personnel Policy*, A/2533, 2 November 1953.

[52] United Nations General Assembly, Seventh session, Official Records, 416th Plenary Meeting, 28 March 1953, A/PV.416.

[53] UN General Assembly, *Universal declaration of human rights, Resolution 217 A(III)*, A/810 at 71, 1948.

其他官方文件

[1] Union of International Associations ed., *Yearbook of International Organizations*, 2022/2023, Vol.5, The Netherlands: Brill, 2022

[2] World Intellectual Property Organization (WIPO), *Staff Regulations and Staff Rules of The International Bureau of WIPO*, Administrative Manual Part A, January 1 2022.

[3] *Statute and Rules of the Administrative Tribunal of the International Labour Organization*, amended by International Labour Conference on 18 June 2021.

[4] International Labour Conference, *Report of the Finance Committee of Government Representatives*, ILC.109/Record No. 4A, 10 June 2021

[5] International Labour Office, *Staff Regulations of International Labour Organization*, March 2021.

[6] World Bank Group's External and Corporate Relations unit, *World Bank Annual Report 2021*, The World Bank, 2021.

[7] *Statute of the Administrative Tribunal of the International Bank for Reconstruction and Development, International Development Association and International Finance Corporation*, April 2020.

[8] *Statute of the Administrative Tribunal of the International Monetary Fund*, International Monetary Fund, Washington, D.C, 2020.

[9] *Commentary on the Statute of the International Monetary Fund Administrative Tribunal*, International Monetary Fund, Washington, 2020.

[10] *Brasilia Declaration*, 11th BRICS Summit, Brazil, 14 November 2019.

[11] The Asian Infrastructure Investment Bank (AIIB), *AIIB Paper on the Oversight Mechanism*, July 10 2019, https://www.aiib.org/en/about−aiib/governance/_common/_download/paper−on−the−oversight−mechanism−public.pdf.

[12] The Organisation for Economic Co−operation and Development, *Staff Regulations, Rules and Instruction Applicable to Officials of the Organization*, April 2019.

[13] *Rules of procedure of the NATO Administrative Tribunal*, Amendment 32 to Appendix 1 to Annex IX of the NATO Civilian Personnel Regulations, 32 March 2019.

[14] Union of International Associations ed., *Yearbook of International Organizations*, 2019/2020, Vol.5.

[15] World Health Organization ed., *Code of Ethics and Professional Conduct*, April 2017.

[16] Council of Europe, *Common focus and autonomy of international administrative tribunals: 50th anniversary of the establishment of the Council of Europe Administrative Tribunal*, March 2017.

[17] *Statute of the Administrative Tribunal of the European Stability Mechanism*, May 2016.

[18] *Statute of the Administrative Tribunal of the Inter-American Development Bank Group*, amended by Resolution 382, 10 November 2015.

[19] *The statute of the Commonwealth Secretariat Arbitral Tribunal (CSAT)*, amende on 28 May 2015.

［20］K. Schiemann, 'Follow-up Inquiry into the Workload of the Court of Justice of the European Union: Oral and written evidence', *House of Lords European Union Committee*, 6 Mar 2013, https://www.parliament.uk/documents/lords-committees/eu-sub-com-e/FollowupworkloadCJEU/CJEU-Follow upWrittenOralevidence290413.pdf.

［21］International Civil Service Commission ed., *Standards of Conduct for the International Civil Service*, New York: United Nations, 2013.

［22］International IDEA (International Institute for Democracy and Electoral Assistance), *A Practical Guide to Constitution Building: Principles and Cross-cutting Themes*, Stockholm, 2012.

［23］Council of Europe, *Judges: independence, efficiency and responsibilities-- Recommendation CM/Rec(2010)12 and explanatory memorandum*, Council of Europe Publishing, November 2011.

［24］EU Agency for Fundamental Rights, *Study on Access to Justice in Europe: An Overview of Challenges and Opportunities*, 2011.

［25］Commonwealth Secretary-General, *Commonwealth (Latimer House) Principles: on the Three Branches of Government*, Commonwealth Secretariat, the Commonwealth Parliamentary Association, the Commonwealth Legal Education Association, the Commonwealth Magistrates' and Judges' Association & the Commonwealth Lawyers' Association Pub., February 2009.

［26］*Statute of the Administrative Tribunal of the International Labour Organization*, amended on 11 June 2008.

［27］United Nations Human Rights Committee, *General comment no. 32, Article 14, Right to equality before courts and tribunals and to fair trial*, CCPR/C/GC/3, 23 August 2007.

［28］*Statute of the Administrative Tribunal of the Asian Development Bank*, February 2006.

［29］*Civilian Personnel Regulations of NATO*, April 2005.

［30］United Nations Human Rights Committee, *Terrón v. Spain*, Comm. no. 1073/2002, 5 November 2004.

［31］Parliamentary Assembly, *Candidates for the European Court of Human Rights*, Recommendation 1649, Doc. 2204, 30 January 2004.

[32]Bangalore Principles of Judicial Conduct, in UN Commission on Human Rights, *Report of the Special Rapporteur on the Independence of Judges and Lawyers, Dato' Param Cumaraswamy, submitted in accordance with Commission on Human Rights resolution 2002/43*, E/CN.4/2003/65, 2003.

[33]*Rome Statute of the International Criminal Court, United Nations*, Treaty Series, Vol. 2187, No. 38544, 1 July 2002.

[34]International Monetary Fund, *Review of the International Monetary Fund's Dispute Resolution System: Report of the External Panel*, 27 November 2001, http://www.imf.org/external/hrd/dr/112701.pdf.

[35]Union of International Associations ed., *Yearbook of International Organizations, 2001/2002*, Vol.5.

[36]Union of International Associations ed., *Yearbook of International Organizations, 1998/1999*, Vol.2.

[37]Human Rights Committee, *Consideration of Reports Submitted by States Parties under Article 40 of the Covenant – Concluding Observations of the Human Rights Committee – Sudan*, UN Doc CCPR/C/79/Add.85, 19 November 1997.

[38]United Nations Educational, Scientific and Cultural Organization (UNESCO) Executive Board, *Report by the Director-General on the procedures of the Administrative Tribunal of the International Labour Organization (ILOAT) in particular those relating to the review of judgments*, 152 EX/35, Paris, 27 August 1997.

[39]*Arab Charter on Human Rights, League of Arab States*, 15 September 1994.

[40]Council of Europe, *Protocol No. 11 to the Convention for the Protection of Human Rights and Fundamental Freedoms, Restructuring the Control Machinery Established Thereby*, European Treaty Series No. 155, 1994.

[41]Understanding on Rules and Procedures Governing the Settlement of Disputes, in *The Uruguay Round agreements*, 1994.

[42]*Basic Principles on the Independence of the Judiciary*, the Seventh United Nations Congress on the Prevention of Crime and the Treatment of Offenders, 6 September 1985.

[43]Council of Europe, *Protocol 7 to the European Convention for the Protection of Human Rights and Fundamental Freedoms, ,* ETS 117, 22 November 1984.

[44] United Nations Human Rights Committee, *General Comment No. 13: Equality before the Courts and the Right to a Fair and Public hearing by an Independent Court Established by Law*, 13 April 1984.

[45] *The New Delhi Code of Minimum Standards of Judicial Independence*, Plenary Session of the 19th IBA Biennial Conference, 22nd October 1982.

[46] *African (Banjul) Charter on Human and Peoples' Rights*, OAU Doc. CAB/ LEG/67/3 rev. 5, 21 I.L.M. 58 (1982), Adopted 27 June 1981.

[47] *Memorandum to the Executive Directors from the President of the World Bank*, Doc. R80−8, IAD/R80−8, and IFC/R80−6, 14 January 1980.

[48] *American Convention on Human Rights*, "Pact of San Jose, Costa Rica", Organization of American States, 22 November 1969.

[49] *International Covenant on Civil and Political Rights*, General Assembly resolution 2200A (XXI), adopted 16 December 1966.

[50] *Draft International Covenants of Human Rights, Israel: revised amendments to article 14 of the draft Covenant on Civil and Political Rights*, A/C.3/L.795/Rev. 1., 19 November 1959.

[51] CVCE, *List of the Members of the Court of Justice of the European Coal and Steel Community taking up office on 4 December 1952*, https://www.cvce.eu/obj/ Members_of_the_ECSC_Court_of_Justice_1952_1958−en−988bd933−15f9− 4aed−8d6f−3fc467e6fcc0.html.

[52] Council of Europe, *European Convention for the Protection of Human Rights and Fundamental Freedoms, as amended by Protocols Nos. 11 and 14*, ETS 5, 4 November 1950.

[53] Council of Europe, *Convention for the Protection of Human Rights and Fundamental Freedoms*, European Treaty Series No. 5, 1950.

[54] Permanent Court of International Justice, Advisory Committee of Jurists, *Procès-verbaux of the Proceedings of the Committee: 16 June−24 July 1920 with annexes*, The Hague, Van Langenhuysen, 1920.

[55] League of Nations, *Staff of the Secretariat Report Presented by the British Representative*, Official Journal number 4 (June), LON. (1920).

[56] An Act to Establish the Judicial Courts of the United States, 1789, https:// govtrackus.s3.amazonaws.com/legislink/pdf/stat/1/STATUTE−1−Pg72a.pdf.

［ 57 ］Justice and Institutions Sub-Committee, *The Workload of the Court of Justice of the European Union--Oral evidence with associated written evidence.* https://www.parliament.uk/globalassets/documents/lords-committees/eu-sub-com-e/CourtofJustice/CJEUoeawe.pdf.

（四）其他文献

［ 1 ］A. Collins, *The General Court: Enlargement or Reform?*, King's College London: Annual European Law Conference, 11 March 2016.

［ 2 ］Koen Lenaerts: CCBE Keynote Address – Outline, in Council of Bars and Law Societies of Europe ed., *Conference "EU Courts – Looking Forward"*, 28 April 2014.

［ 3 ］Louis Hancisse, Amanda McMenamin, Mark Perera & Ronny Patz, *The European Union Integrity System*, Transparency International EU Office, 2014.

［ 4 ］Folke Bernadotte Academy & Office for Democratic Institutions and Human Rights: *Handbook for Monitoring Administrative Justice*, Warsaw: OSCE Office for Democratic Institutions and Human Rights, 2013.

［ 5 ］Jonathan Hugh Mance: *The Composition of the European Court of Justice --The text of a talk given to the United Kingdom Association for European Law*, Supreme Court of the United Kingdom, 19th October 2011.

［ 6 ］European Union Committee of House of Lords, Fourteenth Report: *The Workload of the Court of Justice of the European Union*, House of Lords, 6 April 2011.

［ 7 ］Franklin Dehousse: *The Reform of the EU Courts. The Need for a Management Approach*, Egmont Papers No. 53, 2011.

［ 8 ］Erica Cannon, Isabelle Wárlám, *The Judicial Independence of The International Labour Organization Administrative Tribunal: Potential For Reform*, Amsterdam International Law Clinic, April 2007.

［ 9 ］Sandra Day O'Connor, *The Importance of Judicial Independence, remarks before the Arab Judicial Forum*, Manama, Bahrain, September, 2003.

［ 10 ］*Annuaire de l'Institut de Droit International: Tome 45, 1954, Vol.* I, Schmidt Periodicals GmbH, 2001.

［ 11 ］A. Pedone ed.: *Aces des journées d'études des 9-10 décembre 1994* (Proceedings of the symposium), Paris, 1996.

[12]Colloque de la S.F.D.I. sur *La Juridiction internationale permanente*, Pedone, 1987.

[13]Robert Lecourt, *Allocution prononcée à l'occasion du départ de K Roemer*, Luxembourg, Publication de la Cour de justice des Communautés européennes, 1973.

[14]Maurice Lagrange: *Discours prononcé par M. l'Avocat général Maurice Lagrange, à l'audience solennelle de la Cour*, Luxembourg, le 8 octobre 1964.

[15]Reuter, *Observations sur les problèmes politiques réservés aux entretiens directs entre gouvernements*, FJM, AMG 12/2/2, 6 February 1951.

[16]F. Muûls, *Note concernant le projet de traité relatif au charbon et à l'acier*, AMAE/B, Dos.gén. CECA 5216, 16 November 1950.

二、中文参考文献

（一）论文

[1]刘丽娜、奥古斯丁·瑞尼斯:《国际公务员司法救济的欧盟新视角》，载《求索》2011 年第 11 期。

[2]马朝莹:《欧盟法院管辖权初探》，载《公民与法（法学）》2011 年第 3 期。

[3]张建伟:《法官核心价值观：司法的精神磁石》，载《理论周刊》2010 年第 22 期。

[4]邓烈:《国际行政法庭的诉讼管辖与案件的可接受性问题》，载《河南省政法管理干部学院学报》2010 年第 6 期。

[5]邓烈:《国际行政法庭诉讼管辖的几个特点》，载《昆明理工大学学报（社会科学版）》2010 年第 5 期。

[6]徐佳:《论欧盟公务员法庭》，载《忻州师范学院学报》2008 年第 3 期。

[7]赵海峰、李晶珠:《21 世纪欧盟法院体系的新发展：欧盟公务员法庭评析》，载《法律适用》2007 年第 7 期。

[8]姜明安:《公法学研究的几个基本问题》，载《法商研究》2005 年第 3 期。

［9］邓烈:《国际行政法庭与国际法的渊源》,载《法学评论》2004 年第 5 期。

［10］周永坤:《诉权法理研究论纲》,载《中国法学》第 2004 年第 5 期。

［11］邓烈:《国际行政法庭中的法律适用》,载《厦门大学法律评论》2003 第 1 期。

［12］贺卫方:《中国司法管理制度的两个问题》,载《中国社会科学》1997 年第 6 期。

［13］黄惠康:《国际公务员制度初探》,载《青年国际法文集》,中国政法大学出版社 1987 年版。

（二）著作

［1］翁岳生主编:《行政法（上）》,元照出版社 2020 年版。

［2］白桂梅:《国际法》（第三版）,北京大学出版社 2015 年版。

［3］王名扬:《王名扬全集:美国行政法》,北京大学出版社 2016 年版。

［4］李洪雷:《行政法释义学:行政法理学的更新》,中国人民大学出版社第 2014 年版。

［5］李赞:《国际组织的司法管辖豁免研究》,中国社会科学出版社 2013 年版。

［6］饶戈平:《全球化进程中的国际组织》,北京大学出版社 2005 年版。

［7］陈新民:《中国行政法学原理》,中国政法大学出版社 2002 年版。

［8］邓烈:《国际组织行政法庭》,武汉大学出版社 2002 年版。

［9］饶戈平:《国际组织法》,北京大学出版社 1996 年版。

［10］（美）约翰·罗尔斯:《正义论》,何怀宏、何包钢、廖申白译,中国社会科学出版社 1988 年版。

［11］（英）罗伯特·詹宁斯,（英）亚瑟·瓦茨修订:《奥本海国际法》（第一卷第一分册）,王铁崖等译,中国大百科全书出版社 1998 年版。

三、外文网站

［1］An official EU website, "Jobs & traineeships in EU institutions", https://european-union.europa.eu/live-work-study/jobs-traineeships-eu-institutions_en.

[2] An official EU website, https://european-union.europa.eu/principles-countries-history/country-profiles/croatia_en.

[3] Eurostat, "National civil servants in central public administration", https://ec.europa.eu/eurostat/web/products-datasets/-/prc_rem_nr (last accessed on 9 Aug. 2022).

[4] Court of Justice of the European Union, *History—Civil Service Tribunal—Presentation*, https://curia.europa.eu/jcms/jcms/T5_5230/en/.

[5] Marc Jaeger, "Le temps de réforme est-il arrive?", in relation to Colloqium Celebration of 20 years of the Court of First Instance of the European Communities – From 20 to 2020, *building the CFI of tomorrow on solid foundations*, organised on 25 September 2009, https://curia.europa.eu/jcms/jcms/P_52392/.

[6] Duncan Robinson, "The multiplying judges of the ECJ", Brussels Blog of the Financial Times, 17 April 2015, https://www.ft.com/content/4ce57462-8656-3fd3-973e-01b33c15dc6b.

[7] European Personnel Selection Office (ESPO) website, "Types of employment", https://epso.europa.eu/en/eu-careers/staff-categories#tab-Temporary%20staff.

[8] Nik de Boer, "Interview with Judge Sacha Prechal of the European Court of Justice: Part I: Working at the CJEU", 18 December 2013, https://europeanlawblog.eu/2013/12/18/interview-with-judge-sacha-prechal-of-the-european-court-of-justice-part-i-working-at-the-cjeu/.

[9] International Court of Justice, "Current Members", https://www.icj-cij.org/en/current-members.

[10] Nederland een Vereniging voor de Verenigde Naties, "The International Court of Justice", https://nvvn.nl/the-international-court-of-justice-icj/#:~:text=Although%20there%20is%20no%20entitlement,the%20Court%20is%20as%20follows.

[11] ILOAT, "The Tribunal", https://www.ilo.org/tribunal/about-us/lang--en/index.htm.

[12] R. Watson, "MEP tries to remove Belgian judge from European Court", *Politico*, 11 September 1997, https://www.politico.eu/article/mep-tries-to-remove-belgian-judge-from-european-court/.

[13] Par Jean-Marc Sauvé, "Le rapporteur public dans la juridiction administrative",

Le Conseil d'Etat, 28 Juin 2016, https://www.conseil−etat.fr/publications−colloques/discours−et−interventions/le−rapporteur−public−dans−la−juridiction−administrative#_ftn2.

[14] Court of Justice, "Composition", https://curia.europa.eu/jcms/jcms/Jo2_7024/en/#jurisprudences.

[15] Court of Justice of the European Union, "Registry", https://curia.europa.eu/jcms/jcms/Jo2_7030/en/ (last accessed on 9 Aug. 2022).

[16] Court of Justice of the European Union, "Departments", https://curia.europa.eu/jcms/jcms/Jo2_7001/en/ (last accessed on 9 Aug. 2022).

[17] OSCAR, U.S. COURTS, https://oscar.uscourts.gov/home.

[18] Brussels Legal, "Margarita Peristeraki, Référendaire at the Court of First Instance in Luxembourg", https://www.brusselslegal.com/article/display/2924/Margarita_Peristeraki_Rfrendaire_at_the_Court_of_First_Instance_in_Luxembourg.

[19] Daniel Sarmiento, "The reform of the General Court; unleashing the forces of change, Despite our Differences", Blog, 15 December 2015, https://despiteourdifferencesblog.wordpress.com/2015/12/15/the−reform−of−the−general−court−unleashing−the−forces−of−change/.

[20] Court of Justice of the European Union, "Directorate for the Budget and Financial Affairs", http://curia.europa.eu/jcms/jcms/Jo2_13983/direction−budget−et−comptabilite.

[21] Vassilios Skouris, "President Skouris's letter of 24 April 2015 to Pavel Svoboda (President of European Parliament Committee on Legal Affairs), 24 April 2015, http://blogs.ft.com/brusselsblog/files/2015/04/Skouris−letter.pdf.

[22] Alberto Alemannoand, Laurent Pech & Franklin Dehousse, "EU Judge Dehousse's Farewell Address, with a short introduction by Professors Alemanno & Pech", 19 Oct. 2016, https://verfassungsblog.de/eu−judge−dehousses−farewell−address−with−a−short−introduction−by−professors−alemanno−pech/.

[23] European Union, "Types of institutions and bodies", https://european−union.europa.eu/institutions−law−budget/institutions−and−bodies/types−institutions−and−bodies_en.

案件列表

一、欧洲法院（欧洲共同体法院）案例

（一）审查案例

[1] Case C–141/18 RX, *FV v Council of the European Union*, Decision of the Court of Justice (Reviewing Chamber), ECLI:EU:C:2018:218, 19 March 2018.

[2] Case C–417/14 RX–II, *Livio Missir Mamachi di Lusignano v European Commission*, Judgment of the Court (Fifth Chamber), ECLI:EU:T:2017:874, 10 September 2015.

[3] Case C–579/12 RX–II, *European Commission v Guido Strack*, Judgment of the Court (Fourth Chamber), ECLI:EU:C:2013:570, 19 September 2013.

[4] Case C–334/12 RX–II, *Oscar Orlando Arango Jaramillo and Others v European Investment Bank (EIB)*, Judgment of the Court (Fourth Chamber), ECLI:EU:C:2013:134, 28 February 2013.

（二）上诉案例

[1] Joined Cases C–116/21 P to C–118/21 P and C–138/21 P, *European Commission and Council of the European Union v VW and Others*, Judgment of the Court (Third Chamber), ECLI:EU:C:2022:557, 14 July 2022.

[2] Case C–361/20 P, *YG v European Commission*, Judgment of the Court (Seventh Chamber), ECLI:EU:C:2022:17, 13 January 2022.

［3］Case C-583/19 P, *Belén Bernaldo de Quirós v European Commission*, Judgment of the Court (Second Chamber), ECLI:EU:C:2021:844, 14 October 2021.

［4］Case C-272/20 P, *Sebastian Veit v European Central Bank*, Judgment of the Court (Fifth Chamber), ECLI:EU:C:2021:814, 6 October 2021.

［5］Case C-717/20 P, *Marina Karpeta-Kovalyova v European Commission*, Order of the Court (Eighth Chamber), ECLI:EU:C:2021:542, 6 July 2021.

［6］Case C-894/19 P, *European Parliament v UZ*, Opinion of Advocate General Pikamäe, ECLI:EU:C:2021:497, 17 June 2021.

［7］Case C-202/20 P, *Claudio Necci v European Commission*, Judgment of the Court (Eighth Chamber), ECLI:EU:C:2021:385, 12 May 2021.

［8］Joined Cases C-517/19 P and C-518/19 P, *Maria Alvarez y Bejarano and Others v European Commission*, Judgment of the Court (Third Chamber), ECLI:EU:C:2021:240, 25 March 2021.

［9］Case C-399/20 P, *XH v European Commission*, Order of the Court (Seventh Chamber), ECLI:EU:C:2021:205, 16 March 2021.

［10］Case C-259/20 P, *João Miguel Barata v European Parliament*, Order of the Court (Sixth Chamber), ECLI:EU:C:2020:994, 3 December 2020.

［11］Case C-93/19 P, *European External Action Service v Chantal Hebberecht*, Judgment of the Court (Fourth Chamber), ECLI:EU:C:2020:946, 19 November 2020.

［12］Case C-119/19 P and C-126/19 P, *European Commission and Council of the European Union v Francisco Carreras Sequeros and Others*, Judgment of the Court (Grand Chamber), ECLI:EU:C:2020:676, 8 September 2020.

［13］Case C-378/16 P, *Inclusion Alliance for Europe GEIE v European Commission*, Judgment of the Court (Third Chamber), ECLI:EU:C:2020:575, 16 July 2020.

［14］Case C-570/18 P, *HF v European Parliament*, Judgment of the Court (Second Chamber), ECLI:EU:C:2020:490, 25 June 2020.

［15］Case C-14/19 P, *European Union Satellite Centre v KF*, Judgment of the Court (Second Chamber), ECLI:EU:C:2020:492, 25 June 2020.

［16］Case C-114/19 P, *European Commission v Danilo Di Bernardo*, Judgment of the Court (First Chamber), ECLI:EU:C:2020:457, 11 June 2020.

[17] Case C–831/18 P, *European Commission v RQ*, Judgment of the Court (Fourth Chamber), ECLI:EU:C:2020:481, 18 June 2020.

[18] Case C–114/19 P, *European Commission v Danilo Di Bernardo*, Opinion of Advocate General Pikamäe, ECLI:EU:C:2020:22, 22 January 2020.

[19] C–460/18 P, *HK v European Commission*, Judgment of the Court (First Chamber), ECLI:EU:C:2019:1119, 19 December 2019.

[20] Case C–427/18 P, *European External Action Service (EEAS) v Ruben Alba Aguilera and Others*, Opinion of Advocate General Szpunar, ECLI:EU:C:2019:866, 16 October 2019.

[21] Case C–460/18 P, *HK v European Commission*, Opinion of Advocate General Pikamäe, ECLI:EU:C:2019:646, 29 July 2019.

[22] Case C–621/16 P, *European Commission v Italian Republic, European Commission v Italian Republic*, Judgment of the Court (Grand Chamber), ECLI:EU:C:2019:251, 26 March 2019.

[23] Case C–150/17 P, *European Union v Kendrion NV*, Judgment of the Court (First Chamber), Opinion of Advocate General Wahl, ECLI:EU:C:2018:612, 25 July 2018.

[24] Case C–390/17 P, *Irit Azoulay and Others v European Parliament*, Opinion of Advocate General Kokott, ECLI:EU:C:2018:217, 22 March 2018.

[25] Case C–453/17 P, *Laure Camerin v European Parliament*, Order of the Court (Ninth Chamber), ECLI:EU:C:2017:922, 30 November 2017.

[26] Joined Cases C–593/15 P and C–594/15 P, *Slovak Republic v European Commission*, Judgment of the Court (Fourth Chamber), ECLI:EU:C:2017:800, 25 October 2017.

[27] Case C–566/14 P, *Jean-Charles Marchiani v European Parliament*, Judgment of the Court (Grand Chamber), ECLI:EU:C:2016:437, 14 June 2016.

[28] Case C–176/13 P, *Council of the European Union v Bank Mellat*, Judgment of the Court (Fifth Chamber), ECLI:EU:C:2016:96, 18 February 2016.

[29] Case C–221/14 P, *GJ v Court of Justice of the European Union*, Judgment of the Court (Second Chamber), ECLI:EU:C:2015:126, 26 February 2015.

[30] Case C–28/13 P, *Gabi Thesing and Bloomberg Finance LP v European Central*

Bank (ECB), Order of the Court (Fifth Chamber), ECLI:EU:C:2014:230, 6 February 2014.

[31] Case C-58/12 P, *Groupe Gascogne SA v European Commission*, Opinion of Advocate General Sharpston, ECLI:EU:C:2013:360, 26 November 2013.

[32] Case C-40/12 P, *Gascogne Sack Deutschland GmbH v European Commission*, Judgment of the Court (Grand Chamber), ECLI:EU:C:2013:768, 26 November 2013.

[33] Case C-58/12 P, *Groupe Gascogne SA v European Commission*, Judgment of the Court (Grand Chamber), ECLI:EU:C:2013:770, 26 November 2013.

[34] Case C-439/11 P, *Ziegler SA v European Commission*, Judgment of the Court (Third Chamber), ECLI:EU:C:2013:513, 11 July 2013.

[35] Case C-336/09 P, *Republic of Poland v European Commission*, Judgment of the Court (Grand Chamber), ECLI:EU:C:2012:386, 26 June 2012.

[36] Case C-462/10 P, *Evropaïki Dynamiki - Proigmena Systimata Tilepikoinonion Pliroforikis kai Tilematikis AE v EEA*, Order of the Court (Seventh Chamber), ECLI:EU:C:2012:14, 13 January 2012.

[37] Case C-329/09 P, *Iride SpA, formerly Azienda Mediterranea Gas e Acqua SpA v European Commission*, Judgment of the Court (Sixth Chamber), ECLI:EU:C:2011:859, 21 December 2011.

[38] Case C-496/08 P, *Pilar Angé Serrano and Others v European Parliament*, Judgment of the Court (Second Chamber), ECLI:EU:C:2010:116, 4 March 2010.

[39] Case C-385/07 P, *Der Grüne Punkt – Duales System Deutschland GmbH v Commission of the European Communities*, Judgment of the Court (Grand Chamber), ECLI:EU:C:2009:456, 16 July 2009.

[40] Case C-202/07 P, France *Télécom SA v Commission of the European Communities*, Judgment of the Court (First Chamber), ECLI:EU:C:2009:214, 2 April 2009.

[41] Case C-308/07 P, *Koldo Gorostiaga Atxalandabaso v European Parliament*, Judgment of the Court (First Chamber), ECLI:EU:C:2009:103, 19 February 2009.

[42] Case C-443/07 P, *Isabel Clara Centeno Mediavilla and Others v Commission of the European Communities*, Judgment of the Court (Second Chamber),

ECLI:EU:C:2008:767, 22 December 2008.

[43] Case C-198/07 P, *Donal Gordon v European Commission*, Judgment of the Court (Fourth Chamber), ECLI:EU:C:2008:761, 22 December 2008.

[44] Case T-105/08 P, *Kris Van Neyghem v European Commission*, Order of the General Court (Appeal Chamber), ECLI:EU:T:2008:402, 24 September 2008.

[45] Case C-348/06 P, *European Commission v Marie-Claude Girardot*, Judgment of the Court (Third Chamber), ECLI:EU:C:2008:107, 21 February 2008.

[46] Case C-57/06 P, *Elisabetta Righini v Commission of the European Communities*, Order of the Court (Seventh Chamber), ECLI:EU:C:2007:65, 26 January 2007.

[47] Case C-424/05 P, *European Commission v Sonja Hosman-Chevalier*, Judgment of the Court (Third Chamber), ECLI:EU:C:2007:367, 21 June 2007.

[48] Case C-373/04 P, *European Commission v Mercedes Alvarez Moreno*, Judgment of the Court (Second Chamber), ECLI:EU:C:2006:11, 10 January 2006.

[49] Case C-227/04 P, *Maria-Luise Lindorfer v Council of the European Union*, Opinion of Mr Advocate General Jacobs, ECLI:EU:C:2005:656, 27 October 2005.

[50] Case C-409/02 P, *Jan Pflugradt v European Central Bank*, Judgment of the Court (First Chamber), ECLI:EU:C:2004:625, 14 October 2004.

[51] Case C-198/99 P, *Empresa Nacional Siderúrgica SA (Ensidesa) v Commission of the European Communities*, Judgment of the Court (Fifth Chamber), ECLI:EU:C:2003:530, 2 October 2003.

[52] Case C-171/00 P, *Alain Libéros v Commission of the European Communities*, Opinion of Advocate General Stix-Hackl, ECLI:EU:C:2001:628, 22 November 2001.

[53] Case C-449/99 P, *European Investment Bank v Michel Hautem*, Judgment of the Court (Sixth Chamber), ECLI:EU:C:2001:502, 2 October 2001.

[54] Joined cases C-122/99 P and C-125/99 P, *D and Kingdom of Sweden v Council of the European Union*, Judgment of the Court, ECLI:EU:C:2001:304, 31 May 2001.

[55] Case C-199/92 P, *Hüls AG v Commission of the European Communities*, Judgment of the Court (Sixth Chamber), ECLI:EU:C:1999:358, 8 July 1999.

[56] Case C-7/99 P, *Franco Campoli v Commission of the European Communities*,

Order of the Court, ECLI:EU:C:1999:227, 30 April 1999.

[57] Case C-185/95 P, *Baustahlgewebe GmbH v Commission of the European Communities*, Judgment of the Court, ECLI:EU:C:1998:608, 17 December 1998.

[58] Case C-148/96 P(R), *Anthony Goldstein v Commission of the European Communities*, Order of the President of the Court, ECLI:EU:C:1996:307, 11 July 1996.

[59] Case C-254/95 P, European Parliament v Angelo Innamorati, Judgment of the Court (Third Chamber), ECLI:EU:C:1996:276, 4 July 1996.

[60] Case C-448/93 P, *Commission of the European Communities v Muireann Noonan*, Judgment of the Court (Fifth Chamber), ECLI:EU:C:1995:264, 11 August 1995.

[61] Case C-448/93 P, *Commission of the European Communities v Muireann Noonan*, Opinion of Mr Advocate General Léger, ECLI:EU:C:1995:7, 17 January 1995.

[62] Case C-136/92 P, *Commission of the European Communities v Augusto Brazzelli Lualdi and others*, Judgment of the Court, ECLI:EU:C:1994:211, 1 June 1994.

[63] Case C-32/92 P, *Andrew Macrae Moat v Commission of the European Communities*, Order of the Court (Sixth Chamber), ECLI:EU:C:1992:496, 3 December 1992.

[64] Case C-30/91 P, *Jean Lestelle v Commission of the European Communities*, Judgment of the Court , ECLI:EU:C:1992:252, 9 June 1992.

[65] Case C-283/90 P, *Raimund Vidrányi v Commission of the European Communities*, Judgment of the Court, ECLI:EU:C:1991:361, 1 October 1991.

[66] Case C-132/90 P, *Georg Schwedler v European Parliament*, Opinion of Mr Advocate General Tesauro, ECLI:EU:C:1991:288, 3 July 1991.

（三）一审终审案例

[1] Case C-40/10, *European Commission v Council of the European Union*, Judgment of the Court (Third Chamber), ECLI:EU:C:2010:713, 24 November 2010.

[2] Case C-506/04, *Graham J. Wilson v Ordre des avocats du barreau de Luxembourg*, Judgment of the Court (Grand Chamber), ECLI:EU:C:2006:587, 19 September

2006.

[3] Case C−540/03, *European Parliament v Council of the European Union*, Judgment of the Court (Grand Chamber), ECLI:EU:C:2006:429, 27 June 2006.

[4] Case C−466/00, *Arben Kaba v Secretary of State for the Home Department*, Opinion of Mr Advocate General Ruiz−Jarabo Colomer, ECLI:EU:C:2002:447, 11 July 2002.

[5] Case C−147/96, *Kingdom of the Netherlands v Commission of the European Communities*, Judgment of the Court (Fifth Chamber), ECLI:EU:C:2000:335, ECLI:EU:C:2000:335, 22 June 2000.

[6] Case C−17/98, *Emesa Sugar (Free Zone) NV v. Aruba*, Order of the Court, ECLI:EU:C:2000:69, 4 February 2000.

[7] Case C−430/97, *Jutta Johannes v Hartmut Johannes*, Judgment of the Court (First Chamber), ECLI:EU:C:1999:293, 10 June 1999.

[8] Case C−278/93, *Edith Freers and Hannelore Speckmann v Deutsche Bundespost*, Judgment of the Court (Sixth Chamber), ECLI:EU:C:1996:83, 7 March 1996.

[9] Case C−457/93, *Kuratorium für Dialyse und Nierentransplantation e.V. v Johanna Lewark*, Judgment of the Court, ECLI:EU:C:1996:33, 6 February 1996.

[10] Case C−32/92 P, *Andrew Macrae Moat v Commission of the European Communities*, Order of the Court (Sixth Chamber), ECLI:EU:C:1992:496, 3 December 1992.

[11] Case 383/85, *Commission of the European Communities v Kingdom of Belgium*, Judgment of the Court, ECLI:EU:C:1989:356, 3 October 1989.

[12] Case 432/85, *Theano Souna v Commission of the European Communities*, Judgment of the Court (First Chamber), ECLI:EU:C:1987:236, 20 May 1987.

[13] Case 432/85, *Theano Souna v Commission of the European Communities*, Opinion of Mr Advocate General Sir Gordon Slynn, ECLI:EU:C:1987:101, 24 February 1987.

[14] Case 204/85, *Vassiliki Stroghili v Court of Auditors of the European Communities*, Judgment of the Court (First Chamber), ECLI:EU:C:1987:21, 21 January 1987.

[15] Case 186/85, *Commission of the European Communities v Kingdom of Belgium*, Judgment of the Court, ECLI:EU:C:1987:208, 7 May 1987.

［16］Joined cases 269 and 292/84, C. *Fabbro and others v Commission of the European Communities*, Judgment of the Court (Sixth Chamber), ECLI:EU:C:1986:396, 21 October 1986.

［17］Case 43/84, *Heinrich Maag v Commission of the European Communities*, Judgment of the Court (Second Chamber), ECLI:EU:C:1985:328, 11 July 1985.

［18］Joined cases 87, 130/77, 22/83, 9 and 10/84, *Vittorio Salerno and others v Commission of the European Communities and Council of the European Communities*, Judgment of the Court (Second Chamber), ECLI:EU:C:1985:318, 11 July 1985.

［19］Case 159/82, *Angélique Verli-Wallace v Commission of the European Communities*, Judgment of the Court (Third Chamber), ECLI:EU:C:1983:242, 22 September 1983.

［20］Case 85/82, *Bernhard Schloh v Council of the European Communities*, Judgment of the Court (First Chamber), ECLI:EU:C:1983:179, ECLI:EU:C:1983:179, 30 June 1983.

［21］Case 289/81, *Vassilis Mavridis v European Parliament*, Judgment of the Court (Second Chamber), ECLI:EU:C:1983:142, 19 May 1983.

［22］Case 190/82, *Adam P.H. Blomefield v Commission of the European Communities*, Judgment of the Court (Second Chamber), ECLI:EU:C:1983:358, 1 December 1983.

［23］Case 25/68, *André Schertzer v European Parliament*, ECLI:EU:C:1977:158, Judgment of the Court (Second Chamber) of 18 October 1977.

［24］Case 105/75, Franco Giuffrida v Council of the European Communities, Judgment of the Court (First Chamber), ECLI:EU:C:1976:128, 29 September 1976.

［25］Case 110−75, John Mills v European Investment Bank, Judgment of the Court, ECLI:EU:C:1976:88, 15 June 1976.

［26］Case 129−75, *Lydia Hirschberg, née Nemirovsky, v Commission of the European Communities*, Judgment of the Court (Second Chamber), ECLI:EU:C:1976:113, 14 July 1976.

［27］Case 9−75, *Martin Meyer-Burckhardt v Commission of the European Communities*, Judgment of the Court (First Chamber), ECLI:EU:C:1975:131, 22

October 1975.

[28] Case 28–74, *Fabrizio Gillet v Commission of the European Communities*, Judgment of the Court (Second Chamber), ECLI:EU:C:1975:46, 19 March 1975.

[29] Case 175–73, *Kortner v Council of the European Communities*, Judgment of the Court, ECLI:EU:C:1974:95, October 1974.

[30] Joined cases 15 to 33, 52, 53, 57 to 109, 116, 117, 123, 132 and 135 to 137– 73, *Roswitha Schots, née Kortner, and others v Council and Commission of the European Communities and the European Parliament*, Judgment of the Court (Second Chamber), ECLI:EU:C:1974:16, 21 February 1974.

[31] Case 148/73, *Raymond Louwage and Marie-Thérèse Louwage, née Moriame, v Commission of the European Communities*, Judgment of the Court (First Chamber), ECLI:EU:C:1974:7, 30 January 1974.

[32] Case 20–71, *Luisa Sabbatini, née Bertoni, v European Parliament*, Judgment of the Court (Second Chamber), ECLI:EU:C:1972:48, 7 June 1972.

[33] Joined cases 42 and 49/59, *Aciéries du Temple (S.N.U.P.A.T.) v High Authority of the European Coal and Steel Community*, Judgment of the Court, ECLI:EU:C:1961:5, 22 March 1961.

[34] Case 15/60, *Gabriel Simon v Court of Justice of the European Communities*, Judgment of the Court, ECLI:EU:C:1961:11, 1 June 1961.

[35] Case 10/55, *Miranda Mirossevich v High Authority of the European Coal and Steel Community*, Judgment of the Court, ECLI:EU:C:1956:14, 12 December 1956.

[36] Case 10/55, *Miranda Mirossevich v High Authority of the European Coal and Steel Community*, Opinion of Mr Advocate General Lagrange, ECLI:EU:C:1956:9, 15 November 1956.

[37] Joined cases 27–64 and 30–64, *Fulvio Fonzi v Commission of the EAEC*, Opinion of Mr Advocate General Roemer, ECLI:EU:C:1965:56, 16 June 1965.

[38] Case 1/55, *Antoine Kergall v Common Assembly of the European Coal and Steel Community*, Judgment of the Court, ECLI:EU:C:1955:9, 19 July 1955.

二、普通法院（初审法院）案例

（一）上诉案例

[1] Case T-702/16 P, *José Barroso Truta and Others v Court of Justice of the European Union*, Judgment of the General Court (Appeal Chamber), ECLI:EU:T:2018:557, 18 September 2018.

[2] Case T-757/17, *Petrus Kerstens v European Commission*, Order of the General Court (First Chamber), ECLI:EU:T:2018:391, 26 June 2018.

[3] Case T-701/16 P, *European Commission v AV*, Judgment of the General Court (Appeal Chamber), ECLI:EU:T:2018:276, 17 May 2018.

[4] Case T-639/16 P, *FV v Council of the European Union*, Judgment of the General Court (Appeal Chamber), ECLI:EU:T:2018:22, 23 January 2018.

[5] Case T-401/11 P RENV-RX, *Stefano Missir Mamachi di Lusignano and Others v European Commission*, Judgment of the General Court (Appeal Chamber), ECLI:EU:T:2017:874, 7 December 2017.

[6] Case T-734/15 P, *European Commission v FE*, Judgment of the General Court (Appeal Chamber), ECLI:EU:T:2017:612, 15 September 2017.

[7] Case T-742/15 P, *DD v European Union Agency for Fundamental Rights (FRA)*, Judgment of the General Court (Appeal Chamber), ECLI:EU:T:2017:528, 19 July 2017.

[8] Case T-647/16, *Laure Camerin v European Parliament*, Order of the General Court (Second Chamber), ECLI:EU:T:2017:373, 1 June 2017.

[9] Case T-328/15 P, *Geoffroy Alsteens v European Commission*, Judgment of the General Court (Appeal Chamber), ECLI:EU:T:2016:671, 23 November 2016.

[10] Case T-787/14 P, *European Central Bank v Maria Concetta Cerafogli*, Judgment of the General Court (Appeal Chamber), ECLI:EU:T:2016:633, 27 October 2016.

[11] Case T-129/14 P, *Carlos Andres and Others v European Central Bank*, Judgment of the General Court (Appeal Chamber), 4 May 2016.

[12] Case T-127/14 P, *Alvaro Sesma Merino v Office for Harmonisation in the*

Internal Market (Trade Marks and Designs), Judgment of the General Court (Appeal Chamber), ECLI:EU:T:2015:927, 3 December 2015.

[13] Case T−104/14 P, *European Commission v Marco Verile and Anduela Gjergji*, Judgment of the General Court (Appeal Chamber), ECLI:EU:T:2015:776, 13 October 2015.

[14] Case T−88/13 P, *Z v Court of Justice of the European Union*, Judgment of the General Court (Appeal Chamber), ECLI:EU:T:2015:393,19 June 2015.

[15] Case T−556/14 P, *Victor Navarro v European Commission*, Judgment of the General Court (Appeal Chamber), ECLI:EU:T:2015:368, 9 June 2015.

[16] Case T−658/13 P, *BP v European Union Agency for Fundamental Rights (FRA)*, Judgment of the General Court (Appeal Chamber), ECLI:EU:T:2015:356, 3 June 2015.

[17] Case T−39/14 P, *Joaquim Paulo Gomes Moreira v European Centre for Disease Prevention and Control (ECDC)*, Order of the General Court (Appeal Chamber), ECLI:EU:T:2014:684, 7 July 2014.

[18] Case T−373/13 P, *Geoffroy Alsteens v European Commission*, Judgment of the General Court (Appeal Chamber), ECLI:EU:T:2014:114, 12 March 2014.

[19] Case T−130/13 P, *Stephanie Honnefelder v European Commission*, Order of the General Court (Appeal Chamber), ECLI:EU:T:2013:276, 28 May 2013.

[20] Case T−595/11 P, *A v European Commission*, Judgment of the General Court (Appeal Chamber), ECLI:EU:T:2012:694, 13 December 2012.

[21] Case T−268/11 P, *Guido Strack v European Commission*, Judgment of the General Court (Appeal Chamber), ECLI:EU:T:2012:588, 8 November 2012.

[22] Case T−642/11 P, *Harald Mische v European Parliament*, Order of the General Court (Appeal Chamber), ECLI:EU:T:2012:397, 4 September 2012.

[23] Case T−234/11 P, *Oscar Orlando Arango Jaramillo and Others v European Investment Bank (EIB)*, Judgment of the General Court (Appeal Chamber), ECLI:EU:T:2012:311, 19 June 2012.

[24] Case T−126/11 P, *Luigi Marcuccio v European Commission*, Order of the General Court (Appeal Chamber), ECLI:EU:T:2012:115, 8 March 2012.

[25] Case T−325/09 P, *Vahan Adjemian e.a v European Commission*, Judgment of the

General Court (Appeal Chamber), ECLI:EU:T:2011:506, 21 September 2011.

[26] Case T–213/11 P (I), *Collège des représentants du personnel de la European Investment Bank and Others v Eberhard Bömcke*, Order of the President of the General Court, ECLI:EU:T:2011:397, 15 July 2011.

[27] Case T–213/11 P (I), *Collège des représentants du personnel de la European Investment Bank and Others v Eberhard Bömcke*, Order of the President of the General Court, ECLI:EU:T:2011:397, 15 July 2011.

[28] Case T–80/09 P, *European Commission v Q*, Judgment of the General Court (Appeal Chamber), ECLI:EU:T:2011:347, 12 July 2011.

[29] Case T–239/09 P, *Luigi Marcuccio v European Commission*, Order of the General Court (Appeal Chamber), ECLI:EU:T:2011:138, 4 April 2011.

[30] Case T–143/09 P, *European Commission v Nicole Petrilli*, Judgment of the General Court (Appeal Chamber), ECLI:EU:T:2010:531, 16 December 2010.

[31] Case T–526/08 P, *European Commission v Guido Strack*, Judgment of the General Court (Appeal Chamber), ECLI:EU:T:2010:506, 9 December 2010.

[32] Case T–17/08 P, *Marta Andreasen v European Commission*, Judgment of the General Court (Appeal Chamber), ECLI:EU:T:2010:374, 9 September 2010.

[33] Case T–160/08 P, *European Commission v Françoise Putterie-De-Beukelaer*, Judgment of the General Court (Appeal Chamber), ECLI:EU:T:2010:294, 8 July 2010.

[34] Case T–485/08 P, *Paul Lafili v European Commission*, Judgment of the General Court (Appeal Chamber), ECLI:EU:T:2010:274, 2 July 2010.

[35] Case T–560/08 P, *European Commission v Stefan Meierhofer*, Judgment of the General Court (Appeal Chamber), ECLI:EU:T:2010:192, 12 May 2010.

[36] Case T–491/08 P, *Philippe Bui Van v European Commission*, Judgment of the General Court (Appeal Chamber), ECLI:EU:T:2010:191, 12 May 2010.

[37] Case T–58/08 P, *European Commission v Anton Pieter Roodhuijze*n, Judgment of the General Court (Appeal Chamber), ECLI:EU:T:2009:385, 5 October 2009.

[38] Case T–404/06 P, *European Training Foundation (ETF) v Pia Landgren*, Judgment of the Court of First Instance (Appeal Chamber), ECLI:EU:T:2009:313, 8 September 2009.

［39］Case T-306/08 P, *Kurt-Wolfgang Braun-Neumann v European Parliament*, Order of the Court of First Instance (Appeal Chamber), ECLI:EU:T:2009:6, 15 January 2009.

［40］Case T-222/07 P, *Petrus Kerstens v Commission of the European Communities*, Judgment of the Court of First Instance (Appeal Chamber), ECLI:EU:T:2008:314, 8 September 2008.

［41］Joined Cases T-6/92 and T-52/92, *Andreas Hans Reinarz v Commission of the European Communities*, Judgment of the Court of First Instance (Appeal Chamber), ECLI:EU:T:1993:89, 26 October 1993.

（二）初审案例

［1］Case T-119/17 RENV, *Ruben Alba Aguilera and Others v European External Action Service*, Judgment of the General Court (Fourth Chamber), ECLI:EU:T:2021:254, 12 May 2021.

［2］Cases T-641/16 RENV and T-137/17, *Danuta Kakol v European Commission*, Judgment of the General Court (Single Judge), ECLI:EU:T:2018:958, 13 Dec. 2018.

［3］Case T-603/16, *Zoher Brahma v Court of Justice of the European Union*, Judgment of the General Court (Third Chamber), ECLI:EU:T:2018:820, 22 November 2018.

［4］Case T-518/16, *Francisco Carreras Sequeros and Others v European Commission*, Judgment of the General Court (Fourth Chamber, Extended Composition), ECLI:EU:T:2018:873, 4 December 2018.

［5］Case T-580/16, *Irit Azoulay and Others v European Parliament*, Judgment of the General Court (Eighth Chamber), ECLI:EU:T:2017:291, 28 April 2017.

［6］Cases T-479/14, *Kendrion NV v European Union*, Judgment of the General Court (Third Chamber, Extended Composition), ECLI:EU:T:2017:48, 1 February 2017.

［7］Case T-577/14, *Gascogne Sack Deutschland GmbH and Gascogne v Court of Justice of the European Union*, Judgment of the General Court (Third Chamber, Extended Composition), ECLI:EU:T:2017:1, 10 January 2017.

［8］Case T-456/14, *L'association des fonctionnaires indépendants pour la défense de la fonction publique européenne (TAO-AFI) and Syndicat des fonctionnaires internationaux et européens – Section du Parlement européen (SFIE-PE) v European Parliament and Council of the European Union*, Judgment of the General Court (Eighth Chamber), ECLI:EU:T:2016:493, 15 September 2016.

[9] Case T-234/07, *Koninklijke Grolsch NV v. European Commission*, Judgment of the General Court (Sixth Chamber, extended composition), ECLI:EU:T:2011:476, 15 September 2011.

[10] Case T-471/04, *Georgios Karatzoglou v European Agency for Reconstruction (AER)*, Judgment of the Court of First Instance (First Chamber), ECLI:EU:T:2008:540, 2 December 2008.

[11] Case T-435/04, *Manuel Simões Dos Santos v Office for Harmonisation in the Internal Market (Trade Marks and Designs) (OHIM)*, Judgment of the Court of First Instance (Third Chamber), ECLI:EU:T:2007:50, 14 February 2007.

[12] Case T-166/04, *C v Commission of the European Communities*, Judgment of the Court of First Instance (Third Chamber), ECLI:EU:T:2007:24, 31 January 2007.

[13] Case T-274/04, *Georgios Rounis v Commission of the European Communities*, Judgment of the Court of First Instance (single Judge), ECLI:EU:T:2005:442, 8 December 2005.

[14] Case T-237/00, *Patrick Reynolds v European Parliament*, Judgment of the Court of First Instance (Third Chamber), ECLI:EU:T:2005:437, 8 December 2005.

[15] Case T-358/03, *Siegfried Krahl v European Commission*, Order of the General Court (Third Chamber), ECLI:EU:T:2005:301, 7 September 2005.

[16] Joined Cases T-285/02 and T-395/02, *Eva Vega Rodríguez v European Commission*, Judgment of the General Court (Second Chamber), ECLI:EU:T:2004:324, 9 November 2004.

[17] Case T-10/02, *Marie-Claude Girardot v European Commission*, Judgment of the General Court (First Chamber), ECLI:EU:T:2004:94, 31 March 2004.

[18] Case T-11/03, *Elizabeth Afari v European Central Bank*, Judgment of the General Court (First Chamber), ECLI:EU:T:2004:77, 16 March 2004.

[19] Joined Cases T-331/00 and T-115/01, *Laurence Bories and Others v Commission of the European Communities*, Judgment of the Court of First Instance (Fifth

Chamber), ECLI:EU:T:2003:317, 27 November 2003.

[20] Case T-293/01, *Donatella Ineichein v Commission of the European Communities*, Judgment of the Court of First Instance (single Judge), ECLI:EU:T:2003:55, 5 March 2003.

[21] Case T-181/01, *Chantal Hectors v European Parliament*, Judgment of the Court of First Instance (Fifth Chamber), ECLI:EU:T:2003:13, 23 January 2003.

[22] Case T-333/99, *X v European Central Bank*, Judgment of the Court of First Instance (Third Chamber), ECLI:EU:T:2001:251, 18 October 2001.

[23] Case T-175/97, *Bernard Bareyt and Others v Commission of the European Communities*, Judgment of the Court of First Instance (Second Chamber), ECLI:EU:T:2000:259, 8 November 2000.

[24] Case T-317/99, *Franz Lemaître v Commission of the European Communities*, Judgment of the Court of First Instance (single Judge), ECLI:EU:T:2000:218, 27 September 2000.

[25] Case T-157/99, *Helga Griesel v Council of the European Union*, Judgment of the Court of First Instance (single Judge), ECLI:EU:T:2000:192, 13 July 2000.

[26] Case T-33/99, *Elvira Méndez Pinedo v European Central Bank*, Order of the Court of First Instance (Second Chamber), ECLI:EU:T:2000:94, 30 March 2000.

[27] Case T-36/96, *Giuliana Gaspari v European Parliament*, Judgment of the Court of First Instance (Fifth Chamber), ECLI:EU:T:1997:109, 10 July 1997.

[28] Case T-26/96, *Orlando Lopes v Court of Justice of the European Communities*, Order of the Court of First Instance (Second Chamber), ECLI:EU:T:1996:157, 5 October 1996.

[29] Case T-508/93, *Giuseppe Mancini v Commission of the European Communities*, Judgment of the Court of First Instance (Fourth Chamber), ECLI:EU:T:1994:263, 27 October 1994.

[30] Case T-34/92, *Fiatagri UK Ltd and New Holland Ford Ltd v Commission of the European Communities*, Judgment of the Court of First Instance (Second Chamber), ECLI:EU:T:1994:258, 27 October 1994.

[31] Case T-40/91, *Agostino Ventura v European Parliament*, Judgment of the Court of First Instance (Fifth Chamber), ECLI:EU:T:1992:59, 10 April 1992.

[32]Case T−45/90, *Alicia Speybrouck v European Parliament*, Judgment of the Court of First Instance (Fifth Chamber), ECLI:EU:T:1992:7, 28 January 1992.

[33]Case T−47/90, *Annie Herremans v Commission of the European Communities*, Order of the Court of First Instance (Fifth Chamber), ECLI:EU:T:1991:34, 4 July 1991.

[34]Joined cases T−18/89 and T−24/89, *Harissios Tagaras v Court of Justice of the European Communities*, Judgment of the Court of First Instance (Fourth Chamber), ECLI:EU:T:1991:8, 7 February 1991.

[35]Case T−56/89, *Brigitte Bataille and others v European Parliament*, Judgment of the Court of First Instance (Fifth Chamber), ECLI:EU:T:1990:64, 8 November 1990.

[36]Case T−51/89, *Tetra Pak Rausing SA v Commission of the European Communities*, Judgment of the Court of First Instance, ECLI:EU:T:1990:41, 10 July 1990.

三、欧盟公务员法庭案例

[1]Case F−125/15, *HB v European Commission*, Judgment of the Civil Service Tribunal (Second Chamber), ECLI:EU:F:2016:164, 21 July 2016.

[2]Case F−40/15, *FV v Council of the European Union*, Judgment of the Civil Service Tribunal (Second Chamber), ECLI:EU:F:2016:137, 28 June 2016.

[3]Case F137/14, *GV v European External Action Service (EEAS)*, Judgment of the Civil Service Tribunal (First Chamber), 5 February 2016.

[4]Case F−34/14, *DP v Agency for the Cooperation of Energy Regulators (ACER)*, Judgment of the Civil Service Tribunal (Third Chamber), ECLI:EU:F:2015:82, 8 July 2015.

[5]Case F−124/14, *Olivier Petsch v European Commission*, Judgment of the Civil Service Tribunal (Third Chamber), ECLI:EU:F:2015:69, 30 June 2015.

[6]Case F26/12, *Maria Concetta Cerafogli v. European Central Bank (ECB)*, Judgment of the European Union Civil Service Tribunal (Second Chamber),

ECLI:EU:F:2014:218, 18 September 2014.

[7] Joined Cases F-95/11 and F-36/12, *CG v European Investment Bank (EIB)*, Judgment of the European Union Civil Service Tribunal (Single Judge), ECLI:EU:F:2014:188, 10 July 2014.

[8] Case F-89/11, *Charles Dieter Goetz v European Union Committee of the Regions*, Judgment of the European Union Civil Service Tribunal (Second Chamber), ECLI:EU:F:2013:83, 19 June 2013.

[9] Case F-107/05, *Gergely Toth v European Commission*, Judgment of the Civil Service Tribunal (Second Chamber), ECLI:EU:F:2010:118, 30 September 2010.

[10] Case F-70/05, *Harald Mische v European Commission*, Judgment of the Civil Service Tribunal (Second Chamber), ECLI:EU:F:2011:167, 29 September 2011.

[11] Case F-55/08 DEP, *Carlo De Nicola v European Investment Bank*, Order of the Civil Service Tribunal(full court), ECLI:EU:F:2011:155, 27 September 2011.

[12] Case F-46/09, *V v European Parliament*, Judgment of the Civil Service Tribunal (First Chamber), ECLI:EU:F:2011:101, 5 July 2011.

[13] Case F-82/09, *Michel Nolin v European Commission*, Judgment of the Civil Service Tribunal (Third Chamber), ECLI:EU:F:2010:154, 1 December 2010.

[14] Case F-36/05, *Gudrun Schulze v European Commission*, Judgment of the Civil Service Tribunal (Second Chamber), ECLI:EU:F:2010:115, 30 September 2010.

[15] Case F-45/07, *Wolfgang Mandt v European Parliament*, Judgment of the Civil Service Tribunal (Full Court), ECLI:EU:F:2010:72, 1 July 2010.

[16] Case F-104/08, *Angel Angelidis v European Parliament*, Judgment of the Civil Service Tribunal (Second Chamber), ECLI:EU:F:2010:23, 15 April 2010.

[17] Case F-65/07, *Laleh Aayhan and Others v European Parliament*, Judgment of the Civil Service Tribunal (Second Chamber), ECLI:EU:F:2009:43, 30 April 2009.

[18] Case F-74/07, *Stefan Meierhofer v European Commission*, Judgment of the Civil Service Tribunal (First Chamber), ECLI:EU:F:2008:127, 14 October 2008.

[19] Case F-1/05, *Pia Landgren v European Training Foundation (ETF)*, ECLI:EU:F:2006:112, Judgment of the Civil Service Tribunal (Full Court) of 26 October 2006.

四、其他司法机构案例

（一）联合国上诉法庭案例

［ 1 ］Applicant v. *Secretary-General of the United Nations*, 2022−UNAT−1187, 18 March 2022.

［ 2 ］*Margaret Mary Fogarty v. Secretary-General of the International Maritime Organization*, 2021−UNAT−1117, 25 June 2021.

［ 3 ］*Ali Halidou v. Secretary-General of the United Nations*, 2020−UNAT−1070, 30 October 2020.

［ 4 ］*Mindua v. Secretary-General of the United Nations*, 2019−UNAT−921, 28 June 2019.

［ 5 ］*Al Abani v. Secretary-General of the United Nations*, 2016−UNAT−663, 30 June 2016.

［ 6 ］*Saffir and Ginivan v. Secretary-General of the United Nations*, 2014−UNAT−466, 17 October 2014.

［ 7 ］*Leboeuf et al. v. Secretary-General of the United Nations*, 2011−UNAT−185, 21 October 2011.

［ 8 ］*Bertucci v. Secretary-General of the United Nations (Translated from French)*, 2011−UNAT−121, 11 March 2011.

［ 9 ］*Hastings v. Secretary-General of the United Nations*, 2011−UNAT−109, 11 March 2011.

［ 10 ］*Mr. Castelli v. Secretary-General of the United Nations*, 2010−UNAT−037, 1 July 2010.

［ 11 ］*Muthuswami et al. v. United Nations Joint Staff Pension Board*, 2010−UNAT−034, 1 July 2010.

［ 12 ］*Wu v. Secretary-General of the United Nations*, 2010−UNAT−042, 1 July 2010.

［ 13 ］*Calvani v. Secretary-General of the United Nations*, 2010−UNAT−032, 30 Mar 2010.

（二）联合国争议法庭案例

[1] *Samoulada v. Secretary-General of the International Maritime Organization*, Order on Recusal, UNDT/GVA/2017/057, 30 August 2017.

[2] *Dienesv. Secretary-General of the United Nations*, Order on withdrawal, UNDT/NY/2016/049, 20 October 2016.

[3] *Bali v. Secretary-General of the United Nations*, UNDT/2013/094, 10 November 2011.

[4] *Villamoran v. Secretary-General of the United Nations*, UNDT/2011/126, 12 July 2011.

[5] *Bertucci v. Secretary-General of the United Nations*, UNDT Order 42 (NY/2010), 8 March 2010.

[6] *Bertucci v. Secretary-General of the United Nations*, UNDT Order 40 (NY/2010), 3 March 2010.

[7] *Hastings v. Secretary-General of the United Nations*, UNDT/2009/030, 7 October 2009.

（三）联合国行政法庭案例

[1] *Adrian v. Secretary-General of the United Nations*, Administrative Tribunal judgment no. 1183, 30 September 2004.

[2] Andronov v. Secretary-General of the United Nations, Administrative Tribunal judgment no. 1157, 30 January 2004.

[3] *Berghuys v. United Nations Joint Staff Pension Board*, Administrative Tribunal judgment no. 1063, 26 July 2002.

（四）国际劳工组织行政法庭案例

[1] *R. (No. 21)v. European Patent Organisation (EPO)*, ILOAT, Judgment No. 4433, 7 July 2022.

[2] *H. (No. 8) v. European Patent Organisation (EPO)*, ILOAT, Judgment No. 4482, 27 January 2022.

［3］*S. v International Criminal Court (ICC)*, ILOAT, Judgment No. 4361, 7 December 2020.

［4］*Lindsey*, ILOAT, Judgment No. 61, 4 September 1962.

［5］*Duberg v Director-General of the United Nations Educational, Scientific and Cultural Organisation*, ILOAT, Judgment No. 17, April 26, 1955.

（五）世界银行行政法庭案例

［1］*Louis de Merode, Frank Lamson-Scribner, Jr., David Gene Reese, Judith Reisman-Toof, Franco Ruberl, Nina Shapiro v. The World Bank*, WBAT Judgment, Decision No. 1, 1981.

（六）国际联盟行政法庭案例

［1］*Di Palma Castiglione*, LNT Judgment, Judgment No. 1, 1929.

（七）国际法院案例

［1］*Separate Opinion of Judge Ago: Application for Review of Judgment No 333 of the United Nations Administrative Tribunal*, Advisory Opinion, ICJ Reports, 27 May 1987

［2］*Judgments of the Administrative Tribunal of the ILO upon Complaints Made against UNESCO*, Advisory Opinion, ICJ Reports, 23 October 1985.

［3］*Application for Review of Judgment No. 158 of the United Nations Administrative Tribunal*, Advisory Opinion, ICJ Reports 1973.

［4］*Effect of Awards of Compensation Made by the United Nations Administrative Tribunal*, Advisory Opinion, ICJ Reports, 1954.

（八）欧洲人权法院案例

［1］*Klausecker v Germany*, ECtHR, Application no. 415/07, 6 January 2015.

［2］*Grecu v Romania*, ECtHR, Application no. 75101/01, 30 November 2011.

［3］*Khalfaoui v. France*, ECtHR, Application no. 34791/97, 14 December 1999.

［4］*Beer and Regan v. Germany*, ECtHR, Application no. 28934/95, 18 February 1999.

［5］*Waite and Kennedy v. Germany*, ECtHR, Application no. 26083/94, 18 February 1999.

［6］*Findlay v. United Kingdom*, ECtHR, Application no. 22107/93, 25 February 1997.

［7］*Case of Procola v. Luxembourg*, ECtHR, Application no. 14570/89, 28 September 1995.

［8］*Çiraklar v. Turkey*, ECtHR, Application no. 19601/92, 19 January 1995.

［9］*H. v. Belgium*, ECtHR, Application no. 8950/80, 30 November 1987.

［10］*Golder v. the United Kingdom*, ECtHR, Application no. 4451/70, 21 February 1975.

（九）美洲人权法院案例

［1］*Herrera-Ulloa v. Costa Rica*, Inter-American Court of Human Rights, Series C, No. 107, 2 July 2004.

（十）法国案例

［1］*Banque africaine de développement v. M. A. Degboe*, Paris Court of Appeal, Judgment of 7 October 2003, Revue critique de droit international privé 2004.409, note M. Audit.

［2］CE 29 juillet 1998, *Mme Esclatine*, Rec. 320.

（十一）比利时案例

［1］*Siedler v. Union de l''Europe occidentale*, Labor Court of Brussels, 17 September 2003.